KB269348

진인진

인도네시아와 말레이시아의 소비문화

맛과 멋, 공간, 그리고 할랄

오명석·유창조 엮음

진인진

:::지은이

김형준 강원대학교 문화인류학과 교수
엄은희 서울대학교 아시아연구소 동남아센터 선임연구원
오명석 서울대학교 인류학과 교수
유창조 동국대학교 경영학과 교수
이응철 덕성여자대학교 문화인류학과 부교수
이수현 동국대학교 경영학과 조교수
이지혁 서울대학교 아시아연구소 동남아센터 선임연구원
정법모 서울대학교 아시아연구소 동남아센터 선임연구원
조윤미 서울대학교 비교문화연구소 연구원
최경희 서울대학교 아시아연구소 동남아센터 선임연구원

인도네시아와 말레이시아의 소비문화

맛과 멋, 공간, 그리고 할랄

초판 1쇄 발행 | 2017년 4월 30일

엮   음 | 오명석·유창조
편   집 | 배원일
발행인 | 김영진
발행처 | 진인진
등   록 | 제25100-2005-000003호
주   소 | 경기도 과천시 별양상가 1로 18, 614호(별양동 과천오피스텔)
전   화 | 02-507-3077~8
팩   스 | 02-504-3079
홈페이지 | http://www.zininzin.co.kr
이메일 | pub@zininzin.co.kr

ⓒ 진인진 2017
ISBN 978-89-6347-327-7 93300

이 책은 2014년 정부(교육부)의 재원으로 한국연구재단의 지원을 받아 수행된 연구임.
(NRF-2014S1A2A3044341)

이 책은 서울대학교 아시아연구소 동남아센터가 수행한 연구 프로젝트 〈'문화에 민감한' 시장 진출 전략과 지속 가능한 경제 협력: 말레이-이슬람 문화권의 인도네시아와 말레이시아 사례 연구〉의 결과물이다. 본 연구소는 한국연구재단의 '신흥 지역 연구 사업'의 연구비 지원을 받아 2012년부터 연구 프로젝트를 수행해 왔다. 2년에 걸친 1단계 연구에서는 인도네시아와 말레이시아에 진출한 한국 기업을 대상으로 이들 기업의 현지화 전략을 문화와의 연관성 속에서 탐구했으며, 그 결과를 『말레이 세계로 간 한국 기업들: 삼성, 미원, 삼익, 코린도의 동남아 현지 전략』(오명석 편, 2014)이라는 제목의 단행본으로 출간했다. 이번에 출간하는 두 번째 책은 2014년부터 시작한 연구 프로젝트의 2단계 연구 결과물로서 인도네시아와 말레이시아의 소비문화에 초점을 맞추었다.

소비는 문화인가? 가장 흔히 통용되고 있는 의미를 따르면, 소비란 개인의 욕구나 욕망을 충족시키는 행위로서 지극히 개인적인 수준에서 이루어지는 것으로 인식되고 있으며, 소비행동에 대한 기존의 연구도 비용과 효용성을 고려한 소비자 개인의 합리적 선택을 주요한 분석 대상으로 삼는다. 하지만 소비는 개인적이면서도 동시에 사회적이고 문화적인 현상이기도 하다. 소비행동은 개인이 사회적으로 어떤 위치—예를 들어 성, 연령, 세대, 계급, 직업, 지역, 민족 등—에 속해 있는가에 따라 그 양태가 서로 다르고 또한 달라진다. 이러한 소비행동의 차이는 단순히 가처분소득의 수준에 의해서만 야기되는 것이 아니라 소비자의 취향·정서·동기·지식·평가 등이 개입되어 발생한다. 그런데 소비의 이러한 주관적 측면은 그가 속해 있는 집단의 규범과 가치관, 생활양식, 시대적 유행에 의해 크게 영향을 받는다. 소비의 집단적 측면에 주목할 때 소비를 문화라고 할 수 있으며, 그런 의미에서 '소비문화'라는 용어가 성립된다.

이 책은 인도네시아와 말레이시아의 소비문화에 초점을 맞추었다. '인도네시아 소비문화'와 '말레이시아 소비문화'라는 표현을 사용한 이유는 국가라는 정치적 단위가 거시적 수준에서 소비문화의 성격을 규정짓는 데 주요한 요인이라는 점을 고려했기 때문이다. 현대적 소비문화의 두드러진 특징으로 소비패턴의 글로벌한 동질화를 들 수 있지만, 그럼에도 불구하고 국가의 경계가 특정한 소비문화를 만들어 내는 데 여전히 중요한 기제로 작동하고 있음을 부인하기 어렵다. 이 책에서 다루는 인도네시아와 말레이시아의 소비문화가 그러한 측면을 잘 드러내고 있다. 인도네시아와 말레이시아는 언어적으로 그리고 종교적(이슬람)으로 유사한 배경을 갖고 있지만, 사회·정치적 체제와 역사적 경험에서는 큰 차이를 보이며 그것이 양국의 소비문화 형성에 차별성을 초래하고 있는 점에 주목할 필요가 있다. 인도네시아와 말레이시아 소비문화에 대한 이 책은 글로벌한 소비문화와 로컬한 소비문화 또는 전통적 소비문화와 현대적 소비문화가 서로 섞여서 혼성적인 모습을 드러내는 다양한 양상을 보여 주고자 한다. 이를 통해 소비문화의 역동성을 이해하고 소비 트렌드가 변화하는 현상을 보다 현실에 밀착해서 포착하고자 한다.

인류학자·경영학자·정치학자·지리학자의 학제적 연구로 집필된 이 책에서는 소비문화에 대한 다각적인 접근과 해석을 시도했으며, 필자 대부분은 해당 국가에 대한 지역 전문가로서 현지 사회와 문화에 대한 깊이 있는 지식을 바탕으로 소비문화를 현지인의 관점에서 파악하고자 노력했다. 이 책이 좁게는 인도네시아와 말레이시아, 넓게는 동남아 시장에 진출하려는 한국 기업들에게 실용적인 정보와 함께 현지 소비문화에 대한 심층적인 이해를 제공할 수 있기를 기대한다. 더불어 소비에 대한 비교문화적 분석에 관심 있는 연구자들에게는 흥미로운 사례로 읽힐 수 있기를, 또한 동남아에 관심을 갖는 일반 독자나 학생들에게는 소비문화를 통해 동남아 문화의 일단을 엿볼 수 있는 창으로 자리매김할 수 있기를 기대한다.

연구를 재정적으로 지원해 준 한국연구재단에 감사하며, 연구과정에서 많은 도움을 주었던 한국 기업인들, 대한무역투자진흥공사KOTRA의 자카르타와 쿠알라룸푸르 지부, 인도네시아 한인 상공회의소와 말레이시아 한인 상공회의소, 현지 화인 사회, 그리고 무엇보다 인도네시아와 말레이시아의 현지인들에게 고마움을 표하고자 한다. 이들의 도움 없이는 이 책은 나올 수 없었을 것이다.

마지막으로 이 책을 공들여 만들어 준 도서출판 진인진의 관계자들께도 감사의 마음을 전한다.

필진을 대표하여
편저자 오명석

::목차

머리말 _3

서론

인도네시아와 말레이시아의
소비문화를 이해하기 위한 첫걸음　유창조 _11

제1부 맛과 멋의 세계: 음식과 미용의 소비문화

1장

인도네시아 로컬 음식의 상업화와 음식 소비문화　최경희 _33

2장

말레이시아 화인의 음식 소비:
종족정체성과 도시 중산층 생활의 교차　이응철 _87

3장

인도네시아의 전통 미용관행과 데이 스파[Day Spa]:
자바와 발리 사람들의 전통 미의식과 실천 양상　조윤미 _123

제2부 소비공간의 세계

4장

인도네시아의 하이브리드 편의점과 농크롱 문화　　　이지혁·이수현　　　_165

5장

쇼핑몰에서 공공공간으로:
자카르타의 몰링 현상을 중심으로　　　정법모　　　_207

6장

인도네시아 전자상거래(e-commerce)　　　이수현　　　_239

7장

잘란잘란 자카르타:
신문기사를 통해 본 자카르타의 도시 소비 경관　　　엄은희　　　_277

제3부 이슬람과 할랄 소비: 소비생활의 종교적 규범

8장

인도네시아의 할랄 소비　　　김형준　　　_325

9장

말레이시아의 할랄 식품 시장과 할랄 인증제　　　오명석　　　_367

인도네시아–말레이시아 지도 _406

인도네시아 개관 _408

말레이시아 개관 _409

색인 _411

저자소개 _417

인도네시아와 말레이시아의 소비문화를 이해하기 위한 첫걸음

유창조

1. 들어가며

필자들은 인도네시아와 말레이시아에 진출할 또는 진출하고 있는 한국 기업의 현지 운영 전략 수립에 도움이 되는 정보를 제공하기 위해 이들 국가의 소비문화를 파악기로 방향을 정했다. 또한 필자들은 다른 국가의 소비현상과 문화의 연관성을 탐색하기 위해선 소비현장에 직접 참여하면서 자료를 수집하고 해석해야 한다고 판단했다. 한국적 소비문화를 바탕으로 다른 국가의 소비문화를 이해하면 그 문화를 왜곡되게 해석할 수 있으며, 이렇게 왜곡된 지식을 바탕으로 전략을 세워 사업을 전개한다면 좋은 성과를 기대하기 어렵기 때문이다. 따라서 해외에 진출하는 기업의 관리자들은 무엇보다도 해당 나라의 역사와 종교 및 다양한 거시적 환경을 분석하고 이를 바탕으로 현지인의 문화적 소비현상을 정확하게 이해해야 한다. 이는 성공적인 해외 사업을 위한 첫걸음이 될 것이다.

그러나 한 나라의 소비문화를 연구하는 것은 쉽지 않은 과제이다. 소비는 개인의 욕구를 충족시키는 과정이기 때문에 개인의 가치에 주로 의존하지만, 개인의 욕구는 각 나라의 사회적 및 문화적 요인에 의해 영향을 받을 수밖에 없다. 따라서 필자들은 인도네시아와 말레이시아의 소비문화를 이해하기 위해 각 나라에서 나타나는 소비현상을 파악하는 데 최우선적인 과제를 두었고 그러한 소비현상을 일어나게 하는 동인을 분석했다. 즉, 필자들은 현지인의 소비활동에 참여해 그들의 관점에서 소비행동이 유발되는 동기·가치·신념·규범 등과 같은 사회 및 문화적 맥락을 이해하고자 했다. 그 결과 인도네시아와 말레이시아에서 상품과 서비스의 구매와 소비는 소비자의 가치, 사회적 지위, 기질, 종족적 정체성, 종교적 규범 등 다양한 요인에 의해 영향을 받고 있음을 발견했다. 즉, 현지 시장 고유의 소비현상과 문화의 연관성이 확인됐다.

2. 소비문화를 이해하는 틀

1) 문화의 개념

지금까지 문화의 개념은 다양한 각도에서 탐색되어 왔다. 문화는 매우 복합적인 요인으로 형성되는데, 린턴(Linton, 1981)은 "학습된 행동과 행동 결과의 집합체로 사회구성원에 의해 공유되고 전달되는 것"이라고 정의했다. 이에 따르면, 문화는 사회적으로 학습되고 사회구성원에 의해 공유되는 모든 것을 의미한다.

한 나라의 문화를 이해하는 것은 쉽지 않은 과제이지만, 여러 연구자들은 문화의 성격을 다음과 같이 네 가지로 정리하고 있다(이학식·안광호·하영원 2015; Schiffman and Kanuk 1991).

첫째, 문화는 욕구 충족의 기준이 되며 규범을 제공한다. 사회구성원에 의해 공유된 바람직한 행동패턴이나 느낌을 규범이라고 할 수 있는데, 문화는 이러한 규범을 이끌어 내는 요인이다.

둘째, 문화는 학습된다. 문화적 학습은 문화화Enculturation와 문화이식Acculturation으로 구분된다. 문화화는 그 사회의 지배적 가치를 학습하는 과정이고, 문화 이식은 새로운 문화를 수용하는 과정이다. 이렇게 문화는 다양한 환경적 요인에 의해 영향을 받고 그 과정에서 여러 구성원들이 서로 영향을 주고받게 된다.

셋째, 문화는 구성원들에 의해 공유된다. 사회구성원의 가치나 경험이 공유된 문화는 다양한 구성원과 기관(가족, 학교, 교회, 대중 미디어 등)에 의해 형성·전파되고 그 과정에서 규범이 강화되거나 변화되기도 한다.

넷째, 문화는 지속적이며 동시에 동태적이다. 사회구성원은 기존의 문화를 유지하려는 경향을 갖지만 또한 시대 환경에 따라 문화는 점진적으로 변화하기도 한다. 특히 개발도상국에서는 기존의 것을 유지하려는 욕구와 새로운 것을 수용하려는 욕구가 함께 표출될 가능성이 높으며, 이들 두 가지 욕구는 때로는 충돌하기도 하고 조화를 이루기도 한다.

2) 소비문화를 이해하는 틀

문화의 개념에서 언급했듯이 문화는 매우 복합적이다. 특히 마케팅 영역의 연구자들은 소비에 관한 문화적 측면에 관심을 가져 왔다. 예를 들어 소비자 행동 분야의 연구자들은 문화적 연구 단위, 소비 관련 문화의 유형과 관계성, 그 관계의 등장·진화 및 소멸, 시장과 소비 시스템의 역동성 등과 같은 주제를 영역별로 논의해 왔다(Giesler and Tompson 2016; Gielster and Veresiu 2014; Humphreys 2010).

그러나 이 책에서는 소비문화의 특정 주제에만 초점을 맞추지 않고 다양한 영역에서 일어나는 일반적인 소비현상에 주목했다. 이에 따라 인도네시아와 말레이시아에서 연구대상으로 음식과 미용, 유통경로상에서의 공간 소비, 할랄 인증 등 세 가지 영역을 선정하고 필자들의 관심사에 따라 아홉 가지의 소주제를 선정했다. 즉, 아홉 가지 소주제별로 인도네시아와 말레이시아 구성원들의 소비와 관련해 학습되고 공유되는 소비현상과 이에 관한 유지 및 변화에 대한 자료를 수집한 후 이를 움직이는 핵심적인 동인들을 파악하고자 했다.

이와 같은 소비문화를 이해하는 과정으로 필자들은 다음과 같은 연구의 틀을 설정했다.

첫째, 한 나라의 소비문화를 이해하기 위해선 그 나라의 거시적인 환경에 대한 이해가 필수적이다. 특히 이 책의 목적이 인도네시아와 말레이시아에서 사업을 하고 있거나 진출할 계획을 갖고 있는 기업에게 경영전략을 설계하는 데 도움이 되는 단서를 제공하는 것이기 때문에 소비현장에 직접 참여하기 이전 이들 나라의 거시적인 환경을 개략적으로 파악할 필요가 있었다. 기업을 둘러싸고 있는 환경은 미시적인 환경과 거시적인 환경으로 구분될 수 있는데, 이들 나라의 인구통계적인 요인, 경제적인 요인, 자연 환경적인 요인, 기술적인 요인, 정치적인 요인 등에 따른 주요 현상을 파악해 보았다. 그 결과 인구의 증가와 풍부한 노동력, 높은 경제 성장 가능성, 급속한 도시화 현상, 중산층의 부상, 소득격차의 심화, 미흡한 인프라, 정치적 불안과 정책의 불확실성 등을 주목하게 됐다.

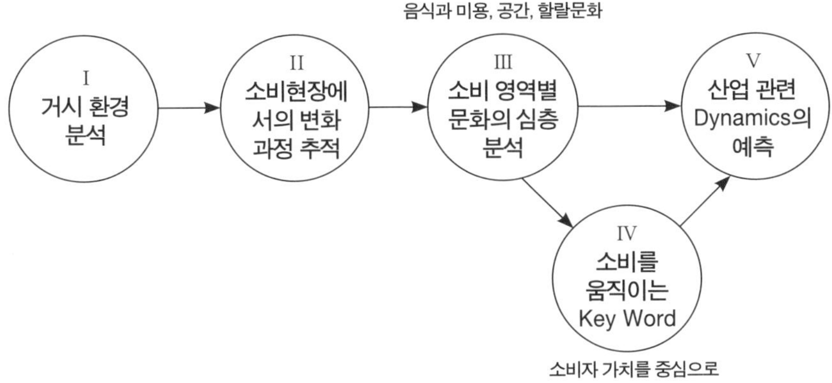

둘째, 소비현장에서의 일어나는 현상을 파악하기 위한 자료를 수집했다. 특히 필자들은 인도네시아와 말레이시아의 소비문화를 한국 사람의 관점outsider에서 이해하기보다는 현지인의 관점insider에서 이해해야 한다고 판단하고 현지인의 소비현장에 참여하면서 자료를 수집했다.

셋째, 소비현장에서의 본질적인 요소(문화적 또는 사회적 요인)를 도출하기 위해 필자들은 소비현장에 대한 지속적인 관여와 반복관찰을 통해 2년 여에 걸쳐 자료를 수집했다. 특히 음식과 미용, 공간 및 할랄 문화를 대상으로 소비현장에서의 변화과정에 대한 자료를 수집한 후 현상과 변화에 관한 자료들을 토대로 소비행위의 사회 및 문화적 맥락을 해석했다.

넷째, 이러한 다양한 영역에서 소비가 이루어지는 현상에 관한 자료를 종합해 인도네시아와 말레이시아 국민의 소비를 움직이는 핵심 동인을 탐색해 보았다. 이러한 요인들에 대한 보고서는 연구의 첫걸음이고 후속 연구에서 계속 발전되고 확장되어 나갈 것이다.

다섯째, 이 책은 각 영역별 소비문화와 핵심 요인을 바탕으로 그 나라의 산업을 움직이는 구제척인 동력을 파악해 현지 기업인들에게 시사점을 제공하고자 하는데, 이에 대한 결과는 후속연구가 진행되면서 보다 상세하게 제시될 예정이다.

종합하면 한 나라의 소비문화는 거시적인 환경에 영향을 받아 지속되거나 진화하는데, 이 책의 연구대상이 개발도상국임을 감안해 지속적인 측면과 동태적인 측면을 함께 탐색했다.

3. 에스노그라피를 활용한 소비문화의 이해

이 책에서는 인도네시아와 말레이시아의 소비문화를 현지인의 관점에서 이해하고자 한다. 앞서 문화의 특징과 연구과정의 개요에서 언급했듯이 이를 이해하기 위해선 다양한 자료를 수집하고 종합할 필요가 있다. 거시적인 환경을 이해하기 위해선 기술적이고 정량적인 자료들의 수집이 필요하지만, 소비현장을 이해하기 위해선 현장 중심의 자료 수집이 필요하다. 또한 다양한 영역의 전공자들(인류학 5명, 경영학 2명, 정치학 2명, 지리학 1명)로 구성된 필자들은 각 나라의 소비문화를 전체적으로 이해하는 데 강점을 갖는다. 특히 마케팅 분야에서 에스노그라피의 적용은 이미 오래전에 시도되어 왔고 이러한 연구방법의 장점들은 자주 논의되어 왔는데(2010a; 2010b), 이를 간략히 소개하면 다음과 같다.

1) 에스노그라피의 주요 원리

링컨과 구바(Lincoln & Guba, 1985)는 자연주의적인 연구방식을 '실증주의 이후의 사조post-positivism'로 소개하면서 다양한 현상에 대한 전체적인 이해, 연구자와 현상의 상호작용, 시간과 공간에 적용되는 연구 모형의 도출, 연구자의 가치가 반영된 자료 수집 및 해석, 사회현상에서 총체적으로 인식되는 인과관계의 이해 등을 이러한 사조의 기본 원리로 꼽았다. 에스노그라피는 이러한 자연주의적인 연구방식과 원리를 같이한다고 볼 수 있다. 한편 유창조(2010b)는 자연주의적인 조사방식을 마케팅에 적용하기 위한 체계와 특징을 소개했는데, 이런 원리들은 소비문화 분석과 같은 분야에도 유용하게 적용될 수 있다. 이를 다시 간략히 소개하면 다음과 같다.

첫째, 에스노그라피는 현장에서의 자료 수집을 권장한다. 즉, 실제 소비가 일어나는 현장(또는 자연스런 상황)에서 소비자들에 대한 자료를 수집해야 한다고 강조한다. 이와 같이 자료 수집에서 현장성이 반영되면 조사자는 현상을 언어적으로 이해하는 것이 아니라 경험을 통해 느낄 수 있게 되어 현지인의 행동을 보다 깊이 있게 이해할 수 있게 된다.

둘째, 에스노그라피는 자료의 수집·해석함에서 '내부인의 관점'을 갖는다. 이러한 방법으로 수집된 조사 결과는 마케터가 고객 지향적 관점을 확보하는 데 도움을 줄 수 있다. 왜냐하면 에스노그라피는 정보 제공자 관점의 자료를 수집하고 수집된 자료를 내부인의 관점에서 해석하기 때문이다. 일반적으로 실증주의에 입각한 조사는 조사자가 자료의 객관성을 확보하기 위해 외부인의 관점에서 조사대상에 대한 자료를 수집·해석하는데, 이러한 방식은 현지인의 행동패턴 파악에는 유용하지만 그 행태의 동인 파악에는 한계가 있을 수밖에 없다.

셋째, 에스노그라피는 조사계획을 수립할 때 '발현적 연구설계emergent design' 원리를 적용한다. 발현적인 연구설계란, 실제 조사에서 연구대상 및 범위의 불확실성 또는 가변성we do not know what we do not know이 존재하기 때문에 조사를 진행하면서 자료 수집의 절차와 방법을 결정하는 방식이다. 일반적으로 정량적인 마케팅 조사는 마케터의 의사 결정에 도움을 줄 수 있는 자료를 확보하기 위해 조사 의뢰자와 충분한 협의를 거친 후 수집할 자료를 확정하며 자료를 수집하는 방식도 사전에 결정된다. 잘 알려진 현상을 파악할 경우 정량적인 마케팅 조사방법은 큰 문제점이 없지만, 사전에 잘 알려지지 않은 현상(예: 타국에서의 소비문화)은 정량적인 조사방법으로 쉽게 파악할 수 없으며 이에 대한 가장 적합한 조사방식을 미리 결정하는 것 또한 어려운 일이다.

넷째, 에스노그라피는 '지속적인 관여와 반복적인 관찰'로 연구자의 주관성이 반영되는 것을 막을 수 있다. 에스노그라피는 일반적으로 연구 목적을 정보 제공자에게 설명한 다음 그들을 면접하거나 관찰하는 방식으로 진행되는데, 이때 정보 제공자가 조사자를 의식하여 부정확한 정보를 제공할 가능성이 있다. 그러나 조사자가 정보 제공자와의 지속적인 접촉을 통해 협조적 관계rapport를 형성하면 이러한 문제점을 최소화할 수 있고 면접 시기마다 질문 내용을 변화시킬 수 있는 장점이 있다. 앞서 설명한 발현적 연구설계 방식은 이와 같은 지속적 관여를 통해 구현된다고 하겠다.

다섯째, 에스노그라피는 '다원적 자료 수집방식multi-method'을 통해 조사 결과의 신뢰성을 확보한다. 마케팅 조사는 일반적으로 미리 설정된 기간(통상 2개월 이내) 동안 프로젝트가 진행되지만, 에스노그라피는 충분한 시간을 가지고 조사자가 관심을 갖는 대상에 대해 다양한 방식으로 자료를 수집한 후 자료를 종합적으로 해석한다.

한편 사회과학 분야에서는 정량적 조사와 정성적 조사를 함께 사용하는 통합적 조사방식을 권장하는데(Bryman 1988), 이는 에스노그라피의 다원적 자료 수집방식 원리를 적용한 것으로 볼 수 있다. 통합적인 조사방식의 유형은 정성적 조사를 위한 정량적 조사(기술적인 조사를 통해 시장에서 일어나는 현상을 파악한 다음 현상이 일어나는 원인을 파악하기 위해 정성적 조사를 실시하는 경우)와 정량적 조사를 위한 정성적 조사(정성 조사에서 발견된 새로운 현상을 파악한 다음, 이러한 현상을 시장 전체에서 확인하거나 이를 반영해 기존 모형을 정교화하기 위해 정량 조사를 실시하는 경우)로 구분될 수 있다. 이 책에서는 이 같은 방식을 혼합적으로 사용했다.

2) 에스노그라피를 활용한 연구방법의 강점

에스노그라피는 소비자 행동과 관련해 소비자 관점의 자료를 심층적으로 제공해 줄 수 있기 때문에 소비문화 연구에서 그 활용가치가 매우 높다. 지금까지 국내 학계에선 연구주제에 따라 일부 연구자들이 에스노그라피 연구방식을 활용해 관계형성과정, 소비경험, 소비가치 및 새로운 소비문화의 발현현상을 기술한 바 있다(차태훈 외 2009; 유창조 2007; 유창조·정혜은 2004; 2002; 박종구 외 1999; 유창조·성영신·박주영·이재형·차승욱 1999; 유창조·이성수·김재동·성영신 1999b).

에스노그라피 연구방법을 활용한 이 책은 인도네시아와 말레이시아의 소비문화나 트렌드를 이해하기 위해 다음과 같은 과정으로 진행됐다.

첫째, 학제 간inter-disciplinary 공동연구를 통해 전체적인 해석을 시도했다. 사회과학의 다양한 분과학문을 전공한 전문가로 구성된 필자들은, 인류학(5명)·경영학(2명)·정치학(2명)·지리학(1명)에서 박사학위를 받은 연구자들이다. 소비는 정치적·경제적·사회문화적 요인들이 결합되어 나타나는 복합적인 현상이기 때문에 학제 간 연구는 이를 총체적으로 파악하는 데 기여하게 될 것이다. 전공을 달리하는 연구자들의 관점과 방법이 서로 유기적으로 결합하지 못하는 학제 간 연구는 부분적인 지식의 단순한 나열에 그치는 결과를 낳을 수도 있지만, 이 책의 필자들은 연구 초기부터 합동 세미나 및 토론을 수시로 실시하여 선정된 주제와 최종 결과물에 대한 공감대를 형성했다.

둘째, 현장에서의 소비현장 참여 및 관찰과 함께 현지에 있는 공관들의 협조로 현지 국가의 다양한 현상에 대한 자료를 확보했고 현지 공관에 근무하는 직원들과의 면접과 토론을 통해 현지 국가에 대한 기본적인 이해 수준을 높였다.

셋째, 현장에서의 소비현상에 참여해 충분히 관찰한 다음 그 과정에서 이해된 내용들을 확인하고 확장하기 위한 설문조사를 병행했다. 즉, 각 나라의 거시 환경에 관한 2차 자료 수집, 참여관찰, 설문조사 등 다원적 자료 수집방식을 활용했다. 따라서 제시된 결과들은 각 주제별 사례를 중심으로 서술됐지만, 현장보고서인 이 책은 각 나라의 소비문화를 이해하는 종합보고서로 발전될 수 있을 것이다.

넷째, 에스노그라피의 원리들은 각 나라의 문화에서 발현되는 소비가치 및 숨겨진 욕구를 발견하는 데 유용하게 활용될 수 있다. 마케팅에서 강조하는 고객의 욕구는 실제적인 욕구와 잠재적인 욕구로 구분된다. 실제적인 욕구는 기존의 정량적인 조사방식(예: 설문조사)에 의해 확인될 수 있지만, 잠재적인 욕구는 정량적인 조사방식으로 발견하기 어렵다. 왜냐하면 소비자는 자신이 갖고 있는 욕구를 의식하지 못하기 때문이다. 조사업계에선 이러한 잠재적 욕구를 파악하기 위해 단어연상법, 문장완성법, 그림묘사법 등과 같은 투사법projective technique을 사용하고 있으나, 이러한 방식 역시 언어를 통한 체계적인 의사소통을 이용하는 한계점을 갖는다. 한편 고객의 잠재욕구를 발견하기 위해 관찰조사에서는 고객의 최종 행동에 관한 자료만 수집되기 때문에 행동을 유발하게 된 동기 등의 추론이 쉽지 않다. 따라서 현지인도 잘 인식하지 못하는 소비가치나 잠재욕구를 발견하기 위해선 다원적인 조사방식을 체계적으로 진행해 이를 종합적으로 해석할 필요가 있다.

에스노그라피는 행동이나 규범의 상징성, 문화와 제품의 관계성, 소비문화와 관련된 소비자의 체험적 요소를 이해할 수 있는 가장 적절한 접근방식이다. 특히 현장에서 일어나는 현상을 총체적으로 이해하고 과정에서의 변화과정을 이해하고자 한다면(예: 기업과 소비자 간 관계형성과정, 상호작용과정, 상징성의 해석 등) 에스노그라피는 가장 적절한 방법론이 될 것이다(Giesler and Tompson 2016).

4. 이 책의 주요 내용

필자들은 각자의 전문성과 관심사에 따라 아홉 가지 연구주제를 설정한 다음 인도네시아와 말레이시아에서 내부인들이 표출하는 자료를 수집하고 정리했다. 이들 주제는 다시 세 가지 영역으로 정리될 수 있는데, 각 연구 결과를 간략히 요약하면 다음과 같다.

제1부 맛과 멋의 세계: 음식과 미용의 소비문화

제1부에서는 인도네시아와 말레이시아 소비자들의 맛과 멋에 대한 가치 관이 소개된다. 어느 나라에서나 음식은 형성된 문화의 중심에 있다. 인도네시아에서의 미용 관련 소비는 매우 독특해 인도네시아 사람들의 생활양식을 이해하는 중요한 단서가 될 수 있다.

첫 번째 소주제는 인도네시아 음식에 초점을 맞춘다(제1장). 인도네시아 음식은 특정 지역에서 기원하는 로컬 음식과 그로부터 파생되어 전국적으로 확산된 음식으로 구분되는데, 이 둘을 합쳐서 인도네시아 전통 음식이라고 한다. 인도네시아 전통 음식은 종류가 다양하고 그 범위 또한 방대한데, 2000년대 이후 음식의 상업화가 활발히 진행되고 있다. 인도네시아에서는 경제가 높은 성장률을 보이며 사회변화를 추동하고 있지만, 전통 음식이 사라지거나 새로운 외국 음식 또는 현대 음식으로 대체되지 않고 있다. 오히려 인도네시아 정부는 전통 음식을 발굴·확산하고 있으며, 기업들은 로컬 음식을 상업화하는 데 노력을 기울이고 있다. 인도네시아 소비자들은 전통 음식을 소비하면서 정체성('다양성 속의 통일')을 경험하고 강한 자긍심도 느끼고 있다. 이러한 소비현상에서 흥미로운 점은 음식을 소비하는 공간에 나타나는 '분절성'이다. 소비자들의 소득수준에 따라 외식하는 장소가 몰mall의 안과 밖으로 구분되어 나타난다. 한편 인도네시아 사람들의 음식문화에서 간과되어서는 안 될 중요한 요인은 '함께하기bersama' 문화이다. 인도네시아 소비자들은 집단에 대한 소속감이 매우 강하고 혼자보다는 여럿이 함께 소비하는 것에 익숙하며 이를 통해 즐거움을 얻는 경향이 있다. 더 주목할 만한 것은 이러한 공동체적 소비문화는 다양한 소비 영역에도 반영되고 있다는 점이다.

두 번째 소주제는 말레이시아의 화인 음식이다(제2장). 여기에서는 중국에서 이주해 온 화인들이 말레이시아에 정착하면서 자신의 음식문화를 어떻게 유지하고 말레이시아의 음식문화를 어떻게 수용하는가를 보여 준다. 이런 과정에서 화인 음식의 혼종적 성격(전통적인 음식이 환경에 적응되어 만들어진 정통성)이 발견된다. 가장 흥미로운 점은 할랄 제도화에 대한 화인의 대응방식이다. 다민족사회인 말레이시아에서 엄격하게 적용되는 할랄 인증제는 이슬람 종교를 갖고 있지 않는 화인들의 음식 소비에도 영향을 미친다. 아직까지 말레이시아 화인들은 이런 종교적 전통을 받아들이기보다는 그 안에서 자신들의 정체성을 찾는 방법(비할랄, 자신의 음식을 건강과 결부시키는 것 등)을 모색하고 있으며 음식은 종족정체성을 표현하는 수단이 되기도 한다. 한편 화인들은 음식 소비에서 배타적이지만은 않고 그 경계가 희석되기도 하는데, 젊은 화인들은 글로벌 음식을 포함해 다양한 음식을 시도하고 도시화된 식당을 선호하기도 한다.

세 번째 소주제는 인도네시아의 전통적인 미용관습이다(제3장). 여기에서는 귀족을 대상으로 사용되던 고대 비법의 미용관행이 일반 중산층으로 대중화되는 과정을 설명한다. 이 과정에서 전통에 대한 고수와 시대적 흐름에 따른 변화 수용의 측면이 함께 이해될 수 있다. 특히 미용관행에서 흥미로운 점은 인도네시아 사람들이 미美의 추구에서 외적 미용뿐만 아니라 내적 미용과 더 나아가 영적인 미용을 함께 추구한다는 것이다. 이러한 미용에 관한 관행들의 바탕에는 인도네시아 사람들이 공유하고 있는 '조화와 돌봄'이라는 가치관이 자리 잡고 있다. 여기서 '조화와 돌봄'의 의미는 자신의 신체적 요소뿐만 아니라 다양한 대상(자신과 자연 등)으로 확장되는데, 이는 인도네시아의 전통적인 세계관이 반영된 것으로 볼 수 있다.

제2부 소비공간의 세계

일반적으로 한 나라의 유통구조는 산업화가 진행되면서 급격하게 변화하는데, 해외에 진출하는 기업의 입장에서 그 나라의 유통구조를 이해하는 것은 필수적이다. 따라서 제2부에서는 인도네시아의 유통구조와 그 안에서의 소비현상을 탐색한다. 이를 위해 소주제로 편의점, 몰, 전자상거래를 선정했다. 높은 경제성장과 중산층의 확산에 따라 제품이나 서비스가 소비공간에서 어떠한 다양한 현상과 변화를 가져오는지 탐색할 수 있을 것으로 기대되었기 때문이다. 이와 함께 자카르타라는 도시를 하나의 소비공간으로 보고 자카르타의 도시화과정을 탐색하기로 했다.

소비공간 관련 첫 번째 소주제는 하이브리드 편의점이다(제4장). 하이브리드 편의점은 편의점의 본래 기능인 소매업에 다른 업태가 혼합된 형태로서, 인도네시아에서의 전통적인 구매공간인 미니마켓과 구분된다. 인도네시아의 하이브리드 편의점은 카페와 식당이 결합된 형태이다. 제4장에서는 인도네시아에 진출해 자카르타 및 주변 도시에서 확산되고 있는 하이브리드 편의점의 정착과정, 글로벌 기업이 현지에 적응하는 과정에서의 글로컬리제이션glocalization 현상을 상세히 기술하고 그 근저에 자리 잡고 있는 현지인들의 '농크롱nongkrong' 문화를 분석했다. 농크롱은 인도네시아의 고유한 문화로 '담소를 나누는 것', '어울려 노는 것', '수다 떨기' 등으로 번역될 수 있는데, 인도네시아 사회에서 대인관계에 흥을 북돋아 주는 사회적 접착제social glue 역할을 한다. 특히 인도네시아 사람들에게 가족 또는 친구와 함께 어울려 노는 공간을 제공하여 현지 시장에 성공적으로 정착한 외국계 할인점의 현지 차별화 전략은 한국 기업들에게 제공하는 시사점이 매우 크다.

두 번째 소주제는 인도네시아의 '몰링' 현상이다(제5장). 소득수준이 향상되면서 몰에서의 소비는 인도네시아 사람들(특히 중상층 이상의 소비자들)에게 생활의 일부가 되고 있다. 제5장에서는 몰에서의 소비행태를 설명하는 중요한 문화적 요소로서 '농크롱'과 '함께하기' 문화를 소개한다. 인도네시아 사람들의 '농크롱' 및 '함께하기' 문화는 편의점뿐만 아니라 몰에서도 목격되며 식당, 카페 등 모든 장소에서 나타난다. 즉, '농크롱' 문화와 '함께하기' 문화는 특정 계층이 아닌 모든 국민에 의해 학습되고 전파하는 것으로 이해되어야 한다. 다만 소득수준이나 계층에 따라 이를 즐기는 공간이 달라질 뿐이다. 이와 함께 '드러내지 않기kedersa-maan'도 간과되어서는 안 될 중요한 요소이다. 인도네시아 사람들은 함께하면서도 타인과의 관계에서 자신의 감정을 표현하지 않으려는 경향이 강하다. 제5장에서는 특히 인도네시아에서 선호도가 높은 몰과 그렇지 않은 몰을 의도적으로 선정해 그 차이를 분석하고 있는데, 그 차이의 핵심은 몰의 구조나 편의시설 등이 '농크롱', '함께하기' 및 '드러내지 않기' 문화에 적합하느냐에 있다고 해석한다.

세 번째 소주제는 인도네시아에서 전자상거래가 주목받는 과정을 기술한다(제6장). 인도네시아에서 온라인 쇼핑의 비중은 선진국에 비해 아직 미미한 수준이다. 그러나 제6장에서는 온라인 쇼핑 시장이 유통구조상 중요한 축으로 자리 잡을 것으로 예측하면서 그 동력(급격한 경제성장과 도시화, 중산층의 확대, 인터네 보급의 확산, 온라인 및 소셜 미디어의 쉬운 접근성)을 자세히 설명하고 있다. 이와 함께 온라인 쇼핑 구매와 관련된 기술적인 자료도 제시된다. 또한 온라인 쇼핑 사업을 전개할 때 고려해야 할 다양한 요인들(지불방식에서의 관습 차이, 배송상 문제점,

미흡한 인프라)도 제시하고 있는데, 이러한 서술은 인도네시아에서 전자 상거래 사업을 전개하려는 기업에게 유용한 정보가 될 것이다. 한편 기업이 전자상거래를 활성화하기 위한 방법으로 기업과 소비자의 상호작용 및 소비자 간 상호작용을 활성화하는 것을 제안하고 있는데, 이에 대한 문화적 맥락은 '함께하기'이다.

네 번째 소주제는 인도네시아의 유력 일간지에 연재된 「잘란잘란 jalan-jalan」 기사를 토대로 도시 관광을 통해 자카르타라는 도시공간이 소비되는 과정을 기술한다(제7장). 제7장에서는 축제, 이벤트, 문화시설 등이 제공하는 활력 있는 도시의 모습을 소개하며 이를 통해 인도네시아 사람들의 낙천성과 여유로움을 추구하는 기질을 확인한다. 또한 자카르타가 제공하는 다양한 쇼핑공간(몰, 전통시장, 세계화된 음식점 등)을 소개하면서 인도네시아의 전통적 모습이 유지되는 양태와 함께 메트로폴리스로 진화하는 과정에서 새로운 변화가 진행되는 과정도 보여 준다.

제3부 이슬람과 할랄 소비: 소비생활의 종교적 규범

마지막으로 제3부의 주제는 '할랄'이다. 인도네시아와 말레이시아에서 종교적 실천의 규범을 제시하는 방법으로 진행되고 있는 할랄 인증제도는 소비생활에 직접적인 영향을 미친다. 인도네시아와 말레이시아에서 이슬람에 기초한 할랄 문화를 이해하지 않고 이들의 소비문화를 설명하는 것은 무의미할 정도이다. 제3부에서는 인도네시아와 말레이시아의 할랄 문화와 할랄 인증제도를 심층적으로 분석했다.

첫 번째 소주제는 인도네시아에서의 할랄 소비이다(제8장). 할랄 문화를 이해하기 위한 단서로 인도네시아에서 이슬람 경제의 부상과 발전 과정을 요약하고, 이를 바탕으로 할랄 인증이 확대되는 과정을 상세히 설명한다. 특히 2014년 통과된 「할랄제품보장법」은 할랄이 아닌 제품에 할랄이 아니라는 설명을 표시해야 한다고 규정하고 있기 때문에 제품 소비에 미치는 영향은 더 커질 것으로 예측된다. 특히 비이슬람 국가에서 생산된 제품이 인도네시아 시장에 할랄 인증 없이 진출할 경우 치명적인 제약이 될 수 있다. 따라서 제8장에서 정리한「할랄제품보장법」의 구성과 내용 그리고 그것의 구체적인 전개방향은 기업인들에게 중요한 참고자료가 될 것이다. 또한 할랄 소비자에 대한 인식과 선호도 조사 결과도 제시하고 있는데, 할랄에 대한 동의수준과 선호도는 매우 높은 수준이며 실제 행동에서 발견되는 괴리는 새로운 제도의 등장으로 줄어들 것으로 예측된다.

두 번째 소주제는 말레이시아에서의 할랄 소비이다(제9장). 제9장에서는 무슬림이 인구의 절반을 약간 넘는 다민족사회인 말레이시아에서 국내 식품시장의 할랄화가 빠르게 진행되는 배경과 과정을 설명한다. 특히 정부가 관장하는 할랄 인증제의 도입으로 전통적인 할랄 음식 규범이 현대적인 제도와 기법으로 변화되는 양상을 상세히 기술한다. 말레이시아에서 할랄 소비가 식품기업과 말레이 소비자에게 확고하게 자리 잡게 되는 최근의 현상은 이슬람화라는 사회 전반에 걸친 변화의 주요한 징표라고 할 수 있다. 또한 말레이시아 정부가 지향하는 '글로벌 할랄 허브' 정책과 인증 관련 국제기구들 간의 경쟁도 소개하고 있어 국내 기업들에게 할랄 인증의 취득 여부 및 취득방식에 관한 좋은 정보를 제공하고 있다. 이와 더불어 '할랄 토이반'이라는 개념을 활용하여 할랄 인증에 친환경적인 윤리적 소비의 의미를 포함시키려 하는 무슬림 소비자단체의 새로운 움직임에 대해서도 주목하고 있다.

5. 맺음말: 문화적 혼종성과 이를 움직이는 동인

앞에서 요약한 아홉 가지 소주제에 대한 연구를 종합해 보면, 국내 기업들이 현지에 진출할 때 간과해선 안 될 핵심적 소비현상은 '문화적 혼종성'이다. 문화적 혼종성이란 다양한 영역에서 보편적으로 발견되는데, '전통'과 '근대'가 만나는 접점, '다양성'과 '통일성'이 공존하는 현상 또는 정체성을 유지하면서도 새로운 것을 받아들이는 양면적인 특성 등으로 나타난다. 저개발국가의 산업화과정에서 전통이 현대적인 것에 의해 대체되는 것이 일반적이지만, 인도네시아와 말레이시아에서는 이 두 가지가 구분되거나 대체되기보다는 서로 섞이는 현상으로 나타난다. 즉, 소비자들이 전통적인 것에 현대적인 것을 가미하고 다양성 가운데서도 정체성을 표현하는 수단을 모색하고 있다. 따라서 이러한 문화적 혼종성 현상을 설명하는 동인을 세 가지로 구분하여 설명할 수 있다.

첫째, 각 나라의 정체성을 표현하고 전통을 유지하려는 현상의 기저에는 '농크롱', '함께하기', '드러내지 않기'가 깔려 있다. 이들은 오랫동안 계승된 문화적 요인들로 소매점, 몰, 식당, 카페 등 거의 모든 공간에서 공통적으로 발견된다. '함께하기'라는 핵심 동인은 공동체적 행동패턴을 선호하게 만든다. 이슬람에 기초한 공동체적 종교행위는 규범적이고 거스르기 어려운 관습이며, 그에 따라 할랄 인증은 그 파급력이 더해질 가능성이 높다. 같은 맥락에서 전자상거래에서 구전이나 타인의 의견에 영향을 많이 받는 현상도 설명될 수 있다. '농크롱'은 함께 어울리며 쇼핑하는 소비행태를 이끄는 동인이고 인터넷공간에서 구전이나 타인의 의견에 영향을 많이 받는 현상도 설명해 준다. 한편 인도네시아 사람들은 함께 즐기고 함께하는 것에 익숙하지만 공개된 공간에서 자신의 감정을 표현하는 것을 꺼리는 경향을 갖는다. '드러내지 않기' 문화이다. 이를 간과해 어려움을 겪고 있는 자카르타의 몰 사례는 특히 주목할 만하다.

둘째, 이들 국가의 소비자들은 새로운 것을 적극적으로 받아들이는 개방성도 갖고 있다. 전통적 로컬 음식이 상업화되는 과정, 근대화된 몰이 생활공간으로 자리 잡아 가는 과정, 전통 미용관습이 현대적 스파 기법으로 표출되는 과정, 자카르타가 메트로폴리스로 진화되어 가는 과정 등은 새로운 것을 수용하는 소비문화를 잘 보여 준다. 예를 들어, 젊은 소비자들이 몰에서 잘 차려입고 남들로부터 받는 시선을 즐기는 행위인 '응에쳉ngeceng'은 현대화된 소비공간에서 발현되는 새로운 소비가치로 해석될 수 있다.

그렇다면 '기존의 것'과 '새로운 것'은 충돌하고 있을까 또는 대체되고 있을까? 앞서 이들 국가에서 나타나는 문화적 혼종성을 '기존의 것'과 '새로운 것'이 섞이는 과정으로 설명했다. 이를 움직이는 동인에는 '조화' 또는 '포용'이라는 소비문화가 있다. '조화'는 전통적인 것을 유지하려는 경향과 새로운 것(경제성장 및 산업화에 기인)을 수용하고 타 문화를 배척하지 않고 포용하려는 욕구이다. 이와 관련되어 표출되는 가치가 '드러내지 않기'와 '할루스halus(세련되고 부드러운)'이다. 함께 어울리는 공간에서 자신의 감정을 표현하지 않은 것과 갈등을 피하는 포용의 방법인 '할루스'는 모두 조화를 추구하는 성향에서 비롯된다. 따라서 이들 국가는 산업화가 더 진전되어도 새로운 문화가 부상되기보다는 전통과 현대가 조화를 이루는 모습으로 발전될 가능성이 높다고 하겠다.

인도네시아와 말레이시아로 진출하려는 기업들이 현지 소비자들을 겨냥한 마케팅 프로그램에서 전통적 가치만을 강조하거나, 새로운 가치만을 전달하거나, 또는 상징적 의미(예: 과시)를 강조할 경우 낭패를 볼 수 있다. 문화적 혼종성을 제대로 이해하지 못했기 때문이다. 이제 아홉 가지 소주제의 심층적인 현장 사례 보고서를 통해 이들의 문화적 혼종성과 이를 움직이는 동인을 좀 더 자세히 알아보자.

::참고문헌

박종구·조남진·김종홈·성영신·유창조. 1999.「기술서비스 거래에서 고객과 기술자의 심리적 상호작용: 카센터 사례」.『한국심리학회자: 산업 및 조직』12(2): 109-127.

이학식·안광호·하영원. 2015.『소비자행동: 마케팅전략적 접근』(6판). 집현재.

유창조. 2010a.「마케팅조사 현장에서 Ethnography 원리의 적용방안에 관한 연구」.『조사연구』11(3): 115-137.

유창조. 2010b.「마케팅 연구에서의 문화인류학적 접근의 활용」.『한국마케팅저널』11(4): 121-128.

유창조·성영신·박주영·이재형·차승욱. 1999.「매장에서의 고객-판매원의 관계형성에 관한 Naturalistic Inquiry」.『소비자학연구』10(2): 41-70.

유창조·이성수·김재동·성영신. 1999,「증권사에서 투자자와 투자상담사의 관계 발전에 관한 연구」.『마케팅연구』14(3): 45-68.

유창조·정혜은. 2002.「소비자의 아름다움 추구행위에 대한 탐색적 연구: 남성의 치장과 여성의 화장, 성형 및 피트니스를 중심으로」.『소비자학연구』13(1): 211-232.

유창조·정혜은. 2004.「브랜드 커뮤니티 형성과정에 따른 커뮤니티의 특징, 구성원의 행태와 참여경험 및 관계의 질에 대한 분석」.『마케팅연구』19(3): 47-80.

차태훈·김희영·전승우. 2009.「소유물과 소비자 문화화」.『한국마케팅학회 2009 춘계학술대회 발표 논문요약집』. 14-15.

Bryman, Alan. 1988. *Quantity and Quality in Social Research*. Loughorough University.

Giesler, Markus and Craig J. Thompson. 2016. "Process Theorization in Cultural Consumer Research." *Journal of Consumer Research* 43(August): 497-508.

Giesler, Markus, and Ela Veresiu. 2014. "Creating the Responsible Consumer: Moralistic Covernance." *Journal of Consumer Research* 41(October): 840-857.

Humphrey, Ashlee. 2010. "Semiotic Structure and the Legitimation of Consumption Practices." *Journal of Consumer Research* 37(October): 490-510.

Lincoln, Y. S. and E. G. Guba. 1985. *Naturalistic Inquiry*. Sage Publications Inc.

Linton, Ralph. 1981. "The Concept of Culture." Harold H. Kassarjian and Thomas S. Robertson. *Perspectives in Consumer Behavior*. 3rd ed. Glenview, Ill.: Scott, Foresman and Company. 489-491.

Schiffman, Leon G. and Lestle L. Kanuk. 1991. *Consumer Behavior*. 4th ed. Englewood Cliffs, N. J.: Prentice-Hall. 393-402.

01

맛과 멋의 세계:
음식과 미용의 소비문화

1장 인도네시아 로컬 음식의 상업화와 음식 소비문화 　　　　　　**최경희**

2장 말레이시아 화인의 음식 소비:
　　　종족정체성과 도시 중산층 생활의 교차 　　　　　　**이응철**

3장 인도네시아의 전통 미용관행과 데이 스파(Day Spa):
　　　자바와 발리 사람들의 전통 미의식과 실천 양상 　　　　　　**조윤미**

인도네시아 로컬 음식의 상업화와 음식 소비문화

최경희

1. 왜 인도네시아 로컬 음식 상업화에 주목하는가

음식은 정말 대단한 것으로 생리적으로나 사회적으로나 삶의 중심이다. 계절이 바뀌고 해가 바뀌어도 우리는 매일 음식을 먹으며 배를 채워 육체적인 배고픔과 정신적인 배고픔에서 벗어난다(코니한 2005: 27). 음식은 건강, 일상, 사회관계, 문화, 경제활동 등 삶의 모든 영역에서 중심적 위치를 차지하며, 음식에 관한 연구는 식품영양학적·인류학적·정치경제적·의학적 접근 등 거의 모든 학문에서 이루어지고 있다. 무엇보다 근대적 관점에서 음식은 '산업' 영역으로 전화했으며 이에 따라 국가 및 산업정책에서 중요한 위치를 차지하게 됐다. 산업화시대의 음식산업이 경쟁력과 생산성에 초점이 맞춰져 있었다면, 탈산업화시대의 음식산업은 생산 영역을 넘어 '소비 영역'으로 확대되고 있다. 즉, '어떻게 음식을 소비할 것인가'로 문제의 영역이 확장됐다(Kwon 2014: 1).

인도네시아는 전 세계가 주목하는 신흥 시장으로서[1] 2000년대 초반 이후 현재까지 괄목할 만한 경제성장을 이루었다. 특히 2004년부터 2014년까지 유노요노Susilo Bambang Yudhoyono 10년 집권 기간 동안 평균 경제성장률 5~6퍼센트를 기록했다. 이러한 경제성장은 인도네시아 사회변화를 추동하며 도시화와 새로운 중산층의 출현과 확대로 이어졌다. 또한 인도네시아 경제성장의 원인으로 '인구학적 요인'이 자주 거론된다. 2014년 세계은행 조사에 따르면 인도네시아 인구는 대략 2억 5,400만 명이며, 인구의 60퍼센트 이상이 20~65세로 매우 젊은 국가에 해당된다. 이러한 인구규모와 구성은 인도네시아를 노동생산성이 높은 '생산기지'로 주목받게 만들 뿐만 아니라 새로운 '소비시장'으로 주목하게 만든 요인으로도 작용하고 있다. 최근 유로모니터Euromonitor, 보스턴컨설팅Boston Consulting, 마크플러스 인사이트Markplus Insight 등은 인도네시아의 소비시장가치, 소비트렌드, 소비패턴에 대해 의미 있는 분석들을 제시하고 있다.[2]

1　신흥 시장으로서 인도네시아는 브릭스(BRICs: Brazil, Russia, Indonesia, China), 마빈스(MAVINS: Mexico, Australia, Vietnam, Indonesia, Nigeria and South Africa), 시베츠(CIVETS: Colombia, Indonesia, Vietnam, Egypt, Turkey and South Africa), 비스타(VISTA: Vietnam, Indonesia, South Africa, Turkey and Argentina) 그리고 브아이피(VIP: Vietnam, Indonesia and Philippine)의 일원으로서 명명되어 왔다.

2　예를 들면, 2014년 유로모니터는 최근 인도네시아 소비자 라이프스타일 특징을 다섯 가지로 밝혔다. 첫째, 젊은 부부층은 새로운 라이프스타일로 아파트 생활을

이와 같은 맥락에서 이 글에서는 한국의 소비재산업, 그중에서도 '음식'과 관련된 산업이 인도네시아에 진출하기 위해서는 어떤 소비트렌드와 음식 소비문화를 고려해야 하는지를 먼저 분석했다. '한국 음식' 또는 '한국 농수산식품 및 가공식품' 등이 인도네시아에서 활발하게 소비되려면 그들이 소비하는 음식, 향유하는 음식문화, 소비패턴 등과 잘 융합할 수 있어야 한다는 근저적인 문제의식 때문이다. 물론 인도네시아 음식 소비현상과 소비문화를 이해한다고 해서 한식이나 한국의 농수산식품 및 가공식품의 인도네시아 시장전략이 즉각적으로 도출되는 것은 아니다. 그렇지만 '음식'과 관련된 산업분야는 '문화'라는 코드와 아주 긴밀히 연관되어 있기에 한국 음식 관련 소비재 산업의 인도네시아 진출을 위해서는 인도네시아 음식 소비문화에 대한 이해가 필수적으로 동반되어야 한다고 판단했다.[3]

현재 인도네시아의 소비 영역에서 '음식'이 차지하는 부분은 매우 큰데, 인도네시아의 소비패턴에 관한 두 가지 분석은 전체 소비 영역에서 '음식 소비'가 차지하는 위치를 잘 드러내 주고 있다. 하나는 크레디트 스위스Credit Suisse의 분석이다. 인도네시아에서 음식 소비에 매달 지출되는 비용은 생활비 전체의 37퍼센트인데, 이는 주택과 공공사용료 8퍼센트, 여행과 오락 4퍼센트, 자동차 6퍼센트, 보건 2퍼센트, 교육 6퍼센트, 저축 9퍼센트, 휴대폰 사용료 3퍼센트 등 다른 소비 항목 비율에 비하면 월등히 높은 수치이다(Nusantoro 2014: 60). 다른 하나는 유로모니터의

선호한다. 둘째, 중산층의 의한 소비가 진작됐다. 셋째, 온라인 쇼핑몰이 급격히 성장했다. 넷째, 건강한 라이프스타일에 대한 요구에 따라 건강보조기구, 유기농 농수산물, 유기농 가공식품 등에 대한 소비자 요구가 높아졌다. 다섯째, 노인층의 경제활동기간이 길어짐에 따라 그들이 주도하는 소비도 활성화됐다.

3 최근 인도네시아 음식 소비문화 특징을 설명하는데 '할랄(Halal)'에 대한 논의는 필수적이다. 이 주제에 대해서 본격적인 논의는 제8장 참조.

분석으로, 인도네시아의 소비패턴에 대한 유로모니터의 분석에서도 이런 현상을 파악할 수 있다.[4] 유로모니터는 좀 더 구체적인 소비패턴을 분석하기 위해 최하위 소득층과 중산층 그리고 고소득층으로 구분하여 분석했는데, 그 결과는 다음과 같다. 첫째, '음식과 음료'소비비율은 최하위층 약 41퍼센트, 중산층 약 35퍼센트, 고소득층 약 27퍼센트 등으로 계층별 음식 소비비율에서 큰 차이를 보이지 않았다. 둘째, 다른 동남아 국가들의 경우 '호텔과 케이터링' 소비비율이 계층별로 현격하게 차이를 보인 반면, 인도네시아에서는 모든 소비계층에서 '호텔과 케이터링' 소비가 비슷한 비율로 나타났다(An 2015: 8). 이러한 두 가지 특징에 근거하여, 인도네시아 사회에서 가구소득 자체는 계층별로 현저한 차이를 보이지만 상대적으로 '소득 대비 음식 소비패턴'은 사회계층별로 큰 차이를 나타내지 않는다고 해석할 수 있다. 이와 같은 소비패턴은 인도네시아 사회에서 음식 소비 영역이 차지하고 있는 위상과 중요성을 잘 보여 주고 있다고 할 수 있다.

이러한 맥락에서 이 글은 인도네시아 로컬 음식 소비현상을 주목하고자 한다. 음식 소비는 크게 '집밥 소비'와 '외식 소비'로 구분할 수 있다. 한 가정이나 개인의 음식 소비는 '집에서 음식을 먹을 때'와 '밖에서 음식을 먹을 때'로 구분될 수 있기 때문이다. 흔히 후자를 '외식 소비eating out consumption'라고 한다. 또한 이 글에서는 인도네시아 전체의 외식 소비현상이 아니라 자카르타의 외식 소비현상에 주목하고자 한다.[5] 좀 더 구체

---

4 유로모니터의 연구는 소비 영역을 필수소비와 재량소비로 구분하고, 필수소비 영역에는 음식, 음료 그리고 주택소비 항목을 포함시켰고, 재량소비 영역에는 교통, 호텔 및 케이터링, 교육, 알코올 및 담배소비, 통신비, 기타 생활용품 및 의료비 등을 포함시켰다.

5 자카르타의 외식 소비현상은 다음과 같은 특징을 나타낸다. 첫째, 자카르타는 전 세계 모든 음식을 맛볼 수 있는 외식의 천국이라고 할 수 있는 도시이다. 둘째, 다

적으로는 자카르타의 외식 소비현상 중에서 '인도네시아 로컬 음식'의 상업화 및 외식 소비현상에 주목하고자 한다. 자카르타에서 인도네시아 로컬 음식이 어떻게 상업화되어 가고 있는지, 그리고 이러한 로컬 음식 소비에서 나타나는 음식 소비문화의 특징은 무엇인지를 분석하고자 한다. 이러한 분석을 하는 가장 큰 이유는 향후 인도네시아 내수 음식 소비시장 영역에서 계속적으로 확산될 현상 중 하나로 '로컬 음식의 상업화'를 들 수 있기 때문이다.

또한 인도네시아 자카르타 로컬 음식의 상업화현상을 '몰mall'이라는 소비공간을 중심으로 '몰 안에서의 소비'와 '몰 밖에서의 소비'로 구분하여 설명하려고 한다. 그 이유는 다음과 같다. 첫째, 자카르타 차원에서 소비공간으로서 '몰'이 갖고 있는 영향력으로 인해 '몰'은 소비공간을 구별할 수 있는 기준이 된다. 1966년 최초의 근대적 백화점 사리나Sarinah가 세워진 이래로 2013년 현재 자카르타에서 영업 중인 복합쇼핑몰은 173개에 이른다. 자카르타 시민에게 몰은 매우 일상적이고 중요한 소비공간이다.[6] 둘째, 이와 같이 소비공간으로서 몰이 커다란 영향력을 지니고 있지만 모든 소비층이 몰에서 자유롭게 소비하는 것은 아니다. 소비의 핵심층으로 주목받는 상위 중산층이나 고소득층도 중요하지만, 인도네시아 인구의 많은 부분을 차지하는 저소득층 소비는 인구규모 측면에서 비중이 매우 크다. 한 달 소비력이 100만 루피아Rupia(한국 돈으로 대략 9만 원)인 저소득층이 인구의 14.3퍼센트, 100만~200만 루피아인 하위 중

른 동남아 음식과 타이완 및 홍콩 음식 모두 성황리에 상업화되었지만, 특히 일본 음식이 강세를 보이고 있다. 일본 음식에 비하면 한식은 상대적으로 약세라고 평가할 수 있다. 셋째, 경제성장에 따라 로컬 음식들의 상업화가 활황기를 맞이하고 있다(최경희 2015).

6   소비공간으로서 '몰'과 그 소비문화에 대한 자세한 이해는 제4장과 제5장 참조.

위층이 인구의 37.7퍼센트를 차지한다(Kartajaya 2016: 32). 이 두 층을 합한 전체 인구의 52퍼센트는 소비능력 측면에서 매우 열악한 계층이다. 한 달 소비력이 한국 돈으로 10만~20만 원인 소비층은 몰이라는 공간에서 자유롭게 소비를 즐기는 계층으로 해석될 수 없다. 따라서 인도네시아 로컬 음식을 소비하는 공간으로서 '몰'은 중요한 위치를 차지하고 있지만, '몰' 밖에서의 로컬 음식 소비현상도 소비층 규모만큼 중요한 위치를 차지하고 있다. 따라서 이 글에서는 몰 '안'과 '밖'을 대비해서 로컬 음식 소비현상이 어떻게 특징적으로 나타나는지를 분석했다.

이 글은 현지조사에 기초하고 있다. 현지조사는 2015년 7월 5일부터 23일까지, 2016년 2월 11일부터 26일까지, 2016년 8월 11일부터 23일까지 세 차례 진행됐다. 첫 번째 현지조사에서는 자카르타를 중심으로 로컬 음식의 상업화 트렌드를 거시적으로 조사했다.[7] 두 번째 현지조사에서는 인도네시아인이 좋아하는 음식 맛과 그 맛을 내는 식재료를 조사했는데, 이때 로컬 음식 연구의 기원을 이루는 핵심 자료인 무스티카 라사 Mustika Rasa를 접하게 되었다. 세 번째 현지조사는 계층별 로컬 음식 소비 공간을 집중적으로 관찰했는데, 특히 대표적인 로컬 음식 상업화현상의 연구대상으로 삼은 스데르하나 파당 Sederhana Padang 1호점과 카페 브타위 Kafe Betawi 1호점에서 설문조사를 실행했다. 이는 로컬 음식을 소비하는 사람들의 인식과 태도 및 정서를 파악하고자 함이었다. 현지조사 기간 중에 이와 더불어 문헌자료를 구하는 현지 전문가와 인터뷰를 진행했으며 현지인 가정을 방문하여 인도네시아인이 즐겨먹는 음식의 요리법을 배우고 직접 먹어보는 체험을 하기도 했다.

7　1차 현지조사의 결과물은 『인도네시아 소비트렌드 Ⅱ: 외식 소비를 중심으로』(동남아 이슈페이퍼 통권 11호)로 출간되었다.

2. 인도네시아 음식의 이해

자카르타는 인도네시아 최고의 소비도시답게 로컬 음식의 상업화가 집중적으로 나타나는 도시이다. 자카르타에서 볼 수 있는 로컬 음식의 상업화현상을 구체적으로 다루기에 앞서 인도네시아 음식에 대한 전반적인 이해를 갖고자 한다.

1) 인도네시아의 전통 음식

인도네시아 음식을 이해하는 데 첫 번째 어려움은 그 '방대함'에 있다. 인도네시아는 2억 명 이상의 인구, 300여 개 이상의 종족, 1만 7천여 개의 섬으로 구성된 국가답게 전체 인도네시아 음식에 대한 윤곽을 파악하는 것은 어려운 과제이다. 마키코 쿠보Makiko Kubo는 일상적으로 상상되는 '인도네시아 음식Indonesian cuisine'이란 없다고 말한다(Kubo 2010). 예를 들어, '인도네시아 음식' 개념은 스시 또는 사시미를 일본 음식으로 쉽게 상상하는 것과는 조금 다르다고 지적한다.

인도네시아 음식은 크게 전 지역에서 나타나는 음식인 '마카난 누산타라Makanan Nusantara'와 특정 지역에서 시작된 음식인 '마카난 카스 다에라Makanan Khas Daerah'로 구분되는데, 이 둘을 합쳐 '마카난 트라디시Makanan Tradisi(전통 음식)'라고 부른다. 즉, 인도네시아의 전통 음식은 '특정 지역에서 시작된 음식'과 '그것이 다른 지역으로 퍼져 나가 만들어진 음식'을 통틀어 가리킨다. 또한 일반적으로 '마카난 카스 다에라'를 '로컬 음식'이라고 부른다. 예를 들어, 나시고렝Nasi Goreng은 전통 음식이지만 로컬 음식은 아니다. 그러나 른당Rendang은 서부 수마트라에서 시작된 로컬 음식이자 인도네시아 전체적으로 보면 전통 음식이다. 한편 로컬 음식이 특정 '지역'에서 기원한 음식이라면, 종족 음식Makanan Suku은

'종족'을 기원으로 하는 음식이다. 인도네시아의 개별 종족은 대부분 특정 지역을 중심으로 문화권을 형성하고 있으므로 로컬 음식과 종족 음식 사이에는 공통분모가 있다. 그러나 일상적으로 인도네시아 음식문화에서 종족 음식이라는 용어는 거의 사용되지 않는다. 종족 음식은 어색한 표현이며, 로컬 음식이 자연스러운 표현에 속한다.

인도네시아 음식은 '지역'을 기초로 구분하는 것이 기본적인 분류법이다. 예를 들어, 수마트라 음식, 자바 음식, 발리와 롬복 음식, 칼리만탄 음식, 술라웨시 음식 등으로 구분된다. 이러한 거시적인 지역 음식을 좀 더 세부적으로 구분된다. 즉, 수마트라 음식은 아체, 북부 수마트라, 서부 수마트라, 리아우, 남부 수마트라의 음식으로, 자바 음식은 서부 자바, 중부 자바, 동부 자바, 마두라의 음식으로, 칼리만탄 음식은 동부, 서부, 남부, 중부 칼리만탄의 음식으로 구분된다. 그러나 발리와 롬복 음식 그리고 술라웨시 음식은 하나의 단위이다. 이러한 구분은 현대 인도네시아 음식 서적에서도 잘 나타난다. 한편 이러한 지역적 구분에 기초한 인도네시아 로컬 음식은 종족 음식의 특성을 내포하고 있다고 볼 수 있다. 예를 들어, 서부 수마트라 음식은 미낭카바우Minangkabau종족의, 자카르타 음식은 브타위Betawi종족의, 서부 자바 음식은 순다Sunda종족의, 중부 자바 음식은 자바Java종족의 음식을 대표한다.

그렇다면 인도네시아 전통 음식은 어떠한 체계와 특징을 갖고 있을까? 인도네시아에서 인도네시아 음식에 대한 최초의 체계적인 조사는 수카르노 정부에 의해 이루어졌다. 인도네시아 농업부는 1967년『무스티카 라사Mustika Rasa: Memuat Resep Masakan Indonesia dari Sabang sampai Merauke』를 출간했다. 이 책은 1960년부터 7년간 진행된 조사를 바탕으로 얻어진 결과물이다. 인도네시아 정부는 식량정책을 수립하기 위해 인도네시아 국민이 어떤 음식을 어떻게 먹고 있는지를 파악하고자 했다(Sitta 2014: 97). 매우 방대한 내용을 담고 있는 1,124쪽에 달하는 이 책은 인도네시아 음식에 관한 설명을 담은 최초의 종합서라고 볼 수 있다. 이 책의 제목과 부제의 의미는 다음과 같다. 무스티카Mustika는 다이아몬드 같은 희귀한 광물을, 그리고 라사Rasa는 맛을 의미한다. 즉, '무스티카 라사'는 다이아몬드와 같이 귀한 인도

그림 1.1 『무스티카 라사』의 표지

네시아 고유의 음식 맛이라는 뜻이다(Sitta 2015). 부제는 인도네시아 서쪽 끝 수미트리 이체 주에 있는 도시 사방Sabang으로부터 동쪽 끝 파푸아 주에 있는 도시 머라우케Merauke까지 인도네시아 전체 지역을 표현하고 있다.

『무스티카 라사』에 나타난 인도네시아인의 기본 식단은 주식과 반찬, 음료 그리고 자자난Jajanan으로 구성된다. 보다 세분하면 『무스티카 라사』에 기록된 인도네시아 음식은 크게 여덟 가지로 분류된다. 즉, ① 주식Makanan Utama, ② 국물이 있는 젖은 반찬Lauk Pauk Basah Berkuah, ③ 국물이 없는 젖은 반찬Lauk Pauk Basah Tidak Berkuah, ④ 튀긴 반찬Lauk Pauk Goreng, ⑤ 구운 반찬Lauk Pauk Bakar Bakaran, ⑥ 삼발Sambalan, ⑦ 과자, 케이크 등 후식이나 간식으로 구분되는 자자난, ⑧ 음료Minuman이다. 이러한 분류에 기초하여 『무스티카 라사』에는 주식 45가지, 국물이 있는 젖은 반찬 251가지, 국물이 없는 젖은 반찬 456가지, 튀긴 반찬 125가지, 불에 굽는 반찬 69가지, 삼발 63가지,[8] 자자난 649가지, 음료 31가지가

---

8 1960년대 약 69가지의 삼발이 소개되었고 2014년 『삼발과 사우스(Sambal & Saus)』에서 203가지의 삼발이 소개된 것에 비추어 보았을 때, 인도네시아에서 시간이 갈수록 발달된 음식분야 중에 하나가 삼발이라는 것을 분명히 알 수 있다.

그림 1.2   다양한 종류의 자자난

실려 있다.

인도네시아 전통 음식의 다양성과 방대함은 『무스티카 라사』에 충분히 드러나 있다. 1960년대에는 튀기거나 불에 구운 반찬보다 부드러운 상태인 국물이 있거나 또는 국물이 없는 두 가지 종류의 반찬이 주류를 이루었다고 볼 수 있다. 이는 현대 인도네시아 음식에서 볶거나 튀긴 음식이 발달한 것과는 대조를 이룬다. 현대로 올수록 '식용유'가 발달함에 따라 볶거나 튀긴 요리가 더욱 발달한 것으로 추정된다. 그리고 인도네시아 음식의 중요한 특징 중 하나로 주목되는 '자자난'은 전채요리, 후식이나 간식 등으로 먹을 수 있는 튀김, 케이크, 인도네시아식 떡에 해당되는 음식으로 649가지나 소개되어 있는데, 그 종류의 방대함 또한 놀랍다. 특히 현대 인도네시아 로컬 음식의 상업화현상의 하나로 '자자난'이 번성하는 측면도 강조될 필요가 있다.

『무스티카 라사』는 이와 같은 분류체계를 기본으로 하여 각 분류에 해당하는 음식에 대한 '지역적 기초'를 기록하고 있다. 예를 들면, 주식 45가지 중에서 나시 쿠닝Nasi Kuning과 나시 자궁Nasi Jagung은 인도네시아 전역에서 발견되는 전통 음식이며, 티노투안Tinotuan은 술라웨시 마나도Manado 지역에서 시작된 로컬 음식이다. 이와 같은 서술방식으로 '국물이 있는 젖은 반찬'에 해당되는 251가지 음식과 그 밖의 여러 음식이 기록되어 있다. 지역에 기초한 인도네시아 음식체계는 현대 인도네시아 음식에 관한 문헌, 예컨대 『인도네시아 부엌: 대중적인 누산타라 음식 300선Dapur Indonesia: 300 Resep Masakan Populer Nusantara』과 『인도네시아 전통 음식 100선100 Makanan Traditional Indonesia』 등에서 그대로 이어지고 있다.

2) 서른 가지 전통 음식 아이콘 속의 로컬 음식

앞에서 언급했듯이 인도네시아 음식은 매우 다양하고 방대하다. 인도네시아 정부는 급속한 경제성장에 발맞추어 인도네시아 음식에 대한 마케팅을 본격화하기 위해 선택과 집중을 시작했다. 2013년 인도네시아 창조경제관광부Ministri Pariwisata dan Ekonomi Kreatif는 전통 음식 서른 가지 아이콘을 선성하여 발표했다. 낭시 창조성제관광부 장관 마리Mari Elka Pangestu는 인도네시아 음식의 특징을 다음과 같이 언급했다.

첫째, 인도네시아 음식은 스펙트럼이 상당히 넓기 때문에 다른 어떤 나라에서도 볼 수 없는 음식의 종류가 있다. 즉, 종류가 방대하고 매우 다양하다는 점이 인도네시아 음식의 첫 번째 매력이다. 둘째, 이와 같이 방대함으로 인해 자칫 혼종성이 인도네시아 음식의 특징으로 오해될 수 있지만, 인도네시아에서 기원한 음식들이 분명히 존재한다는 점이다. 아체 음식, 믈라유Melayu 음식, 팔름방Palembang 음식 그리고 자바 음식 등이다. 즉, 인도네시아 음식은 특정한 지역에 기초한 원조 음식과 그로부터 파생된 광범위한 종류의 음식으로 구성된다. 셋째, 14세기 마자파힛Majapahit 왕국 시절부터 인도네시아를 상징하는 '다양성 속의 통일Bhinneka Tunggal Ika'은 현대 인도네시아 음식문화에 고스란히 전승되고 있다. '다양성 속의 통일'은 공동의 목표를 위해 함께 노력하는 상부상조Gotong Royong 원칙으로부터 기원하는 것으로, 바로 인도네시아 음식문화는 공동체적 식사문화에서 기원한 것임을 말한다. 즉, '모두를 위한 음식

One dish for all'의 정신이 흐르고 있다. 넷째, 네덜란드 식민시절 '밥문화 Rijsttafel' 전통이 발굴되었다(http://www.kemenpar.go.id/asp/index.asp 2016).

이와 같은 언급은 인도네시아 전통 음식문화의 특징을 이해하는 데 핵심어를 제공한다. ① 인도네시아 음식의 다양성과 방대함, ② 인도네시아 음식의 지역적 기초의 중요성, ③ 다양성 속의 통일, 상부상조, 공동체 음식문화가 인도네시아 음식문화의 키워드라는 점, ④ 인도네시아 음식문화는 '밥문화'라는 점 등이다. 이러한 전통적 인도네시아 음식문화의 요소들은 현대 로컬 음식 상업화의 기초를 이루고 있기도 하다.

2013년 인도네시아 창조경제관광부가 선정한 전통 요리 서른 가지는 다음과 같다. 툼벵 누산타라Tumpeng Nusantara, 전역, 아시난 브타위Asinan Betawi, 자카르타, 타후 트루르Tahu Telur, 동부 자바, 라원Rawon, 동부 자바, 소토 아얌 라몽안Soto Ayam Lamongan, 동부 자바, 가도가도Gado-gado, 자카르타, 락사Laksa, 리아우, 안양Anyang, 북부 수마트라, 굴라이 주바닥Gulai Cubadak, 서부 수마트라, 오락아릭 븐지스Orak-arik Buncis, 자바, 사테 리릿 이칸Sate Lilit Ikan, 발리, 사테 아얌Sate Ayam, 마두라, 사테 마랑기 사피Sate Maranggi Sapi, 서부 자바, 른당미낭카바우, 핀당 이칸Pindang Ikan, 남부 수마트라, 아얌 팡강 붐부 루작Ayam Panggang Bumbu Rujak, 동부 자바, 아얌 고렝 룽쿠아스Ayam Goreng Lengkuas, 서부 수마트라, 팡엑 이칸 통골Pangek Ikan Tongkol, 서부 수마트라, 크탄 스리카야Ketan Srikaya, 수마트라, 수라비 킨자Surabi Kinca, 서부 자바, 콜락 피상 우비Kolak Pisang-Ubi, 전역, 다윗Dawet, 중부 자바, 룸피아 스마랑Lumpia Semarang, 중부 자바, 크르폰Klepon, 자바·발리·수마트라, 나가사리Nagasari, 자바, 꾸에 룸푸르Kue Lumpur, 전역, 비르 프레톡Bir Pletok, 자카르타, 쿠닛 아삼Kunyit Asam, 자바·발리, 나시 고렝전역, 나시 쿠닝전역 등이다 (Winarno 2013; http://www.kemenpar.go.id/asp/index.asp 2016).

이와 같은 서른 가지 인도네시아 전통 음식 중 자카르타 로컬 음식 3

가지, 자바 로컬 음식 11가지, 수마트라 로컬 음식 8가지, 발리 로컬 음식 1가지로 로컬 음식이 23가지에 이른다. 그리고 인도네시아 전역을 대표하는 음식은 5가지이고, 몇 지역을 동시에 대표하는 음식은 2가지이다. 그중에는 칼리만탄과 술라웨시의 로컬 음식은 선정되지 않았다. 인도네시아 정부가 선정한 서른 가지 전통 음식을 보면, 자바와 수마트라의 로컬 음식이 다수를 점하고 있으며 상대적으로 지역적 범위가 넓지 않은 자카르타 음식이 3가지나 들어 있다. 자카르타 음식의 선정은 자카르타가 갖는 수도로서의 상징성과 높은 인구밀도를 고려한 것이라고 볼 수 있다.

이들 서른 가지 전통 요리의 특징과 범주는 다음과 같다. '주식'에 해당되는 음식은 3가지(툼벵 누산타라, 나시 고렝, 나시 쿠닝), '국물이 있는 젖은 반찬'은 7가지(라원, 소토 아얌 라몽안, 락사, 굴라이 주바닥, 른당, 핀당 이칸, 팡엑 이칸 통골), '국물이 없는 젖은 반찬'은 5가지(가도 가도, 아시난 브타위, 타후 트루르, 안양, 오락아릭 브지스), '굽는 반찬'은 4가지(사테 리릿 이칸, 사테 아얌, 사테 마랑기 사피, 아얌 팡강 붐부 루작), '튀긴 반찬'은 1가지(아얌 고렝 릉쿠아스), '자자난'은 7가지(크탄 스리카야, 수라비 킨자, 콜락 피상 우비, 룸피아 스마랑, 클르폰, 나가사리, 쿠에 룸프르), '음료'는 3가지(다윗, 비르 프르톡, 쿠닛 아삼)이다. 이렇게 선정된 인도네시아 전통 음식은 『무스티카 라사』 음식체계의 특징을 잘 반영하고 있다.

인도네시아의 음식문화에서 단연 돋보이는 것은 인도네시아인 스스로 음식에 대한 자긍심이 높다는 점이다. 인도네시아 전역에 있는 대형서점 그라메디아Gramedia에는 인도네시아 음식코너가 상당히 발달되어 있다. 그라메디아는 '야사 보가Yasa Boga' 그룹을 만들어 전문적으로 인도네시아 음식의 현대적 발굴을 진행하고 있다. '야사 보가'는 인도네시아 말로 음식을 만드는 사람을 뜻한다(Yasa Boga 2013). 매우 다양한 인도네시아 요리책을 펴내는 야사 보가 그룹은 현대 인도네시아 로컬 음식의 붐을 주도하는 중요한 집단으로 국제적으로 널리 알려진 『최고의 인도네시아 요리The Best of Indonesian Cooking』(1998)를 출간하기도 했다. 또한 『인도네시아 부엌: 대중적인 누산타라 음식 300선』(Hayatinufus and Cherry, 2014)은 인도네시아를 15개 지역으로 나누어 가장 대중적인 요리 300가지를 지역별로 소개하고 있다. 그리고 인도네시아 요리의 핵심인 삼발과 양념을 집대성한 『삼발과 사우스Sambal & Saus』(Sutomo 2014)는 삼발 203가지와 소스 69가지를 소개하고 있다.

삼발은 인도네시아 음식의 주요 메뉴는 아니지만, 삼발이 없는 인도네시아 음식은 상상할 수 없을 정도로 인도네시아 음식 맛을 완성하는 보조 반찬lauk pendamping으로서 기능한다. 각 지역별로 고유한 삼발을 갖고 있는 것도 인도네시아 음식문화의 또 다른 특징이다. 예를 들어, 발리는 삼발 만타Sambal Mantah, 람풍Lampung은 삼발 템포약Sambal Tempoyak, 자바는 삼발 툼팡Sambal Tumpang을 각각 갖고 있다. 삼발의 맛은 주재료로 무엇을 사용하느냐에 따라 각각 다르다. 예를 들어, 인도네시아 전역에서 즐겨 먹는 삼발 트라시Sambal Terasi의 주재료는 길고 가는 붉은 고추Cabai Merah Keriting, 강한 매운 맛의 짧은 고추Cabai Rawit, 보라색을 띠는 마늘Bawang Merah, 트라시Terasi, 토마토 등이다. 트라시는 새우젓과 같은 발효식품으로 자바는 물론 인도네시아 전역에서 가장 많이 사

그림 1.3 순다 식당에서 파는 삼발

용되는 저장용 소스이다. 그래서 삼발 트라시의 맛은 매운맛pedas, 구리 gurih(감칠맛), 레잣lezat(고소한 감칠맛) 등으로 표현된다. 삼발 망가Sambal Mangga는 상큼한 신맛이 특징이고, 삼발 케찹Sambal Kecap은 달고 매운 맛이 특징이다(Sutomo 2014).

인도네시아 로컬 음식을 소개하는 책은 『서부 수마트라 요리Masakan Sumatra Barat』(Zulkayarni Lala Komala 2009)를 비롯해 일일이 소개하기 어려울 정도로 많다. 인도네시아 음식에 대한 세계적 관심과 연구를 이끄는 데는 영어로 된 수준 높은 책들이 크게 기여했다. 이러한 역할을 한 가장 대표적인 인물인 스리 오웬Sri Owen이다. 1935년 서부 수마트라 파당에서 태어나 중부 자바에서 성장한 그녀는 영국에서 공부를 마친 후 BBC에서 근무하면서 런던을 중심으로 유럽에서 동남아 음식을 알리는 데 큰 역할을 했다. 그녀는 『쌀The Rice Book』(1993)과 『인도네시아 지역 음식과 요리법Indonesian Regional Food and Cookery』(1994)를 런던에서 출간했는데, 『인도네시아 지역 음식과 요리법』은 이탈리아어와 프랑스어로도 출간되었다. 2008년 영국에서 출간된 『스리 오웬의 인도네시아 음식Sri Owen's Indonesian Food』은 할머니와 어머니에게 전수받은 1930년대의 인도네시아 음식에서부터 현대에 이르기까지 인도네시아 음식이 어떻게 발달되었는지를 자신이 겪은 삶의 여정 속에서 풀어 나가고 있다.

3. 자카르타 로컬 음식 상업화현상: 소비공간의 분절성

이제 본격적으로 자카르타에서 나타나는 인도네시아 로컬 음식의 상업화현상을 분석하고자 한다. 로컬 음식의 상업화란 '로컬 음식의 상거래를 통한 이윤 추구'를 목표로 하는 행동을 말한다. 이것은 로컬 음식이 발생한 지역 안에서의 상거래 행위와 그 지역을 넘어 다른 지역으로 상거래

행위가 확산되는 두 가지 측면 모두를 포함한다. 가장 일반적인 상업화 방법은 프랜차이즈화이다. 프랜차이즈란 가맹 사업자와 가맹 희망자 사이에 계약관계로 설립된 기업 형태를 말한다. 인도네시아에서도 외식산업 전반과 로컬 음식 상업화 방식에서 프랜차이즈는 이미 일반적인 현상이다.[9]

그러나 인도네시아 로컬 음식 상업화 전략에서 프랜차이즈 방식이 유일한 것이 아니라는 점을 강조할 필요가 있다. 몰 안에서 로컬 음식이 상업화하는 데 프랜차이즈 방식이 지배적이라고 한다면, 몰 밖에서 로컬 음식이 상업화하는 데는 비프랜차이즈 방식이 보다 일반적이다. 이를 기초로 몰 안과 밖에서 로컬 음식의 상업화현상이 어떻게 차이가 나는지를 분석하고자 한다.

1) 몰에서의 로컬 음식 상업화 및 소비현상

인도네시아 소비시장 컨설팅업체인 마크플러스 인사이트는 인도네시아 전체 몰 중에서 소비자들이 가장 선호하는 몰을 조사한 후 그 결과로 6개 몰을 발표했다. 플라자 스나얀Plaza Senayan, 플라자 인도네시아Plaza Indonesia, 스나얀 시티Senayan City, 타만 앙그렉Taman Anggrek, 폰독 인다Pondok Indah, 코타 카사블랑카Kota Kasablanka 등 선정된 6개 몰은 모두 자카르타에 소재한다. 개장된 시기가 서로 다른 이들 6개 몰을 대상으로 몰에서의 로컬 음식 상업화현상이 어떻게 다르며 어떻게 변화했는지를 파악하고자 한다.

인도네시아 로컬 음식 상업화의 최근 현상은 6개 몰 중에서 가장 나

---

9 인도네시아 국내 외식산업의 대표적 프랜차이즈 브랜드는 Fiesta Steak, Chicken Story, Sari Ratu, Sate Khas Express, Bakmi GM, Saboga, Mie Tarik, Dabu-dabu, Tamani Express, Master Wok, Leko, Solaria 등이다.

그림 1.4 간다리아 시티 몰의 '이트 앤드 이트' 푸드코트

중에 개장한 코타 카사블랑카에서 관찰된다. 이 몰에 있는 로컬 음식 푸드코트를 최근의 소비트렌드로 볼 수 있다. 이러한 흐름을 주도하는 브랜드는 '이트 앤드 이트Eat and Eat'이다. '이트 앤드 이트'는 대표적인 로컬 음식을 파는 소규모 상점들(대략 50개 이상)이 집합적으로 존재하는 공간으로 이곳에서 인도네시아를 대표하는 거의 모든 로컬 음식을 충분히 즐길 수 있다. 앞에서 언급한 6개 몰에는 속하지 않지만, 비교적 최근에 개장한 간다리아 시티Gandaria City 몰에도 '이트 앤드 이트' 푸드코트가 자리하고 있다.

6개 몰 중에서 가장 오래된 방식은 타만 앙그렉의 '다프르 앙그렉Dapur Anggrek' 푸드코트이다. 1995년에 시작된 이 푸드코트는 외형적으로도 매우 오래된 모습을 띠고 있을 뿐만 아니라, 가장 최근의 로컬 음식 푸드코트가 지닌 특징을 보여 주는 스나얀 시티 몰의 '프랜차이즈형' 푸드코트나 간다

그림 1.5 타만 앙그렉의 푸드코트

리아 시티 몰의 '지역 강조형' 푸드코트와 달리 뚜렷한 특징을 표현하지 못하는 로컬 음식 푸드코트의 초기 형태를 간직하고 있다. '다프르 앙그렉' 푸드코트는 브랜드 또는 지역이 아니라 판매되는 '음식 이름'으로 각 점포가 구별된다.

6개 몰 중에서 자카르타의 최고급 몰은 플라자 인도네시아이다. 플라자 스나얀과 스나얀 시티도 고급 몰에 속한다.[10] 흥미로운 점은 플라자 인도네시아 몰에는 로컬 음식 푸드코트가 없다는 것이다. 주로 고소득 소비층이 다니는 몰의 특성상 다양한 외국음식 식당은 있어도 로컬 음식 푸드코트는 없다.

플라자 스나얀과 스나얀 시티 두 곳에서는 로컬푸드 상업화 전략의 새로운 현상을 관찰할 수 있다. 대부분의 로컬 음식이 푸드코트를 중심으로 상업화했다면, 기존과는 다른 방식의 로컬 음식 고급화 전략을 이 두 곳에서 목격할 수 있다. 로컬 음식의 고급화 전략의 하나는 '름블란 Remboelan'이 보여 준다. 2011년 름블란 1호점이 플라자 스나얀에서 문을 열었고 폰독 인다, 코타 카사블랑카, 스나얀 시티, 간다리아 시티 등 모두 5개 몰로 매장이 확장되었다. 름블란 식당이 추구하는 것은 '인도네시안 소울 푸드Indonesian Soul Food'로서 인도네시아 음식의 진정한authentic 맛을 추구한다는 전략이다. 이러한 방식은 저렴하고 편한 분위기의 푸드코트에서 즐기는 기존의 로컬 음식 소비전략이 아닌, 고급스러운 식당 분위기와 가격대가 높은 로컬 음식 소비의 고급화 전략이라고 해석될 수 있다. 몰이라는 소비공간에서 인도네시아 로컬 음식이 고급스러운 소비 영역으로 등장한 것이다.

---

10 6개 몰에는 속하지 않았지만, 자카르타에서 최고의 음식 소비를 즐길 수 있는 곳은 그랜드 인도네시아(Grand Indonesia) 몰이라고 할 수 있다. 그랜드 인도네시아 서쪽 몰의 지하부터 5층까지 식당이 즐비하다.

그림 1.6 폰독 인다 몰의 름블란 식당

름블란 식당 이전에 인도네시아 로컬 음식의 고급스런 소비공간을 추구한 '스리브 라사Seribu Rasa' 식당이 있었다. 스리브 라사는 단독 건물 형태의 식당이고 비싼 음식가격으로 상류층의 사교공간으로 기능했는데, 이 식당에서 제공하는 인도네시아 음식의 맛은 퓨전스타일이다. 스리브 라사와 비교하면, 름블란은 몰 입점 전략과 동시에 인도네시아 로컬 음식의 고급화 전략을 채택했다고 할 수 있다. 그러나 최근에는 스리브 라사도 몰 입점 전략을 동시에 사용하고 있다. 이미 롯데쇼핑몰Lotte Shopping Avenue, 간다리아 시티, 립포 몰Lippo Mall에 입점했고, 2016년 10월에는 플라자 인도네시아에 매장을 열었다. 로컬 음식 푸드코트가 없었던 자카르타 최고급 몰 플라자 인도네시아에 스리브 라사가 입점했다는 사실은 인도네시아 로컬 음식의 고급화 현상을 잘 반영하고 있다.[11]

---

11 스리브 라사는 Penang Bistro, Honkong Cafe, LA Hoya, Miyagi, TAT Suay, Sari bagina 등의 외식 브랜드를 소유한 외식업체 아레나 주식회사(Arena Corp.) 소속이다.

로컬 음식의 고급화 전략으로 상징되는 름블란과 스리브 라사의 차이는 추구하는 음식 맛에 있다. 전자가 '전통적인 고유한 인도네시아 음식 맛'에 기초하고 있다면, 후자는 '외국인도 쉽게 즐길 수 있는 인도네시아 퓨전 음식 맛'으로 설명할 수 있다. 름블란 식당은 2012년 인도네시아 정부가 선정한 전통 음식 서른 가지 중에서 70퍼센트 이상을 메뉴로 제공하고 있다.

마지막으로, 스나얀 시티에 있는 로컬 음식 푸드코트인 '푸드스튜디오Foodstudio'는 인도네시아 로컬 음식의 프랜차이즈 브랜드가 집중된 공간이다. 인도네시아에서 익숙한 로컬 음식 프랜차이즈 브랜드—인도네시아 로컬 음식의 프랜차이즈화를 대표하는 브랜드는 '사테 카스 익스프레스(Sate Khas Exprees)', '사리 라투(Sari Ratu)', '치킨 스토리(Chiken Story)', '박미(Bakmi)', '소라리아(Solaria)' 등이다—를 대부분 만날 수 있으며, 인도네시아 로컬 음식 브랜드가 아닌 외국음식 프랜차이즈 브랜드도 많이 있다. '푸드스튜디오'는 인도네시아 로컬 음식의 상업화에서 가장 지배적인 방식이다.

그림 1.7 　스나얀 시티의 '푸드스튜디오' 모습과 그 안에 있는 로컬 음식 프랜차이즈 브랜드

2) 몰 밖의 로컬 음식 소비현상

자카르타에서 로컬 음식의 서열화된 소비공간은 쇼핑몰, 단독 건물 식당,

대형 슈퍼마켓 안의 프랜차이즈 또는 소규모 입점 식당들, 와르특Warteg, 와룽 카키 리마Warung Kaki Lima 순으로 정리할 수 있다. 그러나 항상 예외는 있다. 모든 쇼핑몰이 최고급 몰은 아니며, 인도네시아 중산층·중하위층이 정서적으로도 자유롭게 다닐 수 있는 몰도 있다. 역으로 단독 건물 형태를 갖는 고급식당도 분명 존재한다. 앞에서 언급한 것처럼, 스리브 라사는 멘텡Menteng에서 단독 건물 형태로 시작하여 몰 입점 전략을 추가한 사례이다. 그러나 대체적으로 인도네시아 중산층과 중하위층 그리고 빈곤층이 '몰 밖'에서 로컬 음식을 소비할 수 있는 공간은 단독 건물 식당, 와르특, 와룽 카키 리마 세 가지 형태이다.

이러한 세 가지 형태 중에서 두 가지인 소규모의 단독 건물 식당과 와르특은 자카르타 안에서 이루어지는 '몰 밖'에서의 경쟁구도라고 볼 수 있다. 서부 수마트라를 기원으로 하고 있는 로컬 음식과 중부 자바를 기원으로 하고 있는 로컬 음식 사이의 경쟁이다. 서부 수마트라 로컬 음식을 상업화한 스데르하나 파당은 몰 밖에서 단독 건물 형태로 상업화를 추구하고 있고, 중부 자바 로컬 음식을 상업화한 와르특 카리스마 바하리Warteg Karisma Bahari는 몰 밖에서 와르특이란 형태로 상업화를 취하고 있다. 중산층 이하의 소비층을 핵심 소비층을 고려하는 이들에게 높은 비용을 지불해야 하는 몰 입점 전략은 손익계산 차원에서 고려의 대상이 되지 않았다.

먼저, 수마트라의 대표적인 로컬 음식인 파당음식을 상업화한 '스데르하나 파당'에 대해 살펴보자. 스데르하나 파당의 기업 전략은 몰이 아니라 단독 건물 또는 일반 중산층 상가에 입점하는 전략을 취하고 있다. 1972년 북부 자카르타에 1호점을 개장한 스데르하나 파당은 현재 인도네시아 전역에 120개 분점을 두고 있다. 그런데 스데르하나 파당의 본점과 지점은 프랜차이즈가 아니라 상호 협력의 '고통로용Gotong Royong' 방식에 기초하고 있다. 일반적인 프랜차이즈 방식이 지점이 본점에게 로열

그림 1.8　스데르하나 파당 1호점과 그곳에서 제공되는 파당음식

티를 지불하는 조건이라면, 고통로용 방식에는 이러한 조건이 전혀 없다. 1995년부터 스데르하나 파당 1호점에서 일하는 메니저 믄드리Mendri Sa Ravamangun는 고통로용 방식이 공동의 협력과 노력에 기초한 동반성장을 추구하는 방식이라 설명했다. 스데르하나 파당의 지점을 열고자 하는 사업가가 스스로 매장을 개장할 수 있는 최소한의 경제적 능력을 갖추었다면 본점은 시스템—메뉴, 조리법, 주요 식재료, 식당 운영 노하우 등—을 제공하는 방식이라는 것이다. 그는 스데르하나 파당의 마케팅 전략을 네 가지로 설명했다. 첫째, 질 좋은 서비스, 둘째, 음식의 질, 셋째, 위생, 넷째, 합리적 가격이었다. 그는 파당음식문화는 독특하기 때문에 음식의 이동, 배열, 수거, 계산 등과 같은 일련의 서비스 시스템이 중요하고, 따라서 직원들의 서비스 교육을 중요시 여긴다고 말했다. 특히 그는 파당음식의 고유의 맛을 유지하고자 하는 노력에 대해 힘주어 말했다. 1호점 식당에서 일하는 점원들의 옷에는 본점의 파당음식들이 파당음식 본연의 맛을 유지하는 조리법Resep Asli을 추구하고 있다고 적혀 있다. 다음으로는 '위생'이다. 사실 인도네시아 식문화에서 '위생'은 아주 취약한 부분이다. 이러한 문제점을 극복하기 위한 스데르하나 파당의 노력은 매우 큰 의미를 갖는다. 마지막으로 합리적인 음식가격 전략으로 중산층 소비자들이 마음껏 즐길 수 있는 소비공간을 제공한다는 것이다. 이것은 인도네시아 로컬 음식의 상업화 경쟁이 가속화되는 몰 밖의 상황에서 중소자본으로 차별화

된 전략을 선택하여 마케팅 성공을 취하고 있다는 의미로 해석될 수 있다.

다음으로 인도네시아의 중하층이나 빈곤층의 음식 소비공간인 '와르특'에 대해 살펴보자. 와르특은 와룽Warung과 트갈Tegal의 합성어를 압축한 말이다. 와룽은 작은 가게 또는 점포를 의미하고, 트갈은 중부 자바에 있는 도시 이름이다. 즉, 와르특은 트갈 지역을 기원으로 하는 와룽이다. 와르특은 중부 자바 음식의 소비공간을 기원으로 삼지만, 최근에는 와르특 파당, 와르특 순다 등 다른 종족의 이름이 추가되어 변형된 형태의 식당들도 나타났다. 따라서 와르특은 이제 일반명사가 되었고, 이에 기초하여 와르특은 다양한 브랜드를 갖게 되어 와르특 카리스마 바하리Warteg Kharisma Bahari, 와르특 신타Warteg Shinta, 와르특 믈라티Warteg Melati 등 구별된 브랜드로 상업화되어 가고 있다. 와르특 형태의 로컬 음식 소비공간이 자카르타와 수도권에만 3만 4,000개 있는데, 그중에서도 와르특 카리스마 바하리는 자카르타에 200여 개 있다. 와르특 카리스마 바하리에는 50가지 정도의 자바 음식이 '이미 만들어져서' 진열되어 있고, 소비자들은 매장에서 식사를 하거나 포장해 간다. 공간에 따라 100여 가지 음식이 진열된다고 한다. 2016년 현재 와르특에서 한 끼 식사는 한국 돈 1,000원에 가능하다. 자바 음식은 인도네시아 음식 중에서 가장 넓게 저변으로 확산된 음식이다. 따라서 자바 음식의 상업화 전략으로 스리브 라

그림 1.9 와르특 카리스마 바하리 식당(좌)과 50가지 이상의 만들어진 자바 음식을 판매하는 여사장의 모습(우)

사와 같은 고급화 전략 또는 수많은 와르특처럼 가장 쉽고 싸게 자바 음식을 접할 수 있는 대중적 전략을 선택할 수 있다.

마지막으로 '와룽 카키 리마'이다. 와룽은 작은 가게, 카키Kaki는 발, 리마Lima는 다섯을 각각 의미한다. 이 이름은 포장마차와 같은 작은 가게를 지탱하는 네 개의 다리와 그 안에서 음식을 만들어 판매하는 사람의 두 다리를 하나로 쳐서 모두 다섯 개의 다리로 지탱하는 가게의 모습을 형상화한 것에서 기인한다. 와룽 카키 리마는 이동성이 있는 식당으로, 음식은 최소로 한두 개를 특화해서 판매한다. 와룽 카키 리마는 어디에서든지 찾아볼 수 있는 가장 서민적인 음식 소비공간이다.

그림 1.10 와룽 카키 리마

4. 로컬 음식의 소비문화와 음식정체성

여기에서는 로컬 음식 소비에서 나타나는 소비자의 인식·태도·정서를 스데르하나 파당과 카페 브타위에서 실시한 소비자 설문을 통해 진단해 보고자 한다. 두 식당을 선택한 이유는 다음과 같다. 첫째, 이들 식당의 상업화 전략이 프랜차이즈가 아니라는 점이다. 프랜차이즈 식당은 가장 표준화된 맛을 상징하는데, 두 식당은 모두 프랜차이즈를 시도하고 있지 않으므로 차별화된 맛의 전략을 살펴보는 데 적절하다고 여겨졌다.[12] 둘

---

12 카페 브타위는 1인 소유 기업이다. 카페 브타위는 1992년 폰독 인다에 1호 매장

째, 두 식당은 서로 다른 대표적인 로컬 음식에 기초한 브랜드이다. 스데르하나 파당은 미낭카바우종족과 파당지역, 카페 브타위는 브타위종족과 자카르타 지역을 대표하는 로컬 음식 식당이다. 셋째, 스데르하나 파당과 카페 브타위 두 브랜드 모두 고급화 전략보다는 중산층을 타깃으로 삼는 전략을 취하기 있기 때문에 인도네시아 로컬 음식에 대한 대중적 정서를 파악기에 적합한 곳이라고 가정했다. 스데르하나 파당과 카페 브타위에서 실시한 설문조사는 각각 39명과 41명, 총 80명을 대상으로 했다. 설문지를 주관식 10개 문항으로 구성했는데, 그중 6개 문항은 인도네시아 전통 음식에 대한 공통 질문에 해당하고 4개 문항은 파당음식과 브타위음식에 대한 것으로 두 식당에서 질문을 달리하여 조사했다.

1) 인도네시아의 전통 음식에 대한 태도

먼저, 인도네시아의 전통 음식에 대한 태도와 인식은 어떠한가, 인도네시아 정신을 상징하는 음식은 무엇인가, 인도네시아 음식문화의 가장 큰 특징을 무엇으로 이해하고 있는가, 인도네시아 로컬 음식에 대해서 어떤 태도를 갖고 있는지를 설문조사를 통해 알아보고자 했다.

첫째, 인도네시아인들이 '소울 푸드soul food'[13]라고 생각하는 것은 어떤 음식인가? 이 질문에 대해서 표 1.1과 같은 결과가 나왔다. 이를 통해서 인도네시아인은 자신들의 음식문화를 '밥'문화로 인식하고 있다는 것을 알 수 있었다. 가장 많은 답을 차지한 '나시Nasi'는 우리말로 하면 '밥'

을 개장한 이후 2016년까지 자카르타 22개, 반둥 1개, 발리 2개, 수라바야 2개, 발릭바판 1개 등 총 28개 매장이 개장했는데, 모두 몰에 위치하고 있다.

13 질문지에서 '소울 푸드'는 인도네시아인의 삶과 정신을 대표하는 음식(makanan yang bisa mewakili kehidupan dan jiwa orang dari suatu daerah/negara) 으로 개념 규정했다.

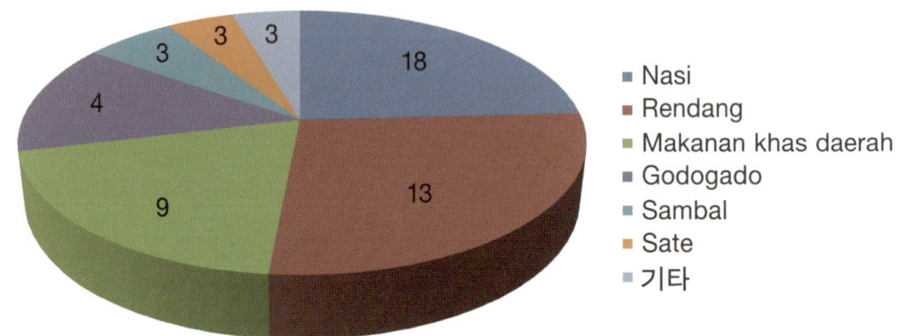

이다. 여기에는 나시 우둑Nasi Uduk, 나시 리윗Nasi Liwet, 나시 푸티Nasi Putih, 나시 고렝, 나시 고렝 자바Nasi Goreng Java 등과 같은 구체적인 답변을 모두 포함시켰다. 그 다음은 '른당Rendang'이라는 답변이었다. 른당은 미낭카바우종족의 고유 음식으로 쇠고기 또는 염소고기를 사용한다. 른당은 만드는 데 최소 3~4시간 이상이 걸리기 때문에 평상시의 음식이라기보다는 생일·잔치·의례 등 특별한 날에 먹는 음식이었다. 른당 사피Rendang Sapi는 쇠고기를 코코넛밀크에 고추Cabai Keriting와 마늘은 물론 강황Kunyit, 룽쿠아스Lengkuas, 생강, 고수Ketumbar, 향신료Asam Kandis 등을 넣고 장시간 약한 불에서 졸이면서 익힌 음식이다. 세 번째로 많은 답변은 '로컬 음식Makanan Khas Daerah'이었다. 이는 인도네시아 음식문화를 이해하는 데 '로컬 음식'이 매우 중요한 핵심어라는 것을 잘 보여 주고 있다. 그 다음은 가도가도Gadogado, 삼발Sambal, 사테Sate 순이었다. 가도가도는 삶아서 익힌 야채를 땅콩 소스에 어울려 먹는 샐러드와 유사한 음식이다. 사테는 직화구이의 일종으로 닭고기·쇠고기·염소고기 등을 구워서 만드는 음식인데, 고기에 바르는 양념과 곁들여 먹는 삼발로 맛이 좌우된다.

둘째, 인도네시아 문화의 특징이라고 말할 수 있는 '다양성 속의 통일'을 상징하는 음식을 무엇이라고 생각하는가? 가도가도가 가장 많은

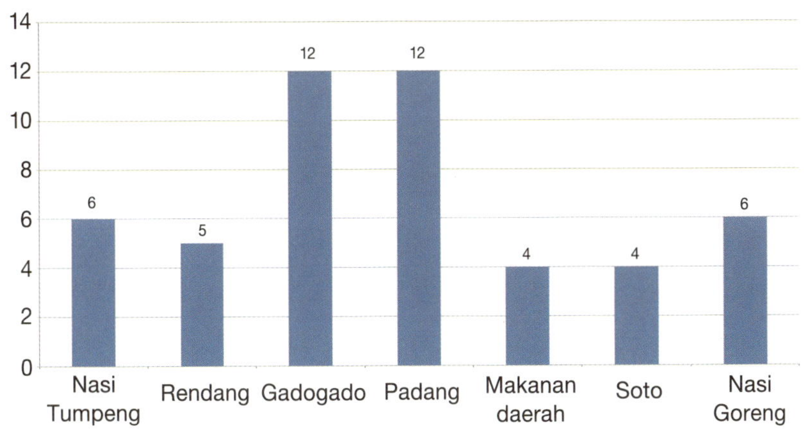

수를 얻었고, 그 다음이 나시 툼펭Nasi Tumpeng과 나시 고렝, 순차적으로 른당, 소토Soto 순으로 답했다. 지역적으로는 파당음식이 가장 다양성 높은 음식으로 지적되었다. 또한 지역별로 다양한 음식이 있다는 것 자체가 '다양성 속의 통일'을 상징한다는 답도 있었다. 14세기부터 현재까지 인도네시아 사회문화의 특징을 일컫는 핵심어로 '다양성 속의 통일'이 꼽혔다. 음식문화는 인도네시아 문화의 한 부분으로서 '다양성 속의 통일'을 상징하는 음식들은 '조화로운 맛과 형태' 또는 '전통성'을 상징하는 음식들로 선택되었다고 볼 수 있다. 예를 들어, 나시 툼펭은 툼펭 누산타라 Tempeng Nusantara라고도 부르는 의례용 음식으로, 밥은 원뿔형으로 만들어 가운데 놓고 그 주위를 다양한 반찬으로 에워싸서 만든다. 밥 주위를 둘러싼 반찬의 종류와 규모에 따라 크기가 달라진다. 이때 밥은 강황으로 만들어 노란색을 띠는 것이 일반적이고, 원뿔 모형은 '높은 곳'을 향하는 상징적인 의미를 갖는다. 그리고 나시 고렝은 인도네시아를 대표하는 가장 '전통성'이 강한 음식으로 닭고기·쇠고기 또는 해산물을 곁들여서 만드는 볶음밥의 일종이다. 나시 고렝에 '트라시'가 사용된다는 점과 삼발과 함께 먹는 점도 전통성의 상징으로 볼 수 있다. 소토 또한 인도네시아

음식세계를 상징하는 것으로 닭 국물에다가 각종 향신료와 뿌리식물로 독특한 국물 맛을 내는 특징적인 인도네시아 음식이다. 최근 '소토'를 인도네시아 음식의 세계화 전략의 주력 음식으로 삼았다는 이야기를 접할 만큼 '소토'는 매우 인도네시아적인 요리이다.

셋째, 인도네시아 음식문화의 특징은 무엇인가에 대한 가장 압도적인 답변은 '함께하기Bersama'였다. 인도네시아 음식문화의 핵심적 특징을 '함께'라는 단어에서 충분히 엿볼 수 있다. 인도네시아 사람들은 식사를 할 때 혼자보다는 여럿이 함께 향유하는 문화를 갖고 있다. 이 설문조사를 실시할 때는 마침 '인도네시아 독립기념일' 시즌이었다. 휴일을 맞이하여 인도네시아 국기인 '메라쁘띠Merah Petih'을 상징한 '빨간색과 흰색'을 대비시킨 옷을 차려입고 '함께' 외식을 즐기는 모습을 곳곳에서 볼 수 있었다. '함께'하는 인도네시아의 식문화는 라마단 기간 동안 '부카 푸아사Buka Puasa' 문화에서 가장 흔히 볼 수 있는 음식 소비현상이다. 인도네시아어로 '푸아사'는 '금식', '부카'는 '열다'라는 뜻인데, 부카 푸아사는 '금식을 깨다', '음식을 섭취하다'라는 뜻이다. 즉, '부카 푸아사'는 단식의 달 라마단 동안 해가 떨어지고 음식을 다시 섭취할 수 있는 것을 의미한다. 라마단 동안 부카 푸아사를 할 때 가족뿐만 아니라 직장동료, 동창,

표 1.3 인도네시아 음식문화 특징

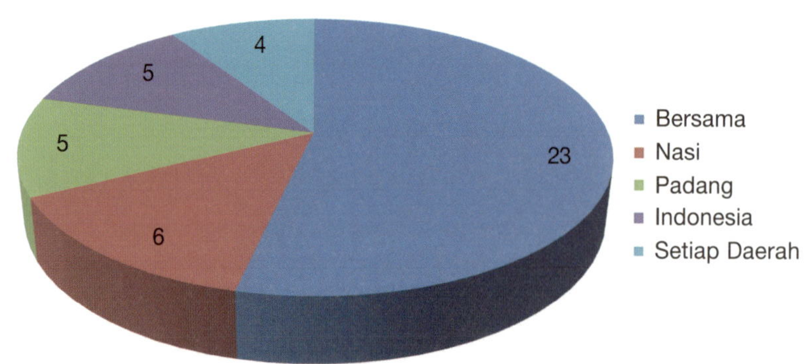

친척 등 다양한 사회집단들과 함께 즐기곤 한다. 그 다음으로 '나시', '파당', '인도네시아'라는 답변이 나왔다. 인도네시아 '음식문화' 자체가 '인도네시아'를 상징한다고 생각할 수 있다. 즉, 다양한 로컬 음식문화 자체가 인도네시아의 '다양성 속의 통일'을 상징하고, 그것이 곧 인도네시아라는 인식을 인도네시아인은 스스로 갖고 있다고 해석할 수 있다.

넷째, 인도네시아 음식을 표현할 수 있는 키워드는 무엇인가?[14] 이 질문의 의도는 인도네시아인이 모국 음식에 대해 어떤 감정과 인지를 갖고 있는지 엿보기 위한 것이었는데, 응답자들은 대체로 음식 '맛'을 언급했다. 맛에 대한 표현으로 가장 높은 빈도수를 보인 것인 '매운맛pedas'이었고, '구리gurih', '단맛manis', '짠맛asin' 순이었다. 여기에 '신맛asam'을 추가하면 인도네시아 음식의 다섯 가지 대표적인 맛은 모두 언급된다. 그리고 추가적으로 인도네시아 음식에서 느낄 수 있는 '풍요로운 맛punuh cita rasa, kaya rasa' 등이다. 그리고 '맛있다'로 해석되는 '에낙enak', '레잣lezat', '스답sedap' 등이다. '즐긴다'라는 의미의 닉맛nikmat이라는 표현이 나왔다.

인도네시아 음식에 대한 핵심어를 주로 '맛'으로 답했는데, 이는 최근 음식 연구의 경향이 잘 반영된 것으로 보인다. 『전통민속식품Journal of Ethnic Foods』[15]은 세계음식을 종족 음식으로 구분하고, 종족 음식을 깊이 있게 다루고 있다. 이 잡지의 중요한 연구주제 중 하나는 '맛'인데, 이에 따르면 종족 음식은 '맛'으로 차이가 나타나고 '맛의 차이'는 여러 가지 요인에서 기인한다. 예를 들면, 한국 음식의 '시원한 맛Siwonhan-mat'에 대한 연구이다. '시원한 맛'은 한국인만이 느낄 수 있는 종족 음식의 맛으

---

14 이 질문은 한 응답자에게 인도네시아 음식을 표현하는 키워드 세 가지를 답하라고 요청했기 때문에 총 응답자(80명) 숫자보다 더 많은 응답수가 계산되었다.

15 『전통민속식품(Journal of Ethnic Foods)』은 2014년 12월 한국식품연구원에 의해 창간된 전통식품·민속음식 분야의 영문 국제학술지이다.

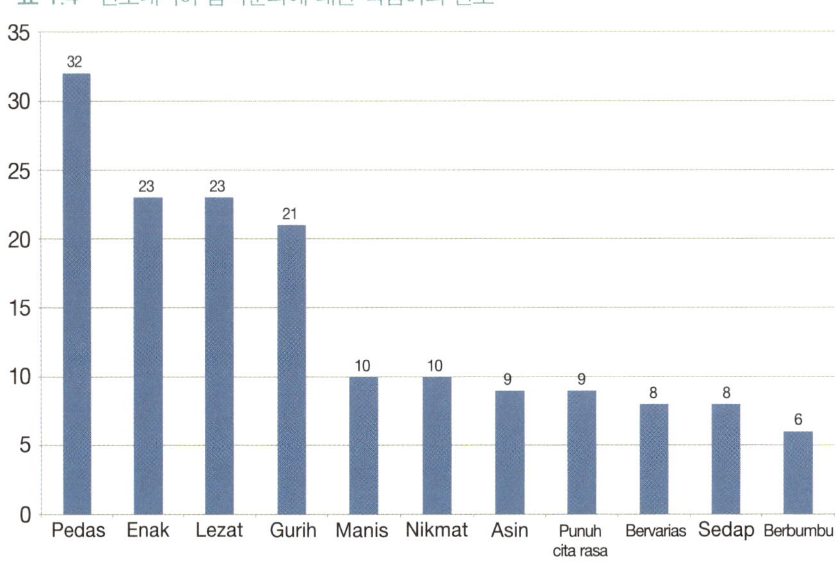

로서, 이에 대한 연구에서는 역사적 기록, 음식 종류, 식재료, 조리법 등을 다룬다(Kang, Oh, Jang, Kim and Kwon 2016).

인도네시아 음식의 맛 표현 중에서 '구리gurih'라는 맛은 이러한 의미를 내포한다고 볼 수 있다. 인도네시아 음식의 '구리 맛'과 그 맛을 내는 고유한 식재료는 강조될 필요가 있다. 이 맛은 맵다, 달다, 짜다, 시다 등과 같이 누구나 상상할 수 있는 보편적인 언어로 설명되기보다는 인도네시아인의 고유한 언어체계 안에서 이해되어지는 일종의 기의記意라고 생각된다. 다만 보편적인 언어로 표현하자면 '감칠 맛' 정도로 해석될 수 있다. 하지만 '구리'는 인도네시아 음식에서만 느낄 수 있는 풍부한 '향'과 '맛'을 의미한다.

인도네시아 음식의 풍부한 맛과 향을 구성하는 식재료는 매우 다양하다. 식물뿌리로는 생강Jahe, 강황, 룽꾸와스 등이 있다. 이 세 가지 식재료는 인도네시아 전역에서 사용하며, 생강과인 끈쭈르Kencur와 영어로 핑거루트Finger Root인 트무 쿤치Temu Kunci는 제한된 지역에서만 사용한다.

이러한 식재료는 신선한 상태, 마른 상태 또는 가루 등으로 다양하게 사용된다(Hayatinufus and Cherry 2014: 15). 특히 강황은 음식의 노란빛을 내는 데 자주 사용된다. 그 다음으로 인도네시아 음식의 풍부한 향을 만들어 내는 열매·나무·꽃은 후추Lada, 고수, 진탄Jintan, 팔라Pala, 크미리Kemiri, 카풀라가 자와Kapulaga Jawa, 클라벳Klabet, 아다스 마니스Adas Manis, 카유마니스Kayumanis, 증키Cengkih, 붕아 라왕Bunga Lawang, 크좀브랑Kecombrang 등이다. 그리고 향을 완성시키는 여러 가지 잎들인 다운 저룩 프룻Daun Jeruk Purut, 다운 판단Daun Pandan, 다운 크망이Daun Keman-gi, 스라이Serai, 다운 사람Daun Salam, 다운 카리Daun Kari, 다운 쿠닛Daun Kunyt, 다운 루쿠-루쿠Daun Ruku-ruku 등도 중요한 재료이다.

매운맛을 내는 식재료는 다여 고추인데, 인도네시아 음식에 사용되는 고추가 매우 다양하다는 점도 주목의 대상이다. 짧은 고추 종류로는 자바이 라윗Cabai Rawit과 자바이 파디Cabai Padi가 있고, 긴 고추로는 붉은색의 자바이 메라 크리팅Cabai Merah Keriting과 초록색의 자바이 히자우 크리팅Cabai Hijau Keriting 이외에도 두 가지 종류의 고추가 더 있다. 음식에 들어가는 고추의 총량은 음식의 색깔에 영향을 미친다. 그리고 인도네시아 음식의 매운맛을 도와주는 마늘의 역할도 매우 중요하다. 마늘 관련 식재료도 7가지—바왕 봄바이(Bawang Bombai), 바왕 푸티(Bawang Putih), 바왕 메라(Bawang Merah), 다운 바왕(Daun Bawang), 바탕 바왕(Batang Bawang), 바왕 바탁(Bawang Batak), 바왕 라키(Bawang Laki)—가 있다(Sutomo 2014).

또한 동남아 음식에서 느낄 수 있는 '신맛'을 포함하여 감각적인 입맛을 자아내는 식재료가 있다. 인도네시아어로 시큼한 맛, 신맛을 '아삼asam'이라고 하는데, 부아 아삼 자와Buah Asam Jawa, 아삼 칸디스Asam Kandis, 아삼 순다이Asam Sundai, 아삼 그루구르Asam Gelugur, 아삼 순티Asam Sunti 등이 '아삼'이라는 이름이 붙은 열매들이 꽤 많다. 이외에도 열대 열매인 저룩 니피스Jeruk Nipis, 저룩 프룻Jeruk Purut, 저룩 리모Jeruk

그림 1.11　인도네시아 음식에 사용되는 여러 가지 뿌리식물, 향신료, 열매, 잎

그림 1.12　인도네시아 전통시장에 나와 있는 여러 가지 고추, 마늘, 토마토 그리고 열매들

Limo, 레몬 주이Lemon Cui 등도 신맛을 낸다. 그리고 달콤하면서도 상큼한 음식 맛을 더하는 식재료로는 블림빙 사유르Belimbing Sayur와 잘 익은 조그만 토마토가 있다. 마지막으로 인도네시아 음식의 '단맛'을 결정짓는 식재료는 바로 팜 슈거로 알려져 있는 굴라 메라Gula Merah=Gula Jawa이다(Hayatinufus and Cherry 2014:23). 이외에 굴라 아른Gula Aren, 굴라 파시르Gula Pasir, 굴라 바투Gula Batu 등이 단맛을 내는 식재료이다.

다섯째, 자기가 속하지 않은 다른 지역의 로컬 음식을 먹었을 때 인도네시아인으로서 어떤 느낌이 드는가? 이 질문은 국민정체성과 지역정체성의 관계에서 '음식'이 어떤 역할을 하는지 엿보기 위한 것이었다. 표 1.5를 보면, 긍정적인 답변이 지배적이다. '기쁘다senang'와 '자랑스럽다 bangga'가 매우 큰 비중을 차지하고 있다. 그리고 '맛있다enak', '만족스럽다puas', '좋아한다suka', '잘 맞는다cocok' 등 긍정적인 표현들이 많이 나왔다. 또한 '매력적이다tertarik', '즐기다nikmat' 같은 긍정적인 의견도 있지만, '흡족하지 못하다penasaran'라는 부정적인 표현도 소수이지만 발견된다.

앞에서 언급했듯이 인도네시아 정부는 2013년 전통 음식 서른 가지 아이콘을 발표했다. 이것은 '인도네시아 음식Indonesian cuisine'을 만들어 가는 과정으로 해석될 수 있다. 즉, 인도네시아의 '국가성'을 획득하는 인도네시아 음식은 바로 '전통 음식'이라는 아이콘을 중심으로 만들어지는 것이다. 그리고 전통 음식 서른 가지 아이콘에서 로컬 음식이 핵심적 기초를 이루고 있다. 따라서 자기 지역 로컬 음식의 소비를 통한 지역정체성과 다른 지역 로컬 음식의 소비를 통해 교차해서 만들어지는 공유의 감정이 인도네시아 국민정체성을 만들어 가는 과정에서 매우 중요한 기

표 1.5 로컬 음식에 대한 태도

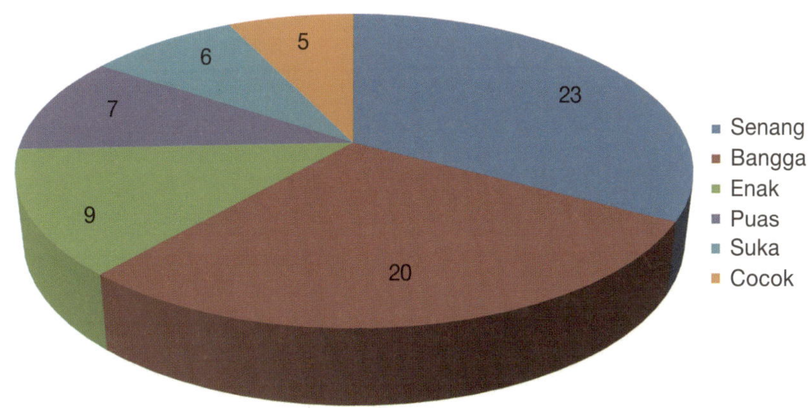

초를 이루고 있다고 볼 수 있다.

2) 자바 음식과 수마트라 음식에 대한 태도

앞의 질문들이 인도네시아 전체의 전통 음식에 관한 것이었다면, 다음은 자바 음식의 하나인 브타위 음식과 수마트라 음식의 하나인 파당 음식에 대한 소비자들의 태도를 묻는 질문들이다. 브타위 음식에 대한 질문은 카페 브타위 고객(41명)을 대상으로, 파당 음식에 대한 질문은 스데르하나 파당 고객(39명)을 대상으로 이루어졌다.

첫째, 브타위 음식과 파당 음식에서 가장 좋아하는 맛은 무엇인가? 이 질문은 인도네시아 로컬 음식을 대표하는 두 음식의 차이를 맛의 차원에서 살펴보고자 한 것이다.

표 1.6의 결과를 보면, 파당 음식과 브타위 음식은 맛의 측면에서 소비자들이 확연한 차이를 느끼고 있음을 알 수 있다. 파당 음식의 가장 대표적인 맛은 '매운맛'이고 브타위 음식의 가장 대표적인 맛은 '구리'이다. 그 다음의 맛들은 교차해서 각각 '구리', '매운맛'으로 이어진다. 파당 음식은 '매우면서도 구리pedas-gurih'로 표현되었다. 사실 파당 음식의 맛을 가장 잘 표현하는 것은 '매우면서도 구리'한 맛으로 볼 수 있다. 브타위 음식 맛에 대한 표현으로 '신맛asam', '짠맛asin' 등도 있다. 파당 음식

표 1.6　파당 음식(좌)과 브타위 음식(우)에서 가장 좋아하는 맛

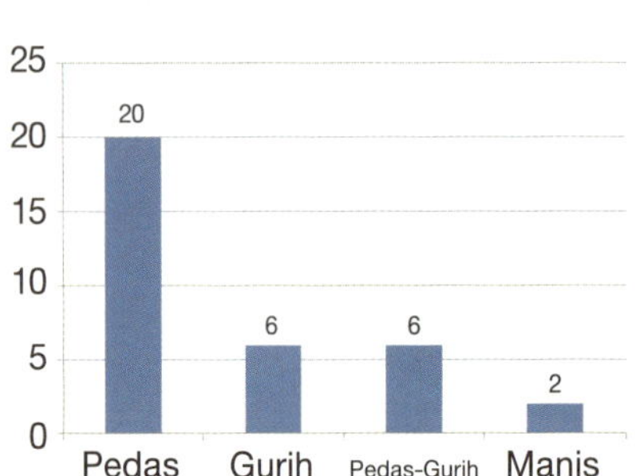

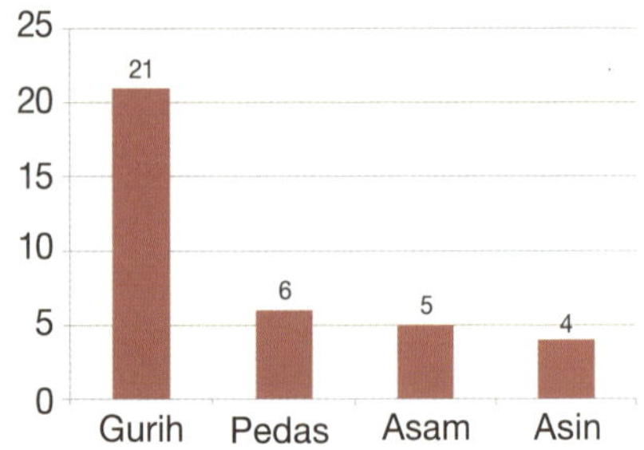

에서는 '신맛'을 전혀 느낄 수 없다. 이러한 맛의 차이는 바로 '종족 음식'의 차이로 해석될 수 있다. 앞에서도 언급했듯 '종족 음식' 연구 경향에서 종족별 음식의 차이는 '맛'으로 구분된다. 인도네시아 사회문화에서는 '종족 음식'이라는 표현은 즐겨 사용되지 않고, 오히려 '지역'을 강조하여 '로컬 음식'을 즐겨 사용한다고 언급했다. 하지만 브타위 음식과 파당 음식은 분명 '종족성'을 띤 음식이기에 두 종족 음식 사이의 차이는 '맛'의 차이로 나타난다고 해석할 수 있다. 이것은 현대 종족 음식의 연구경향과도 잘 부합하는 결과이다.

둘째, 파당 음식과 브타위 음식 중에서 가장 최고로 좋아하는 음식은 무엇인가? 우선 파당 음식과 관련된 답을 살펴보면, 파당 음식의 최강자는 '른당'임을 알 수 있다. 다음으로 인기가 높은 든등Dendeng과 아얌 뽑Ayam Pop, 삼발 히자우Sambal Hijau 등이 선택되었다. 든등은 얇게 썬 쇠고기를 말린 것과 매운맛 삼발을 어울려 먹는 것으로 파당 음식 중에서 인기 있는 메뉴 중 하나이다. 아얌 뽑은 스데르하나 파당 1호점 식당에서 인기 있는 음식으로 별도의 코너가 있을 정도이다. 야얌 뽑은 한국의 백숙과 같이 삶은 닭을 삼발과 함께 먹는 닭 요리이다. 브타위 음식에서 가장 인기 있는 음식은'소토 브타위Soto Betawi'였다. 소토 브타위는 소토의 하나로 자바 음식 맛의 '구리'를 대표하는 음식으로도 볼 수 있다. 소토

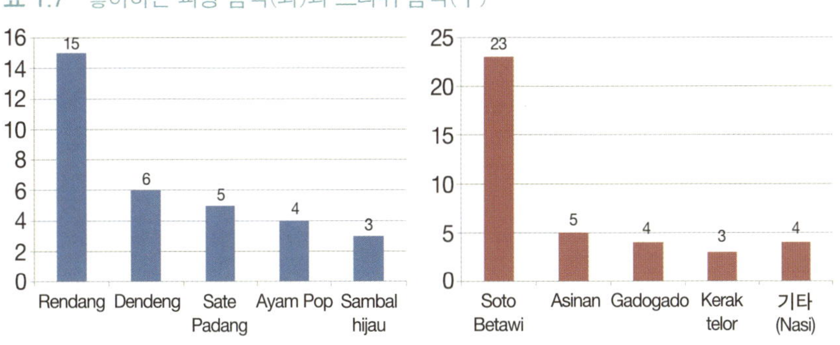

브타위는 국물이 있는 요리로 쌀국수와 닭고기 꾸미, 향신료가 곁들여지고 국물은 코코넛밀크가 바탕을 이룬다. 그 다음은 아시난Asinan, 가도가도, 크락 트로르Kerak Telor 순이다. 그리고 기타의 네 가지 음식은 '나시'와 관련된 것으로 나시 고렝, 나시 우둑, 나시 음팔Nasi Empal 등이다. 브타위 식당과 파당 식당의 메뉴는 확연히 차이 난다. 브타위 식당은 파당 식당보다 '나시'를 중심으로 한 메뉴가 훨씬 발달된 상차림이고, 파당 식당은 '밥'보다는 반찬이 훨씬 더 발달한 상차림이다.

마지막으로 파당 음식과 브타위 음식을 각각 표현할 수 있는 핵심어 세 가지는 무엇인가를 질문했다. 파당 음식을 표현하는 첫 번째 표현이 '매운맛'이라는 점이 중요한데, 인도네시아 음식 맛에 대한 핵심어에서 1순위가 매운맛이었고 그것을 잘 대표하는 로컬 음식이 파당 음식이라고 볼 수 있다. 그 밖에 파당 음식의 특징을 잘 보여 주는 단어로 코코넛밀크 '산탄santan'과 '풍부한 양념berbumbu'이 지적되었다. 코코넛밀크인 산탄으로 요리한 음식 맛에 대해 현지인들은 '기름기를 자아내고 고소한 맛'을 뜻하는 '레잣lezat'이라고 표현한다. 브타위 음식을 표현하는 핵심어에서 '구리'가 높은 순위로 나타났다. 그리고 파당 음식에서는 전혀 발견되지 않는 '신맛'은 반대로 브타위 음식을 설명하는 핵심어 중 하나이다. '신맛'의 유무가 파당 음식과 브타위 음식의 가장 큰 차이점이라고 볼 수

표 1.8 파당 음식(좌)과 브타위 음식(우)에 관한 핵심어

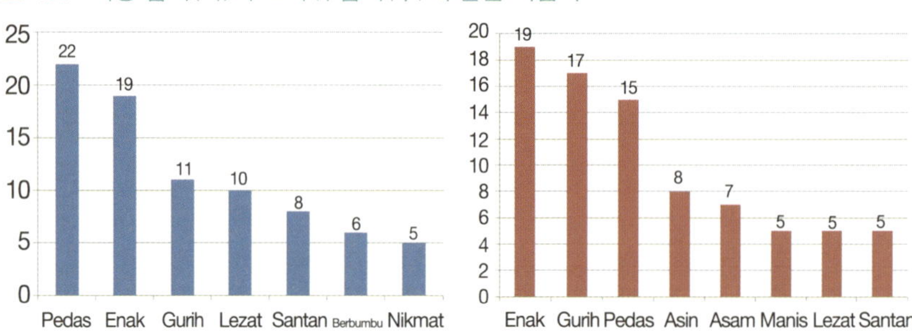

있다.

표 1.4와 표 1.8을 종합적으로 다음과 같이 정리할 수 있다. 첫째, '매운맛'은 인도네시아 음식 전체와 파당 음식에서 각각 첫 번째 핵심어이다. 둘째, '구리'맛은 인도네시아 음식 전체의 네 번째, 자바 음식의 첫 번째 핵심어이고, 파당 음식에도 세 번째 핵심어이다. '구리'맛과 연관된 표현인 '레잣'도 중요한 핵심어 중 하나이다. 른당과 같은 음식은 '매운맛'과 '구리'맛이 동시에 느껴지는 대표적인 음식이다. 이러한 맛은 '맛이 풍요롭다kaya rasa'라든가 '양념이 풍부하다berbumbu' 같은 표현으로 치환될 수 있다.

앞에서도 언급했듯이, 인도네시아 음식의 매운맛은 인도네시아산 고추를 기본으로 하며, '구리'맛은 코코넛밀크, 코코넛 오일 등 코코넛과 각종 향료, 허브, 식물뿌리, 잎 등 다양한 식재료에서 얻어낸 맛과 향에 기초하고 있다. 또한 브타위 음식에서는 '신맛'과 '단맛'을 느낄 수 있지만 파당음식에서는 이러한 맛을 거의 느낄 수 없다. 그리고 파당 음식의 가장 매력적인 맛은 '매운맛이면서 구리맛'으로 표현될 수 있다.

이러한 설문조사 결과로 종족 음식 연구에서 '맛' 연구가 갖고 있는 중요성을 다시 확인할 수 있었다. 즉, 인도네시아 음식과 관련된 핵심어, 파당 음식과 관련된 핵심어, 브타위 음식과 관련된 핵심어를 묻는 질문에 '맛'과 관련된 응답이 나왔는데, 인도네시아 음식 연구뿐만 아니라 세계 종족 음식 연구에서 '맛'이 갖고 있는 의미와 중요성을 엿볼 수 있는 대목이었다.

5. 결론

이 글에서는 인도네시아 자카르타 로컬 음식의 상업화현상과 음식 소비문화를 분석했다. 첫째, 인도네시아 외식 소비시장은 '몰 안에서 소비'와 '몰 밖에서의 소비'로 크게 구분될 수 있다. 몰의 안과 밖이 갖는 상징적 의미는 소비공간으로서 '몰'이 갖고 있는 큰 영향력과 동시에 누구나 자유롭게 '몰'에서 소비할 수 없다는 측면을 고려한 것이다. 또한 이러한 분석의 기초에는 인도네시아 소비층의 소득격차가 반영되었다. 인도네시아 인구의 반 이상이 하위 중산층과 빈곤층에 속한다. 따라서 '몰' 입점 전략이냐 아니냐는 기업의 소비층 선정에서 중요한 분깃점이 될 수밖에 없다. 그리고 인도네시아 로컬 음식의 상업화에는 프랜차이즈 방식과 비프랜차이즈 방식이 존재한다. 몰 안의 로컬 음식 상업화에서 프랜차이즈 방식이 지배적이지만 몰 밖에서는 반드시 그렇지 않다. 중산층 또는 빈곤층을 주요 소비층으로 삼는 스데르하나 파당과 와르특 카리스마 바하리는 전통적인 방식의 협력 모델인 '고통로용'이 작동되는 사례이다. 즉, 해당 브랜드를 사용하는 데 높은 로열티를 지불하는 방식이 아니라 공동 협력을 통한 이익배분방식을 취하고 있다.

둘째, 현재 인도네시아의 고유한 음식은 전통 음식 Makanan Tradisi으로 명명된다. 전통 음식은 특정한 지역에 기초한 마카난 카스 다에라와 고유한 맛의 원천이 되는 로컬 음식으로부터 파생되어 광범위한 지역에서 나타난 마카난 누산타라를 합한 것이다. 특별히 '특정한 지역에 기초한' 음식을 로컬 음식이라고도 부른다. 인도네시아 음식의 원천을 이루고 있는 로컬 음식은 아체 음식, 믈라유음식, 팔름방 음식, 자바 음식 등인데, 현대 인도네시아 로컬 음식의 상업화 흐름에서 아체 음식과 믈라유음식은 비주류이고 팔름방 음식을 포함하는 수마트라음식과 자바 음식이 주류라고 볼 수 있다. 2013년 인도네시아 창조경제관광부는 인도네시아 전통요리 서른 가지를 발표했다. 자카르타와 자바의 로컬 음식 14가지, 수마트라의 로컬 음식 8가지, 발리의 로컬 음식 1개 등 모두 23가지의 로컬 음식이 포함되어 있었다. 여기에서도 로컬 음식의 강자는 자바 음식과 수마트라 음식이었다.

셋째, 인도네시아 전통적인 음식문화는 현대에서도 유지되고 강화될 것으로 보인다. 공동체성과 연대를 강조하는 전통 음식문화는 일상적인 외식 소비뿐만 아니라 라마단 때의 '부카 푸아사'와 르바란(라마단 이후 공동체의 단합과 연대를 도모하는 축제기간), 독립기념일 등 특별한 외식 소비시기에서 '함께하는bersama' 소비문화에서 잘 드러난다. 또한 자기가 속한 지역의 로컬 음식을 좋아할 뿐만 아니라 다른 지역의 로컬 음식을 먹고 즐기는 문화가 발전되는 경향은 음식 소비를 통해 '종족정체성과 지역정체성'이 '국민정체성'으로 유기적으로 변화하고 있음을 보여 주고 있다. 인도네시아 음식의 가장 큰 특징은 종류가 다양하고 범위가 방대하다는 점이다. 이러한 다양성이 '인도네시아 전통 음식'이라는 코드로 통일성을 이루어 가면서 인도네시아 국가성의 기초로 작용되고 있다고 본다. 또한 인도네시아 음식은 주식과 반찬을 기본 식단으로 하고 있으며, 주식을 구성하는 '나시'는 인도네시아아인의 '소울 푸드'로서 인도네시아 식문화가 '밥문화'에 속한다는 것을 반증하고 있다. 인도네시아 음식문화의 핵심어 중 하나인 '즐긴다Nikmat'라는 표현에도 '여럿이, 오랫동안, 많은 얘기를 하며, 천천히 그리고 즐기면서 음식을 먹는' 향유문화가 잘 반영되어 있다. 이러한 소비 향유문화에서 로컬 음식 소비는 중요한 자리를 차지하고 있다.

마지막으로 인도네시아 음식 맛이다. 최근 종족 음식 연구주제의 하나로서 '맛'에 대한 관심이 높아지고 있다. 예를 들어, 한국 음식의 '칼칼한 맛', '시원한 맛', '깊은 맛' 등은 다른 종족 음식과 차별화된 맛으로, 그 맛의 역사적 기원, 식재료, 조리법 등이 연구되고 있다. 인도네시아 음식 맛, 브타위 음식 맛 그리고 파당 음식 맛에 대한 연구결과는 '매운맛'과 '구리맛', '매우면서도 구리맛'이 차별화된 맛으로 나타난다. 이러한 맛은 고유한 식재료와 조리법의 결합으로 만들진 것이다. 따라서 인도네시아에서 '맛'으로 차별화된 각각의 로컬 음식은 외식 소비 분야의 매우 중요한 한 축을 담당하고 있으며, 향후 인도네시아 외식 소비현상에서 인도네시아 로컬 음식의 시장성은 더욱 확대될 것이라고 본다. 이에 인도네시아 로컬 음식의 식재료, 조리법 또는 역사적 기원에 대한 더 깊이 있는 연구가 요청된다.

최경희. 2015. 「인도네시아 소비트렌드 Ⅱ: 외식 소비를 중심으로」. 『동남아 이슈페이퍼』 통권 11호. 서울대 아시아연구소 동남아센터.

구르, 피에르. 2010. 『쌀과 문명』. 김길훈·김건 옮김. 서울: 푸른길.

코니한, 캐롤 M. 2005. 『음식과 몸의 인류학』. 김정희 옮김. 서울: 갈무리.

AN, HongSon. 2015. "Marketing to the ASEAN Consumer." Euromonitor International Report(http://university.popai.com/Research퍼센트20Library/WP_ASEAN-Consumer_1.3-0615-Euromonitor.pdf)

BCG(Boston Consulting Group). 2013. *Asia's Next Big Opportunity: Indonesia's Rising Middle-Class and Affluent Consumers*. Singapore: BCG.

Davis, Carol. 2007. "Food, Fertility and Kinship in Minangkabau." Monica Janowski and Fiona Kerlogue(eds). *Kinship and Food in Southeast Asia*. Copenhagen: Nias Press.

Departemen Pertanian. 1967. *Mustika Rasa: Memuat Resep Masakan Indonesia Dari Sabang Sampai Merauke*. Jakarta: Departemen Pertanian.

Euromonitor. 2015. "Consumer lifestyles in Indonesia."(http://www.euromonitor.com/consumer-lifestyles-in-indonesia/report)

Febriani, Intan. 2015. "Tasting Indonesia: Cosmopolitanism in Culinary Tourism." *International Journal of Tourism Anthropology* 4(2): 111-121.

Hall, Martin. 2014. "Congratulations Letter for Launching Journal of Ethnic Foods." *Journal of Ethnic Foods* 1: 1.

Hayatinufus, A. L. Tobing dan Cherry Haibroto. 2014. *Dapur Indonesia*: 300 *Resep Masakan Populer Nusantara*. Jakarta: Kopas Gramedia.

Kang, Soon Ah., Hyun Ji Oh. Dai Ja Jang. Min Jung Kim and Dae Young Kwon. 2016. "Siwonhan-mat: The Third Taste of Korean Foods." *Journal of Ethnic Foods* 3: 61-68.

Kartajawa, Hermawan. 2016. "Indonesia Latest Update: Special Insight from MarkPlus Inc.." SNUAC Southeast Asia Center's Presentation Paper.

Kubo, Michiko. 2010. "The Development of Indonesian National Cuisine: A Study of New Movement of Instant Foods and Local Cuisine." James Farrer(ed.). *Globalization, Food and Social Identities in the Asia Pacific Region*. Tokyo: Sophia University Institute of Comparative Culture.

Kwon, Dae Young. 2014. "Congratulations on the Publication of the First Issue of Journal of Ethnic Foods." *Journal of Ethnic Foods* 1: 1.

MarkPuls Insight Report. 2014. *Fast Food Chain*. Jakarta: MarkPlus Insight.

MarkPuls Insight Report. 2014. *Shopping Mall*. Jakarta: MarkPlus Insight.

Mari, Elka Pangestu. 2013. "Resep 30 Ikon Tradisional Indonesia."(http://www.kemenpar.go.id/asp/detil.asp?c=16&id=2121)

Murdijati, Gardjito. 2013. *Bumbu, Penyedap dan Penyerta Masakan Indonesia*. Jakarta: Kompas Gramedia.

Nur, I Lipoeto. et al. 2001. "Contemporary Minangkabau Food Culture in West Sumatra, Indonesia." *Asia Pacific Journal of Clinic Nutrition* 10(1): 10-16.

Nusantoro, Ella. et al. 2014. "Indonesia: Structurally Strong, Cyclical Nerves." *Emerging Consumer Survey* 2014. Switzerland: Credit Suisse Report.

Owen, Sri. 2008. *Sri Owen's Indonesian Food*. London: Pavilion Books.

Protschky, Susie. 2008. "The Colonial Table: Food, Culture and Dutch Identity in Colonial Indonesia." *Australian Journal of Politics and History* 54(3): 346-357.

Sanmugam, Devagi. 2005. *Sambals, Dips and Marinades*. Jakarta: PT Java Books Indonesia.

Sitta, Manurung. 2014. "Ensiklopedia Masak Nusantara Mustika Rasa." *Femina* 50(XLII): 96-98.

Sutherland, Heather. 2014. "Urban Southeast Asia: Unity in Diversity." *Journal of Urban History* 40(1): 178-185.

Sutomo, Budi. 2014. *Sambal & Saus*. Jakarta: PT. Kawan Pustaka.

Van Esterik, Penny. 2008. *Food Culture in Southeast Asia*. Westport Connecticut, London: Greenwood Press.

Wahyuningsih, Nurainidan and Dewi Priyatni. 2015. *Nasi Tumpeng Mini: Sajian Purna Gizi Khas Indonesia*. Jakarta: PT Gramedia Pustaka Utama.

Winarno, Bondan. 2013. 100 *Makanan Traditional Indonesia*. Jakarta: Kompas.

Yasa Boga. 2013. *The Best of Indonesian Cooking*. Singapore: Marshall Cavendish Cuisine.

Zulkayarni, Lala Komala, 2009. *Masakan Sumatra Barat*. Jakarta: PT Gramedia Pustaka Utama.

인터뷰 대상자

Dewi Priyatni. Yasa Boga 일원, 인도네시아 요리책 저자(2016년 2월)

Sitta Manurung. *Femina* 잡지 푸드 칼럼니스트, 현재 프리랜서로 활동(2016년 2월)

Ibu Ida. 버카시에 살고 있는 주부, 인도네시아 '집밥'에 대한 체험(2015년 7월)

Ibu Sunarmi. 간다리아 시티 몰에 있는 름블란 식당 슈퍼매니저(2016년 8월)

Mendri Sa Ravamangun. 스데르하나 파당 1호점 매니저(2016년 8월)

Rendi Farisa. 폰독 인다 몰에 있는 카페 브타위 1호점 매니저(2016년 8월)

Ibu Sri. 프라자야 거리에 있는 와르특 카리스마 주인(2016년 8월)

검색사이트

세계은행(http://www.worldbank.org/)

인도네시아 문화관광부(http://www.kemenpar.go.id/asp/index.asp)

부록   2013년 발표된 인도네시아 전통 음식 30개 아이콘

툼벵 누산타라
Tumpeng Nusantara
(Nasi Tumpeng)

밥은 원뿔형으로 가운데 놓고 그 주위를 다양한 반찬으로 에워싸서 만드는 의례용 음식.

아시난 브타위
Asinan Betawi

땅콩 소스를 넣은 야채 샐러드의 일종. 크루푹(Kerupuk, 전통 과자)과 곁들여서 먹는다.

타우 트루르
Tahu Telur

두부와 계란을 주재료로 한 샐러드 식 요리. 숙주와 땅콩을 곁들인다.

라원
Rawon

검은색 콩 크루왁(Kluwak)을 국물로 한 쇠고기 요리. 음식이 검은색이라 강렬한 인상을 준다.

소토는 인도네시아에만 존재하는 국물 요리의 하나. 소토 아얌은 닭 육수와 닭고기, 쌀국수 등을 밥 또는 삼발과 함께 먹는 음식. 라몽안은 동부 자바 지역의 도시.

샐러드의 일종으로, 삶아서 익힌 야채를 땅콩 소스에 어울려 먹는 음식.

중국과 말레이 문화 융합의 요리. 락사는 산스크리스트어로 '풍부함'이란 뜻. 새우, 닭 등이 어우러진 쌀국수 요리.

여러 가지 야채로 만든 젖은 반찬으로 코코넛 가루를 넣어서 만든다.

어린 낭카 열대 과일 열매로 만든 요리. 코코넛밀크로 국물이 자작하게 만든다.

자바인이 즐겨 먹는 콩줄기를 새우 등을 곁들여 만든 야채 볶음요리.

산적처럼 따로 생선으로 재료를 만들어서 레몬그라스 줄기에 그 재료를 붙여서 굽는 요리. 발리의 로컬 음식.

닭 꼬치

사테 마랑기 사피
Sate Maranggi Sapi

쇠고기 꼬치. 서부 자바 프르와카르타(Purwakarta)의 로컬 음식.

른당
Rendang

쇠고기를 사용하면 른당 사피(Rendang Sapi), 염소고기를 사용하면 른당 캄빙(Rendang Kambing)으로 부른다. 코코넛밀크를 넣고 오랜 시간 졸여서 만든 요리.

핀당 이칸
Pindang Ikan

국물이 있는 생선 요리. 각종 향신료로 풍미를 더한다.

아얌 팡강 붐부 루작
Ayam Panggang Bumbu Rujak

구운 치킨 요리. 족자카르타에서 시작되었다. 루작 양념을 곁들여 향이 좋다.

아얌 고렝 룽쿠아스
Ayam Goreng Lengkuas

닭튀김이지만, 생강이나 강황과는
다른 종류의 뿌리식물인 룽쿠아스
(Lengkuas) 로 튀김옷을 만드는 것
이 특징이다.

팡엑 이칸 통골
Pangek Ikan Tongkol

참치(Ikan Tongkol)로 만든 국물이
있는 생선 요리. 서부 수마트라에서
시작된 말레이 문화유산의 요리.

크탄 스리카야
Ketan Srikaya (Sarikayo)

라마단에 먹는 자자난(Jajanan) 일
종으로 쌀가루로 만든 케이크

수라비 킨자
Surabi Kinca

자자난의 일종으로 밀가루, 계란, 소
금 등을 넣어서 굽는 팬케이크. 단맛
의 소스와 곁들어 먹는다.

코락 피상-우비
Kolak Pisang-Ubi

바나나와 고구마를 코코넛밀크 속에
넣어서 먹는 후식 요리.

다웻
Dawet

쌀가루, 코코넛밀크, 팜 슈거 등으로
만든 중부 자바 전통 음료수.

룸피아 스마랑
Lumpia Semarang

인도네시아와 중국 음식문화의 융합
을 보여 주는 스프링 롤의 튀김 요리.

크로폰
Kelopon

자자난의 일종. 코코넛 가루가 묻어
있는 찹쌀떡.

쌀가루, 코코넛밀크, 바나나로 만든 자자난 일종. 단맛이 매우 강하다.

자자난의 일종. 쌀가루, 계란, 코코넛밀크, 계란으로 만든 푸딩처럼 매우 부드러운 한 입 크기의 케이크.

향신료로 만든 전통 음료.

강황으로 만든 전통 음료.

나시 고렝
Nasi Goreng

생선 간장과 트라시 소스를 가미하고, 쇠고기·닭고기·해산물 등을 기호에 따라 추가해서 밥을 볶아서 만든 요리.

나시 쿠닝
Nasi Kuning

강황을 넣어서 노랗게 만든 밥.

말레이시아 화인의 음식 소비:
종족정체성과 도시 중산층 생활의 교차[*]

이응철

1. 들어가는 글

야오써우처우(Yao Souchou 2003)는 새벽시간에 쿠알라룸푸르의 '야
시장'으로 잘 알려져 있는 잘란 알로Jalan Alor의 노천식당에 앉아 있는 한
화인華人 커플에 대해 쓰면서 자신의 글을 시작한다. 말레이 사업가를 대
상으로 성매매를 하는 여자친구의 고된 하루를 노상 테이블에 마주 앉은

---

[*] 『비교문화연구』 23-1호(2017)에 게재된 논문을 편집위원회의 허락을 받아 일부
수정하여 재수록한 글이다.

남자친구가 위로한다. 남자친구는 몸과 마음이 소진되어 버린 여자친구를 위해 바쿠테肉骨茶, Bah Kut Teh를 주문하며 자신이 가져온 녹용과 인삼 가루를 함께 넣어 달라고 식당 점원에게 부탁한다.[1] 말레이 남성에게 육체적·정신적으로 착취당하는 화인 여성이 말레이계 우선정책으로 인해 역사적·정치적으로 약자의 위치로 밀려난 화인의 처지를 그대로 보여 준다는 것이 야오써우처우의 설명이다. 말레이인과 화인을 강자와 약자 또는 착취와 피착취의 관계로만 보는 것은 문제이지만 그는 자신의 글에서 화인들의 사회적 몸을 회복하고 잠시라도 위안을 주는 역할을, 돼지고기로 만들어 무슬림인 말레이인들은 먹지 못하는 바쿠테에 위임하고 있다.

인간의 입맛은 문화적으로 학습된다. 어떤 사회에서 태어나 성장하는가에 따라 맛에 대해 느끼는 바가 다르다. 우리가 맛있다고 이야기하는 한국식 떡볶이에 대해 상하이 사람들은 '맵다'고 반응하는 반면 쓰촨四川 사람들은 '싱겁다'고 이야기할 것이다. 이와 같이 맛에 대한 평가는 사회에 따라 상대적일 수밖에 없다. 그렇다면 무엇에 대해 맛있다고 하는가, 그 맛에 대한 감각에 기초하여 무엇을 먹는가 등의 문제는 결국 누군가가 살아가는 사회에 대한 이야기를 빼고서는 말할 수 없다.

한편 소비란 자신이 가지고 있는 것을 사용하여 다른 것을 얻고 대상을 의미화하는 행위이다. 자신의 돈과 시간 등 많은 요소를 투입하여 원하는 것을 얻는 행위가 소비이다. 그리고 이것은 특정 관계에 대한 고려나 관계에 대한 재설정 등이 포함되는 행위이다. 화폐를 매개로 이루어지는 교환행위라는 점에서 경제적 행위이기도 하지만 특정 사회 안에서 어떤 의미를 전달하는 의사소통행위라는 점(Douglas et al. 1979)을 생각

---

[1] 바쿠테는 돼지뼈와 돼지고기, 각종 돼지 부속, 약재 등을 넣고 끓인 것으로 싱가포르와 말레이시아의 대표적인 화인 음식이다. 바쿠테에 대해서는 뒤에서 자세히 언급하게 될 것이다.

해 본다면 특정 사회의 맥락 속에서 어떤 의미를 전달하는 문화적 행위이기도 하다.

현대 사회에서 음식도 중요한 소비의 대상이라는 점에서 음식의 소비 역시 특정 사회에서 어떤 상징적인 의미를 갖는다(김광억 1994). 예를 들어 음식은 권력과 관련되기도 하고(민츠 1998), 죄책감이나 욕심과 연결되기 때문에 음식에 대한 거절은 세속적인 것과의 결별을 뜻하고 금욕과 성스러움이라는 의미를 갖게 된다(젬조에 2011). 또한 어떤 종족집단 ethnic group에게 음식은 종족정체성을 드러내는 중요한 상징이 되기도 한다(서현정 2001).

이 글에서는 말레이시아 화인들의 음식 소비의 양상 중 일부를 살펴보고 그것의 사회적·문화적 의미를 분석해 보고자 한다. 구체적으로 화인 음식의 다양성을 드러내고 말레이인들과의 상호작용 속에서 화인들은 그것에 어떤 의미를 부여하는지 살펴볼 것이다. 특히 도시 중산층에 속하는 젊은 화인들의 음식 소비를 집중적으로 논의할 것이다. 말레이시아는 대표적인 다종족사회이다. 2016년 7월 현재 말레이인이 50.1퍼센트, 화인이 22.6퍼센트, 토착민이 11.8퍼센트, 인도인이 6.7퍼센트, 기타 종족과 외국인이 각각 0.7퍼센트, 8.2퍼센트를 점하는 3,095여만 명의 인구를 가진 국가이다. 또한 이슬람국가로 무슬림이 약 61.3퍼센트를 차지하고 있으며 불교도는 19.8퍼센트, 기독교도는 9.2퍼센트, 힌두교도는 6.3퍼센트 정도이고 그 외에 다양한 종교들이 있다. 국민 평균연령은 27.9세로 젊은 층이 많아 중간 부분이 약간 도톰한 종형의 인구 분포를 보인다.[2] 말레이시아 전체에서 화인은 20퍼센트를 약간 상회하지만 지역에 따라 그 비율이 조금씩 다르다. 수도인 쿠알라룸푸르의 인구는 말레이인 44.2

2　말레이시아 국가 정보는 CIA Factbook 참조. https://www.cia.gov/library/publications/resources/the-world-factbook(2016년 12월 12일 검색).

퍼센트, 화인 43.2퍼센트, 인도인 10.3퍼센트, 기타 다른 종족 약 1.8퍼센트로 구성되어 있다.[3] 한편 페낭은 비말레이계Non-Bumiputera가 다수인 유일한 지역으로 말레이 40.9퍼센트, 중국인 41.5퍼센트, 인도인 9.9퍼센트, 그리고 다른 종족들로 구성되어 있다.[4]

또한 말레이시아의 화인사회 역시 동질적인 단일한 집단이 아니라 출신지가 다른 여러 집단으로 이루어져 있다. 푸젠福建인, 객가客家인, 광둥廣東인, 차오저우潮州인, 하이난海南인 등 다양한 출신지의 사람들이 모여 화인집단이라는 범주를 형성한다(游俊豪 2014). 엄밀하게 접근한다면 이들을 개별적 집단으로 다루고 각각의 차이를 드러내야겠지만 이 글에서는 다른 종족집단과 대비되는 하나의 범주로서 화인을 다루고자 한다.

중국과 말레이반도 사이의 교류 역사는 오래되었다(홍재현 2008: 428-429). 15세기 명明에서 온 중국인 일부가 정착하면서 화인 상인들과 말레이 여성의 혼인을 통해 페라나칸Peranakan 문화라 불리는, 중국 문화와 말레이 문화가 혼합된 독특한 문화가 형성되었다.[5] 이후 18세기 말과 19세기 초에 걸쳐 페낭과 싱가포르에 상인 또는 도시노동자로 정착한 중국 남부 출신자들로부터 말레이시아의 화인사회가 본격적으로 만들어졌다. 특히 19세기 중엽 이후 영국에 의한 식민지배와 함께 대규모로 이주해 온 화인들의 역사가 현재 화인사회와 밀접한 관련을 갖는다. 이들은 오랫동안 말레이반도 일대에 정착해 살아오면서 중국의 음식 전통에서 출발했으나 정착지인 말레이시아의 상황에 맞게 재구성·재창조된 음식

---

3 http://worldpopulationreview.com/world-cities/kuala-lumpur-popula-tion(2016년 5월 10일 검색).

4 http://penanginstitute.org/v3/resources/data-centre/122-population(2016년 5월 10일 검색).

5 말레이시아 화인 사회의 형성에 관해서는 오명석(2000), 游俊豪(2014) 등 참조.

그림 2.1 쿠알라룸푸르 시내 대형 몰 앞의 사자춤 공연(좌)

그림 2.2 춘절을 앞둔 차이나타운의 사자춤(우)

으로 화인 음식이라는 범주를 만들어 냈다. "음식에 대한 연구는 연속성과 변형 사이의 지속적 타협이라는 문화적 역동성에 대한 연구이다. 문화적 재생산, 지역적 변이와 창조, 지구화라는 세 가지 주된 과정은 이주와 음식의 이해에서 중요한 렌즈가 된다"는, 말레이시아 화인 음식에 대한 탄(Tan 2011b: 24)의 언급은 우리의 논의에서 매우 유용하다. 말레이시아 화인들의 음식은 그들이 생활하고 있는 말레이시아라는 맥락 속에서 문화적 의미를 갖는데, 오랫동안 말레이시아의 말레이인들과 상호작용하는 과정에서 일부의 전통과 일부의 변형이 만나 현재의 상태에 이르렀다. 또한 지구화, 중산층으로의 성장, 이슬람이라는 종교의 영향 등 여러 상황과 요소들이 개입하고 있다.

연구를 위한 경험적 자료는 2014년부터 2016년까지 여름과 겨울을 이용해 수행한 한 번의 예비조사와 다섯 차례의 현장연구를 통해 수집되었다. 현장연구는 주로 쿠알라룸푸르와 페낭에서 이루어졌으며 일주일 또는 열흘 정도 현지에 머물면서 참여관찰과 면담 등의 질적 연구방법으로 화인들의 음식 소비와 관련된 자료들을 수집했다. 정보 제공자들은 쿠알라룸푸르의 대한무역투자진흥공사KOTRA를 통해 소개받거나 연구자가 개인적으로 친분 있는 중국인 학자를 통해 소개받은 말레이시아 화인들, 그들을 통해 알게 된 다른 화인들, 그리고 참여관찰의 과정에서 자연스럽

게 알게 된 화인들이다.[6]

참여관찰을 통해 수집된 자료와 함께 문헌자료의 검토, 주제와 관련된 인터넷 기사와 블로그 및 페이스북 등에 대한 해석적 검토 등도 수행했다. 참여관찰과 관련해 한 가지 언급해야 할 것은, 말레이시아 화인들과의 면담은 모두 중국어로 이루어졌다는 점이다. 중국어로 의사소통이 가능한 한국인 연구자를 만나는 것은 그들에게도 그리 흔한 일은 아니어서 그런지 그들이 연구자를 대하는 태도는 언어공동체의 일원을 대하는 것과 비슷한 친숙함에 가깝다는 느낌이 들었다. 그래서인지 연구과정 내내 그들은 '화인 중심의 편파성'을 좀 더 강하게 드러냈고 말투와 표현 등에서도 무슬림과 말레이인에 대한 배타성이 강하다는 인상을 받았다. 그렇기 때문에 이 글에서 사용된 경험적 자료들에서는 화인들의 입장과 시각이 상대적으로 강하게 드러날 수 있다.

2. 만들어진 전통으로서의 화인 음식

말레이 사회에 정착한 페라나칸들의 음식에는 당연히 그들의 고향인 중국의 음식과 동남아 음식의 다양한 특성이 섞여 있다(Tan 2004). 말레이, 인도네시아, 동인도, 태국, 그리고 미얀마 등 다양한 지역적 특성들이 페라나칸의 음식에 녹아있다. 이런 특성은 현재의 화인 음식에서도 명확하게 나타난다.

전통적인 음식 중에는 화인들의 중요한 절기, 즉 춘절, 단오, 청명, 중

---

6 연구에 도움을 주신 말레이시아 대한무역투자진흥공사의 복덕규 차장님, 스티브 차이(Steve Chai), 록메이잉(Loke Mei Ying)과 페낭의 화인 연구자 왕천파(王琛發) 선생님께 감사드린다.

추절, 음력 7월의 중원절中元節, 동지, 석가탄신일wesak 등에 먹거나 신에게 드리는 의례 음식들이 있다. 예를 들어 아이가 태어난 후 한 달이 지나면 풀룻pulut이라는 축하음식을 먹는데 홍구이궈紅龜粿, hang ku kueh라는 찹쌀로 만든 거북이 모양의 떡이나 파가오發糕, huat kueh 같은 분홍색 쌀떡 등이다. 현재 이런 떡을 만들어 먹는 방법이 블로그나 요리책 등을 통해 소개되고 실제로 만들어 SNS에 올리는 사람도 많기는 하지만 대부분의 가정에서는 구입해서 먹는 것이 일반적이다.

춘절 때 꼭 먹어야 하는 위성魚生, yee sang 또는 러우상lou shang이라는 음식에는 지역별로 차이가 약간 있지만 가는 국수, 생선회, 채 썬 채소, 땅콩가루 등이 들어간다. 위성 또는 러우상은 춘절에 가족이나 친구들이 모여 식사할 때 반드시 먹는데, 이 음식이 나오면 식탁에 있는 사람들이 모두 서서 함께 시끌벅적하게 새해의 소망을 기원하면서 위로 높이 들어 비벼 먹는다. 새해에 풍요가 있기를 소망하는 '매년마다 항상 풍요롭다年年有余'는 표현과 관련된 음식이다. 춘절에 이런 전통적 음식들을 먹는 것은 나이가 좀 많은 세대뿐만 아니라 젊은이들도 대부분 따르고 즐거워한다. 연구자 역시 쿠알라룸푸르에서 화인 젊은이들과 춘절 때 만나 함께 위성을 먹었는데, 춘절 때 이런 전통적 음식을 먹는 것에 대해 어떤 생각을 하고 있는지 물었더니 그들 역시 매우 좋은 일이라고 대답했다. 연구자가 만난 대부분의 젊은이는 이런 전통을 지켜야 춘절을 지내는 것 같다고 대답했다. 특히 중국에 비해 이곳이 훨씬 전통에 대한 관념이 강한 것 같다고 하며 자신들이 어렸던 10여 년 전은 지금보다 전통적 분위기가 훨씬 강했으며 자신들이 이곳에 살면서 말레이 사람들에게 차별당하고 멸시당하는 것 때문에 더욱 강하게 전통을 지키고 보여 주려 함으로써 자신들의 문화를 확고하게 하는 것 같다는 말을 했다. 특히 자신의 할아버지 세대는 어릴 때 배를 타고 이곳에 왔는데 그 세대는 자신들의 전통이 사라질까 두려워 전통적인 것들을 훨씬 강조하는 것으로 보인다고

그림 2.3　화인 음식　　　　　　　　　　그림 2.4　화인 음식

도 했다(직장인 WS, 30세 여성. 2016년 2월 11일 면담).

　　위성이나 홍구이궈 같은 전통 음식은 춘절이나 출생과 같은 의례적 과정에서 자신들의 종족정체성을 보여 주는 상징으로 소비된다. 현재의 화인들은 이런 의례 음식뿐만 아니라 일상 음식 중 일부도 자신들의 종족정체성을 보여 주는 역할을 한다고 여긴다. 대표적인 것이 글의 서두에서 언급한 바쿠테이다. 바쿠테는 돼지고기를 사용하는 대표적인 화인 음식으로 노동자들이 영양을 보충하기 위해 돼지뼈를 넣고 끓여 먹은 것에서 시작되었다. 돼지뼈, 짜고 남은 사탕수숫대, 살균작용을 하는 마늘 등을 넣고 끓인 것이 바쿠테이다. 바쿠테는 푸젠 출신 화인들이 많이 사는 클랑巴生, Klang에서 기원한 것으로 알려져 있지만(Tan 2001: 130) 푸젠 사람들만 즐기는 것은 분명 아니다.[7] 쿠알라룸푸르나 페낭, 그리고 그 기원으로 알려진 클랑에는 바쿠테를 파는 식당이 곳곳에 있다. 특히 쿠알라룸푸르의 순펑 바쿠테順風肉骨茶, Sun Fong Bah Kut Teh처럼 바쿠테로 유명

7　바쿠테뿐만 아니라 여러 음식에 하이난, 푸젠 등의 지역명이 붙지만 이것이 각각 그 지역의 대표 음식으로 여겨지는 것은 아니다. 하이난닭볶음밥이나 푸젠멘(福建麵, hokkien mee) 등의 기원이 해당 지역과 관련될 수 있으나 말레이시아에서 해당 지역의 대표 음식이라기보다 화인 음식의 일부로 여겨지는 경향이 크다는 점에서 이들을 개별 지역 정체성과 연결시키기는 어려울 것이다.

그림 2.5 바쿠테

한 식당은 지역의 화인들뿐만 아니라 중국인 관광객도 많이 찾는다.

사실 바쿠테는 중국의 대표적 음식이 아니라 말레이시아 화인들의 대표적 음식이다. 물론 돼지고기나 뼈, 각종 부속을 넣고 끓이는 조리법이 말레이시아 화인들에게서만 발견되는 것은 아니다. 하지만 바쿠테라는 음식이 중국식 돼지갈비탕排骨湯과 차이가 있는 것은 분명해 보인다. 말레이시아에서 유학 중인 중국 윈난雲南 출신의 대학생은 바쿠테가 말레이시아의 독특한 음식인 것 같다고 했다. 중국 역시 오래전부터 많은 약재를 음식에 사용해 왔지만, 자신이 중국의 가족들에게 유명 바쿠테 식당에서 산 포장된 바쿠테를 맛보였을 때 가족들은 입맛에 잘 맞지 않는다고 말했다는 것이다. 덧붙여 현재 중국인의 음식에 대한 관념과 말레이시아 화인의 그것에는 차이가 있는 것 같다고 말했다.

화인들이 전통적 일상 음식이라 생각하는, 닭육수를 넣어 지은 하이난닭볶음밥海南雞飯, hainan chicken rice 역시 이와 비슷하다. 말레이시아 화인들에게 가장 대표적인 화인 음식이 무엇이냐고 물으면 코코넛밀크와

매콤한 향신료를 넣은 육수에 새우와 생선 등을 올린 쌀국수인 락사laksa 와 함께 가장 많이 언급되는 것이 하이난닭볶음밥이다. 사실 하이난닭볶음 밥을 포함하여 말레이 화인 음식으로 알려진 많은 음식에 대해 말레이시 아와 싱가포르가 각각 자신의 음식으로 주장하지만, 역사적으로 비슷한 기 원을 가지고 있어 명확하게 이야기하기는 어렵다. 말레이시아의 하이난회 관연합회海南會館聯合會는 하이난닭볶음밥에 대한 인증제도를 도입하여 자 신들 음식의 정통성을 강조하기도 했다. 그러나 말레이시아와 싱가포르 의 화인들에 의해 만들어진 이 음식들은 현재의 국가 경계에 의해 명확하 게 구별되지 않는다(Tan 2011a: 14). 오늘날 이런 음식들은 세계 곳곳의 말레이시아 식당, 싱가포르 식당에서 각각 자신의 음식으로 소개되고 있 다. 중국과 타이완에서 하이난닭볶음밥은 말레이시아 음식으로 소개된다.

엄밀한 의미에서 화인들의 전통 음식이라 하면 중국 본토 음식과의 관련성이 크다고 생각하기 쉽지만 그들이 '화인 음식'이라 이야기하는 대 상은 현재 일상적으로 먹는 현지의 음식이고 중국의 음식은 '중국 음식' 또는 '후난湖南 음식', '쓰촨 음식' 등 지역명을 붙여 언급한다. 화인들이 '전통 음식' 또는 '화인 음식'이라고 부르는 것에는 사실 동남아에서 새 롭게 만들어진 것, 또는 돼지고기나 약재 같은 중국의 식재료들이 말레이 시아나 태국·인도의 요소들과 섞여 혼종적인 성격을 갖고 토종 음식으 로 정착한 것 등이 대부분이다. 예를 들어 말레이반도 동북부에 위치한 클란탄Kelantan 주의 일반적인 화인 가정에서 해 먹는 케라부kerabu(태국 의 영향을 받은 샐러드), 나시 다강nasi dagang(말레이의 지방 음식) 등이 있다(Tan 2001: 134). 또한 페낭의 뇨냐Nyona[8] 스타일의 인도 샐러드 체

---

8 페라나칸 남성들은 바바(baba), 여성들은 뇨냐(nyona)라고 불린다. 여기에서 뇨냐 스타일의 인도 샐러드는 페라나칸의 음식 전통과 인도식 전통이 섞여 있음 을 의미한다.

후青魚, cheh hu 또는 chihi, green fish 또는 보솜보bosomboh는 명백하게 인도에서 온 것이라고 한다(Tan 2011b: 35).

두루즈 등(Duruz et al. 2015)은 다양한 종족이 섞여 살면서 문화적 특성이 혼종적으로 되는 상황을 말레이식 과일 샐러드인 로작rojak에 비유했다. 이들이 로작을 말레이시아 문화의 상징적 음식으로 선택한 것에서 볼 수 있듯이 화인들의 음식은 혼종적 성격을 매우 강하게 갖고 있다. 그들이 '전통' 음식이라고 부르는 음식들은 외부에서 쉽게 생각하는 것과 달리 중국적이라기보다는 말레이시아 화인들의 것이다. 자신들 역사의 뿌리는 고대 중국에 두고 있지만 음식은 말레이반도 이주 이후 오랜 시간에 걸쳐 다양한 요소들과 결합하면서 만들어진, 어떤 의미에서는 '새로운' 것이다. 이렇게 봤을 때 화인들이 음식과 관련하여 자신들의 전통이라 이야기하는 요소들 중 일부는 말레이시아 정착 이후 오랜 시간을 거치면서 형성된 '만들어진 정통성invented authenticity'이라고 보는 것이 좀 더 정확하다. 요즘과 같이 음식이 빠르게 변화하고 지구화의 과정 속에 위치한 상황에서 '전통' 또는 '정통'을 내세울 필요가 있을 경우에 한해서 말이다. 결국 말레이시아어 화인들의 음식은 지역적 변이와 창조에 기초한

혼종적 성격을 갖고 있으면서 필요한 경우에 한해 화인의 문화적 감수성을 재생산하는 데 동원된다.

3. 정결함과 오염의 이미지: 할랄의 제도화와 화인 음식

런(Ren 2013)은 현대 중국은 개혁·개방 이후 소비를 통해 중산층의 사회적 기준을 판별한다고 언급했다. 즉, 사회에서 문화적인 성원권을 얻는데 소비가 중요한 역할을 한다는 것이다. 어떤 사회에서 살기 위해서는 어느 정도 그 사회에서 인정되는 수준의 소비를 할 수 있어야 한다. 현대사회, 특히 생산자와 소비자가 분리되고 소비가 일상의 자연스러운 영역이 된 상황에서 특정 상품에 대한 소비는 그 상품을 소비하는 사람과 그렇지 않은 사람, 소비할 수 있는 사람과 그렇지 못한 사람을 구분하는 일상적 경험이자 상징적 행위가 된다(Hubbert 2010: 127).

　말레이시아 화인들의 음식 소비를 통해서도 일종의 느슨한 상상의 공동체가 만들어진다고 할 수 있다. 음식을 통한 공동체의 상상은 다양한 방식으로 가능하다. 특정한 음식을 먹을 수 있는가 그렇지 않은가의 문제뿐만 아니라 한자리에 함께 앉아 음식을 먹는 것을 통해서도 또는 그렇지 않은 것을 통해서도 공동체의 상상이 가능하다. 예를 들어, 라마단 기간에 음식을 먹지 않는 사람들끼리도 역시 공동체로 여겨진다(오명석 2004: 6). 이와 같은 모든 특성은 결국 음식을 통해 타자와 대조되는 자기 집단의 경계를 만드는 작업이라 할 수 있다. 아래에서는 할랄을 통해 만들어지는 화인과 무슬림의 음식 경계에 대해 살펴보면서 음식에 부여되는 문화적 의미 중 일부를 논의하고자 한다.

1) 무슬림에게 할랄의 의미[9]

현재 말레이시아에서 할랄 규정은 매우 엄격하게 다루어지고 자킴 말레이시아 이슬람진흥부. Jabatan Kemajuan Islam Malaysia: JAKIM이 주도하는 할랄 인증이 점차 확산되고 있는 추세이다. 육류 등의 식재료뿐만 아니라 효소·젤라틴 등과 같은 식품첨가물, 화장품 등의 소비상품과 소비자를 대상으로 하는 서비스에까지 할랄의 기준이 요구되고 있다. 예를 들어 무슬림 직원을 고용해 서비스에도 이슬람의 기준을 적용하고 있다는 점을 상징적으로 보여 주고자 하는 시도가 있다. 말레이시아의 할랄 인증 제도화는 이슬람법을 현대의 상품시장경제에 적용하는 것이다(오명석 2012).

　말레이시아 무슬림 중산층의 소비와 이와 관련된 할랄의 문화적 의미를 탐구한 책에서 피셔Fischer는 할랄halal(허용된 것)과 하람haram(금지된 것)의 구분은 종교적 규율에 입각한 것이지만 무슬림에게 음식을 포함한 할랄 제품의 소비는 이슬람식 생활방식을 준수함으로써 말레이시아의 이슬람국가주의nationalization of Islam를 실천하는 것이라고 이야기한다. 이런 이슬람식 생활방식은 가족·공동체·국가에 혜택을 줄 수 있다고 강조된다. '올바른 이슬람적 소비'라는 쟁점은 국가가 강조하는 국민의 존경·충성·애국심과 분리되지 않는다. 여기에서 할랄화halalization는 일상생활의 상품 소비에서 발견할 수 있는 가장 대표적인 애국심의 사례가 된다. 할랄 인증의 중앙집권화는 국가의 말레이종족화Malay ethnicization of the state와 병행하며 할랄화는 말레이인의 국가를 위한 소비에 '순수함'의 이미지를 부여한다. 할랄 상품은 비할랄 상품과 비교해 순수한 것으로 여겨지고 무슬림만 관여하기 때문에 종족적 성격을 갖는 것으로 여겨진다(Fischer 2008: 28-38).

9　말레이시아에서 할랄이 갖는 의미와 그 제도화 과정은 이 책의 제9장 참조.

　　한편 할랄에 대비되는 하람이 '오염된 것'으로 여겨진다는 점에서 할랄화는 현대 도시 말레이인의 오염에 대한 거부를 반영하기도 한다. 이슬람은 청결과 깨끗함에 기반하고 있다는 점을 강조함으로써(오명석 2012: 44) 상징적으로뿐만 아니라 실제 생활세계로부터 '오염'을 멀리하는 데 동원된다. 오염 문제는 위생 문제와도 연결되는데, 이것은 도시환경 정비의 상징적 근거가 되기도 한다. 예를 들어 말레이시아 정부로부터 비위생의 대표적 사례로 자주 언급되는 것은 노점상이다. 노점상은 악취, 질병, 쓰레기, 교통문제 등의 원인으로 지목되며 도시와 교외지역의 모더니티를 방해하는 주범으로 인식된다(Fischer 2008: 89-90). 물론 여기에서의 노점이 화인들이 운영하는 노점만을 이야기하는 것이라고 단정할 수는 없다. 하지만 화인 음식의 중요한 소비 장소 중 하나인 노점이 비위생의 문제로 공격받기 쉬운 것은 분명하다. 이런 이유로 쿠알라룸푸르의 차이나타운으로 알려진 잘란 페탈링Jalan Petaling지역은 실제로 위생과 미관상 문제로 2000년대 초반 정비되어 지금의 모습을 갖추게 되었다. 길 양쪽에 패루가 세워졌고 각 노점의 가판대는 중국식 지붕 모양을 한 통일된 모습으로 변형되었다(Lepawsky et al. 2014). 이와 같은 사례는 도시 정비라는 구체적 도시정책과 오염에 대한 거부라는 상징적 차원이 결합되어 나타난 결과라고 할 수 있을 것이다.

　　할랄에 대한 여러 담론이 교차하고 종교적 관념을 현대 생활세계에 적용하는 과정에 모든 것이 잘 들어맞는 것은 분명 아님에도 불구하고 말레이시아에서 음식과 환경 등 여러 방면의 세세한 기준들이 마련되고 그 기준들이 적용되는 범위가 점차 확산되고 있다. 그러나 한편으로는 기준 자체가 모호하고 생활의 '모든' 영역에 보편적으로 적용될 수 있는 규정을 만들기 어려운 측면이 있으므로 모호함 역시 남아 있고 할랄의 빈자리 역시 남아 있다. 할랄 인증이 확대되지만 실제로는 모든 식당이 할랄 인증을 받은 상태는 아니다.

그림 2.7   살란 페탈링의 차이나타운 입구

세계 각국 도시들의 음식 및 오락거리를 소개하는 미디어인 타임아웃 Timeout에서 발간한, 쿠알라룸푸르 도심과 근교, 페낭지역 등의 '유명 음식점'을 소개하고 있는 『타임아웃 말레이시아Timeout Malaysia』를 분석한 결과는 표 2.1과 같다(Timeout Malaysia 2016). 표 2.1에서 음식 종류는 지역이나 재료에 따라 분류한 수이고, 그 오른쪽은 돼지고기 사용, 할랄 인증 여부가 확인된 식당의 수이다.

표 2.1에서 보듯이 쿠알라룸푸르에는 『타임아웃 말레이시아』가 분류한 35가지 음식을 파는 음식점이 322곳 있는데, 그중 돼지고기를 사용하

표 2.1   『타임아웃 말레이시아』에서 소개하고 있는 말레이시아의 음식 종류(단위: 가지, 곳)

도시	음식 종류	돼지고기 사용 안함 (pork-free)	할랄 (halal)	언급 없음	합계
쿠알라룸푸르	35	164	28	130	322
쿠알라룸푸르 근교	23	50	21	59	130
페낭	24	23	24	67	114

출처: 연구자가 종합하여 정리.

지 않는 것으로 공표된 곳이 164곳, 할랄 인증을 받은 곳이 28곳, 그런 언급이 없는 곳이 130곳이다. 특히 페낭에는 할랄 인증 여부를 공표하지 않은 곳이 절반 이상이다. 이 안내서에 수록되지 않은 식당도 많고 특히 이 안내서가 소개하는 대부분의 식당은 '트렌디'한 곳 위주로 젊은 사람들과 외국 관광객이 갈 만한 곳들이기 때문에 술집이나 바bar가 포함되어 있어 엄격한 할랄 인증을 얻은 곳이 상대적으로 적게 나타나는 것을 고려한다 하더라도 할랄 인증 제도화가 '완벽하게' 정착하기 위해서는 시간이 더 필요할 것이라는 점은 예상할 수 있다.

또한 할랄의 기준 자체가 모호하고 말레이인이 항상 이 기준을 잘 지키는 것도 분명 아니다. 할랄 인증 음식이나 상품을 무슬림이 아닌 인도인이나 화인이 서빙하는 것 역시 할랄제도가 '완벽하게 적용'되는 것은 아니라는 점을 보여 준다. 할랄 음식 또는 재료는 냄새나 모양 등으로 확인될 수 있는 것이 아니라 인증을 신뢰하는 행위이며 공동체 내의 악의malevolence를 제거하려는 것이다. 무슬림은 할랄 원칙을 매우 중요하게 생각하면서도 절제와 과도함의 구분이 모호하다는 점에 동의한다. 피셔에 따르면 할랄 인증을 받은 재료라는 것만 확인된다면 약간은 느슨한 기준을 적용하는 무슬림이 있다. 옷과 관련해서도 많은 여성은 투둥tudung(무슬림 여성 베일)을 통해 무슬림임을 표현하지만, 일부는 그것을 강제하는 것은 지나친 일이며 그보다 중요한 것은 내면의 신실함이라고 주장한다(Fischer 2008: 94-95). 실제로 연구자가 만난 정보 제공자 중에서도 무슬림이 아주 가끔 집에서 술 한두 잔 마시는 것은 있을 수 있는 일이라고 언급하는 경우가 있었다. 이와 같은 모호함과 완전한 정착은 어쩌면 요원할지도 모른다는 예상에도 불구하고 할랄 인증 제도화의 흐름은 현대 말레이시아에서 피할 수 없는 상황이기는 하다.

2) 할랄의 제도화에 대한 화인의 대응

음식과 관련되어 화인과 말레이인 사이에 나타나는 가장 명확한 차이는, 무슬림인 말레이인은 할랄 음식만 먹을 수 있지만 화인은 할랄 음식을 포함하여 훨씬 다양한 음식을 먹을 수 있다는 점이다. 무슬림의 라마단 기간 중 중국식 딤섬 식당에서 만난 화인 M은 면담에서 말레이인과의 가장 큰 차이를 보이는 것은 음식이라고 이야기하는 데 주저하지 않았다. "(말레이인과) 먹는 것에서 차이가 있다. 말레이인은 할랄 음식만 먹어야 하지만 화인은 아무 곳에나 가도 되고 제약이 없기 때문에 아주 다르다. 지금과 같은 라마단 기간에도 이렇게 밥을 먹을 수 있다"고 했다.

화인의 음식이 말레이인의 음식과 확연하게 구분되는 점은 무슬림에게 하람, 즉 위험하고 오염된 것으로 분류되는 돼지고기를 사용한다는 사실이다.[10] 돼지고기를 사용하는 대표적 음식은 앞서 언급했던 바쿠테이다. 돼지고기를 먹는다는 사실이 화인에게 중요하게 여겨진다는 점은 많은 말레이시아 화인이 춘절 선물로 선택하는 것이 육포bak kwa라는 것에서도 확인할 수 있다. 쿠알라룸푸르 곳곳에는 워라이예我來也, Oloiya, 메이전샹美珍香, Bee Cheng Hiang, 융샹永香, Wing Heong, 린밍지林明記, Lim Meng Kee 등 육포를 전문적으로 생산·판매하는 유서 깊은 가게들이 있다. 육포는 평상시에도 구입할 수 있는 상품이지만 춘절 때가 되면 선물을 위해 많은 양을 구입한다. 선물용이기 때문에 몇 묶음씩 개별 포장을 하여 구입하는 것이 특징적이다. 연구자가 춘절을 앞두고 쿠알라룸푸르에서 관찰한 바에 따르면 선물용으로 200~300링깃어치 정도의 육포를 구입한다.[11] 한 정보 제공자는 두 곳의 육포 가게에서 각각 250링깃과

---

10 잘 알려져 있는 것처럼 돼지고기는 중국인이 오래전부터 광범위하게 사용했던 식재료이며 중국 음식에서 육류의 기본이 되는 고기이다(고광석 2002: 92).

11 1링깃(MYR)은 한국 돈으로 약 270원이다.

330링깃어치의 육포를 구입했다고 했다. 쿠알라룸푸르 외곽이 고향인 이 정보 제공자는 춘절 때 오랜만에 만나는 고향의 친척들에게 주기 위해 쿠알라룸푸르의 육포를 구입했다고 했다. 또한 연구자가 춘절 기간에 걸쳐 현장연구를 한 후 귀국하기 직전 만난 다른 정보 제공자 역시 말레이시아 화인의 춘절 선물이라면서 육포 한 묶음을 연구자에게 전해 주었다.

돼지고기 또는 돼지기름의 사용은 화인에게 음식의 맛을 평가하는 중요한 요소가 된다. 소비상품으로서의 화인 음식에 대해 화인들은 다음과 같은 세 가지 범주가 있다고 설명한다. 첫 번째 범주는 화인들이 일상적인 음식을 먹는 노점의 형태, 두 번째 범주는 그런 노점 중 일부가 상점화된 곳, 그리고 마지막 범주는 할랄 인증을 받아 쇼핑몰이나 호텔에 자리 잡고 말레이인도 손님으로 받는 곳이다. 이렇게 할랄 인증을 받고 쇼핑몰에서 종족 구분 없이 음식을 파는 것이 돈은 많이 벌 수 있을지 몰라도 돼지고기를 쓰지 않기 때문에 음식 맛이 없다는 것이 화인 정보 제공자들의 입장이었다. 이런 변화가 가격 상승이나 고급스러움이 강화되는 것과 연결되는 것은 사실이지만 그렇다고 해서 '맛이 좋아지는 것'과 완전하게 일치하지 않는다는 것이다. 돼지고기를 다른 재료로 바꾼 음식은 화인 음식으로서의 진정성을 의심받는다는 점(오명석 2004: 32)은 화인의 음식에 대한 태도에서 명확하게 나타난다. 한 화인은 연구자와 함께 쿠알라룸푸르의 유명 화인 식당인 '해외화인레스토랑Overseas Restaurant'에서 식사하면서 다음과 같이 이야기했다. "이 식당이 쿠알라룸푸르에서 가장 전통적인 맛에 가까운 훌륭한 식당이다. 이곳의 음식이 맛있는 이유는 돼지기름을 쓰기 때문이다. 모든 음식을 조리할 때 돼지기름을 쓴다. 그래서 말레이인은 오지 못한다. 비싼 호텔 같은 곳에도 중국 음식을 하는 곳이 있기는 하지만 이런 맛이 나지 않는다. 그들은 말레이계 손님도 받아야 하기 때문에 돼지기름을 쓰지 못한다"(중국어 강사 L, 42세 여성. 2015년 7월 18일 면담). 이런 점에서 돼지고기는 화인들에게 중요한 식재료이다.

문제는 할랄 인증 제도화가 강화되면서 화인들이 중시하는 돼지고기가 하람으로 분류되고 '오염'으로 호명되는 곳에 화인들이 살고 있다는 점이다. 이에 대해 화인들은 어떤 태도로 어떻게 대응할까? 일부 화인은 할랄 인증제가 결국 인증 여부를 국가기관이 판단하는 것이기 때문에 무슬림 중심의 국가주의 강화라고 보기도 하고, 또 다른 화인은 인증 과정을 국가가 주도함으로써 그를 통해 수익을 얻으려는 것이라며 비판적으로 보기도 한다. 정책에 대한 비판적 입장도 자주 들을 수 있지만 일상적인 차원에서 관찰한 바에 따르면 화인들은 정결-할랄/오염-하람의 짝이 만들어지는 데 대해 할랄-하람 대신 '할랄-비할랄'이라는 표현을 사용함으로써 돼지고기—그리고 그것을 먹는 자신들—에 부여된 오염의 의미를 약화시킨다. 즉, 말레이인이 정결한 것과 오염된 것을 대비시키는 데 반해 화인은 '말레이인이 할랄이라 규정한 것과 그렇지 않은 것'으로 개념화하여 하람이라는 용어로 호명된 오염의 이미지를 제거한다. 예를 들어 육포를 파는 상점들 대부분은 입구에 '비할랄Non-Halal'이라는 표시를 붙여 놓으며 일부 슈퍼마켓의 정육코너에도 '비할랄'이라는 표시를 하는 경우도 있다.

사실 화인 스스로 자신의 음식에 대해 오염이라는 의미의 하람이라는 표현을 사용할 이유는 전혀 없다. 또한 '비할랄'이라는 용어를 화인만 사용하는 것은 아니다. 그러나 같은 용어가 맥락에 따라 다르게 받아들여진다는 점을 간과할 수 없다. 화인이 외부로부터 제시되는 배제의 기준, 그것도 자신을 '오염된 존재'로 보는 호명의 장치를 받아들이기는 쉽지 않은 일이다. 그런 점에서 화인이 '비할랄'이라는 표시를 내거는 것은 오염의 호명에 대한 적극적 거절의 의미를 지닌다.

이와 함께 화인이 자신의 음식을 '건강'과 결부시키는 것은 오염의 이미지를 희석하는 데 큰 역할을 한다. 연구자가 만났던 정보 제공자 중 대부분의 화인은 자신의 음식이 다양하고 신선한 재료를 사용하기 때문에 건강에 도움이 된다고 강조했다. 한 정보 제공자는 (말레이인을 약간 폄하하는 뉘앙스의 말투로) "좋은 것을 먹고 운동하면서 건강을 챙기는 것은 화인이니까 하는 일"이라고 말하기도 했다. 연구자가 한 대형 몰에서 우연히 방문했던 화인 식당은 식당 설명과 메뉴 등에서 아예 건강과 보양이 그곳에서 제공되는 음식의 핵심 개념임을 강조했다. 목이버섯과 객가식 돼지고기볶음, 개여주羅漢果를 쌍화차처럼 만든 차, 약재를 넣고 끓인 닭 등이 주된 메뉴였다. 서점에 있는 많은 화인 음식 조리법 책들도 부제에 양생, 건강, 조화 등의 용어를 넣어 건강을 강조한다. 한 서점은 중국어로 된 조리법 책의 서가 안내표시에 '양생養生'이라고 써 놓기도 했다. 시드니 민츠 역시 말레이인이 할랄에 기초한 정결한 몸이라는 사회적 몸 개념을 만들어 낸다면 화인은 건강이라는 개념을 통해 음식의 사회적 성격을 부여한다(Mintz 2002: xvii)고 언급함으로써 음식 소비와 관련하여 화인은 건강이라는 쟁점을 매우 강조하고 있음을 보여 주었다.

사실 할랄 음식 역시 건강의 개념과 결부되어 있다. '할랄 토이반halal toyyiban'이라는 용어는 음식과 관련하여 위생적이고 해롭지 않고 건강에 좋다는 것을 의미함으로써(오명석 2012: 48) 할랄 음식이 상징적인 수준에서만이 아니라 실제적인 수준에서도 좋은 것이며 하람은 그렇지 않다는 점을 부각시킨다. 그러나 화인은 무슬림에게 거부되는 돼지고기를 포함하여 자신이 먹는 음식들에 건강이라는 문화적 의미를 부여하여 자신의 음식에 결부된 부정적 의미를 제거하려고 한다. 돼지고기에 대해서만큼은 타협할 수 없는 입장인 두 집단이지만 무슬림과 화인은 모두 자기 집단의 음식에 건강이라는 문화적 의미를 각기 다른 방식으로 부여하고 있는 것이다.

돼지고기나 돼지기름 같은 비할랄 음식을 먹는 것, 춘절에 육포를 선물하는 것, 중국의 절기에 맞추어 의례에 참가하고 화인 음식을 먹는 것은 앞서 언급한 것과 같이 '만들어진 정통성'의 기반 위에서 무슬림과 자신을 구분해 내는 기제가 된다. 그런데 돼지고기를 먹는가 먹지 않는가의 문제는 단순히 행위 차원의 일이 아니다. 화인의 돼지고기에 대한 애착은 비록 '만들어진 정통성'이며 오랜 역사와 전통과 문화적 학습의 산물이기는 하지만, 그렇다고 비타협적 태도로 마냥 고수할 수 있는 문제만도 아니다. 메리 더글라스는 더럽다는 것은 제자리에 있지 않다는 것이며 특정한 사물이나 행동이나 사람이 제자리에 있지 않은 것은 위험한 것 또는 오염된 것이라고 지적한 바 있다(더글라스 1997). 이런 점에서 보면 상징적 의미에 대한 질문은 오염과 자리의 문제를 고려하는 것이며 결국 상징은 사회적 질서와 관련된 문제가 된다. 무엇을 질서 있다고 하는가, 무엇이 제자리에 있어야 적합한 것으로 여겨지는가, 제자리에 있는 것과 그렇지 않은 것은 무슨 의미를 전달하는가 등이 이와 관련된다. 화인의 돼지고기는 무슬림인 말레이인이 봤을 때는 자신의 질서체계에 속하지 않은 것이다. 반면 화인에게 돼지고기란 자신이 지금까지 가지고 있던 전통이라는 질서체계 안에 위치하고 있는 것이다. 말레이시아에서 화인과 말레이인 사이의 돼지고기는 각기 다른 질서체계가 만나는 경계이다.

하지만 이 경계가 양자 사이의 배타성이 극대화하는 영역이 아니라 일말의 타협 또는 묵인의 가능성도 공존하고 있는 영역이라는 점은 지적해 두어야 할 필요가 있다. 돼지고기 사용, 할랄 인증제도의 확산 등에 대해 화인 집단 내에서도 다양한 입장이 있을 수 있다. 예를 들어 식당을 하는 사람들 중에서도 일부는 돼지고기 사용을 고수하여 자신의 식당을 철저하게 말레이에 대해 배타적인 장소로 유지하는 사람이 있는 반면, 적극적으로 할랄 인증을 받아 무슬림도 고객으로 포섭하려는 사람들도 있다. 일부 화인 식당과 화인 카페는 실제로 할랄 인증을 받아 화인뿐만 아니라 무슬림 소비자도 들어올 수 있도록 하는 곳도 있다. 이는 한편으로는 화인 음식의 무슬림 음식 소비공간으로의 침투이기도 하지만 다른 한편

으로는 무슬림이 규정한 질서체계로의 조심스러운 편입이기도 하다.[12]

　직장을 다니거나 학교에 다니는 화인들은 때로는 동료 말레이인들과 식사를 해야 하는 경우도 빈번하니 그들이 준수해야 하는 음식 규율을 침해하지 않는 방법도 잘 알고 있다. 어떤 경우는 말레이인들을 멸시하고 그들이 자신들을 차별적으로 대우한다며 분통을 터뜨리기도 하지만 그것이 영속적이고 고착된 태도가 아니라는 사실은 분명하다. 이와 같은 태도는 현재 화인들의 종족관계나 종족정체성과 밀접하게 관련된다. 돼지고기가 비록 말레이인과 화인 사이의 경계를 드러내는 중요한 상징이기는 하지만 이것이 배타적 목적을 위해 항상 소환되는 것은 분명 아니다. 다른 종족과 함께 살아가야 하는 상황 속에서 자신만의 식재료를 강하게 내세우지 않거나 타협하는 방식을 선택하는 문화적 지식 역시 이 경계 안에 존재하며 공존을 위한 태도와 판단에 의해 조정되는 영역이 바로 이 경계의 영역이기도 하다.

4. 다양한 음식과 음식 소비의 장소: 도시성과 계층성의 교차

화인들이 일상식이라고 생각하는 음식은 매우 다양하다. 볶음면炒粿條, char kway teow, 푸젠몐, 하이난닭볶음밥 등이 대표적인 화인 음식이다. 여기에 중국 본토의 다양한 지역음식들(후난 음식, 쓰촨 음식, 광둥식 딤섬 등)과 일본, 한국 그리고 서구 많은 음식이 더해져 화인들의 일상적인 음식을 구성한다. 사실 화인의 음식 목록을 길게 쓰는 것은 그다지 큰 의미

12　이 글에서는 주로 화인 소비자에만 초점을 맞추고 식당을 운영하는 사람들의 입장은 다루지 못했다. 이는 추후에 별도의 연구를 통해 해결해야 할 과제로 남아 있다.

그림 2.8 돼지고기를 올린 볶음먼끼 히이난 커피

를 갖지 못한다. 앞서 본 것과 같이 할랄 인증을 받은 것으로만 제한된 무슬림의 음식과 달리 화인들은 별다른 제도적 제약이 없기 때문에 이들의 일상 음식 목록은 무한하게 확장될 수 있기 때문이다.

화인들의 음식 소비 목록이 제도적 제약 없이 확장된다는 사실은 그들이 음식을 소비하기 위해 찾는 장소가 다양하다는 점을 통해서도 알 수 있다. 일상적으로 많이 찾는 음식 소비의 장소는 대형 몰에 위치한 식당이나 푸드코트이다. 1년 내내 덥고 습한 인도네시아나 말레이시아에서 몰은 돌아다니기도 좋고 음식을 먹거나 쇼핑을 하거나 오락거리를 즐길 수 있는, 말 그대로 시간 때우기 좋은 장소이다. 쿠알라룸푸르와 페낭에는 크고 작은 다양한 몰들이 있고 여기에는 마담 콴Madam Kwan's, 페낭 음식을 판매하는 리틀 페낭Little Penang, 카야 토스트kaya toast와 하이난 커피로 유명한 파파리치Papa Rich나 올드타운 화이트 커피Oldtown White Coffee 등 관광객이나 현지인에게 잘 알려진 식당들부터 인도 음식, 말레이 음식, 심지어 한국 음식과 다양한 패스트푸드와 음료 매장 등이 몰려 있는 푸드코트, 화인 식당, 카페 등이 입점해 있다. 모든 몰에 항상 많은 사람이 몰리는 것은 아니지만 몰의 푸드코트는 종족 구분 없이 말레이시아 현지인이 가장 많이 찾는 음식 소비 장소 중 하나로, 식사시간이 되면 근처 직장인이나 쇼핑객, 몰 내 직원들로 붐빈다. KLCC와 같이 큰 몰의 푸드코트에는 지하철로 한두 정거장 정도 떨어져 있는 곳에 근무하는 직장인들이 오기도 한다. 푸드코트 내 품목은 할랄 인증이 기본이지만 몰 안에 독립적으로 자리 잡고 있는 식당 중에는 할랄 인증을 받은 곳도 있고 그렇지 않은 곳도 있다. 화인들만 함께 식사할 경우 할랄 인증 여부와 상관없이 식당을 선택하지만 동료 중 무슬림이 있으면 할랄 인증을 받은 곳 또는 무슬림도 갈 수 있는 식당을 선택하는데 무슬림이 갈 수 있는 식당인지의 여부를 큰 어려움 없이 파악할 수 있는 지역 지식이 있다. 만약 할랄 인증 여부가 불확실하더라도 인터넷 검색 등으로 어렵지 않게 알 수 있고 이미 이에 익숙하므로 연구자가 만난 정보 제공자들은 직장이나 학교의 동료 말레이인들과 식사하는 것을 크게 불편하게 생각하지 않았다.

화인들의 명절이나 가족모임, 회사의 업무나 영업과 관련한 접대모임 등은 '중국 음식점' 또는 '화인 음식점'에서 이루어진다. 이런 곳은 거의 대부분 할랄 인증을 받지 않은 곳으로 광동식 딤섬, 중국식 야채볶음, 각종 고기요리 등 중국 음식 또는 화인 음식을 판매한다. 쿠알라룸푸르에서 대표적인 곳은 해외화인레스토랑이나 객가레스토랑Hakka Restaurant 같은 '전통' 화인 음식점, 홍콩에 본사를 두고 있는 광동식 요리 전문점 드래곤아이Dragon-I 등이다. 이와 함께 보다 작은 규모의 화인 음식 식당들이 있는데, 역사가 오래된 곳도 있고 최근에 생긴 곳도 있다. '동네 식당' 규모의 일반 식당은 지역 주민이 주로 이용하는 곳으로 고객과 주인이 같은 지역어를 쓰는 단골 관계인 경우가 많다. 역사가 오래되고 전국적으로 유명한 곳도 있는데 유서 깊은 식당老字號 중 이지레스토랑鏡記茶餐室, Yut Kee Restaurant 같은 곳은 평일 낮에도 40분에서 한 시간은 기다려야 자리

그림 2.9 이지레스토랑

그림 2.10 이지레스토랑의 볶음면, 돼지고기 요리, 하이난 커피

에 앉을 수 있을 정도로 사람이 많다.

번듯한 상점에 차린 화인 음식점보다 더 자주 쉽게 눈에 띄는 화인 음식 소비의 장소는 작은 공간에 나무의자와 스테인리스로 만든 조리대를 놓고 장사하는 노점hawker들이다. 일반적인 화인의 일상생활 음식은 주로 노점에서 판매하고 화인들은 일상적으로 이런 노점들에서 식사한다. 이와 같은 노점은 곳곳에서 발견할 수 있다. 페낭 같은 지역에는 호커센터Hawker Center처럼 노점들이 밀집한 지역이 있기도 하지만 쿠알라룸푸르에는 도시 곳곳에 산재해 있다. 특히 주택가 근처에는 식사 무렵에만 잠깐 나타나는 노점들도 있다. 정보 제공자들은 집에서 식사하지 않을 때 가장 많이 찾는 곳이 이런 곳이라고 하면서 "에어컨도 없고 작은 의자에 앉아서 빨리 먹어야 하는, 허름하지만 맛이 있는 곳"이라고 설명했다. 이런 노점들에서 파는 음식은 끼니를 때울 수 있는 볶음밥이나 국수 등의 식사류부터 오리나 닭, 돼지고기·해산물 등을 이용한 요리들, 과일과 빙수 등의 디저트와 음료까지 다양하다.

말레이시아 화인들, 특히 약간은 나이가 있는 세대들의 일상적인 음식 소비의 장소는 단연 화인 카페, 즉 케다이코피Kedai Kopi 또는 코피티

그림 2.11 쿠알라룸푸르 시내의 한 코피티엠 **그림 2.12** 페낭의 한 코피티엠 외관

엠kopitiam이라고 불리는 곳이다. 코피티엠은 커피뿐만 아니라 식사가 될 만한 음식도 함께 판다. 한 종류의 음식만 다루는 곳이 있고 여러 종류의 음식을 파는 곳도 있다. 일반적으로 코피티엠의 주인은 음료를 판매하고 음식은 다른 사람이 작은 조리대를 놓고 판매한다. 노점 음식이 가게 안에 들어와 있는 형태라고 생각하면 된다. 사람이 많이 몰리지 않는 코피티엠은 중년의 남성들이 모여 음료를 시켜놓고 담배를 피우고, 대화를 나누거나 신문을 보며 시간을 보내는 곳으로 기능하기도 한다. 코피티엠은 17세기 초 영국의 커피하우스와 유사하다고 할 수 있는 곳으로 말레이어로 르팍lepak, 즉 시간을 때울 수 있는 공간이다.

이런 장소들 외에 일본 음식, 한국 음식, 서구 음식 등을 파는 유명한 식당들, 글로벌 브랜드의 카페나 프랜차이즈, 브런치나 서구식 디저트 카페, 술을 파는 바 등 화인들이 무엇인가를 먹기 위해 찾는 일상적인 장소들의 목록은 무한히 확장된다. 예를 들어 쿠알라룸푸르의 젊은 화인 세대가 최근 선호하는 식당은 쇼핑으로 유명한 부킷빈탕Bukit Bintang 지역의 대형 몰 파빌리온Pavilion에 있는 일본식 야키니쿠 식당인 로큐야키니쿠Rocku燒烤이다. 세련된 외관과 깔끔하지만 화려한 조명이 시선을 끄는 곳이다. 또한 젊은 화인들은 브런치, 와인, 케익과 디저트 등이 유명한 애크미카페Acme Bar & Coffee처럼 가격이 비싸더라도 '모던'하고 깨끗한 곳에 가는 것을 매우 선호한다. 일반적으로 전통 코피티엠에서 파는 커피나 음료는 대략

그림 2.13   로큐야키니쿠

그림 2.14   애크미카페 내부

1.7~2.5링깃이지만 스타벅스나 돔Dome 같은 현대적 카페들은 커피 한 잔에 9링깃 정도, 애크미카페 같은 곳의 식사는 약 70~90링깃, 샐러드와 애피타이저 등은 20~30링깃, 커피는 13링깃 정도이니 가격 면에서는 상당히 비싼 곳이다. 하지만 한 정보 제공자는 이런 곳이 "신신하게 어거져" 좋다고 했다. 물론 이들이 이렇게 이야기할 수 있는 것은 그들이 어느 정도의 경제적 능력을 가진 중산층에 속한 사람들이기 때문이다.

현재의 말레이시아 중산층의 젊은 화인들이 좋아하는 '트렌디'하고 '신선한' 곳은 매우 많으며 세계 각국의 다양한 음식을 포함하고 있다. 이런 다양성은 말레이시아의 트렌디한 음식들을 소개하는 몇몇 SNS 계정만 살펴봐도 쉽게 알 수 있다. 예를 들어 36만 명이 팔로우하는, 말레이시아 카페 음식들을 소개하는 한 계정은 와플, 샌드위치, 케익, 파스타부터 디저트, 아이스크림까지 2017년 1월 현재 약 1,000개 이상의 사진을 포스팅하고 있다.

이와 같은 다양한 음식 소비의 장소를 찾아다니는 것은 최근 화인 젊은이들이 좋아하는 여가의 한 영역이다. 이들은 맛집 소개 사이트나 여러 음식 소개 블로그, SNS 등을 통해 젊은 사람들이 선호하는 식당에 대한 정보를 얻고 인기 있는 식당을 찾아간다. 쿠알라룸푸르와 같은 코즈모폴리턴 도시가 계속 확장하면서 소위 맛집들과 그에 대한 정보들이 꾸준히 늘어나는 것은 대부분의 현대 도시에서 동일하게 나타나는 현상이다. 그리고 다른 사회의 도시 젊은이들과 마찬가지로 화인 젊은이들이나 말레이 중산층에게 맛집 탐방은 이들이 도시의 생활을 즐기는 또 하나의 방식이다. 쿠알라룸푸르에서 만난 화인 젊은 부부는 교외지역에 거주하고 있는데 좀 멀더라도 주말마다 유명한 맛집을 찾아다닌다. 그들이 추천한 맛집 중 한 곳은 한국과 일본의 주재원들이 많이 거주하는 몽키아라Mont Kiara 부근의 컵스앤컵스CuBs&CuPs로 샌드위치, 파스타, 브런치 등이 유명한 식당이었다.

도시 곳곳에 산재한 여러 '맛집'을 찾아다니려면 다양한 교통수단이 필요하다. 쿠알라룸푸르에 있는 대형 쇼핑몰의 경우 원우타마몰1Utama Mall을 제외하고는 지하철로 갈 수 있기 때문에 화인 젊은이들뿐만 아니라 다양한 종족의 사람들, 관광객으로 붐빈다. 그러나 도시생활의 즐거움으로 대두한 맛집의 목록은 점점 늘어나고 공간적으로도 확장되고 있기 때문에 택시, 우버Uber 서비스, 버스, 지하철 등의 대중교통만을 이용하는 것에는 한계가 있다.[13] 이와 같은 상황 때문에 화인 젊은이들―그리고 대개의 말레이 중산층―에게 자동차는 필수품처럼 여겨진다. 화인 C는 아침과 저녁의 교통체증 때문에 짜증이 나지만 차가 없이는 쿠알라룸푸르에서 살기 어렵다고 했다. 그와 그의 친구들을 시내 식당에서 함께 만날 때 네 명 중 세 명이 차를 가지고 나왔다.

경제적 여유, 차를 이용할 수 있는 상황 등은 그들이 말레이시아 전역의 음식 소비 장소를 찾아다니는 일을 가능하게 한다. 연구자가 음식 소

---

13 대중교통의 불편함은 연구자도 자주 느꼈다. 쿠알라룸푸르에서 시내를 관통하는 지하철은 큰 불편함이 없으나 외곽으로 나가려 하면 긴 배차 간격을 견디며 지하철과 버스를 갈아타야 했고 막상 내려서 목적지까지 갈 때 인도와 횡단보도 등이 잘 정비되어 있지 않아 먼 길을 돌아가거나 길을 건너기 위해 위험을 감수해야 하는 경우가 많았다. 페낭에서는 버스 정류장 표시나 차내 방송 등이 없어 주변 사람들에게 도움을 구해 목적지 정류장에 내릴 수 있었다.

비에 대해 연구한다고 했을 때 그들이 가 볼만 한 곳으로 소개한 식당 중 일부는 연구자가 개인적으로 대중교통을 이용해서 가기 어려운 곳들이었다. 그들과 대화하면서 알게 된, 또는 그들이 다녀온 후 페이스북에 사진을 올리는 음식 소비의 장소들은 여러 도시와 지역에 걸쳐 넓게 분포되어 있었다. 현재 화인들이 소비하는 음식의 중요한 특성 중 하나를 시공간적 확장성과 소비 대상의 다양성이라고 할 수 있다. 시간적으로는 과거부터 현재까지, 공간적으로는 말레이시아와 외부 세계의 음식까지 포함되며 그것들이 분포하고 있는 공간마저 점차 넓어지고 있다.

그들이 지역의 경계를 제약으로 여기지 않고 다양한 지역의 다양한 음식을 소비하고 있다는 사실은 그런 곳을 찾아다니는 것이 즐거움이 될 뿐만 아니라 그것이 가능하다는 것을 보여 준다. 즉, 다양한 지역의 다양한 종류의 음식을 소비하는 것은 차를 이용한 이동성과, 돈을 내고 좋은 것, 새로운 것, 신선한 것을 먹을 수 있다는 경제적 능력을 드러내는 일이 된다. 이것은 화인만의 특징이라기보다는 글로벌 자본주의시대를 사는 대

그림 2.15   모던한 느낌의 식당들

부분의 중산층에게서 발견되는 현상이다. 그렇기 때문에 화인의 음식 소비 특성을 배타적 종족정체성에만 연결시킬 수 없으며 종족의 경계를 넘어서는 계급과 계층의 문제로도 봐야 한다. 다종족사회의 도시빈민이나 이주민노동자가 경험하는 삶의 방식과는 다른 삶의 방식이 중산층 화인에게서 나타나는데, 이는 화인·말레이 등의 종족 구분과 관련 없이 코즈모폴리턴 도시의 중산층에게서 쉽게 발견할 수 있는 특성이다.

5. 나가는 글

최근 중국이 성장하면서 전 세계적으로 중국에 대한 관심이 커지고 있다. 말레이시아도 예외가 아닌데 농촌지역인 테렝가누Terengganu 주의 사례를 언급할 수 있을 것이다. 이 지역에 정착한 화인 농민들은 예전에는 돼지를 키웠으나 주변 지역의 말레이인들에게 눈치가 보여 돼지는 더 이상 키우지 않고 열대과일 농사만 짓는다. 화인 1세대의 경우 말레이화가 강하게 나타나 일상적으로 사용하는 푸젠어 외에 말레이어를 사용하고 음식 역시 말레이 음식이 주메뉴가 될 정도의 문화적 동화가 이루어졌다. 그런데 화인 2·3세대는 윗세대와 다른 모습을 보이기 시작했다. 2세대는 1970년대 신경제정책New Economy Policy: NEP과 이슬람화 경향에 대한 반발로 좀 더 강한 종족정체성을 갖게 되었다. 3세대는 중국이 경제적으로 성장하고 국제사회에서 중요한 국가로 인식되던 시기에 성장하고 이와 함께 말레이시아 안에서 화인 학교가 증가하던 시기에 교육을 받아 말레이어와 함께 중국 표준어도 공부하게 되었다. 윗세대와 달리 중국 본토의 음식들을 접할 기회가 많아지면서 화인 음식 대신 중국 본토 음식에 익숙해지게 되었다(Tan and Ngah 2015). 테렝가누 주는 말레이의 인구 비율이 매우 높은 특수한 사례이기는 하지만, 여기에서 볼 수 있는 것처럼 한 지역의 음식은 다른 사람과의 관계, 세계화의 흐름 등으로부터 독립된 영역이 아니다. 음식은 사회적 상호작용의 한 요소이고 그것의 소비는 사회적 관계로부터 설명되어야 하는 행위이며 그 자체로 일련의 관계들을 의미화한다.

말레이시아와 같은 다종족사회에서는 종족집단 사이, 또는 종족집단 내부에서의 복잡한 사회적 상호작용이 있고 한편으로는 협력과 타협이, 다른 한편으로는 집단 사이의 균열과 충돌이 사회 전체의 긴장된 역동성을 형성한다. 1970년대 말레이계와 화인 사이의 경제적 격차를 줄이겠다는 취지로 도입된 신경제정책 이후 말레이인과 화인을 포함한 종족집단 간의 사회적 거리가 멀어졌다는 사실을 무시하기는 어렵다(홍석준 2014). 또한 할랄과 비할랄 음식의 이분법적 인식이 말레이인과 화인의 일상적 사회 교류를 제약하는 중요한 요인(오명석 2012: 12)이라는 점도 말레이시아 사회의 중요한 특징 중 하나이다. 실제로 연구자가 만난 많은 화인은 말레이 우대정책으로 화인들이 경제적으로 손해를 감당하게 되어 억울하다는 점을 강조했다. 그뿐만 아니라 그들을 폄하하는 표현도 자주 사용했다. 그러나 다른 한편으로는 직장에서, 거리에서, 생활의 장소에서 다른 종족집단과 꾸준히 마주치고 협력해야 하는 것이 말레이시아의 상황이다. 또한 총리 부패 스캔들과 관련하여 2015년부터 계속되어 온 총리 퇴진 요구 시민운동과 같은 정치활동에서는 종족 경계를 넘어서는 시민사회의 연대를 발견할 수 있다. 종족 문제와 결부되기도 하지만 그와 별개로 설명되어야 하는 계층 및 계급의 문제는 종족이라는 범주만으로 말레이시아 사회의 다양한 특성을 설명하고 이해하는 것은 불가능하다는 사실을 보여 준다.[14] 종족의 경계는 매우 모호하고 유동적이

---

14 말레이시아의 이주민노동자와 도시빈민에 대해서는 무니안디(Muniandy 2015) 참조.

며 상황적이다(Nagata 1974).

　다종족사회인 말레이시아 화인들의 음식 소비는 지금까지 살펴본 것과 같이 다층적인 사회적 관계 안에 놓여 있다. 할랄과 비할랄, 오염의 이미지에 대항하는 건강 담론, 종족적 기원과 관련된 것으로 여겨지는 전통의 관념, 글로벌 음식들을 특별한 규정에 따른 제약 없이 자유롭게 경험할 수 있는 도시적 소비행위 등으로 구성된 대조의 집합 사이에 화인들의 음식 소비가 위치한다. 한편으로는 돼지고기의 배타적 성격을 인지하면서도 다른 한편으로는 다른 종족과의 관계를 고려하고 타협적인 위치로 물러설 수도 있는 것이 현재 화인들이 종족관계에서 보여 주는 태도이다.

　현재 화인들의 음식 소비는 단순히 '무엇인가를 먹으며 산다'는 식의 짧은 서술로 그 면모를 모두 보여 줄 수는 없는 복잡한 영역이다. 말레이계 중산층을 확대하기 위한 (화인들은 말레이 우선 정책이라 비판하는) 신경제정책의 도입, 말레이와 화인 사이의 크고 작은 갈등과 서로에 대한 비난 그리고 사안에 따른 타협들, 현재의 정치적 상황, 최근 중국의 부상으로 나타나는 화인들의 '뿌리와 전통' 강조 등 다양한 요소와 사회적 요인이 결합되어 있는 영역이다.

　말레이시아를 포함하여 동남아시아의 화인들은 경제적 측면에서 또는 문화적 측면에서 영향력 있는 집단이라고 볼 수 있다. 특히 이들의 경제적 능력은 다양한 상품소비의 가능성과도 연결되기 때문에 동남아시아에 진출하고자 하는 한국의 기업들은 화인들 역시 중요한 소비자 집단으로 고려하는 것이 필요할 것이다. 음식 시장과 관련해서는 앞에서 본 것과 같이 '신선함', '모던함' 등이 중요한 고려의 대상이다. '신선함'이 무슨 의미인지 물었을 때 한 정보 제공자는 '새로운 것'이라고 설명했다. 화인을 대상으로 동남아에 진출하는 한국 기업들은 건강이나 새로운 것 등에 대한 문화적 태도가 화인들의 음식 소비에서 중요한 요소라는 점을 고려할 필요가 있을 것이다. 또한 그들이 위치하고 있는 다층적 사회적 관계에 대한 면밀한 이해가 있다면 그들이 우리 자신을 친구처럼 받아들일 가능성이 커지기 때문에 그에 대한 이해도 함께 필요할 것이다.

::참고문헌

고광석. 2002.『중화요리에 담긴 중국』. 서울: 매일경제신문사.

김광억. 1994.「음식과 현대 한국사회: 음식의 생산과 문화의 소비」. 한국
　　　문화인류학회.『한국문화인류학』26: 7-50.

더글라스, 메리. 1997.『순수와 위험: 오염과 금기 개념의 분석』. 서울: 현
　　　대미학사.

민츠, 시드니. 1998.『설탕과 권력』. 서울: 지호.

서현정. 2001.「민족정체성의 새로운 상징으로서의 레스토랑 음식: 미국
　　　보스턴의 이탈리안 타운을 중심으로」. 서울대학교 대학원 인류
　　　학과 박사학위논문.

오명석. 2000.「말레이시아 화인사회: 다종족국가 내에서의 공존과 갈등」.
　　　조흥국 외.『동남아의 화인사회』. 서울: 전통과 현대. 186-306.

오명석. 2004.「말레이시아에서의 돼지고기 소비와 종족관계」.『동남아시
　　　아연구』14(2): 1-38.

오명석. 2012.「이슬람적 소비의 현대적 변용과 말레이시아의 할랄 인
　　　증제: 음식, 이슬람법, 과학, 시장의 관계」.『한국문화인류학』
　　　45(3): 3-62.

젬조에, 레나. 2011.「천상의 몸」. 돈 쿨릭·앤 메넬리(편).『팻: 비만과 집
　　　착의 인류학』. 서울: 소동. 153-173.

홍석준. 2014.「이슬람 부흥의 문화적 특징과 의미: 말레이시아의 사례」.
　　　김형준·홍석준(편).『동남아의 이슬람화: 1970년대 이후 종교
　　　와 경제의 변화』. 서울: 눌민. 55-102.

홍재현. 2008.「말레이시아 화교의 특성」.『중국인문과학』38: 427-444.

游俊豪. 2014.『新馬華人族群的重層脈絡』. 上海: 上海三聯書店.

Douglas, Mary and Baron Isherwood. 1979. *The World of Goods*:

Towards an Anthropology of Consumption. New York: Basic Books.

Duruz, Jean and Gaik Cheng Khoo. 2015. *Eating Together: Food, Space, and Identity in Malaysia and Singapore*. Selangor: SIRD.

Fischer, Johan. 2008. *Proper Islamic Consumption: Shopping among the Malays in Modern Malaysia*. Copenhagen: NIAS.

Hubbert, Jennifer. 2010. "Spectacular Productions: Community and Commodity in the Beijing Olympics." *City & Society* 22(1): 119–142.

Lepawsky, Josh and Rodney C. Jubilado. 2014. "Globalising Kuala Lumpur and Rationalising the Street: Hawkers and the Aporias of Urban Renewal along Petaling Street and Jalan Masjid India." Yeoh Seng Guan(ed.). *The Other Kuala Lumpur: Living in the Shadows of a Globalising Southeast Asian City*. London: Routledge. 22–40.

Mintz, Sidney. 2002. "Foreword: Food for Thought." David Y. H. Wu and Sidney C. H. Cheung(eds.). *The Globalization of Chinese Food*. Honolulu: University of Hawaii Press. xii–xx.

Muniandy, Parthiban. 2015. *Politics of the Temporary: An Ethnography of Migrant Life in Urban Malaysia*. Selangor: SIRD.

Nagata, Judith. 1974. "What is a Malay?: Situational Selection of Ethnic Identity in a Plural Society." *American Ethnologist* 1(2): 331–350.

Ren, Hai. 2013. "The Middle-Class Norm and Responsible Consumption in China's Risk Society." Ann Anagnost, Andrea

Arai, and Hai Ren(eds.). *Global Futures in East Asia*: *Youth, Nation, and the New Economy in Uncertain Times*. Stanford: Stanford University Press. 29-52.

Tan Chee-Beng. 2001. "Food and Ethnicity with Reference to the Chinese in Malaysia." David Y. H. Wu and Tan Chee-Beng(eds.). *Changing Chinese Foodways in Asia*. Hongkong: The Chinese University Press. 125-160.

Tan Chee-Beng. 2011a. "Introduction." Tan Chee-Beng(ed.). *Chinese Food and Foodways in Southeast Asia and Beyond*. Singapore: NUS Press. 1-19.

Tan Chee-Beng. 2011b. "Cultural Reproduction, Local Invention and Globalization of Southeast Asian Chinese Food." Tan Chee-Beng(ed.). *Chinese Food and Foodways in Southeast Asia and Beyond*. Singapore: NUS Press. 23-46.

Tan Gek Suan. 2004. *Gateway to Peranakan Food Culture*. Singapore: Asiapac Books.

Tan Yao Sua and Kamarudin Ngah. 2015. *Culture, Identity & Foodways of the Terengganu Chinese*. Selangor: SIRD.

Timeout Malaysia. 2016. *The Ultimate Guide to Eating & Drinking in Malaysia* 2015/2016. Kuala Lumpur: Mongoose Publishing Sdn Bhd.

Yao Souchou. 2003. "Tasting the Night: Food, Ethnic Transaction, and the Pleasure of Chineseness in Malaysia." Michael W. Charney, Brenda S. A. Yeoh and Tong Chee Kiong(eds.). *Chinese Migration Abroad*: *Cultural, Educational and Social Dimensions of the Chinese Diaspora*. Singapore: Singapore University Press. 41-62.

03

인도네시아의 전통 미용관행과 데이 스파[Day Spa]:
자바와 발리 사람들의 전통 미의식과 실천 양상*

조윤미

1. 들어가는 글

이글은 최근 인도네시아의 대도시와 웬만한 중소도시에서 현저하게 관찰되는 데이 스파day spa 소비 관행과 이 데이 스파의 사업적 성공 요인을 '자바Java와 발리Bali 사람들의 전통 미의식과 그 실천'이라는 관점에서

---

* 이글은 2015년 한국여성연구원 발간 『여성학논집』 제32집 1호에 발표되었던 필자의 논문 "인도네시아의 전통 미용관행과 데이 스파: 자바와 발리 사람들의 전통 미의식과 그 실천 양상을 중심으로"를 정리한 것이다.

논한다. 여기서 데이 스파란 관광 상품으로서의 호텔 스파와는 달리, 지역 중산층의 일상 소비 관행으로서의 스파, 일상적 몸 돌봄 서비스를 제공하는 스파를 일컫는 말이다.

인도네시아의 도시들에서 스파가 본격적으로 목격되기 시작한 것은 2000년대 들어서면서부터였다. 본 연구를 위한 현지조사지 중 하나였던 자바 섬의 도시 족자카르타Yogyakarta 경우만 보더라도 1990년대까지 스파라는 말은 아직 매우 낯선 것이었다. 발리만큼 관광객이 많은 도시도 아니고 1995년 이후에야 호화로운 4성급, 5성급 호텔들이 비로소 들어서기 시작한 이곳에, 처음 스파가 들어선 것은 이 호텔들이 생길 무렵이었다. 즉, 인도네시아 화장품 산업의 양대 산맥인 무스티카 라투Mustika Ratu와 마르타 틸라르Martha Tilaar 회사가 각각 자신들만의 스파 브랜드 지점을 족자카르타에 연 것이었다. 무스티카 라뚜는 1997년 족자카르타 공항 근처에 쉐라톤 무스티카 호텔Sheraton Mustika Hotel을 짓고 그 안에 따만사리 로얄 헤리티지 스파Taman Sari Royal Heritage Spa를 개관하였으며, 마르타 틸라르는 2000년에 족자카르타 중산층 거주지인 데망안 바루De-mangan Baru 지역에 독립건물을 짓고 데이 스파인 스파 마르타 틸라르Spa Martha Tilaar를 개관하였던 것이다. 그 이후 거의 모든 고급 호텔마다 스파가 개장되더니 시내 곳곳에 족자카르타 중산층을 겨냥한 스파들도 연달아 개점하기 시작하였다. 또 족자카르타의 로컬 스파 브랜드 중엔 스파 프랜차이즈까지 만들어 곳곳에 지점을 개설하는 곳도 생겨났다.[1] 이 모든 스파들은 그 서비스 품목과 이에 소용되는 약재 들이 모두 중부 자바의 수라카르타Surakarta 궁정과 족자카르타의 궁정, 그리고 발리의 고대 비법으로부터 비롯한 것이라고 선전한다.

---

1 족자카르타의 로컬 프랜차이즈 스파 브랜드로는 Flaurent Salon & Spa, Jogja Traditional Treatment, Putri Kedaton Spa가 있다.

그림 3.1 족자카르타 전통 스파의 광고 포스터

족자카르타의 유명 전통 스파 Jogja Traditional Treatment의 포스터. 이 업소는 족자카르타 내에 모두 세 곳의 스파를 운영하고 있으며, 전직 족자카르타 시장의 가족이 운영하는 것으로 알려져 있다.

그리하여 현재 족자카르타에는 큰 호텔들과 대로변은 물론이고 주택가 골목에까지도 매우 많은 전통 스파들이 들어서 영업 중이다. 예를 들어, 족자카르타의 세투란Seturan 지역에는 두 개의 대학 캠퍼스가 인접해 있어 상권이 매우 발달한 대학생 주거밀집지역이 있는데, 이곳엔 총연장 3,450미터인 2차선 도로변에, 2014년 10월 현재 모두 23개의 데이 스파 업소가 영업 중이었다. 이들 23개 업소는 살롱 혹은 스파 간판을 달고 영업하는 업소들 중 최소한 헤어 스파 서비스를 제공하는 업소들을 합한 수치이다. 한편, 헤어 스파뿐 아니라 바디 스크럽을 의미하는 룰루르lulur와 여성 성기 훈연을 뜻하는 라뚜스ratus 같은 서비스까지도 포괄하는 업소는 16개소였다. 이들 16개 업소 중, 절반에 해당하는 8개 업소는 독립

건물 한 채를 모두 스파 시설로 활용하며 각종 스파 서비스 품목들을 거의 완벽하게 제공하는 업소였다. 이에 비해, 의사가 상주하며 현대 과학에 의지해 서비스를 제공하는 피부 클리닉 내지 체형관리업소는 이 지역에 단 두 곳뿐이었다. 스파 열풍은 시내 곳곳에 들어선 쇼핑몰에서도 관찰된다. 쇼핑몰에서는 심심치 않게 스파용품 전시회를 개최하고 전시품들을 판매한다. 아로마 테라피를 위한 에센스 오일이나 향초, 그리고 인도네시아 천연 약재인 자무jamu를 가공한 홈 스파 상품들이 꾸준히 팔려나간다.

스파 산업의 이러한 괄목할 만한 성장 모습들은 흔히 관광산업의 발달과, 현재 인도네시아 사회의 새로운 활력소가 되고 있는 중산층의 성장, 그리고 이에 따른 중산층 소비 현상의 대두와 연관되어 해석된다. 아시아 개발은행의 기준 대로 하루 2달러에서 20달러 가량의 소비 지출이 가능한 계층을 중산층이라 정의하면, 2013년 인도네시아 전체 인구 2억 5천만 명 중 56.7퍼센트가 바로 이 중산층에 속하는데,[2] 이는 2004년 고작 37퍼센트에 불과했던 중산층 규모에 비해 괄목할 만한 성장이라 아니할 수 없기 때문이다.

위와 같은 연유에서, 인도네시아 스파 산업의 괄목할 만한 성장은 지구화·현대화·서구화 과정에서 불가피하게 발생한 소외 현상에 대응하는 라이프스타일로서(Barendregt 2011) 논의되기에 적합한 주제이다. 즉, 스파는 현대 서구인들이 진정성 있고 신비롭고 호화로우며 순수하고 자연적이기까지 한 아시아적 특성Asianness을 소비함으로써 서구문명

---

2 중산층 규모는 인도네시아 통신사 Antara의 2014년 4월 16일자 보도 "Populasi Kelas Menengah Indonesia Meningkat Tajam(인도네시아의 중산층 인구가 크게 늘었다)"를 참조하였고, 2013년 인구 규모는 Badan Kependudukan dan Keluarga Berencana Nasional [BKKBN]의 추정을 인용하였음.

이 상실한 그 무엇인가를 재현하고 향유하고자 방문하는 장소로서 주목될 수 있겠고, 또는 아시아의 중산층들이 현대적 상징만을 소비하던 태도에서 한걸음 더 나아가 환경적 각성과 자연으로의 회귀 그리고 진정성 있는 문화 경험을 회복함으로써 자신들만의 계층적 정체성을 구성하고자 한 라이프스타일의 정치로서도 주목될 수 있겠다(Parkins and Craig 2006). 그러므로 동남아 스파 현상에 대한 논의는 관능적 타자를 기대하는 서구인들의 오리엔탈리즘으로서건 혹은 자신들만의 계층적 정체성을 구성하고자 하는 아시아 신흥부자들의 문화 전략으로서건(Heryanto 1999), 전지구화시대에 새롭게 변형되고 재발명된 지방성으로서의 아시아적 특성이 후기 자본주의를 통해 전 지구적으로 순환하는 소비재가 되어 온 과정(Ching 2000)에 관한 논의로 수렴될 만한 것이다. 이런 견지에서 보자면 족자카르타를 비롯한 인도네시아 각지에서 발견되는 스파들은, 그것이 호텔 스파이건 데이 스파이건 간에, 서구를 통해 재발견된 전통으로서 그리고 새로운 중산층 소비문화로서 연구될 가치가 있는 현상임이 분명하다.

그러나 본고는 전지구화시대의 재발견된 지방성이나 아시아적 특성에 대한 소비 현상으로서의 스파보다는, 인도네시아인들의 일상적 미의식의 실천으로서 스파 관행을 고찰하고자 한다. 다시 말하자면, 본고는 인도네시아 중산층의 계층적 정체성이나, 전지구화시대에 재발명되었다는 지방성보다는, 인도네시아인들이 이해하는 아름다운 여성의 모습은 어떠한 것인지를 질문하는 것이고, 또 그 아름다움을 획득하기 위해 전통적으로 실천되어 왔던 미용관행들에 관해 고찰함으로써, 작금의 데이 스파 소비 양태 속에 재배열되어 녹아있는 전통 미의식 실천의 지속과 변용 양상을 고찰하고자 하는 것이다.

이와 같이 연구 방향을 설정한 이유는, 궁중의 미용관행을 대중화하였다는 전통 스파들 이외에도 현재 인도네시아 도시들에서 여성들에게 제안되고 있는 미용관행의 종류는 다양한데, 그 틈새에서 전통 스파들이 유독 경쟁력을 갖추고 중산층 여성들에 의해 애용되고 있다는 사실 때문이다. 즉, 전통 스파 뿐 아니라 최근 급성장세를 보이고 있는 피부과 병원과 각종 피부 클리닉 그리고 몸매 관리 프로그램 들도 여성들의 미의식 실천과 아름다움의 획득 장소이기는 마찬가지이고, 또한 최근 등장한 중산층 소비문화이기는 마찬가지인데, 이 다양한 프로그램들 중에서도 왜 특별히 전통 스파가 눈에 띄게 여성들의 선택을 받는 것인지에 대한 궁금증 때문이다. 더구나 이들 간에 제공되는 서비스 품목과 제시되는 미의식도 달라보였다는 점도 큰 동기가 되었다. 현대성을 앞세운 프로그램들이 흰 피부에 날씬한 여성의 몸을 가꾸는데 주력하는 것이라면, 전통 스파는 유별나게도 여성의 성기를 포함한 신체의 모든 부위를 포괄하는 프로그램들로 짜여 있고, 몸은 물론 마음의 건강과 치유, 그리고 가족의 화목 및 생애 주기별 의례까지도 돌보는 서비스를 제공하고 있다는 점이 그것이다. 이러한 차별성은 결국 인도네시아의 전통 미의식과 이에 결부된 사회문화적 이상이 현대적이고 서구적인 그것들과 상당히 다르기 때문일 것으로 가정할 수 있겠다. 이에, 시각의 대상으로서의 몸의 미학이 아닌 인간에 대한 또 다른 이해의 장으로서 인도네시아의 전통 미용관행을 주목할 필요가 있다고 사료된다. 그래서 내면적이고 추상적이며 사회적인 가치와 로컬의 문화적 지식에 의해 중재되고 이해되는 미적 지각 과정 및 미의식의 실천과정에 대한 고찰을 통해, 본고는 인도네시아인들의 미적 관념과 그들이 이해하는 휴머니티의 모습을 탐구하고자 한다. 이러한 여성의 미와 미용관행에 관한 민족지적 고찰이 선행된 연후에야 비로소 이 지역의 중산층 현상과 지구화 과정, 그리고 아시아적 특성에 관한 논의가 탄탄히 전개될 수 있을 것임을 믿는다.

본 연구를 위한 현지조사는 2013년 7월 한 달 간, 인도네시아 자바 섬 중부의 유서 깊은 두 도시 족자카르타와 수라카르타, 그리고 발리 지역에서 수행되었다. 이 세 지역은 현재 인도네시아 전통 스파들이 자신들의 스파 기법과 약재의 처방이 기원한 곳이라고 소개하는 곳이다. 그런데, 자바 섬과 이에 바로 인접해 위치한 발리 섬은 인도네시아에서도 종교와 종족 그리고 문화가 서로 구별되는 이질적 문화권으로 인식되는데, 이 두 문화권을 한데 아울러 같은 범주로 엮어 논하는 것이 과연 타당할 것인가 하는 문제가 남는다. 이에 대한 답은, 전통 미의식과 전통 미용관행에 관한 한, 자바와 발리는 이질적이기보다는 오히려 공동의 문화 목록을 가진 동질적 지역인 것으로 판단된다는 것이다. 그러므로 두 문화권을 인도네시아 데이 스파 관행들이 태동한 곳으로서 한 범주에 놓고 논의해도 무리가 없어 보인다. 이러한 판단의 근거는 두 가지이다. 첫째, 두 문화권에서 보유한 미의식과 미의식의 실천에 관한 고문헌들이, 서로 다른 제목을 달고 서로 다른 언어로 기록되었지만 서로 비슷한 내용을 보이고 있다는 점 때문이다.[3] 둘째, 실제로 두 지역 민간에서 발견되는 미의식과 실천되는 미용관행들도 이 고문헌들의 틀을 크게 벗어나지 않는 것으로 관찰된다는 점 때문이다.

연구자는 현지조사 기간 동안 이 세 지역 전통 데이 스파들에서 스파 서비스가 제안되고 소비되는 방식을 중심으로 참여관찰하였고, 스파 테라피 담당 직원들과 고객들을 대상으로 심층면접도 실시하였다. 한편, 자바와 발리 문화의 전통 미인상과 미용관행에 관한 전통지식은 문헌연구에 많이 의존하였다.

---

3 고대 자바어와 산스크리트어로 기록된 인드라니 사스트라[Indrani Sastra]와 발리어로 기록된 룩미니 타트와[Rukmini Tatwa]가 그 예이다.

2. 아름다움에 관한 로컬 담론

아름다움을 바라보는 관점은 두 가지이다. 첫째는 미적 대상에 대해 수학적 비례와 균형 그리고 조화를 기반으로 이성적이고 인지적인 판단을 내리는 관점이고, 둘째는 아름다움을 불러일으키는 대상을 통해 형성되는 감각적 경험과 '호, 불호'의 감정적 판단을 아우르는 관점이다. 이러한 관점들을 여성의 아름다움에 관한 논의와 연관 짓자면, 그것은 신체를 통한 수적 질서의 재현으로서의 '협의의 신체미'와, 신체로부터 일어날 수 있는 다양한 미적 차원을 모두 아우르는 '광의의 신체미'에 관한 논의로 귀착할 수 있을 것이다(김선우·이유리 2012). 그렇다면, 인도네시아의 자바와 발리의 전통문화 속에서는 어떠한 관점으로 여성의 아름다움을 판단하였을까? 결론부터 말하자면, 그것은 광의의 신체미에 속한다고 할 수 있다. 왜냐하면 자바와 발리에서 여성의 진정한 아름다움이란 내적인 덕성과 외면적 자태가 조화를 이룬 상태라고 설명되며, 이러한 속성의 아름다움을 가꾸기 위한 전방위적 미용관행이 발달해 있기 때문이다.

여성의 아름다움에 관한 자바와 발리의 로컬 담론에서 핵심을 차지하는 개념은 '조화harmoni'와 '돌봄rawat'이다. 즉, 아름다움이란 내적인 덕성과 외면적 자태가 조화를 이룬 상태라는 것과, 아름다움이란 창조되는 것이 아니라 이미 인간의 몸속에 깃들어 있는 것으로서 인간은 자기 몸에 깃든 이러한 아름다움의 씨앗을 꾸준히 '돌봄'으로써 아름다움이 발현되도록 노력해야 할 의무가 있다는 것이다(Kurniawan 2014: 1; Herliany 1999: 22). 이 때 '돌본다'는 것은 지속적으로 조화에 이르도록 노력한다는 의미로서, 자신의 몸과 영혼 간의 균형뿐만 아니라, 자연과 사람 간의 균형, 그리고 대우주와 소우주 간의 균형까지도 성취함으로써 궁극적인 조화에 도달하고자 하는 행위이다. 따라서 '돌봄'의 대상은 자기 자신에게만 머무는 것이 아니라 주변 환경으로까지 확장된다. 그러므로 자바와 발리의 전통사회에서 '이상적인 여성_{wadon asli}'이란 조화로운 상태에 도달할 수 있도록 자신과 주변을 잘 가꾸고 돌보는 여성이다.

그러므로 자바와 발리에서 아름다운 여성에 관한 담론은, 외면적 아름다움만을 묘사하고 칭송하기보다는 여성의 품성과 언행 및 타인에 대한 태도 등도 필연적으로 포함하기 마련이며, 때문에 안팎의 아름다움_{kecantikan lahir batin}(내적인 덕성과 외면적 자태)을 '돌보는' 것과 관련한 전통지식과 관행이 자바와 발리의 주요한 문화목록으로 전승되고 실천되고 있다. 이에, 본장에서는 고문헌들의 내용을 중심으로 자바와 발리의 전통 이상형 여성상의 모습을 그려보고, 다음 장에서는 고문헌들에 기록된 '돌봄'의 처방전들과 민간의 '돌봄' 관행들을 고찰함으로써 구체적으로 인도네시아 전통 미용관행을 살펴보도록 하겠다. 이러한 작업은 현재 인도네시아의 데이 스파가 제공하는 미용관행이 특히 자바와 발리 문화의 전통 미의식의 어떠한 맥락들에 접목되어 있는 것인지에 답하기 위한 불가결한 작업이다.

앞서 기술한 바대로, 자바와 발리 문화권의 전통 이상형 여성상은 '돌봄'으로써 '조화로운'아름다움을 완성한 여성이다. 이 때 여성이 돌보고 가꾸어야 할 대상은 집과, 남편과 자식을 비롯한 주변사람들, 그리고 자기 자신으로서, 여성은 집안의 물리적 청결과 본인의 외모 관리에 능숙함은 물론, 주변인을 대하는 태도와 예의범절도 두루두루 갖추어야 한다. 즉, 고문헌 서랏 산디 와니타_{Serat Sandi Wanita}가 가르친 대로 "여성은 집을 청결히 하고 몸을 치장하고 남편과 사랑을 나누는 법을 알아야" 하는 것이다 (Herliany 1999: 38).

그리하여 자바와 발리의 고문헌들에는 여성의 내면적 덕성을 강조하는 내용들과 외면적 자태를 강조하는 내용들이 교차하여 나타났다. 우선 여성의 내면적 덕성을 강조하는 담론 중에는 서랏 천티니_{Serat Centhini}에[4]

나오는 훌륭한 아내의 덕성에 관한 이야기가 있다. 훌륭한 아내는 '이웃에 대한 사랑, 현명함, 타인에게 베푸는 품성, 선악에 대한 판별력, 여성으로서의 권리와 의무에 관한 이해력, 재산 사용 방법에 관한 지식, 일상 소비 지출에 대한 판별력, 주거지 관리 능력, 남편을 섬기는 마음, 남편과 일심이 되는 품성, 남편에 대한 신의' 등과 같은 덕성을 가지고 있어야 한다는 것이다. 이와 같은 견해는, 라덴 마스 판지Raden Mas Panji가 저술한 서랏 산디 자엥 와니타Serat Sandi Jayeng Wanita에서도 반복 주장된다. 즉, "외모는 아름다우나 여성으로서의 의무를 태만히 하는 여성은 진정한 의미에서의 훌륭하고 아름다운 여성이 아니며, 진정한 여성의 아름다움이란 품성이 올바르고 남편을 잘 따르고 섬기는 데서 온다(Hartini 1996)"는 주장이다.

　그렇다고 해서 여성의 외모가 덕성보다 경시되었다거나 외모를 판단하는 기준이 전혀 없었다고 볼 수는 없다. 즉 서랏 천티니는 이상적 신부감을 판단하는 기준으로서 부계의 환경bobot과 모계의 환경bebet, 그리고 여성 당사자의 외모bibit를 제시하였는데, 여기서 제시된 여성의 외적 아름다움의 유형은 모두 21가지나 된다(Wibawa 2013: 336-337; Herliany 1999: 43-45). 그러나 이러한 외모들도 역시 그 여성의 품성과 연관되어 설명되곤 한다. 예를 들어, 봉오Bongoh 유형의 미인은 몸에서 광채가 나고 통통하며 탄탄한 모습으로, 현명하고 아름답고 유쾌하고 여유롭고 넉넉한 품성인데, 이런 타입의 여성은 성욕을 일으킨다고 설명된다. 또 른장Lenjang 유형의 미인은 몸집은 작으나 키가 큰 여성으로서 행동이 민첩하고 행실이 바른 것으로 설명되며, 승오Sengoh 유형의 미인은 안색

Buwana] 5세가 궁정의 문필가 세 명과 함께 자바어로 저술한 문학작품. 자바 문화 대백과사전이라 할 만큼 다양하고 풍부한 내용을 기술하고 있으며 현재 인도네시아어로 번역되어 있다.

이 보기에 좋고 피부색은 노랗고, 얼굴에 빛이 나며 살짝 통통한 것으로 묘사된다. 승오 유형의 여성은 입맞춤을 하고 싶은 욕망을 불러일으킨다고 한다.

그렇다면 여성의 덕성과 자태는 서로 어떻게 어우러져 아름다움으로 인식되는 것일까? 서랏 천티니에 나오는 한 아름다운 여인에 관한 구체적 묘사 속에, 여성의 덕성과 자태의 어우러짐이 인식되는 방식이 드러나 있다. 그녀의 생김을 행동 및 성품들과 병렬하여 묘사하다가 그로 인해 '마음을 끄는 데가 있다'든가, '눈부신 빛이 비쳐나온다'든가, '욕정을 불러일으킨다'든가 하는 식으로 그 아름다움에 감탄하고 있기 때문이다.

> "얼굴 표정이 품격 있고, 얼굴이 깨끗하고 노란 빛이고, <u>마음을 끄는 데가 있다</u>. 말수가 적고, 예의바르며 평안한 성정이며, 영리하고 꼼꼼하고 주의력 깊고, 남녀 간의 행실이 올바른지라 <u>눈부신 빛이 비쳐나온다</u>. 머리카락은 숱이 많게 드리워져 있고 녹색 빛이 감도는 검은 빛이다. 목은 길고, 가슴은 봉긋한 것이 새로 영글어가는 숨은 야자열매 같다. 어깨가 곧고, 팔은 상아 같은 곡선의 자태이고, 행동거지가 남 보기에 좋으며, <u>욕정을 불러일으킨다</u>. 걸을 때면 조심하는 태가 우아하고 탄력 있다. 옆모습은 마치 바람에 한쪽으로 쏠린 연꽃 같다. 여성의 의무가 되는 모든 일들에도 능숙하다"(Herliany 1999: 46-47, 밑줄은 필자가 처리한 것)

한편 여성의 아름다움은 성적인 매력을 분명 포함하는 것이었다. 1863년 수라카르타의 술탄 스리 수수후난 파쿠 부워노Sri Susuhunan Paku Buwana 9세의 명에 의해 저술된 찬드라리니Candrarini의 내용과, 고대 자바어와 산스크리트어로 기록된 고문헌 인드라니 사스트라의 내용에서 그 점이 확인된다. 우선 찬드라리니는 와양wayang 그림자극의 캐릭터인 아르주나Arjuna의 다섯 아내들이 일부다처제 상황에서도 화목한 가정을 꾸렸었다는 점에 착안하여, 일부다처제 하에서 여성들이 어떻게 가정생활을 모범적으로 꾸려나갈 수 있을 것인지를 가르치는 저술이다. 이 속에 이상적 여성상이라 할, 아르주나의 다섯 아내들에 대한 묘사가 나오는데, 얼굴의 아름다움과 남편에 대한 헌신적 태도 이외에도 그녀들의 성적인 매력들이 포함되어 있었다(Wahjono 2010). 한편, 인드라니 사스트라는 인드라니Indrani라는 이름의 여신이, 크리슈나Kresna의 아내이기도 한 룩미니Rukmini 여신에게 남편의 사랑을 받을 수 있는 미용perawatan tubuh, 몸 돌봄 비법을 가르치는 내용의 고문헌이다(Kurniawan 2014). 이 고문헌은 보다 명시적으로 여성의 성적 매력을 여성의 아름다움의 주요한 측면으로 간주하고, 다양한 미용관행들 중의 한 가지로 성적 쾌감 확보를 위한 처녀성 회복 비법을 전하고 있다. 사실, 안팎의 아름다움을 모두 포괄할 것을 주문하는 아름다움에 관한 로컬의 담론은 그 자체가 이미 여성의 성적 매력에 대한 은밀한 메타포를 지니고 있는 것이다. 즉 안과 밖이라는 말은 내면적 덕성과 외면적 자태로 이해되기도 하지만, 안쪽의 아름다움이란 실은 상대방의 성적 만족을 위해 준비된 여성의 신체적 조건을 의미하는 것으로도 곧잘 해석되곤 하기 때문이다.

정리하자면, 자바와 발리의 인문 전통은 시각에 의해 인지되는 협의의 신체미만을 아름다움으로 간주하기보다는 여성의 신체로부터 일어날 수 있는 다양한 미적 차원으로서 그녀의 외모 뿐 아니라 지적 능력, 예의범절, 품성, 윤리 및 섹슈얼리티까지도 모두 포괄하여 미를 정의하고 있음을 알 수 있다. 그리고 그러한 전인적인 아름다움에 대한 이해는, '돌봄'의 노력을 통해 자신과 자연 그리고 주변과의 관계에서 조화를 성취한 여성을 미인으로 간주하는, 자바와 발리의 문화적 이상 속에도 그대로 드러나 있는 것이라 하겠다.

3. 자무[jamu]와 전통 미용관행

외면적 자태와 내면적 덕성이 서로 어우러지는 전인적 아름다움을 추구하기 위한 미용관행은 당연히 육신의 돌봄과 영적인 돌봄을 모두 포함하는 것이어야 할 것이다. 내면적 덕성으로서의 아름다움은 언행과 신앙 그리고 정신의 고결성 및 예의범절을 포함하는 것으로서, 이러한 아름다움을 획득하기 위한 방법은 금식과 기도, 명상, 향료 사용, 교육, 종교 활동 등과 같은 영적인 돌봄을 통해 획득될 수 있다고 간주된다. 이에 반해 외면적 자태의 아름다움을 위한 육신의 돌봄은 신체 부위별로 행해지는 '외적 미용관행'과, 자무라고 불리는 천연약재 음용 및 섭생 그리고 무용 등의 신체 활동 들을 포괄하며 실천되는 '내적 미용관행'을 통해 이루어진다. 이와 같은 전인적 아름다움을 돌보기 위한 전통 미용관행들을 표로 정리하면 표 3.1과 같다.

표 3.1 　전인적 아름다움을 추구하는 미용관행

외면적 자태를 위한 육신의 돌봄	외적 미용관행	머리카락 돌봄	자무 활용 세발, 밀짚 태운 재로 세발, 머릿기름 사용, 자무 활용 검은 모발 유지, 모발 숱 늘리기 처방, 훈연, 마사지

		피부 돌봄	몸체	lulur, boreh, mangir, tapel, 마사지
			얼굴 분	pilis, bedak dingin, 자무로 만든 분[bedak] 처방
			얼굴 마스크	자무 활용
			얼굴 훈증	자무 활용

		체취/ 구취 돌봄	향료 사용, 입욕[rendam], bedak ketiak, 훈연. 훈증, 구취제거용 자무 처방.
		성기 돌봄	뒷물, tongkat madura, 질세척, 훈연, 각종 처방
	내적 미용관행	자무 음용	필요에 따른 각종 처방에 따름
		섭생	금식, 영양섭취
		신체 활동	무용, 요가
내면적 덕성을 위한 영적인 돌봄	금식, 기도, 명상, 향료 사용, 교육, 종교 활동		

표 3.1에 정리된 여성의 몸 돌봄 관행들은, 여성의 몸속에 깃들어 있는 신들을 깨워 일으키기 위한 문화적 실천이기도 하다. 즉, 자바와 발리의 전통 가치체계 안에서 아름다움이란 창조되는 것이 아니라 인간의 몸속에 이미 깃들어 있는 것으로서, 이 아름다움의 씨앗을 돌보고 가꾸어 발현되도록 만드는 것이 인간의 의무라 여겨짐은 앞서 언급한 바 있다. 인드라니 사스트라에 따르면, 그리고 이와 그 내용이 대동소이한 발리어 버전의 룩미니 타트와 Rukmini Tatwa 라는 고문헌에 따르면, 아름다움의 맹아로서 여성의 몸속에 이미 깃들어 있는 것은 바로 신들이다(Kurniawan 2014). 여성의 몸에는 여신 38위, 남신 2위 등 모두 40위의 신들이 깃들어 있으며, 그러므로 여성은 이들 신들이 자신의 몸속에 건재하면서 긍정적인 효과를 내도록 자기 몸을 꾸준히 돌봄으로써 아름다움을 구현할 수 있다는 것이다. 이렇게 자기 몸에 깃든 신들을 돌보는 것이 바로 전통 미용관행인 셈이다.

1) 천연 약재: 자무

돌봄의 미용관행은 그 재료로서 자무라고 불리는 약용 식물들과 오일 등을 활용한다. 이것들은 음용되거나, 몸에 바르거나, 마사지, 훈연, 훈증하는 방식으로 활용된다. 그러므로 인도네시아 전통 미용관행의 핵심은 이와 같은 식물 자원들의 처방과 활용에 있다 해도 과언이 아니다. 자무란, 자바 사람들이 전통적으로 활용해온 식물 약재들의 총칭으로, 단일 식물을 그대로 사용하거나 섞어서 처방한다. 이 자무들은 날 것의 상태로 음료처럼 만들어 마실 수도 있고 jamu segar, 말린 약재나 생약재를 끓여 그 물을 마실 수도 있고 jamu godongan, 약재를 가루상태로 만들어 따뜻한 물에 타먹을 수도 있고 jamu seduhan, 연고 형태로 만들어 몸에 직접 바르는 것도 있으며 jamu olesan, 현대화한 자무들은 타블렛이나 캡슐 형태로 만들어 복용하기도 한다jamu tablet/capsule.[5] 인도네시아에는 약용식물 3,689종이 서식하며, 자바 섬의 주민들은 151종의 자무 약재를 활용해 왔다(Riswan and Sangat-Roemantyo 2002). 하지만 이 자무 약재들이 외적 미용관행에 쓰일 때는 자무라는 말 이외에도 름빠-름빠rempah-rempah(향신료)라는 호칭으로 불리기도 한다.

자무의 역사는 자못 깊어서 보로부두르Borobudur, 쁘람바난Pramba-nan, 수꾸Sukuh 사원 등의 벽에도 자무 약재의 그림들이 발견되고, 특히 보로부두르 사원 벽에는 여성들이 식물 약재를 이용해 몸을 가꾸는 모습들이 그려져 있다(Kurniawan 2014: 55; Herliany 1999: 18). 또 꾸르니아완(Kurniawan 2014)이 인용한 수타르야디(Sutarjadi 1992)에 의하면 1937년에 간행된 바 있는, 발리 섬의 약재와 치료 관행에 관한 한 저서는 당시까지 전해오던 야자나무 잎에 기록된 고문서lontar 256종을 참고자료로 하여 저술되었다고 하니, 자무의 역사가 얼마나 오래고 또한 용법도 풍부했는지를 엿볼 수 있다. 자무의 처방전 성격을 띠는 고문서도 풍부한 편인데, 자바 섬에서는 족자카르타의 술탄 하멍쿠 부워노Hamengku Buwono 2세가[6] 저술한 서랏 프림본 잠피 자위Serat Primbon Jampi Jawi라는 처방서가, 발리 섬에서는 우사다 타루 프라마나Usada Taru Pramana라는 처방서가 대표적이다.

서랏 프림본 잠피 자위에는 약 3,000종의 자무 처방전이 기록되어 있다(Herliany 1999: 128). 이 자무 처방전들은 건강과 미용의 분야를 망라하는 전방위적 몸 돌봄 처방전들이다. 신체 발달과 생애주기별로 경험

5　인도네시아에서 현대적 자무 산업은 20세기 초부터 발전하기 시작하여, 2000년대 초에는 20개 주에서 400 업체가 자무 생산을 하고 있다는 보고가 있다(Widy-antoro et al. 2007).

6　1792년부터 1828년까지 재위한 족자카르타 술탄

아침이면 각종 자무 음료를 파는 행상이 주택가를 지난다. 사진은 아내를 대신해 모유가 잘 나오도록 돕는 자무를 사러 나온 아이 아빠의 모습.

밤이면 반가공된 생약들을 가지고 나와 고객의 요구에 맞게 즉석 처방을 만들어 파는 자무 노점이 열린다.

하게 되는 각종 질병들과 건강상의 문제에 대한 예방과 치료뿐 아니라, 여성의 외적 아름다움을 관리하기 위한 미용상의 돌봄 처방까지도 모두 포함되어 있기 때문이다. 건강이 아름다움의 필수 요건이건대 이는 당연한 귀결이다. 예를 들어, 이 처방서에는 월경을 순조롭게 하는 처방, 유방을 크게 하는 처방, 엉덩이를 크게 하는 처방, 얼굴빛이 좋아지는 처방, 얼굴 피부에 탄력을 주는 처방, 눈의 건강과 아름다움을 돌보기 위한 처방 등이 기록되어 있다(Herliany 1999: 128).

또 지금까지도 자바 여성들은 몸의 저항력을 높여주는 자무beras kencur, 혈류를 좋게 하고 월경액의 불쾌한 냄새를 없애주는 자무kunir asem, 소화를 돕고 복통을 없애주는 자무temulawak, 출산 후 자궁의 탄력을 회복시키고 몸매를 날씬하게 만들어주는 자무jamu galian, 여성의 성기에 탄력을 부여하는 자무sari rapet 등을 즐겨 음용한다. 이렇게 음용되는 자무들은 외면적 자태의 아름다움을 몸 안으로부터 가꾸어 발산시키고자 하는 '내적 미용관행'의 한 가지가 된다.

그림 3.4   족자카르타의 자무 카페

1950년 개점해 현재까지 영업중인 족자카르타의 자무 카페 Jamu Ginggang.
하루 종일 단골들로 붐빈다.

한편, 자무 처방들은 여성의 외적 자태의 아름다움을 밖으로부터 보
살피는 '외적 미용관행'에도 사용된다. 신체 부위별로 추구되는 이상적인
아름다움의 모습과 이를 실현하기 위한 외적 미용관행을 아래에 소개한다.

2) 외적 미용관행

(1) 머리카락 돌봄

인도네시아 사람들은 머리카락이야말로 여성을 더욱 아름답고 우아하게
만들어주는 왕관이라 여긴다. 아름다운 머리카락이란 자연스런 검은 빛
에, 모근이 튼튼하여 탈모하지 않고 끝이 갈라지지 않고 비듬도 없는 건
강한 모발이다. 위아스띠(Wiasti 2010: 10)는 발리 여성의 이상적 머리
카락은 마치 야자나무의 꽃처럼 잔물결이 치는 그런 머리라고 소개한다.
거기에 마치 귀뚜라미의 촉각과도 같은, 밤빛이 도는 검은 머리 빛이라면
금상첨화일 것이다.

인드라니 사스트라에는 머리 빛을 검게 만드는 처방이 한 가지 나오

는데, 동물 약재이기는 하지만, 양의 뿔과 검은색 잠부jambu[7] 그리고 노란 빛이 도는 바나나를 함께 갈아 볶아서 가루의 형태로 만든 후 이를 레몬즙과 섞어 크림상으로 만들어 샴푸처럼 사용하라고 처방하고 있다 (Kurniawan 2014: 49). 한편 건강한 모발을 만들기 위해 민간에 널리 알려진 처방은 밀짚을 태워 물에 섞은 후 머리를 감는 것이다. 그러고 나서 라임 즙을 짜서 머리에 뿌리고 린스처럼 사용한다. 이어서 야자유에 여러 가지 나뭇잎과 꽃잎을 섞어 머릿기름minyak cem-ceman을 만든 후 이를 바른다. 이 때 들어가는 오랑 아링orang aring이라는 식물은 머리 빛을 윤기 나는 검은색으로 유지시키는 효능이 있다. 모발 숱을 늘리기 위해서는 알로에나, 바나나 줄기를 베었을 때 스며나오는 액을 사용하기도 한다 (Herliany 1999: 135). 이와 같은 모발용 처방들을 행할 때는 자연스럽게 두피 마사지가 수반되기 마련이다.

(2) 피부 돌봄

전통적으로 인도네시아 미인들의 얼굴은 만월bulan purnama과 같은 얼굴 빛을 가진 것으로 생각된다. 인드라니 사스트라가 얼굴 피부에 사용하는 마스크 타입의 미용 처방전의 효능을 설명하면서 사용자의 얼굴이 만월과 같이 빛나게 될 것이라고 반복해서 강조하는 점에서도 이런 점이 드러난다. 그런데 만월과 같은 얼굴빛은 어떤 것일까? 사라스와띠 (Saraswati 2010: 19)는, 인도에서 비롯하기는 하였지만 9세기에 인도네시아에 도입되어 현지화한 전통인 라마야나Ramayana 스토리 속의 아름다운 여성이 만월 같은 얼굴을 가진 것으로 묘사된다는 점에 주목하고, 이를 희고 빛나는 얼굴에 대한 선호로 해석한 바 있다. 그렇게 보면 백색 피부에 대한 선호는 인도네시아에서도 오랜 역사를 지닌 것이 된다. 하지만 율

---

7 과일의 한 종류

리안토(Yulianto 2007)는 고대 자바의 시문학인 까까윈kakawin에 묘사된 여성의 아름다움은 아직은 백색 피부와는 상관없어 보이며, 좀더 후대의 자바 근대 문학 속에서도 여인의 아름다움은 여전히 하얀 피부색과는 연관되어지지 않았다고 보았다. 오히려 아름다운 여인의 피부빛은 꾸닛kunyit(심황)의 연갈색으로 묘사된다는 것이다. 그리고 위아스띠(Wiasti 2010: 7)도 발리 섬에서 아름다운 여성의 피부색을 묘사하는 말들을 제시하면서 기본적으로 아름다운 피부색은 하얀 색이 아니라, 노란 기운이 돌면서도 청결하고 신선해 보이는 빛이라고 주장한 바 있다. 즉, 전통적으로 아름다운 피부색은 깨끗한 상아빛의 피부가 마치 닦아낸 금과도 같이 빛을 발하는 그런 색이라는 것이다.

그러던 것이 화란의 식민 지배가 본격화하는 시기에 들어서면서 백인의 흰 피부는 깨끗하고 아름다운 반면 인도네시아인의 어두운 피부는 더럽고 열등한 것으로 묘사되기 시작한다. 예를 들어 19세기 말 인도네시아 여성해방운동의 선구자로 추앙되는 카르티니는 친구에게 보낸 그녀의 서간문(Kartini 1992)에서 "우리 인도네시아 현지인들이야 백인들의 보드라운 뺨과 부비게 되면 기쁘겠지만, 문제는 그들 백인도 이 더러운 초콜렛 색의 우리 뺨을 접하고 편안하다 느낄 것인지에요"라고 기술한 바 있다.

이러한 자료들에 근거해 보면 인도네시아인의 하얀 피부 선호는 서구 세계와 접촉한 이래 생겨난 것으로 추정할 수 있고, 그러므로 인도네시아 전통 미인들의 피부색은 노란 기운이 도는 청결하고 건강한 빛이라는 주장에 더욱 신뢰가 간다.[8] 이와 같은 이상적 피부를 획득하기 위해선 피부의 묵은 각질을 제거하고 피부에 수분과 영양을 공급하며 햇볕으로부터

---

8 인도네시아인들이 선호하는 피부색에 관한 이상의 논의 중 일부는 필자가 2012년 3월 서남포럼 뉴스레터에 기고한 컬럼 "인도네시아 여성들의 백색 피부 열망"에도 소개된 바 있다.

피부를 보호하고, 가능하다면 피부의 주름을 억제하고 탄력을 되돌리는 일이 선결과제가 될 것이다. 이러한 목적 하에서 다음과 같은 피부 돌봄 관행이 고문헌에 기록되어 있고 또한 현재도 민간에서 실천되고 있다.

몸과 얼굴의 피부 돌봄은, 주로 다양한 약재로 가루를 만들어 화장수 성분과 섞은 후, 이것으로 바디 스크럽을 하든가 피부에 바르는 식으로 행해진다. 그러면 피부의 묵은 각질이 제거되고 피부 빛이 건강하게 밝아지는 효과를 얻게 된다. 바디 스크럽의 경우엔 마사지 중에 혈류를 좋게 함으로써 피부와 몸을 더 개운하고 빛나게 만들 수도 있다. 바디 스크럽을 자바 말로는 룰루르lulur라고 부른다. 룰루르는 각종 자무 약재와 향신료, 과일 등을 거칠게 갈아서 화장수를 섞어 몸에 바르고 문질러 주는 것이다. 예를 들어 인드라니 사스트라는 노란색 사사위sasawi 열매, 흰꽃bunga putih, 쩌마라cemara 나무껍질을 갈아서 우유에 넣고 끓여 걸죽하게 만들어 말렸다가 이를 사용할 때 다시 우유를 섞어서 룰루르를 하라고 가르치는데, 7일간 연속적으로 사용하라고 되어 있다(Kurniawan 2014: 47). 한편 룰루르가 심황이나 강황curcuma heyneana을 주재료로 해서 처방되면 이를 망이르mangir라고 부른다. 또 룰루르 처방의 기원이 발리일 경우, 그것은 보레boreh라고 불린다. 이러한 각종 룰루르 처치법은 각질 제거와 피부에 대한 수분 및 영양 공급, 그리고 피부 빛을 환하게 하는 등의 효과를 가져온다. 특히 겨드랑이 피부의 약간 거뭇한 빛을 환하게 가꾸어주기 위해서 따로 처방된 룰루르lulur ketiak도 있다.

그런데 위와 같은 자무 처방은 얼굴 마스크 요법으로도 쓰였다. 즉 인드라니 사스트라는 특별히 얼굴에만 바르고 건조시킴으로써 피부 각질 제거와 수분 및 영양 공급, 환한 피부색 유지, 그리고 피부 탄력 증진을 돕는 마스크의 방법을 여럿 소개하고 있다(Kurniawan 2014: 43-46). 그 주요 재료는 꽃과 나무껍질, 생강, 고추 및 각종 식물 약재들, 그리고 새의 담즙, 비둘기 알의 껍질, 소 오줌, 우유 등 동물성 약재들을 포함한다. 특히 비둘기 알 껍질이 들어간 마스크는 얼굴의 주름 제거에 효과가 있다.

그리고 특정한 미용 목적으로 약재를 갈아 물과 섞어 피부에 바르는 것으로는 타펠tapel, 필리스pilis, 버닥 딩인bedak dingin이란 것이 있다. 타펠은 강황, 구장의 잎betel, 레몬 등을 재료로 해서 만드는데, 출산 후 여성의 복부에 바름으로써 복부의 피부가 다시 탄력을 되찾도록 돕는다. 필리스는 껀쭈르kencur 잎과 블림빙blimbing 잎을 찧어 물과 섞어 크림상으로 만든 후 이마에 바르는 것으로 두통을 치료하고 이마의 주름을 없애는데도 효과가 있다. 이상의 피부 미용관행이 몸에 발랐다가 씻어내는 방식이라면 버닥 딩인은 얼굴에 얇게 펴 바르고 일상생활을 하는 것이고 닦이지지 않는다. 버다 딩인은 피부에 진정 효과를 주고 피부를 태양광선으로부터 지켜주는데 쌀과 참마의 즙과 꽃잎 등을 넣어 만든다. 한편, 인드라니 사스트라에도 여성이 얼굴에 일상적으로 바르고 다닐 수 있는 분을 만드는 법이 소개되어 있다.

맑고 깨끗한 얼굴 피부를 위해서는 얼굴의 혈류가 원활하고 모공이 청결하고 여드름 치료가 필요한데, 이러한 목적을 위해서는 향신료를 가미한 훈증요법이 사용되었다. 이 요법은 얼굴 피부에 향기를 주는 효과도 있다.

(3) 체취와 구취 돌봄

인도네시아 텔레비전 방송을 보고 있자면, 하루에도 수십 번씩 향기에 관한 언급들과 광고들이 넘쳐난다. 향수, 데오도란트, 샴푸, 비누, 치약, 섬유유연제, 바닥청소제, 식기세정제, 욕실세정제 등을 선전하며 "왕이wangi(향기)"를 외치거나 "하룸harum(향기롭다)"이라면서 감탄하는 장면들이 그것이다. 혹은 시트콤들에선 일상적으로 몸 냄새를 언급함으로써 아직 목욕을 안했다는 표현을 하며, 또는 어떤 특정 인물이 싫다는 표현을 할 땐 무뚝뚝한 어조로 "아, 냄새나요"라는 말로 대신하곤 한다. 또 화장품 용기에는 그 화장품이 어떠한 향을 가지고 있는지가 주요 표기사항이 된다. 이처럼 인도네시아인들은 몸의 체취와 구취에 매우 민감하며, 향기로움을 아름다운 몸의 불가결한 요소로 간주한다. 청결을 위해 머리를 감고 목욕을 하면서도 체취를 좋게 하기 위한 관행들을 부가하며, 또 여성의 생리혈에서 나는 불쾌한 냄새와 여성의 성기에서 나는 냄새까지도 세심하게 관리하려 한다.

체취 관리는 자무를 음용하는 내적인 미용관행으로도 가능하지만,[9] 외적인 미용관행도 폭넓게 사용된다. 앞 장에서 언급한 룰루르의 재료에 향신료를 넣어 자연스럽게 체취를 감추고 몸에 향을 부가하는 방법도 있고, 욕조에 몸을 담그는 방식의 목욕인 른담rendam을 행할 때 욕조에 꽃이나 향신료를 직접 뿌리거나, 혹은 향신료 끓인 물을 부음으로써 몸에 향을 입힌다. 그리고 겨드랑이의 냄새는 특별히 처방된 분 형태의 자무bedak ketiak를 뿌려줌으로써 방지한다. 또 독특하게는 훈연의 방법이 행해진다. 이 훈연요법 역시 자무 처방을 활용하는데 이 자무를 화로에 넣고 태워 발생하는 연기가 머리카락, 몸, 그리고 성기에 스며들도록, 갇힌 공간에 앉아 있거나, 구멍이 뚫린 의자 밑에 화로를 두고 그 위에 앉는다.

한편 구취제거를 위한 민간의 방법은 현지에서 '다운 시리daun sirih'라고 불리는 구장의 잎을 담갔던 물로 입을 헹구어내는 방법을 쓰는데, 인드라니 사스트라는 아예 구강 건강과 구취제거 효과가 있는 처방을 소개하고 있다. 즉 몇 가지 식물 약재를 동량으로 섞어 치약lepya처럼 만들어 씹거나, 아니면 식후 이것으로 입을 헹구라고 하는데, 이 처방을 사용하면 구강이 청결해지고 구취가 제거되며 치아가 건강해진다는 것이다

---

9 구장의 잎을 달인 물을 마신다거나 케펠[kepel] 열매, 혹은 정향[cengkeh] 열매를 먹는다.

(Kurniawan 2014: 50-51).

자바의 여성들은 남편이 다른 여성으로부터 성적인 만족을 찾지 않도록 남편에게 봉사를 잘하도록 교육 받는다(Widyantoro et al. 2007: 25-26). 이러한 생각은 인드라니 사스트라 저술 취지에도 드리워져 있다. 즉, 인드라니 여신은 룩미니 여신에게 남편으로부터 사랑을 받는 비법을 전수한다면서, 머리카락과 입(구취), 피부 들에 대한 미용 처방과 함께, 특히 많은 부분을 여성 성기의 처녀적 탄력을 회복하는 방법에 관해 할애하고 있기 때문이다.

여성의 성기 관리 관행에 많은 부분을 할애한 만큼이나 이 고문헌은 여성의 아름다움의 가장 정수가 되는 부분을 섹슈얼리티 속에서 찾고 있는 것처럼 보인다. 이러한 판단이 가능한 것은 여성의 몸 중에서도 여성의 성기에 깃들어 있다는 두 여신들의 이름 때문이다. 우선 여성 성기의 전반에 걸쳐서는 여신 파드마 와미니Padma Wamini가 깃들어 있다고 믿어지는데, 산스크리트어로 파드마Padma는 연꽃, 와미니Wamini는 작다는 의미이다. 그리고 파드마는 창조주 브라마Brahma의 피조물을 대표하는 지위를 갖는다. 따라서 이 여신의 이름은 작고 붉은 연꽃을 여성 성기의 모습과 연관 지음과 동시에, 여성을 상징하는 대표적 지위에 성기를 위치시킨 것이라고 해석할 수 있다. 한편, 여성의 성기에 깃든 또 다른 여신은 여성의 처녀막 속에 깃들어 있다고 믿어지는 라사 숙스미카Rasa Suksmika이다. 고대 자바어로 라사rasa는 '어떤 것의 정수'라는 의미이고, 숙스미카suksmika는 '얇다'는 의미의 산스크리트어 숙스마suksma와 '그것'이라는 의미의 이카ika가 결합한 말로서 '얇은 그것,' 즉 처녀막이라는 의미이니(Kurniawan 101-102), 따라서 여신 이름 라사 숙스미카는 여성성의 정수가 되는 것으로서의 처녀성을 의미한다고 볼 수 있다. 이 때 처녀성이란 여성의 순결을 의미하기도 하겠지만, 인드라니 사스트라가 성기 관리 처방의 효능을 설명하는 방식을 주목해 보면 오히려 이 때 처녀성이란 여성 성기의 처녀적 탄력과 이에 따른 쾌감의 가능성을 의미하는 것으로 해석되는 것이 더 타당할 것이다. 왜냐하면 이 처방을 사용하면 더 이상 처녀가 아닌 여성, 그리고 나이든 여성도 처녀성을 회복하여 남편의 사랑을 받을 수 있을 것이라는 문장이 반복되기 때문이다.

이 처방서에 따르면, 여성의 성기 관리를 위한 처방의 형태는 크림, 분, 오일의 형태로 나뉜다. 이 모든 처방들은 대부분 식물 약재들을 주요 재료로 삼지만 염소 젖, 자라 기름 등 동물성 재료도 윤활제로서 첨가한다. 사용되는 식물 재료들은 열대식물들과 향신료도 있지만, 한국인에게 친숙한 참기름, 꿀, 소금, 생강, 계피 등도 사용된다. 이 처방서는 이러한 재료들을 섞어서 기름 없이 볶은 후 이를 가루 내어 여기에 오일을 가미하여 크림 상태로 만들어 사용하는 법, 또는 재료들을 섞어서 분쇄한 다음 말려서 타블렛 형태로 만들었다가 사용 전 다시 가루로 만들어 성기에 뿌리는 법, 혹은 재료들을 모두 기름에 넣어 끓인 후 그 기름을 성기에 바르는 법을 소개하고 있다. 이 처방들엔 사용 시 주의 사항이 따른다. 이 처방 사용 중엔 성관계를 금하거나, 성관계 직전 사용하라든지, 아니면 며칠 간 처방을 규칙적으로 사용해야 한다는 내용이 부기되어 있다.

위와 같은 인드라니 사스트라의 가르침은 오늘날에도 낯선 것이 아니다. 자바와 발리의 여성들은 남편의 사랑을 유지하기 위해 외모를 가꾸는 일 이외에도 성기를 돌보는 일을 게을리하지 않는다. 성기가 지속적으로 탄력을 유지함keset/peret은 물론, 성기의 과도한 분비물을 줄임으로써ti-dak basah 성기의 청결을 유지하고bersih 향기롭도록harum 관리하는 것이 그 돌봄의 지향점이다. 이를 위해 일상적으로 여성들은 구장의 잎을 끓인 물로 뒷물cebok을 하고, 자무를 음용한다. 생리혈의 냄새를 감해주는 꾸니르 아셈kunyir asem, 성기의 탄력을 유지시켜주는 사리 라뻿sari rapet 등이 주로 음용되는 자무들이다. 그리고 똥깟 마두라_{tongkat madura}라고 불리는 막대기 형태로 만든 자무의 경우는 그 사용법이 음용이 아니라, 성기의 안쪽으로 삽입했다가 꺼내는 것으로, 성기의 탄력을 회복시키는데 효능이 탁월한 것으로 알려져 있다. 그리고 자바의 전통 조산사인 두꾼 바이_{dukun bayi}는 자무 처방을 질 속에 삽입시켰다가 잠시 후 꺼내는 방식으로 여성의 질을 세척한다_{gurah vagina}.

한편, 성기의 향을 좋게 할 뿐 아니라 성기를 소독하고 과도한 분비물을 방지하기 위해 훈연법이 활용되기도 한다. 자무 처방을 태워서 그 연기를 성기에 스며들게 하는 것이다. 이 관행은 과거에는 귀족들만의 특권적 관행이었다. 특히 여자 어린이가 8세쯤 되면 행해지던 성인식 격의 할레에서, 그리고 혼인 전 무욕의례 과정 속에서 성기 훈연법이 행해졌다. 일상 중에는 월경 후 행해졌다 한다.

그림 3.5　전통 자무 처방을 응용한 여성청결제(좌)

다운 시리를 비롯한 자무를 활용한 여성청결제. 인도네시아 슈퍼마켓 어디를 가나 다양한 브랜드의 여성청결제를 쉽게 구할 수 있다.

그림 3.6　캡슐 형태의 자무(우)

사리 라뱃을 현대화한 캡슐 형태 자무. 여성의 질 분비물의 양을 조절하고 체취를 좋게 하는 효능이 있다.

그림 3.7　성기 훈연용 의자

성기 훈연을 위해 앉는 의자. 의자를 감싸듯 긴 치마를 두르고 앉는다.

그림 3.8　여성의 성기 훈연이 묘사된 무용 공연의 한 장면

2017년 4월 족자카르타의 한 유명호텔에서 진행된 이 공연은 인도네시아 여성해방 운동의 선구자 카르티니를 기리기 위해 마련된 행사의 일부로서, 이 날 행사는 여성 삶의 중요한 맥락 중의 하나로 전통 미용관행을 주목하였다(사진출처: Esti Susilarti 제공).

3) 몸 돌봄 관행의 목적

앞장에서는 여성의 외면적 자태를 돌보기 위한 전통 미용관행을 머리카락, 피부, 체취/구취, 성기의 부분으로 나누어 고찰하였다. 신체의 각 부분을 청결하고 건강하고 아름답게 관리하고자 하는 노력들이 자무 처방과 어우러져, 음용·세정·마사지·바디 스크럽·마스크·피부화장·훈연·훈증 등의 방법으로 실천되고 있었다. 이와 관련해 주목할 만한 점은 두 가지이다. 첫째, 자바인들과 발리인들이 노력을 경주하는 미용관행과 그 적용의 대상이 되는 신체 부분들을 감안해 보면, 여성의 아름다움을 정의하는 방식 속에 외모뿐 아니라 섹슈얼리티가 큰 부분을 차지한다는 사실이다. 그리고 둘째, 자바와 발리의 여성들은 성기 관리를 포함한 몸 돌봄 처방과 관행들을 중요한 지식체계로 인식하고 이를 일상적으로 열심히 실천해왔다는 점이다. 이는 현재도 마찬가지이다(Widyantoro et al. 2007: 24).

그렇다면 이와 같은 미용관리의 목적은 무엇일까? 일상적으로 자무를 음용하고 자무를 이용한 각종 세정과 바디 스크럽의 방법들을 실천하는 것에 대한 여성들의 설명은 주로 청결과 건강 그리고 가정의 화목을 중심으로 이루어진다. 그런데 이 모든 것이 실은 남편과의 관계 측면에서 조명된다는 점이 중요하다. 여성들은 자신들이 자무를 마시는 일을 주로 "건강"때문이라 언급하지만, 실은 최종적으로는 남편에게 봉사하기 위한 것이기 때문이다(Widyantoro et al. 2007: 32). 여성들이 사춘기에 들어서면서부터 마시게 되는 자무들도 실은 미래에 맞이하게 될 남편과의 관계를 염두에 둔 것이라는 점을 외면할 수는 없다. 가슴을 아름답게 만들고jamu pembayun, 몸매를 날씬하고 이상적인 모습으로 만들어주는 자무jamu selangking singset를 마셨던 사춘기의 소녀들이, 혼인할 즈음에는 자궁을 튼튼하게 만드는 자무pil pengantin putri를 삼키고, 이어서 혼인 후에는 임신을 돕고jamu wulandari 부부관계에 도움이 되는 자무jamu asih kinasih 를 마시게 되는 것은 결코 우연이 아니다.

위와 같은 상황을 압축해서 보여주는 말이 있다. 즉, 자바 격언에 "몸을 돌봄으로써 명예를 지킨다Ngadi Salira, Njaga Praja"라는 말이 있다. 이 말은 표면적으로, 여성은 자신의 외면적 자태를 정갈하고 아름답게 가꿈으로써 남편의 명예를 지킬 수 있게 된다는 뜻이지만, 자바의 여성들은 그 의미를 보다 적극적으로 해석한다. 즉, "남편이 집밖에서 다른 여성으로부터 만족을 찾지 않도록 함으로써 가정의 화목을 지키기 위한 보다 적극적인 방책"이 바로 몸 돌봄 관행들이라는 것이다.[10] 이와 같이 미용관리의 목적을 남편과의 관계에서 설명하는 태도는 족자카르타 현지 여성들과의 인터뷰에서 반복하여 나타났다.

한편, 인드라니 여신이 미용관행의 목적을 남편의 사랑을 지속적으로 확보하기 위한 것이라고 선언한 점과, 신체 각 부분의 미용관행을 설파하면서 그 중에서도 특히 성기 관리 관행에 많은 부분을 할애한 점도, 가정의 화목을 위해 일상적으로 전래의 미용관행을 실천해온 인도네시아 여성들의 내러티브를 대신하는 것이라 해석될 수 있겠다. 그런데 이렇게 여성들의 입장에서 가정의 화목을 정의하고 이를 위한 미용 전략을 가르친 인드라니 사스트라의 내러티브와는 대척점에 있는 전혀 다른 내러티브도 발견된다. 수라카르타의 술탄 명으로 저술되었다는 찬드라리니의 가르침이 그것이다. 찬드라리니는 일부다처제 하의 여성들이 일부다처제 하의 가정의 화목을 어떻게 돌보아야 하는지를 가르치고 있기 때문이다. 때문에 이 저술은 여성의 외면적 자태 돌봄에 관해서가 아니라 내면적 덕성 돌봄에 많은 부분을 할애한다. 여성과 남성의 서로 다른 입장이 서로 다른 '가정의 화목'을 정의하고 아름다움의 서로 다른 측면에 담론상

---

10 2013년 7월, 기혼의 자바 여성 Wulan과의 면담.

의 방점을 찍고 있음을 보여주는 대목이다.

　정리하자면, 자바와 발리에서 여성들의 외면적 자태를 가꾸기 위해 실천되어 온 전통 미용관행들은, 일부다처제가 가능한 사회에서 앞으로 이루게 되거나 혹은 현재 이루고 있는 가정의 화목을 유지하기 위해, 여성들이 적극적으로 인식하고 동원해 온 삶의 전략으로서 기능해 온 면들이 상당함을 알 수 있다. 안팎을 아우르는 전인적 아름다움에 대한 문화적 이상을 가지고 있으면서도 여성의 몸이 발생시키는 다양한 미적 차원들에 대한 남녀 간의 강조점과 전략적 '돌봄' 선택은 다를 수 있었던 것이고, 그 중심에 남녀 간의 성역할과 여성의 섹슈얼리티가 놓여 있었던 것이다.

4. 데이 스파 살롱에 재현된 전통 미용관행들

미용에 관한 전통지식들은 기본적으로 가족 내에서 전승되고 실천되어왔다. 소녀들은 그러한 미용관행을 할머니와 어머니로부터 배워왔고 그녀들의 도움을 받아 실천해왔다. 그러나 현재 자바와 발리의 여성들은 이전 세대에 비해 자무와 미용에 관한 전통지식이 부족하며 오히려 집밖에서 구입해 소비한다. 신선한 재료를 직접 가공해 자무들과 미용 처방을 만들어 사용하는 것이 아니라 공장에서 대량 생산한 것들을 구입해 사용하며, 룰루르나 훈연 같은 것도 집근처 미용실이나 스파에서 서비스 형태로 구입한다. 말하자면 몸 돌봄을 위한 일상적이고도 사적인 실천이 가내의 경계를 넘어 상품화한 국면이다.

　그렇다면, 전래의 몸 돌봄 관행들은 전통 스파 공간에서 어떻게 상품화되고 있을까? 데이 스파들은 마사지·룰루르·마스크·훈연·훈증·목욕 등과 같은 전래의 몸 돌봄 테크닉들을 다양한 자무 처방들과 조합하

여, 신체 부위별 서비스로 구성하고 이를 상품화하였다. 즉, 헤어 스파/
크림바스, 페이셜 트리트먼트, 바디 스파, 그리고 목욕과 훈연 및 성기 관
리 스파V-Spa와 같은 서비스 상품들이 데이 스파에 의해 재현된 전통 미
용관행들로서, 이 서비스 상품들이 데이 스파의 기본 상품들이다(표 3.2).

표 3.2　스파 서비스 상품으로 재현된 전통 미용관행들

전통 미용관행			스파 서비스 상품
적용된 신체부위	동원된 테크닉/방법	동원된 재료/처방	
머리카락	마사지, 세정	자무, 오일	Hair Spa, Creambath
피부　얼굴	마사지, 룰루르, 훈증, 마스크, 세정	자무, 향료, 오일	Facial Treatment (마사지-스크럽-스팀-마스 크)
피부　몸체	마사지, 룰루르, 마스크, 훈증, 목욕	자무, 향료, 꽃	Body Spa (마사지-스크럽-스팀-마스 크-꽃목욕/자무목욕)
체취	훈연, 목욕	자무, 향료, 꽃	꽃목욕/자무목욕, 훈연
성기	훈연, 마사지, 요가	자무	Ratus, V-Spa

　그런데 인도네시아의 데이 스파들은 이 기본 서비스 상품들에, 고객
의 생애주기와 의례적 필요 차원을 투사하고, 또 각각의 필요에 대응하는
서로 다른 테크닉과 처방들을 동원함으로써 스파 서비스의 새로운 상품
성을 개발하였다. 즉 어린이 스파, 청소년 스파, 신부 스파, 임신 준비용
스파, 출산 후 스파, 폐경 대비 스파, 폐경 후 스파 등과 같은 생애주기 및
의례용 스파 패키지들을 개발한 것이다. 이 패키지들은 모두 생애주기 별
로 당면하게 되는 몸의 문제에 대응하기 위해, 자무와 미용관행의 전통지
식을 조합해 만들어진 것들이다.

　예를 들어 어린이 스파는 신진대사를 원활히 하고 면역력을 증강시킬
수 있도록 마사지와 룰루르를 처방하며, 청소년 스파는 곧 성년이 될 사
람들에게 변화하는 몸과 체취의 문제에 대응할 수 있도록 그리고 활발한

일상 활동으로 인해 손상받기 쉬운 피부를 관리할 수 있도록 마사지·룰루르·페이셜 트리트먼트로 구성되며 이를 통해 자기 몸을 관리하는 올바른 법을 교육한다. 족자카르타 중산층 중에는 어려서부터 자녀들에게 자신의 몸을 돌보는 법을 가르치는 일이 긴요하다는 생각에, 일부러 이러한 스파 나들이를 계획하는 일이 드물지 않다. 그 결과 등장한 것이 어린이 스파, 청소년 스파, 가족 스파와 같은 생애주기별 스파 프로그램이거나 아예 이들 프로그램으로 특성화한 스파 장소이다. 9살 난 딸과 함께 가끔씩 스파 나들이를 한다는, 족자카르타 왕족과 결혼한 한 여성은, 자녀와의 스파 나들이는 쓸데없는 소비가 아니라 오히려 몸 돌봄에 관한 조기 "교육"에 해당하는 일이라고까지 의미 부여를 할 정도였다. 자녀와의 스파 나들이란, 서점 나들이나 스포츠 활동 못지않은 효용과 교육 효과를 지니는 유익한 활동이라는 것이다.[11] 뿐만 아니라 가족들의 스파 나

11　2013년 7월, Ibu Esti와의 면담.

들이는 남편을 동반하기도 하는 것이다. 따라서 인도네시아의 전통 데이 스파는 기본적으로 여성 전용이 아니다. 데이 스파에서 헤어 스파와 바디 스파를 즐기는 어린이와 남성들을 발견하기는 그리 어렵지 않다.

한편, 신부가 하는 의례용 스파 패키지는 피부를 청정하고 곱게 가꾸고 체취를 향기롭게 하기 위한 전신 돌봄 서비스인데, 이에 더하여 여성의 성기에 훈연을 하고 골반 근육을 단련시키는 훈련을 포함함으로써 앞으로의 부부관계를 준비하는 과정이 된다. 때로 이 스파 프로그램에는 신랑도 함께 참여하도록 독려되며 가정을 이루기 위해 몸과 마음을 준비시키는 의미가 있다. 신부 스파 혹은 신랑신부 스파 패키지는 한번으로 끝나지 않고 업소마다 최소 3일에서 7일 정도가 소요되며 매번 스파 처지의 내용이 달라진다. 그런데 이와 같은 스파 패키지는 과거 자바의 결혼식 전 행해졌던 신부의 몸관리 관행을 그대로 모방한 것이다. 2011년 10월 혼인한, 족자카르타 술탄의 공주도 혼인 전 40일 간 행해지는 신부 몸관리 프로그램에 들어갔다고 고백한 바 있다.[12]

또한 인도네시아의 데이 스파 프로그램 중엔 여성의 성기 관리를 목적으로 특성화한 패키지 상품도 있다. 브이 스파v-spa가 그것이다. 이 패키지도 초경을 시작한 소녀, 결혼을 앞둔 신부, 임신과 출산 후의 여성 등, 각 여성의 생애주기에 따른 상이한 필요에 따라 그에 걸맞는 성기 관리를 제공한다. 이 때 응용되는 기법은 성기와 하복부 부분에 대한 마사지와 훈연의 방법이고 당연히 자무 처방이 동원된다.

기본 서비스 상품들을 고객의 생애주기와 의례적 필요에 따라 재구성

---

12 2011년 10월 6일, tribunnews.com의 보도, "Jeng Reni Pesan Paket Pre-Wedding Lulur Rempah(레니 공주는 자무 처방의 룰루르를 활용한 신부 관리 패키지를 받고 있다)" http://www.tribunnews.com/seleb/2011/10/06/jeng-reni-pesan-paket-pre-wedding-lulur-rempah(검색일: 2014. 07.07)

하여 패키지 프로그램을 만드는 이외에도, 인도네시아의 데이 스파들은 인도네시아 사회의 점증하는 이슬람화 경향도 포용하면서 발전하고 있다. 즉 무슬림 여성들의 종교적 실천을 저해하지 않는 방향으로 스파 서비스를 제공하기 위한 노력이 발견된다. 그리하여 성립한 것이 무슬림 여성 스파Spa Muslimah이다. 이 스파의 콘셉트는 스파 공간과 이곳에서 사용되는 재료, 그리고 처치의 행태가 모두 이슬람적 신행에 적합하도록 서비스를 구성하겠다는 것이다. 그래서 스파 처치를 받기 위해 옷과 히잡을 벗어야 하는 여성들의 불안을 감안해 남성을 출입금지하며, 스파에서 사용하는 자무 등의 재료들도 할랄 인증을 받은 것을 쓴다. 또 스파 관리사들도 히잡을 두른 상태에서 처치를 담당하며, 스파 처치 시작 전 관리사가 혼자서 혹은 고객과 함께 기도를 드린 후 처치를 시작한다. 몸을 관리하는 일도 기도로써 시작한다면 신에 대한 봉사ibadah가 되기 때문이라는 설명이다. 무슬림 스파라고 해서 반드시 무슬림 여성만 고객으로 받는

그림 3.10 무슬림 여성 스파

것은 아니지만, 타종교를 믿는 여성들은 아무래도 출입을 꺼리게 된다. 이렇게 고객의 생애주기와 의례적 필요, 그리고 종교적 신행을 감안한 서비스를 개발하게 되면서, 최근 몇 년 사이 인도네시아의 데이 스파들의 주요한 발전 방향 중의 하나는, 고객층을 세분화하여 가족 스파, 어린이 스파, 영아 스파, 무슬림 스파 등으로 다변화하는 모습이다. 그럼에도 불구하고, 이 모든 종류의 데이 스파의 기법과 약재는 기존 전통 스파의 것과 다름이 없다.

하지만, 인도네시아의 데이 스파들이 자바와 발리의 전통을 내세운다고 해서 그들이 제공하는 모든 서비스가 반드시 자바와 발리의 전통에서만 유래한 것은 아니다. 실은 다양한 전통으로부터 유래한 미용관행들이 종합적으로 모여 있다. 그동안 미용실이 담당해 왔던 헤어커트와 염색, 왁싱, 그리고 전통 미용관행 속에선 생소한 매니큐어와 페디큐어, 그리고 이슬람식 히잡 예쁘게 매주기 서비스kreasi jilbab가 스파 서비스 상품 중에 포함되어 있다. 또한 자바와 발리의 전통이 아닌 다른 문화 전통에서 유래한 기법의 마사지들도 도입되어 있다. 중국의 경락 마사지totok와 인도의 돌 마사지가 최근 데이 스파들이 앞 다퉈 제공하는 마사지들이다.

한편, 데이 스파는 전통 미용관행을 계승한다면서도, 시대적 취향에 상응하는 방식으로 전통에 변용을 가함으로써 상업적 성공을 도모하기도 한다. 최근 인도네시아 데이 스파에서 젊은 층의 인기를 끌고 있는 자무 처방은 이전 세대가 즐겨 찾던 향신료와 목초향 내음 은은한 전통 자무 종류가 아니라 오히려 딸기, 커피, 녹차, 키위, 초콜릿 등 '현대적' 자무이기 때문이다. 이는 향신료가 내는 전통 향기보다는 오히려 서구적 향이나 과일향과 같은 것이 체취로서 점점 더 선호된다는 증거일 수도 있다. 또 백색 피부에 대한 선호도가 눈에 띄게 높아지면서, 스파들은 이제 더 이상 노란 빛이 돌며 맑게 빛나는 피부의 아름다움을 우선적으로 제안하지는 않는다. 그보다는 오히려 화이트닝을 위한 자무 처방을 더 많이 제안하고 그럼으로써 고객의 호응을 더욱 이끌어낸다. 이러한 흐름 속에서 전통 약재 중에서는 참마와 망이르mangir가, 그리고 최근에는 그 재료가 무엇인지 확인조차 되지 않은 '화이트닝'이라는 것이 피부 미용관행 속에 자무 처방 대신 채택되는 경우가 많아지고 있다. 현대성이 전통 데이 스파에 개입되는 양상은 스파 음악에서도 마찬가지이다. 주로 겐딩gending이라고 불리는 전통 가멜란gamelan 음악을 스파 배경 음악으로 틀어놓는 것이 거의 대부분이나, 업소에 따라서는 서양의 명상 음악 내지는 뉴에이지 계열의 연주곡을 틀어놓기도 한다.

민간의 여성들이 전래의 미용 처방을 잊어버리고 공장에서 생산된 자무와 미용 서비스를 구입해 소비하는 것처럼, 데이 스파들도 이젠 더 이상 전통 미용처방들을 응용하고 직접 생약재를 가공해 스파 고객들에게 제공하진 않는다. 작금의 거의 모든 스파들은 공장에서 생산된 제품을 사용하며, 스파의 관리사들도 자신들이 사용하는 재료가 어떤 약재들로부터 어떻게 만들어지는지를 더 이상 설명하지 못한다. 예를 들어, 망이르라는 처방을 이용한 룰루르를 할 때는 망이르라고 표기된 공장제품을 사용하는 것이지 망이르가 어떤 약재로부터 만들어지는지 정확히 알지 못한다. 다만 그 제품에서 광고하는 효능을 암기해 고객에게 설명해 줄 뿐이다. 말하자면 전통지식이 파편화하여, 자무에 대한 지식이 룰루르·마스크·마사지·훈연·훈증·목욕 등과 같은 기법들로부터 분리되고 있는 모습이다.

이상의 논의를 정리하면 다음과 같다. 첫째, 전통을 표방하는 인도네시아의 데이 스파들은 여성들을 위한 건강과 청결 및 미용의 실천 장소일 뿐 아니라, 자녀들에 대한 몸 돌봄 교육의 장소이고, 부부관계의 조화를 도모하고 가족 간의 여가를 보내기에 적합한 장소이며, 또한 의례 및 종교적 신행의 장소가 된다.

둘째, 인도네시아의 데이 스파들은 전통 미용관행의 기법과 자무에 관한 전통 지식들을 응용해 서비스 상품을 구성했을 뿐 아니라, 전인적 아름다움을 추구하는 전통 미의식을 적극 수용해 생애주기와 의례적 필요 그리고 종교적 신행 들을 고려한 서비스 콘셉트를 발전시켜왔다.

셋째, 인도네시아의 데이 스파들은 성형 수술이라도 하듯 새로운 미를 창조해내는 곳이 아니라 기왕의 것들을 '돌봄'으로써 '조화'를 도모하는 공간이다. 이곳에서 여성들은 자신들의 몸속에 기왕에 내재해 있는 아름다움의 씨앗들을 '돌보고', 남편과 자녀들과의 관계까지도 '돌본다.' 그럼으로써 여성 자신은 안팎의 '조화'로운 아름다움을 완성하고 가족 간엔 '조화'로운 화목을 구현하는데 도움을 받는다. 데이 스파가 생애주기별로 여성들이 당면하는 몸의 문제들에 대응하는 몸 관리 서비스를 제공하고, 자녀에 대한 교육과 부부관계를 준비하게 하는 서비스를 제공하는 것이 바로 그것이다.

넷째, 인도네시아의 데이 스파들은 육신의 아름다움뿐만 아니라 영적인 아름다움도 함께 돌볼 수 있는 곳이다. 여성의 외면적 자태만을 돌보는 것이 아니라, 내적인 덕성이 함양될 수 있도록 잘 고안된 음악과 향료가 활용되고 종교적 신행까지도 감안한 서비스가 이루어지는 곳이기 때문이다.

다섯째, 인도네시아의 데이 스파들은 기본적으로 자바와 발리의 전통 미용관행들과 자무에 관한 전통 지식에 기반하여 서비스를 제공하지만, 다양한 전통들로부터 몸 돌봄 기법들을 도입하고 시대의 흐름에 따라 변화하는 미적 선호 등에도 화답하는 서비스 상품들을 개발하고 있다. 그러나 이러한 변용들도 여전히 자바와 발리의 전통 미의식 틀 내에 위치한다. 즉, 기왕의 것들을 '돌봄'으로써 '조화'의 미를 완성해 가는 전통 미의식의 틀 내에서 타문화 전통의 기법들을 수용하고 새로운 미적 선호들에 화답하는 방식의 변용을 구사하는 것이지, 새로운 미를 창조하기 위한 변용이 아니다. 예를 들어, '화이트닝'이란 것도 실은 없었던 백색의 피부를 만들어내자는 것이 아니라 기왕의 짙은 피부색을 더 깨끗하고 환하게 돈

보이도록 '돌본다'는 뜻일 뿐이다.

이렇게 보았을 때, 인도네시아의 데이 스파들은 '돌봄'을 통해 '조화'를 이룩하려는 자바와 발리의 전통 미의식이 실천되는 장소이며, 전인적 아름다움을 추구하는 장소이다. 여성의 외모뿐 아니라 예의범절, 품성, 윤리 및 섹슈얼리티 등 여성의 신체로부터 일어날 수 있는 다양한 미적 차원들이, 여성의 전인적 삶의 완성을 돕는 방식으로, 데이 스파 서비스 상품 속에 구현되어 있다.

5. 맺는 말

자바와 발리 사람들의 아름다움에 대한 지향은, 내적인 덕성과 외적인 자태를 포괄하는 전인적 아름다움에의 지향이다. 그리고 이러한 아름다움은 단순히 미용 재료들을 동원하고 각종 미용기법들을 신체에 적용하는 것만으로 당장 획득될 수 있는 것이 아니었다. 오히려 가정과 사회의 일상적 국면의 순간순간에서 여성의 덕목이라 간주되는 바가 적절히 실천됨으로써야 비로소 획득 가능한 것이었다. 한편, 진정한 아름다움을 획득하기 위해 여성들이 안팎으로 실천해야 할 관행과 덕목들의 중심에 놓인 것은 바로 '조화'와 '돌봄'의 관념이었다.

이렇게 볼 때, 아름다움이란 것은 상징을 통해 재현되는 문화체계의 한 부분임이 자명해진다. 안팎의 조화, 대우주와 소우주의 조화, 그리고 인간과 자연과 신 간의 조화Tri Hita Karana를 강조하는 전통 문화의 틀과 궤를 같이 하며, 그리고 이 문화들이 상정하는 남녀 간의 성역할과 여성의 섹슈얼리티 들과 궤를 같이 하며, 자바와 발리의 이상적 여성상이 구성되고 미용관행이 실천되어 왔음이 확인되기 때문이다. 말하자면, 자바 사람들과 발리사람들의 미적 지각 과정과 미용관행의 실천을 중재한 것은 이 사회들의 가치체계와 문화적 이상인 셈이며, 윤리의 문제와 삶 그 자체가 여성의 신체로부터 일어날 수 있는 다양한 미적 차원들 속에 포함되어 이해되었던 것이다.

전인적 아름다움을 돌보기 위해 전방위적으로 행해졌던 전통 미용관행 중에서도, 특히 외면적 자태를 관리하던 '외적 미용관행'은, 데이 스파에 의해 생애주기별 혹은 일상의 필요에 따른 몸 돌봄 서비스로 상품화하는데 성공하였다. 그러나 상품화한 데이 스파 관행 속에서도 자바와 발리의 전통 미의식은 여전히 그 전인적 속성과, 총체적 삶의 경험으로 완성되는 아름다움의 속성을 간직하고 있다고 판단된다. 비록 전통 미용기법과 자무에 관한 전통지식이 서로 분리되는 국면에 놓여있기는 하지만, 인도네시아의 전통 데이 스파들은 여성이 자신과 가족들의 건강과 미용을 '돌보고' 가정의 화목과 의례적 필요들을 두루두루 '돌봄'으로써 궁극적으로는 자연과 전통의 이름으로 자신과 주변 환경을 '조화'시키는 장소로서 충분한 역할을 담당하고 있기 때문이다. 다시 말해서, 데이 스파의 서비스 상품들은 단순히 날씬하고 흰 피부 그리고 시각의 대상으로서의 몸만을 제안하는 것이 아니라, 신체의 모든 부위를 포괄하고 몸과 마음의 건강과 치유, 부부애 및 가족의 화목, 그리고 생애주기별 필요와 의례의 목적 들을 두루두루 돌보면서 인간의 삶을 포괄적으로 완성하는 과정으로서 제안되고 있는 것이다. 따라서 전통 데이 스파의 사업적 성공은, 현대사회를 사는 스파 고객들의 삶 속에 과거 전통사회 여성들이 미의식을 실천하고 아름다움을 획득하던 맥락들을 접목시켜 고객들이 전인적 아름다움을 경험할 수 있는 장을 제공하는데 성공함으로써 가능했던 것이다.

이러한 고찰을 통해, 과거와 현재를 사는 자바와 발리 사람들의 미의식 속에서 인간은 미적 대상이기보다는 미적 경험의 주체이자 윤리적 주체로 자리매김 되며, 인간성 실현이야말로 아름다움의 추구점이 된다는 것을 알 수 있다.

:: 참고문헌

김선우·이유리. 2012. "아름다움이란 무엇인가?: 대한민국 2,30대 여성의 미 인식에 대한 근거이론적 접근."『소비자학연구』23(2): 351-382.

Barendregt, Bart. 2011. "Tropical Spa Cultures, Eco-chic, And The Complexities Of New Asianism." Kees van Dijk and Jean Gelman Taylor, *Cleanliness and culture: Indonesian Histories*. Leiden: KITLV Press. 159-192.

Ching, Leo. 2000. "Globalizing The Regional, Regionalizing The Global: Mass Culture And Asianism In The Age Of Late Capital." *Public Culture* 12(1): 233-257.

Hartini. 1996. "Serat Sandi Wanita, Suntingan, Teks, Terjemahan Dan Kajian Intertekstual." Tesis. Yogyakarta: Fakultas Pasca Sarjana UGM.

Herliany, Dorothea Rosa(ed.). 1999. *Kecantikan Perempuan Timur*. Yogyakarta: Indonesia *Tera*.

Heryanto, Ariel. 1999. "The Years of Living Luxuriously." Michael Pinches (ed.), *Culture And Privilege In Capitalist Asia*. London and New York: Routledge. 159-187.

Kartini, R.A.. 1992. *Habis Gelap Terbitlah Terang*. Jakarta: Balai Pustaka.

Kurniawan, Putu Widhi. 2014. "Wacana Kecantikan Dalam Teks Indrani Sastra." Tesis. Denpasar: Program Pascasarjana Universitas Udayana.

Parkins, Wendy and Geoffrey Craig. 2006. *Slow Living*. Oxford: Berg.

Riswan, Soedarsono and Harini Sangat-Roemantyo. 2002. "Jamu as Traditional Medicine in Java, Indonesia." *South Pacific Study* 23(1): 1-10.

Saraswati, L. Ayu. 2010. "Cosmopolitan Whiteness." *Meridians: Feminism, Race, Transnationalism* 10(2): 15-41.

Wahjono, Parwatri. 2010. "Sastra Wulang Dari Abad XIX: Serat Candrarini Suatu Kajian Budaya." *Makara, Sosial Humaniora* 8(2): 71-82.

Wiasti, Ni Made. 2010. "Redefinisi Kecantikan Dalam Meningkatkan Produktivitas Kerja Perempuan Bali, Di Kota Denpasar." *Piramida* 6(2): 1-22.

Wibawa, Sutrisna. 2013. "Nilai Filosofi Jawa Dalam Serat Centhini." *LITERA* 12(2): 328-344.

Widyantoro, Ninuk; Herna Lestari, Laily Hanifah, Iwu Dwisetyani Utomo, Basilica Dyah Putrani, and Yustinus Tri Subagya. 2007. *Gender, Sexuality And Vaginal Practices: Qualitative Findings In Jogjakarta, 2005*. Jakarta: Mitra INTI Foundation.

Yulianto, Vissia Ita. 2007. *Pesona Barat: Analisa Kritis-Historis Tentang Kesadaran Warna Kulit di Indonesia*. Yogyakarta: Jalasutra.

기타자료

조윤미, 서남포럼 뉴스레터, 2012.03.25. "인도네시아 여성들의 백색 피
부 열망."http://seonamforum.net/newsletter/view.asp?idx-
=1996&board_id=21&page=1 (검색일: 2015.06.25).

Liputan6. 25 Februari 2013. "KKBN: Tahun Ini Penduduk Indo-
nesia Capai 250 Juta Jiwa."http://health.liputan6.com/
read/521272/bkkbn-tahun-ini-penduduk-indonesia-ca-
pai-250-juta-jiwa (검색일: 2014.07.07).

Pribadi, Indra Arief. 2014. "Populasi Kelas Menengah Indonesia
Meningkat Tajam." http://www.antaranews.com/beri-
ta/429636/populasi-kelas-menengah-indonesia-mening-
kat-tajam (검색일: 2014.07.07).

Tribunnews. 06 Oktober 2011. "Jeng Reni Pesan Paket Pre-Wed-
ding Lulur Rempah." http://www.tribunnews.com/se-
leb/2011/10/06/jeng-reni-pesan-paket-pre-wedding-
lulur-rempah (검색일: 2014.07.07).

02

소비공간의 세계

4장 인도네시아 하이브리드 편의점과 농크롱 문화   이지혁·이수현

5장 쇼핑몰에서 공공공간으로:
자카르타의 몰링(malling) 현상을 중심으로   정법모

6장 인도네시아 전자상거래(e-commerce)   이수현

7장 잘란잘란 자카르타:
신문기사를 통해 본 자카르타의 도시 소비 경관   엄은희

인도네시아의 하이브리드 편의점과 농크롱 문화[*]

이지혁 · 이수현

1. 들어가는 말

도시의 성좌처럼 편의점이 총총 들어서고 있다. 그것은 고대의 별자리가 그랬듯 현대 인간에게 어떤 위치와 방향을 가리켜 주고 있는듯하다. 그 성좌 아래서 나는 꾸준히 요구르트를 사고, 쓰레기봉투를 사고, 생리대를 산다. 그것이 주는 대수로운 영향들이나 별자리의 운세가 어떤 것일지는 모르겠지만, 당분간 나는 그 쾌적함과 편리함을 좋아할 듯하다._김애란,

---

[*] 이 글은 『동아연구』 36권 1호(2017)에 게재된 논문을 수정 · 보완한 것이다.

「편의점, 도시의 성좌」(『보그 Vogue』2006 년 5월호) 중에서

편의점은 우리가 의식하지 않은 사이에 현대인의 삶 깊이 침투해 들어오고 있다. 처음에는 단순히 24시간 영업하는 체인화된 또는 세련된 구멍가게 정도로 인식되었다. 하지만 점차로 외연을 확대하면서 다양한 형태로 진화하고 있다. 단순한 상품 판매를 넘어 최근에는 공적 기능까지도 수행하고 있다. 밤늦은 시간에 귀가하는 여성을 보호하는 '여성안심지킴이집', 아동을 보호하기 위한 '아동안전지킴이집' 등의 서비스를 제공하기도 하고, 자연재해가 발생할 때 구호품을 전달하는 거점으로 활용되기도 한다. 형태적 측면에서도 주유소에서 기름을 넣으면서 상품을 주문하는 '드라이브스루', 화물차량을 편의점으로 개조한 '트랜스포머', 구매한 식음료를 취식하고 쉴 수 있는 공간을 제공하는 '복층형' 등 매우 다채롭다(중앙일보 2012.12.08). 이처럼 오늘날의 편의점은 동네 소매상을 넘어서 '복합·만능 생활거점'의 역할을 한다(전상인 2015: 110-114).

미국에서 시작된 편의점은 1970년대 일본을 비롯한 동북아로 확산되어 지금은 동남아로 그 지평을 넓혀 가고 있다. 소매업의 세계화를 선도하는 편의점은 근본적으로 프랜차이즈 체인 방식으로 확산되고 있는데, 각국이 처한 소매산업 환경이 다르기 때문에 같은 상호의 편의점이라도 실제 영업형태에는 저마다 차이가 있다. 인도네시아에서는 2009년 '세븐 일레븐 재팬7-Eleven Japan(이하 세븐 일레븐)'의 진출을 기점으로 자카르타와 주변 도시를 중심으로 기존 편의점과는 차별화된 '하이브리드 편의점hybrid convenience store'이 확산되고 있다.

하이브리드 편의점은 편의점에 의자와 테이블 등을 구비하여 간이식당과 카페의 기능이 추가된 형태의 편의점이다(Julian et al. 2009). 기존의 인도네시아 편의점이 식별관리코드stock keeping unit: SKU로 관리되는 일용잡화·즉석식품·식료품을 판매하는 '그랩 앤드 고grab and go' 방식

의 매장이라면(Rangkuti et al. 2013), 지난 6~7년 동안 자카르타와 주변 도시로 확장되고 있는 상당수의 편의점은 음식을 취식하고 와이파이를 이용하고 담소를 나눌 수 있는 공간을 제공하는 업태가 혼합된 매장이다. 이와 같은 현상이 인도네시아에서만 나타나는 것은 아니다. 편의점이 처음 생겨난 미국, 편의점이 성숙기에 진입한 일본, 그리고 성숙기로 가고 있는 한국과 타이완에서도 유사한 형태의 편의점이 생겨나고 있다. 하지만 혼종성의 정도와 형태의 측면에서 인도네시아의 편의점은 차별성이 있다.

인도네시아에서 편의점은 현대적 유통의 성장에 가장 큰 기여를 하고 있을 뿐만 아니라 생활거점과 문화공간으로 확대되고 있다. 하지만 국내 및 해외의 편의점 연구는 주로 일본과 타이완을 비롯한 동북아시아에 편중되어 있어 동남아 신흥국에 대한 논의는 이루어지지 않고 있다. 이 글은 현재 인도네시아에서 주목받고 있는 하이브리드 편의점이 태동하게 된 배경과 개별 국가의 산업 환경에 따라 변형되는 국제경영에서의 글로컬리제이션glocalization 현상을 조명하고자 한다. 더불어 하이브리드 편의점에서 발견되는 인도네시아 현지의 독특한 문화에 주목하고자 한다.

2. 편의점의 진화와 확산

1) 편의점의 탄생과 확산

편의점은 처음부터 새로운 업태를 창조하면서 생겨났다. 1927년 미국 텍사스 주 소재 사우스랜드 제빙 회사Southland Ice Company의 얼음공장에 얼음을 구매하러 온 소비자에게 회사의 종업원이 냉장고에 함께 보관할 수 있는 우유·달걀·빵 등을 판매하는 것에서 비롯되었다. 일반 식료품

점포가 문 닫은 시간이나 일요일에 상품 판매가 증가하면서 간단한 생필품과 식료품을 판매하는 새로운 업태가 생겨나게 되었다. 1936년 무렵에는 먼 거리에 있는 고객도 얼음 판매와 소매가 혼합된 점포를 찾기 시작했고, 소매와 더불어 알코올 판매가 추가되면서 편의점은 급격하게 성장했다. 한편 1939년에는 오하이오 주에 살던 낙농업자 로손J. J. Lawson이 우유 상점을 창업했는데, 이것이 오하이오 주의 편의점으로 성장했다.

사우스랜드 제빙은 사명을 '사우스랜드'로 변경하면서 회사의 주력상품을 다각화했다. 초창기에 토템Tote'm으로 불리던 판매점은 1947년 영업시간이 아침 7시부터 11시까지임을 강조하는 '세븐 일레븐7-Eleven'으로 변경되었다. 1950년대에는 편의점이 텍사스 지역을 넘어 미국 전역으로 확대되었고, 1963년에는 세븐 일레븐 매장이 1,000개로 늘어났다. 같은 해 텍사스 대학 인근에 있는 한 매장에서 미식축구 경기 후에 몰려든 손님을 상대하기 위해 24시간 영업을 개시했고, 이어 다른 판매점으로 24시간 영업이 확산되었다. 세븐 일레븐 편의점은 1964년 스피디 마트California Speedee Mart를 인수하면서 도입한 프랜차이즈 사업방식을 통해 빠르게 성장할 수 있었다. 즉, 회사에서 직접 경영하는 '레귤러 체인regular chain'이 아닌 가맹점을 모집하여 동일한 상표로 물건을 판매하는 프랜차이저franchisor-프랜차이지franchisee 관계를 맺고 가맹점주가 회사에 가맹비와 로열티를 납부하는 방식을 도입했다(http://corp.7-eleven. com/corp/history).

미국에서 태동한 편의점은 미국을 넘어 캐나다와 멕시코를 포함하는 북미 및 중남미로 확산되었고, 1970년대 이후에는 일본·한국·타이완·중국을 비롯한 동북아로, 최근에는 동남아로 확산되고 있다. 한편 1980년대부터 미국 편의점 시장의 포화에 따른 업체 간 경쟁이 심화되었고, 이에 적절하게 대처하지 못한 세븐 일레븐은 심각한 경영난을 겪다가 1991년 경영권을 일본의 종합양판점 이토요카도伊藤洋華堂에게 넘겼다.

세븐 일레븐이 일본에 진출한 것은 1974년인데, 당시 일본 시장에는 이미 미국계 회사 로손Lawson과 일본 현지 회사인 패밀리마트Family Mart가 영업을 하고 있었다. 하지만 후발주자였던 세븐 일레븐은 일본의 최대 편의점을 넘어 2016년 현재 세계 18개국에서 6만여 개의 매장을 운영하는 세계 최대 편의점으로 성장했다.

2) 편의점의 개념과 영역의 확대

편의점의 개념과 정의에 대해서는 다양한 의견이 존재한다. 구버만(Guberman 1971)은 편의점을 "최신의 경영방법을 사용하고, 적어도 하루 16시간 이상, 일주일에 최소한 6일 또는 그 이상 영업하는 작은 현대적 마켓"이라고 정의한다. 그는 또한 규모가 557제곱미터(6,000제곱피트) 이상의 매장은 편의점으로 간주할 수 없지만, 근본적으로 상점의 크기가 아닌 운영방식에 의해 편의점이 정의되어야 한다고 강조한다. 바론(Baron et al. 2001)은 편의점을 "고객의 거주지 가까운 곳에 위치하고 제품 종류의 범위가 넓지만 다양하지 않은, 278제곱미터(3,000제곱피트)보다 작은 상점"이라고 정의한다. 커비(Kirby 1976)는 "보통은 슈퍼마켓보다 작고 인구밀도가 높은 곳에 위치하고, 기본적인 상품basic goods과 가정 필수품household requisites의 모든 종류를 제공하는 작은 상점"이라고 규정한다. 한국편의점산업협회의 설명에 따르면, 소비자들이 가지고 있는 편의점에 대한 기본 인식은 "언제나 가게 문이 열려 있고 필요한 상품과 서비스를 이용할 수 있는" 매장, 즉 '편의점=24시간'이다. 편의점이 다른 소매업태와 구분되는 특징은 "영업시간, 거리상의 편의성, 원스톱 편의성, 퀵 쇼핑, 상품구색의 편의성 제공"이다.

현재 편의점은 편의를 제공한다는 기본 방침을 근간으로 다양한 형태로 진화하고 있으며, 본래의 소형 소매점이라는 업태를 넘어서 외연을 확

표 4.1 편의점의 여섯 가지 형태

구분	규모*	특징
키오스크 (Kiosk)	800	유류 판매를 주목적으로 영업하는 곳에서 추가적 수입을 얻고자 담배, 음료, 과자 등 간단한 상품(fast-moving item)을 판매한다. 주유 공간 외의 별도의 주차장을 제공하지 않는다. 영업시간은 장소와 소유주에 따라 다르다.
미니 편의점 (Mini CV)	800~1200	유류 판매를 주목적으로 영업하는 곳에서 간단한 식료품과 간편음식을 판매한다. 주유 공간 외의 별도의 주차장을 제공하지 않고 18~24시간 영업한다.
한정 편의점 (Limited Selection CVS)	1500~2200	유류 판매와 편의점 영업 모두 수익에 중요한 부분을 차지한다. 미니 편의점보다 다양한 상품을 제공하지만 전통적 편의점에 미치지 못한다. 주차공간 제공과 연장된 영업이 일반적이다.
전통적 편의점 (Traditional CVS)	2400~2500	가장 일반적인 편의점 형태로 유제품, 베이커리, 스낵, 음료, 담배, 식료품, 건강 및 미용 보조상품, 간편식품, 냉동 및 신선 육류 판매 및 다양한 서비스를 제공한다. 대부분 24시간 영업을 하고 주차공간을 제공한다.
확대 편의점 (Expanded CVS)	2800~3600	식료품을 추가하기 위해 더 많은 선반을 사용하고 즉석음식 판매와 시식을 위한 공간을 제공한다. 높은 이윤이 발생하는 즉석음식 판매가 매우 큰 비중을 차지한다. 슈퍼마켓이 점차적으로 대형화됨에 따라 새롭게 형성되는 틈새시장을 공략하며 주차공간이 매우 중요하다.
대형 편의점 (Hyper CVS)	4000~5000	백화점식의 상품 배열과 서비스를 제공하고, 제과점, 식당, 약국 등이 매장 안에 입점해 있다. 고객이 매장 안에서 보내는 시간이 길기 때문에 주차공간은 필수적이다.

주: *의 단위는 제곱피트.
출처: http://www.nacsonline.com/의 'What is Convenience Store?'에서 발췌한 내용을 재구성.

대하고 있다. 미국편의점협회 National Association of Convenience Store의 연구보고서에 따르면, 편의점을 여섯 가지 형태—키오스크, 미니 편의점, 한정 편의점, 전통적 편의점, 확대 편의점, 대형 편의점—로 구분할 수 있다(표 4.1). 그중 키오스크, 미니 편의점, 한정 편의점 등은 모두 주유소나 유류 판매를 하는 곳에 위치한 편의점으로 인도네시아에서 잘 발견되지 않는 미국적 형태의 매장이다. 그런데 전통적 편의점이 확대 편의점과 대형 편의점으로 변화되는 과정에서 규모의 변화뿐만 아니라 업태의 혼종성이 가중됨을 목격할 수 있다.

'확대 편의점'과 '대형 편의점'은 식당과 슈퍼마켓 그리고 백화점의 형식을 일부 차용하고 있다. 이렇게 다양한 업태를 혼합하고 있는 편의점을 '하이브리드 편의점'으로 간주할 수 있다. '하이브리드 편의점'이라는 용어는 타이완의 편의점을 연구한 논문에서 처음 사용되었는데, 편의점과 식당이 혼합된 혁신적인 편의점을 지칭한다(Julian et al. 2009). '확대 편의점'과 '대형 편의점'이라는 용어가 규모에 초점이 맞춘 것이라면 '하이브리드'는 업태의 혼종, 즉 편의점 역할의 변화에 주목한다. 편의점의 사업영역 확대는 시장의 포화가 초래한 치열한 경쟁에서 생존하기 위한 방어적 전략과 보다 높은 이윤을 창출하는 사업으로 전환하려는 공격적 전략의 혼합물로 간주될 수 있다.

3) 글로컬리제이션 현상

일반적으로 소매업은 전형적인 국내 산업으로 인식되어 국제화가 매우 어려운 분야로 간주되었다(Bartels 1968; 김현철 2008; 전상인 2015). 국가마다 소비자의 "니즈와 구매행동, 경쟁패턴, 상거래관행 등이 다르기 때문에 소매업은 국내 산업의 성격을 지니고 있다고 보았다"(김현철 2008). 그러나 지난 수십 년 동안 글로벌 기업들은 자국 소매시장의 포화 및 규제 심화 같은 내부적 동인과 진출 국가의 성장잠재력 같은 외부적 동인에 이끌려 소매업의 세계화를 시도했다. 이들 기업은 지분참여, 기술 이전 및 업무제휴, 그리고 직접 진출 등 다양한 형태로 소매시장의 '세계화'를 이끌고 있다. 2013년 기준 이케아IKEA는 43개국, 까르푸Carrefour는 33개국, 월마트Wal-Mart는 28개국, 세븐 앤 아이 홀딩스Seven & I Holdings는 18개국에서 영업하고 있다. 글로벌 기업은 표준화된 경영, 규모의 경제(점포 수), 낮은 원가 운영low cost operation 등의 핵심 역량을 앞세워 새로운 시장을 개척하고 있다.

이러한 소매업 세계화의 저변에는 합리적 시스템이 있다. 리처(Ritzer 2004)는 맥도날드로 대표되는 패스트푸드의 체계적이고 표준화된 경영 방식을 베버M. Weber의 합리화 이론을 통해 설명하면서 현대 사회 전반에서 맥도날드화Mcdonaldization 현상이 나타나고 있다고 주장한다. 맥도날드화의 몇 가지 예를 들면 다음과 같다.

- 이전보다 상품과 서비스의 이용가능도가 훨씬 높아졌으며, 이들 상품과 서비스를 이용하는 데 시간적·지리적 제한을 덜 받게 된다.
- 근무시간이 길어 짬을 내기 어려운 사람들이 신속하고 효율적으로 상품과 서비스를 이용할 수 있다.
- 급속하게 변하고, 낯설고, 적대적으로 보이는 세계에, 맥도날드화된 체계는 상대적으로 안정되고, 친숙하고 안전한 환경으로 편안함을 준다.
- 주도면밀하게 계산되고 통제되는 시스템에서 이루어지므로(예컨대 다이어트 따위) 보다 안전하다(Ritzer 2004: 16).

『편의점 사회학』을 저술한 전상인(2015: 74-87)은 편의점을 '근대 합리주의의 화신'이라고 표현하면서 편의점에서 쇼핑의 맥도날드화가 이루어지고 있다고 주장한다. 그는 맥도날드화의 특성인 효율성·계산가능성·예측가능성·통제가 편의점에 집약되어 있다고 말한다.

한편 월마트의 독일·한국·중국 시장에서의 실패 사례에서 볼 수 있듯이 현지화 전략과 세계화 전략이 적절하게 조화를 이루지 못하면 소매업의 성공확률은 낮아진다. 문화, 언어, 현지의 경쟁업체, 그리고 투자국의 규제 같은 현실적 장벽을 극복하기 위해서 적응adaptation·조절adjustment·재단tailoring 등이 요구된다(Chinomona et al. 2012). 즉, 소매업이 성공하려면 현지의 기업풍토와 문화를 이해하고 기업 경영을 현지화하는 글로컬리제이션이 필수적으로 동반되어야 한다. 유통업 중에서도 가장 작은 단위에 속하고 주고객이 젊은 세대인 편의점은 현지 소비문화에 매우 민감하게 반응해야 한다.

3. 인도네시아 하이브리드 편의점의 태동과 확산

1) 인도네시아 편의점 시장의 형성과 전개과정

인도네시아에 편의점이 처음으로 등장한 것은 1986년 미국계 편의점 회사인 서클 케이Circle-K Indonesia가 남부 자카르타에 첫 매장을 열면서이다. 그 후 1988년 현지 기업인 인도마르코 프리스마타마PT. Indomarco Prismatama가 자카르타 북부 안촐Ancol에 인도마렛Indomaret 매장을 개점했고, 1999년에는 현지의 두 회사(PT. Alfa Retailindo Tbk와 PT Current Distrindo)가 탕어랑Tangerang의 카라와치Karawaci에 알파 미니마트Alfa minimart를 개점했다. 그 후 2002년 현지 회사인 숨버르 알파리아 트리자야PT Sumber Alfaria Trijaya Tbk가 141개의 알파 미니마트를 인수하면서 상호를 알파마트Alfamart로 변경했다.

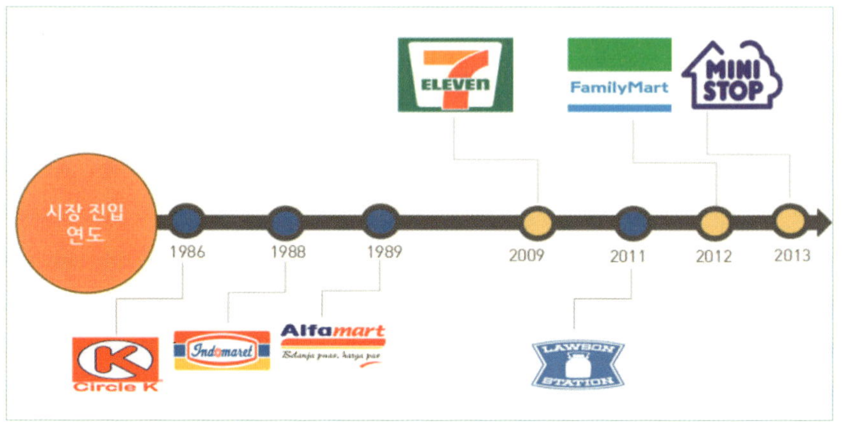

인도네시아 편의점 시장은 1986년 진입한 서클 케이를 제외하면 2009년까지 현지 기업이 운영하는 인도마렛과 알파마트가 시장을 양분하고 있었고, 지금도 업계 1·2위를 차지하고 있다. 현지의 두 기업이 시장을 지배하는 구조는 2009년 세븐 일레븐의 진출을 기점으로 서서히 변하고 있다(이지혁 2015). 세븐 일레븐에 이어 로손, 패밀리마트, 미니 스탑MINI STOP 등이 잇따라 진출하면서 기존 편의점과 새로 진입하는 외국계 편의점의 경쟁이 가속화되고 있다.

인도네시아 유통 산업은 전통 시장, 재래식 상점, 길거리 상점 등을 포함한 전통적 유통방식이 여전히 절대적 비중을 차지하지만, 1990년대 후반 이후 외국인 직접투자가 허용되면서 현대적 유통이 도시를 중심으로 성장하고 있다. 흥미로운 사실은 현대적 유통 중에서 슈퍼마켓은 성장이 둔화하는 반면, 온라인 쇼핑과 함께 하이퍼마켓과 편의점은 꾸준히 성장하고 있다는 점이다. 현대적 그로서리 소매modern grocery retail 중에서 편의점의 비중은 46퍼센트, 슈퍼마켓은 34퍼센트, 하이퍼마켓은 20퍼센트를 차지하고 있고, 지난 5년 동안의 연평균 성장률CAGR은 각각 34.0퍼센트, 15.0퍼센트, 12.7퍼센트였다(DBS 2015).

2) 외국계 편의점의 진출

2009년 세븐 일레븐의 인도네시아 편의점 시장 진출은 새로운 형태의 편의점의 태동인 동시에 인도네시아 법체계에 허점이 있음을 보여 주었다. 1998년 아시아 금융위기 이전까지 인도네시아 정부는 자국의 소매 유통업에서의 외국 자본 투자에 대한 명확한 규정을 제정하지 않았지만, 대체로 외국인 직접투자를 제한했다. 그러나 이러한 보호정책은 동아시아의 여러 국가가 그러했듯이 금융위기 동안 IMF로부터 구제금융 지원을 요청하는 대가로 개방정책으로 선회했다(Presidential Decree no.99, 1998). 현대적 유통과 관련된 규제도 예외는 아니었다. IMF의 구조조정 프로그램의 일환으로 인도네시아 정부는 쇼핑몰·백화점·슈퍼마켓 분야에서 외국인 직접투자를 허용했다. 하지만 숭·대형 유통매상의 개방에도 불구하고 소형 매장은 외국인 직접투자 제한정책을 유지했다(Wahyuningtyas et al. 2015; Sirait 2012). 이러한 투자 제한은 2007년 대통령령에 의해 명확하게 규정됐는데, 400제곱미터 이하의 미니마켓(편의점)에 대한 외국 자본의 투자가 허용되지 않는다.

2009년 4월 세븐 일레븐은 인도네시아에서 일본 후지 제품의 유통을 총괄했던 회사PT. Modern Internsional의 자회사인 모던 푸트라PT. Modern

표 4.3　외국인 투자가 제한된 현대적 상점(toko modern)

형태	상점 크기	100퍼센트 국내 자본	외국 자본
미니마켓	400 이하	○	제한
편의점	N/A	○	제한
슈퍼마켓	400–5,000	1,200 이하	1,200 이상
백화점	400 이상	2,000 이하	2,000 이상
도매점	5,000 이상	○	○
하이퍼마켓	5,000 이상	○	○

주: *단위는 제곱미터.
출처: Presidential Regulation no.1: 111, 2007 and Presidential Regulation no.1: 112, 2007

와 마스터 프랜차이즈 협약을 맺었다. 2009년 당시 인도네시아에서 편의점·백화점·쇼핑몰 같은 사업을 하려면 중앙 부처인 무역부에서 관장하는 사업허가권을 발급받아야 했고 프랜차이즈 등록을 위해서는 무역부에서 관장하는 프랜차이즈 등록증명서를 받아야 했다. 한편 식당과 관련된 사업은 지방 정부가 관할했는데 자카르타의 경우 자카르타 관광문화청이 이를 담당했다.

모던 푸트라는 세븐 일레븐을 편의점이 아닌 식당으로 자카르타 무역부에 프랜차이즈 등록을 하고 자카르타 관광문화청에 식당 및 카페로 등록하여 사업허가권을 획득했다. 세븐 일레븐에 이어 등장한 로손은 인도네시아 현지에서 알파미디Alfamidi와 알파익스프레스Alfaexpress라는 편의점을 운영하고 있던 미디 우타마PT. Midi Utama Indonesia Tbk와 마스터 프랜차이즈 계약을 맺었는데, 미디 우타마는 자사가 이미 보유하고 있었던 알파미디의 사업허가권으로 로손을 운영했다(Yulisman 2012).

이러한 사실을 뒤늦게 알게 된 인도네시아 무역부는 2012년 두 회사 모두에게 획득한 사업허가권에 준하는 사업을 하지 않을 경우 모든 사업을 폐쇄하겠다는 경고문을 발송했다. 무역부 장관 기타 위르자완Gita Wir-jawan은 자카르타 관광문화청에서 획득한 사업허가권으로 편의점 상품을 판매하는 것은 법에 어긋나는 것이라고 다음과 같이 밝혔다.

문제는 간단하다. 그들은 무역부가 아닌 관광부에서 발급된 허가권을 보유하고 있다. 하지만 그들은 음식뿐만 아니라 다른 품목들도 판매하고 있다. 이것은 분명하게 정리되어야 한다(Yulisman 2012).

무역부의 경고문에 대해 세븐 일레븐의 대변인 네넹 스리 물야티Ne-neng Sri Mulyati는 다음과 같이 답변했다.

우리는 고객의 필요와 편의를 위해 신선식품과 음료를 제공하는 것에 초점을 두고 있습니다. 주먹밥, 볶음밥, 볶음면, 핫도그, 덮밥 그리고 다른 여러 신선식품을 판매하고 있습니다. (그리고) 커피 및 차와 함께 본사의 음료 제품인 슬러피 앤드 걸프(Slurpee and Gulp)를 판매하고 있습니다. 창업 첫날 했던 사업이 지금 우리가 하고 있는 사업입니다. 우리의 주력사업은 신선식품과 음료입니다. 물론 긴급한 필요를 위해 일부 편의점 품목을 구비하고 있지만, 그것은 아주 작은 비율입니다(Jakarta Globe 2012.09.06).

로손 측은 자사가 편의점 영업에 필요한 모든 사업권을 갖추고 있다고 반박했다. 이러한 업태 변경과 사업에 필요한 허가권 없이 사업이 가능했던 것은 당시 중앙 정부와 지자체의 규정이 명확하지 않았을 뿐만 아니라 지금과 같은 식음료Food & Beverage가 사업의 상당 부분을 차지하는 편의점에 대한 개념이 부재했기 때문이었다. 이러한 문제는 근본적으로 400제곱미터 이하 편의점 시장에 대한 외국 자본의 침투를 제한하는 규정 때문으로 추론된다. 식당은 외국인 투자에 대한 제한이 없기 때문에 편의점을 식당으로 등록한 것은 외국계 편의점 회사가 업태를 변경해서 법망을 피하려는 의도로 해석된다(Wahyuningtyas et al. 2015; Yulisman 2012).

3) 기존 편의점과의 차별화 전략

외국계 편의점들이 전통적인 편의점보다 업태가 혼합된 하이브리드 형태의 편의점을 선호하는 첫 번째 이유가 앞에서 살펴본 규제적인 측면이라면, 두 번째 이유는 차별화 전략을 통해 기존의 편의점과의 경쟁을 피하려는 우회 전략으로 판단된다. 새롭게 진입하는 외국계 후발주자가 현지 기업이 가지고 있는 선도주자의 우위를 정면으로 극복하기는 어려웠을 것이다. 결과적으로 이미 성숙기에 돌입한 일본 편의점 기업이 가지고 있는 사업 노하우가 아직 성숙기에 진입하지 않은 인도네시아 편의점에 접목되었다고 할 수 있다.

이를 이해하기 위해서는 우선 인도네시아 편의점 시장의 동향과 특징을 살펴볼 필요가 있다. 태국이나 필리핀 같은 주변국과 비교할 때 인도네시아는 도시화 비율에 비해 현대적 유통의 침투율이 다소 낮은 편이다(DBS 2015). 넓은 범위의 군도 국가라는 지리적 특성상 산업 전반에 필요한 인프라 시설이 열악하다. 또한 인도네시아인의 상당수가 아직도 전통적 방식의 재래시장에서 먹을거리를 구입하는 것을 선호하고 있다. 2014년 기준 전통적 유통방식은 식료품 소매분야에서 84퍼센트를 차지한다(DBS 2015). 그러나 전체적으로 현대적 유통의 침투율이 낮음에도 불구하고 자바를 포함한 일부 지역에는 상당수의 유통 매장이 입점해 있다.[1] 특히 외국계 편의점이 입점하고 있는 '자보드타벡 Jabodetabek (광역 자카르타)'에는 쇼핑몰, 하이퍼마켓, 슈퍼마켓, 편의점 등의 경쟁이 치열하다.[2]

이들 중 가장 빠르게 성장하고 있는 것이 편의점이다. 편의점은 첫째, 대형 매장에 비해서 자본의 제약이 적고, 둘째, 기존의 와룽 warung [3] 문화

1 　자바 지역은 인도네시아 전체 국토의 8퍼센트에 지나지 않지만 인구의 약 57퍼센트(약 1억 4천만 명)가 이곳에 살고 있다.

2 　'자보드타벡(Jabodetabek)'은 자카르타(Jakarta)와 그 주변 도시인 보고르(Bogor), 데폭(Depok), 탕어랑(Tangerang), 버카시(Bekasi)의 앞글자로 이루어진 단어로, 광역 자카르타권을 일컫는다.

3 　와룽은 가족들이 운영하는 영세 소매업을 지칭하는 것으로 다양한 종류가 있다. 길거리에서 간단하게 담배 및 기타 생필품을 판매하는 와룽 므로콕(warung merokok)부터 꽤 근사하게 음식을 판매하는 곳까지 모두 와룽으로 지칭된다. 일반적으로 구멍가게와 영세 식당 두 가지의 혼합 형태가 주를 이룬다.

상호 이름	매장 수	회사
Indomaret	12,300	PT. Indomarco Prismatama
Indomaret Point	71	
Alfamart	10,300	PT. Sumber Alfaria Trijaya Tbk
Alfamidi	761	
Alfaexpress	33	PT Midi Utama Indonesia Tbk
Lawson	49	
Circle-K	500	PT. CIircleka Indonesia Utama
7-Eleven	150	PT. Modern Putra Indonesia
Family Mart	24	PT Fajar Mitra Indah
MINI STOP	6	PT. Bahagia Niaga Lestari
MOR	15	Orang Tua Group

출처: 각 기업 정보 종합

에 익숙한 인도네시아아인의 삶의 양식과 잘 부합하고, 셋째, 아직도 절대 다수를 차지하는 중·하층 소비자에게 경제적으로 큰 부담이 없기 때문에 도시를 중심으로 빠르게 확산되고 있다. 외국계 기업이 직접 경쟁해야 하는 업계 1·2위의 인도마렛과 알파마트는 도시뿐만 아니라 지방까지 사업범위를 확대하면서 인도네시아 전역으로 사업권을 확장하고 있다.

인도네시아 편의점 체인인 인도마렛과 알파마트는 우리나라의 일반적인 편의점에서 연상되는 화려한 조명, 24시간 영업, 그리고 편의점이라는 공간이 창출하는 소비조작의 기호 및 이미지와는 다소 거리감이 있다. 두 기업이 운영하는 편의점은 현대화되고 체인화된 동네 슈퍼의 형태를 띠고 있다. 특별한 지역의 점포를 제외하면 대부분 아침 출근시간부터 저녁 10시까지만 운영하는 것이 대부분이다. 또한 상품 판매도 주로 소비자의 일상적인 욕구를 충족시키는 수준에 머무른다. 목적 구매에 특화된 상품이라기보다는 일반적 잡화가 주를 이루고 이용하는 고객층도 다양하다. 이는 일반적으로 편의점의 상품 구성이 목적 구매에 특화된 것의 비중이 높다는 점과 차이가 있다.

전통적인 편의점은 슈퍼마켓이나 다른 유통매장에서 충족되지 못한 소비자의 니즈를 충족시키고 동시에 잠재적 니즈를 자극하는 측면이 있다. 예컨대 1인 가구에 특화된 것, 젊은 층을 겨냥한 상품, 즉석식품, 그리고 최근에는 자가상표Private Brand: PB 상품을 주로 취급한다. 이러한 특징을 고려할 때 즉석식품, 음료, 주류, 그리고 테이블과 의자 및 무료 와이파이를 제공하는 외국계 편의점은 인도네시아의 기존 편의점과는 다른 소비자 세그먼트를 공략함으로써 기존의 업체와 직접적인 경쟁을 피하면서 새로운 소비욕구를 자극하는 전략을 취하고 있다고 볼 수 있다.

이러한 차별화 전략은 성숙기에 돌입한 일본 편의점의 경영 노하우와 전략이 뒷받침되었기 때문에 가능할 수 있었다. 과다 출점으로 인해 성장 잠재력이 둔화한 일본 편의점의 치열한 경쟁은 새로운 편의점으로의 진화를 이끌었다. 일반적으로 매출은 객수(손님수)와 객단가(상품가격)의 곱으로 산출된다(Tepper 2002). 점포당 인구수가 감소하는 상황에서 점포 수익성을 제고하기 위해서는 객단가를 향상시켜서 편의점 운영의 효율성을 증대시키거나(이동일 외 2014), 내점객의 연령·성별 등을 확대할 수 있는 상품 개발이 필요하다.

라이프사이클 이론의 관점에서 보면 일본의 편의점은 1991년부터 성숙기에 돌입해서 점포당 인구수가 지속적으로 감소하고 있다. 점포의 과밀화, 다른 업태의 공세, 장기 소비불황 등이 겹치면서 1990년대부터 성장에 제동이 걸리기 시작했다(김현철 2014: 35). 또한 인구의 구조적 변화가 본격적으로 일어났다. 출산율은 감소하는데 기대수명은 연장되어 가족구성원이 감소하고 노인 인구는 증가했으며, 더불어 여성의 사회진출이 확대되었다(김은희 2013). 이러한 상황을 극복하기 위해 일본의 편의점 업체들은 경쟁사와 차별화 전략을 추구해야만 했다. 변화를 감지한 일본의 대형 편의점 업체들은 주고객층인 20~30대의 젊은 남성뿐만 아니라 여성과 노인을 포함하는 다양한 고객층을 확보할 수 있는 새로운 서비스와 제품을 창출하기 시작했다.

대표적인 차별화 정책으로 서비스 강화, 상품 개발, 가격 전략, 새로운 점포의 실험 등이 있다. 서비스의 범위를 확대하는 것으로는 택배, 사진 인화, 티켓 예매 및 판매 등이 있다(김현철 2014: 38-40). 최근에는 단순한 서비스 강화를 넘어서 우체국, 은행, 주유소, 자동차용품점 등 다른 업종과의 제휴를 통한 '복합화'를 시도한다. 상품 개발은 내셔널 브랜드national brand: NB가 아닌 자가상표를 개발하는 것으로서, 독자적인 상품 그 자체가 경쟁업체와의 차별화를 도모할 수 있을 뿐만 아니라 저렴한 가격으로 공급할 수 있기 때문에 가격경쟁력을 갖게 된다. 가격 전략은 오랜 시간 고수하던 정가판매정책에서 한발 물러나서 일부 품목에 한해서 가격할인을 시행하는 것이다. 마지막으로 새로운 점포의 실험은 더 소형화된 매장 개발과 병설 약국, 병설 음식점 등 점포 형태의 변화를 시도하는 것이다. 소형화 전략이 인도네시아에서는 대형화 전략으로 변형되었다고 판단된다. 이러한 차별화와 더불어 성장 부진을 극복할 수 있는 또 다른 방안은 해외 진출의 가속화였다. 이미 일본에서 도입기-성장기-성숙기의 라이프 사이클을 경험한 일본의 메이저 편의점들은 이윤을 극대화하는 방법으로 인도네시아 시장을 공략했음을 추론할 수 있다.

인도네시아에서 차별화 전략이 가능할 수 있었던 근본적인 이유 중 하나는 신규 출점하는 모든 매장이 직영점으로 관리된다는 것이다. 사실상 개인 가맹점 점주의 자본으로 대형 매장을 운영하는 것은 힘들다. 미국, 일본, 한국 등 대다수 국가에서 프랜차이즈 방식으로 매장수가 빠르게 증가하는 것과 달리 인도네시아의 외국계 편의점은 모든 매장을 직영점으로 운영하기 때문에 큰 자본이 필요한 하이브리드 형태의 매장이 생겨날 수 있었다.

한편 외국계 기업의 차별화 전략이 현지의 젊은이들 사이에서 상당한 반향을 일으키면서 새로운 업태로 자리를 잡자 현지 기업들도 이에 대응하는 전략을 강구하기 시작했다. 편의점 업계의 선두주자인 인도마렛은 하이브리드 편의점 형태의 인도마렛 포인트Indomaret Point와 신선식품을 강화한 소형 슈퍼마켓 형태의 인도마렛 프레시Indomaret Fresh 및 인도마 렛 플러스Indomaret Plus를 출점했다. 알파마트 역시 기존의 매장보다 확 장된 형태의 알파미디Alfamidi와 알파익스프레스Alfaexpress를 출점했다. 또한 현지의 소비재 상품을 생산하는 오랑 투아 그룹Orang Tua Group은 하이브리드 편의점의 특징을 종합한 모아MOR라는 편의점을 출점했다.

4. 편의점 공간의 변화와 인도네시아 소비문화

1) 농크롱 문화와 편의점

'농크롱nongkrong'은 일상적인 대화에서 주로 사용되는 구어체 단어로서 인도네시아어 '통크롱tonkrong'에서 파생되었다. '통크롱'의 사전적 의미 는 '쪼그리고 앉다', '아무것도 하지 않고 앉아 있다', '어울려 시간을 보 내다', '빈둥거리다' 등이다(Echols and Shadily 2007). 인도네시아에 서 사람들이 길가에 앉아서 잡담하거나 큰 건물의 로비 또는 복도바닥 에 앉아서 이야기를 나누는 광경은 매우 흔한 일상이다. 실생활에서 통용 되는 '농크롱'의 의미는 '특별한 목적 없이 담소를 나누는 것', '어울려 노 는 것', '수다 떨기' 등이다. 영어로는 흔히 'hang out'으로 번역되며 상황 에 따라 조금씩 다른 의미로 사용되기도 한다. 특별한 목적 없이 수다를 떨거나 어울려 노는 문화는 모든 사회가 가지고 있는 일반적인 것이지만 그 정도와 이러한 행위를 바라보는 시선은 각 사회가 처한 환경에 따라 다르다.

인도네시아인에게 농크롱은 매우 일상적인 것이다. 여러 명이 만나서 이야기하는 것을 좋아하는 인도네시아인에게 농크롱은 대인관계에 흥을 북돋워 주는 사회적 접착제 같은 역할을 한다(Dahl n.d. http://parse-journal.com; Barley 2009). 이러한 문화는 인도네시아뿐만 아니라 동남아 국가들에서 흔히 발견되는 것으로서 기후와 환경적 요인이 크게 작용했을 것으로 판단된다. 인도네시아를 포함한 동남아 사람들은 서구의 식민지배 이전에 여유롭고 풍족한 생활을 영위했는데, 이는 연중 높은 기온을 유지하는 기후 탓에 다모작이 가능했고 일 년 내내 열대과일을 채집할 수 있었기 때문이다. 게다가 추운 겨울이 없기 때문에 겨울을 나기 위한 준비가 필요 없었다. 리드(Reid 1988: 173)의 설명에 따르면, 16~17세기에 동남아를 방문했던 서양인들이 만났던 동남아인들은 상당한 여가시간을 가졌으며, 특히 저녁 시간에는 노래·축제 등 다양한 오락행위를 즐겼다. 당시 동남아인들에게 "축제·의식·잔치는 생산적인 노동만큼이나 중요한 사회적 의무"였다. 인도네시아에서 일반적으로 '일하다'라는 뜻으로 사용되는 동사 'kerja'는 축제와 의식에 참여하는 행위를 묘사할 때도 사용되었다. 리드는 현대인이 일반적으로 생각하는 노동에 상반되는 자유시간으로서의 레저라는 개념은 기실 산업화시대의 근대적 산물이라고 주장한다.

농크롱이 단순히 잡담하고 시간을 무의미하게 보낸다는 부정적인 측면으로 해석될 수도 있지만, 이를 통해 구성원들이 서로간의 결속력을 강화하고 공감대를 증대하는 측면을 간과할 수 없다. 인도네시아 사회, 특히 자바 사회의 인간관계의 측면에서 살펴보면 '함께함kebersamaan' 또는 '친밀감kedekatan'과 농크롱을 연관지어서 생각할 수 있다. 즉, 농크롱이란 서로의 생각·경험·추억·공간을 공유하는 과정으로 해석될 수 있다. 인도네시아 현지인들이 즐겨 찾는 도넛 매장인 JCO의 광고문구인 "우리가 공유하는 함께함보다 더 달콤한 것은 없다nothing is sweeter than the togetherness we share"는 농크롱에서 공유의 의미를 압축해서 보여 준다.

공간과 관련하여 일상적인 농크롱보다 적극적인 의미의 농크롱에 참여하는 젊은 층에게 특정한 공간은 매우 중요한 의미를 갖는다. 편안하게 만나서 자신들만의 공감대를 이룰 수 있는 공간은 대화 속에 담긴 내용보다 더 중요할 수도 있다. 농크롱은 장소를 구애받지 않고 어디에서나 일어날 수 있지만, 인도네시아인이 즐겨 찾는 농크롱 장소는 길거리, 다양한 형태의 와룽, 현지 서민의 식당인 와르텍warteg, 길거리에 앉아서 음식을 먹을 수 있는 라세한lasehan 등이다. 특히 와룽은 지금도 간단하고 저렴한 음식을 먹으면서 농크롱 하는 장소로 인기가 많다. 하지만 소득의 증가와 쇼핑몰을 위시한 패스트푸드 레스토랑, 프랜차이즈 식당, 카페 등이 생겨나면서 농크롱 장소는 점차적으로 현대화된 공간으로 옮겨 가고 있다. 특히 더운 날씨에 더해 여가를 보낼 수 있는 공간이 절대적으로 부족한 인도네시아에서 쇼핑은 단순히 물건을 구매하는 것을 넘어서 레크리에이션적인 요소와 강하게 결부된다(Rangkuti et al. 2013).

그러나 이러한 변화의 움직임은 소득 격차에 따라 상당한 차이가 있다. 도시의 중·상류층이 빠른 속도로 현대화된 쇼핑을 선호하고 위생을 중요시하는 반면, 아직도 인도네시아의 절대다수를 차지하는 중·하류층 서민은 익숙하고 경제적으로 부담이 적은 공간을 농크롱 장소로 선호하고 있다. 인도네시아 서민의 소득수준, 주거공간과의 거리, 기존에 익숙한 와룽 문화 등을 고려할 때 외국계 기업의 하이브리드 편의점은 인도네시아 도시 서민의 새로운 농크롱 공간으로 매력적일 수 있다. 특히 구세대와 비교하여 현대화된 공간을 선호하는 젊은 층에게 편의점은 경제적인 현실과 현대적인 것에 대한 욕망을 충족시켜 줄 새로운 대안으로 떠오르고 있다(Schonhardt 2012; Huber et al. 2013). 하지만 하이브리드 편의점을 주로 찾는 계층을 단순하게 서민층으로 분류하는 것은 정확하지 않다. 기존의 와룽이나 길거리 음식점을 이용하는 계층과는 구별되는, 새롭게 중산층으로 진입하는 젊은 세대와 중산층의 자녀세대가 주고

그림 4.1　하이브리드 편의점 2층

객이다.[4]

2) 공간의 변화와 업태의 혼종성

(1) '그랩 앤드 고' 매장에서 머무르는 공간으로

외국계 기업의 신규 출점 전략은 각종 공연과 다채로운 행사를 동원한 요란한 방식이었다. 편의점 앞 주차장에서 라이브 밴드 공연을 하고 대형 스크린을 설치해 스포츠 경기를 함께 관람하기도 했다. 이러한 행사는 시간이 흐르면서 점차 줄어들고 있지만 아직 완전히 사라지지 않고 있다. 외국계 편의점의 인기가 상승하면서 편의점은 종종 '와룽 2' 또는 '현대화된 와룽'이라고 묘사되기도 한다(Gordon 2012). '와룽'에는 길거리 가판대에서부터 동네 구멍가게, 제대로 된 건물을 가지고 있는 식당까지 다양한 형태가 있다. 이곳에서 현지인들은 간단한 생필품, 의약품, 음료

4　세븐 일레븐 본사 직원에 따르면 핵심 고객의 월수입은 대략 500만~700만 루피아(약 44만~61만 원)에 해당한다.

그림 4.2　와룽

수, 담배 및 기호식품, 조리음식 등을 구매한다. 야간에는 주로 조리음식, 음료, 차 등을 먹으면서 작은 의자에 앉아 잡담을 하거나 노래를 부르기도 한다.

이러한 모든 행위를 농크롱이라고 규정할 수는 없지만 대체로 현지인들은 와룽에서 떠들고 즐기는 행위를 농크롱이라고 칭한다. 이렇게 와룽에서 행해지는 농크롱 문화는 하이브리드 편의점 확산에 밑거름이 되고 있다(Gordon 2012). 편의점이 제공하는 공간은 카페나 레스토랑에서 여유롭게 차와 식사를 즐길 수 없는 많은 현지인에게 새로운 농크롱 공간으로 부상했다. 예컨대 하이브리드 편의점의 특징을 집약한 형태의 현지 편의점인 모아MOR는 홈페이지의 광고문구로 "먹고, 떠들고, 쇼핑하자"라고 쓰고 있다(http://www.mor.id/). 인도네시아 인터넷 언론에 소개된 모아에 관한 기사에서 농크롱을 위한 장소로서 편의점의 기능을 엿볼 수 있다.

주문하고 빨리 먹는 (저렴한 프랜차이즈) 식당에서 농크롱 해 본 적 있나요? 그런데 너무 딱딱하고 시커먼 '아얌 고렝(ayam goreng. 닭튀김)'이 나온 적 있지요? 미니마켓에서 수다를 떨다가 핸드폰을 충전하려고 했는데, 콘센트가 없어서 당황한 적이 있지 않았나요? 제발, 더 이상 그런 곳에 가지 마세요. 왜냐하면 이제 걱정할 필요가 없는 메뉴가 준비되어 있고, 핸드폰 배터리가 죽어서 기분 나쁠 필요가 없는 편의점이 있으니까요!(Diananto 2015)

편의점이 제공하는 근본적인 '편의'는 근거리 소량 구매, 24시간 영업, 신속한 구매 등이다. 전통적인 편의점은 고객이 구매하고 싶은 상품을 최대한 빠르게 파악하고 결제하는 구조를 지니고 있다. 카운터가 출입구 근처에 위치하고 모든 가격이 정찰제이며 바코드 방식으로 신속하고 정확하게 계산하고 떠나는 공간이 편의점이다(전상인 2015).

그러나 편의점이 진화하는 과정에서 편의점의 기능은 다양해지고 있다. 인도네시아의 하이브리드 편의점은 더 이상 신속한 구매가 이루어지는 공간이 아니다. 소비자가 편의점이 제공하는 다채로운 서비스를 이용하면서 오랜 시간 머물도록 유도하고 있다(Suzuki et al. 2014). 젊은이들 사이에서 편의점은 와룽, 커피숍, 패스트푸드 레스토랑 등을 대체할 새로운 공간으로 자리매김하고 있다. 음료, 아이스크림, 스낵 등을 먹으면서 잡담하는 학생들, 밤늦은 시간에 노트북 컴퓨터로 영화를 감상하는 연인들, 핸드폰으로 드라마를 시청하는 젊은 여성들, 회사 업무나 학교 과제를 하는 사람들을 편의점에서 흔히 볼 수 있다.

세븐 일레븐을 비롯한 외국계 편의점은 와룽 및 현지 편의점과 경쟁할 뿐만 아니라 맥도날드 및 KFC 같은 패스트푸드 레스토랑과도 경쟁하고 있다. 이러한 현상이 인도네시아에서만 나타나는 것은 아니다. 미국에서도 지난 5년 동안(2014년 기준) 패스트푸드 레스토랑과 일반 레스토랑에서의 음식 판매는 줄고 있는 반면, 슈퍼마켓과 편의점에서 '주문받아 만드는 음식made to order'의 판매가 빠르게 증가하고 있다. 맥도날드사의 회장인 안드레스Mike Andres는 자사의 최고 경쟁사 중에 편의점이 있다고 밝힌 바 있다(Jargon et al. 2014).

그러나 미국이나 한국·일본·타이완 같은 동북아의 편의점에서 즉석음식이나 간단조리 상품의 판매가 증가하는 현상과 인도네시아의 상황에는 근본적인 차이가 있다고 생각된다. 전자의 국가들에서 소비자들이 편의점에서 음식을 취식하는 근본적인 이유는 저렴한 가격과 간단하게 끼니를 해결하려는 편의이다. 하지만 인도네시아 하이브리드 편의점에서 발견되는 소비자 행동에서 가격과 편리추구는 그리 중요한 요소가 아닐 수 있다. 우선, 인도네시아 편의점을 이용하는 주요 고객인 학생과 20~30대의 젊은 층에게는 편의점에서 판매되는 음식이 저렴하지 않다. 일반 서민이 현지 식당에서 한 끼의 식사로 지불하는 비용이 대략 3,000원 미만임을 고려할 때 편의점이 식사를 대체할 장소로서 가격경쟁력이 있는 것은 아니다. 또한 편리추구는 가격보다도 중요성이 더욱 낮다고 판단된다. 길거리 상점 또는 골목에서 쉽게 발견되는 와룽에서 간단하게 식사를 하거나 간식을 구매하는 인도네시아인의 라이프스타일을 고려할 때 편의점이 제공하는 시간절약과 간편함은 소비자에게 큰 매력이 될 수 없다.

'상점의 편리성store convenience'이란 소비자가 구매행위를 하는 데 방해가 되는 요소가 제거될 때 발생한다. 소매의 관점에서 이러한 방해요소를 비용으로 간주할 수 있다. 소매와 관련된 시설을 이용할 때 소비자는 근본적으로 시간과 노력이라는 두 가지 비용에 대해 만족해야 한다. 따라서 상점의 편리성이란 상점 이용에 수반되는 시간과 노력을 최소화시키는 요소들로 구성된다(Vaughan 2014). 이러한 관점에서 보면, 인도네시아 소비자들이 하이브리드 편의점에서 추구하는 것은 편의가 아니라 '다양한 서비스를 제공하는 현대적 공간의 소비'로 해석될 수 있다. 미니마켓으로 분류되는 기존의 편의점에서 이미 일반적인 편리를 추구할 수 있기 때문에 하이브리드 편의점에서는 편리보다는 오락적인 요소가 더욱 중요하게 부각된다. 와룽에서 즐겨하던 농크롱이 인터넷과 냉방시설이 갖춰진 현대적 공간으로 옮겨진 것이다.

(2) 하이브리드 편의점의 특징

자카르타 및 인근 도시에 거주하는 인도네시아인은 영업방식의 차이와 매장의 외형적 특징으로 통칭 편의점이라고 부르는 매장을 '미니마켓'과 '편의점'으로 구분하여 인식한다. 이 글에서는 하이브리드 편의점으로 지칭되는 매장을 '편의점'으로, 전통적인 편의점을 '미니마켓'으로 규정한다. 법적으로 매장을 이와 같이 구분하는 것은 아니지만 이러한 이분법이 현지인들 사이에서 널리 사용되고 있다. 자카르타 지역에 입점한 하이브리드 편의점의 특징과 소비자 행동을 분석하기 위해 필자는 2015년에서 2016년 사이 세 차례의 현지조사를 통해 참여관찰 및 면담과 미니설문조사를 실시했다. 참여관찰은 자카르타 지역 하이브리드 및 일반 편의점 매장 총 25곳에서 평균 30분씩 실시했고, 미니설문조사는 자카르타 남부

그림 4.3 대형화된 편의점

지역의 편의점·쇼핑몰·카페·회사 등에서 15~39세의 일반인 53명을 대상으로 실시했다.

① 하이브리드 매장의 외형적 특징과 소비자 행동
인도네시아의 전통적인 편의점과 대비되는 하이브리드 편의점에서 발견되는 외형적 차별성으로 점포의 대형화, 판매공간과 휴식공간의 분리, 넓은 주차공간 등을 꼽을 수 있다. 일부 매장은 점포 내부에 조리시설을 갖추고 있기도 하다. 대부분의 하이브리드 매장은 복층구조이며, 복층구조가 아닌 경우에는 지상에 넓은 매장을 확보하고 있다. 모든 매장이 의자와 테이블 그리고 주차장을 구비하고 있다. 편의점의 주차장은 택시 및 오토바이택시ojeck 승강장으로 이용되기도 한다. 일부 복층 매장의 경우 2층에 대형 스크린, 스피커 등을 구비하고 있고 무료 와이파이 서비스를 제공하고 있다.

한편 주력 판매상품 및 상품 진열에서도 일반적인 편의점과 하이브리드 편의점의 차이가 목격된다. 2012년 인도네시아 무역부는 등록된 사업허가에 한정된 사업만 할 수 있는 법안을 제정하고, 주사업을 보조하는 상품의 경우 총 판매상품의 10퍼센트 이상을 넘을 수 없음을 명시하고 있다(Ministry of Trade no.53, 2012). 이는 다분히 세븐 일레븐을 겨냥한 것으로서(Tjitra 2014) 자신들의 사업을 식당으로 등록한 세븐 일레븐은 생필품과 일상 잡화를 매우 제한적으로만 판매하고 있는데, 전체 3~4개 선반 중에서 1개 선반에만, 그중에서도 한쪽 면만 할애하여 생필품을 진열하고 있다. 반면 현지 기업인 인도마렛 포인트는 일반적인 생필품과 식음료의 비중이 비슷하게 구성되어 있다. 모든 하이브리드 편의점은 식음료를 주력 상품으로 내세우고 있는 반면 전통적인 편의점에서 판매하고 있는 생활용품의 판매는 최소화하고 있다. 이것은 편의점이 점차적으로 식당과 카페의 영역으로 확대되고 있음을 방증한다. 한편 2015년

4월부터 인도네시아 전역의 편의점에서 술 판매가 금지되었기 때문에 편의점에서 술은 찾아볼 수 없다. 세븐 일레븐 본사 직원과의 면담에 의하면 술 판매 금지가 총 판매액의 15~20퍼센트까지 영향을 주고 있다고 한다. 하지만 국민 대다수가 무슬림이기 때문에 외국인 관광객이 많이 찾는 발리를 제외한 모든 지역에서 술 판매 금지가 잘 준수되고 있다.

하이브리드 편의점에서의 소비자 행동은 일반적인 카페나 패스트푸드 식당에서 발견되는 것과 유사하다. 판매되는 상품도 중요하지만, 편의점이 제공하는 공간과 서비스도 상품만큼 또는 그 이상으로 중요한 비중을 차지한다. 공간과 관련하여 발견되는 흥미로운 행동은 고객의 연령에 따라 선호하는 자리가 확연하게 구분된다는 것이다. 젊은 고객일수록 2층을 선호하는 경향이 있고, 중년층일수록 냉방시설이 없는 야외 테이블 또는 1층 테이블을 이용하는 경향이 있다. 테이블 및 의자와 더불어 고객이 오랜 시간 매장에 머물도록 유도하는 장치로서 무료 와이파이가 중요한 역할을 한다. 스마트폰 및 휴대용 컴퓨터를 이용한 인터넷 검색, 업무 및 과제 수행, 드라마 및 영화 시청, 오락, 게임 등 다양한 활동에 와이파이가 이용되고 있다. 한편 젊은 층이 특정 편의점을 선호하는 이유에서 음악도 중요한 역할을 차지한다. 그 밖에 편의점이 최종 목적지로 가기 전에 만나는 사전 미팅 장소로 활용되기도 하고, 갑작스런 폭우가 쏟아지는 경우 오토바이 운전자의 대피처로 이용되기도 한다. 다음에 서술된 면담 내용을 보면 자카르타에 거주하는 젊은층 인도네시아인의 하이브리드 편의점에 대한 인식을 알 수 있다.

연구자: 학창시절 집 근처에 편의점이 처음 생겼을 때 기분이 어땠어요?

소비자 1: 어린 시절 농크롱을 위한 신세계가 나타난 것 같은 기분이 들었어요. 학교 마치고 특별히 할 일이 없으면 친구들과 편의점에 가서 놀곤 했어요. 그냥 앉아서 다른 사람들을 구경하고 평가하는 것이 재밌었어요(20대 후반 남성, 대학원생).

연구자: 왜 패밀리마트를 자주 방문하나요?

소비자 2: 특별한 이유는 없어요. 이전에 자주 가던 와룽이 있었는데, 얼마 전 화재로 사라졌어요. 그 후론 집에서 가깝고 이야기하기 편해서 패밀리마트에 자주 와요. 다른 편의점보다 여기에서 틀어 주는 음악이 좋아요. 한 번 오면 대략 3시간 정도 놀아요. 주로 친구들과 함께 오는데 여러 명이 오면 3시간 넘게 이야기하기도 해요. 혼자 오는 경우는 거의 없어요(20대 초반 여성, 직장인).

연구자: 왜 모임을 세븐 일레븐에서 갖나요?

소비자 3: 그냥 직장이랑 가까워서요. 직장 마치고 동료들이랑 가끔씩 와서 이야기해요. 요즘 젊은 애들이 패밀리마트를 선호하기 때문에 세븐 일레븐은 조용해요(30대 중반 혼성 직장 동료 모임).

지금까지 살펴본 인도네시아 하이브리드 편의점의 특징을 외형적 특징, 인기 판매상품, 소비자 행동으로 나누어서 정리하면 표 4.5와 같다.

표 4.5 하이브리드 편의점의 특징

구분	내용
외형적 특징	• 복층구조이거나, 단층인 경우 지상에 넓은 매장을 운영하고 있다. • 모든 매장이 의자와 테이블, 주차장을 구비하고 있다. • 상당수 편의점의 주차장이 택시 및 오토바이택시(ojeck)의 승강장으로 이용되고 있다. • 일부 복층 매장은 2층에 대형 스크린, 스피커 등을 구비하고 있으며 모든 매장에서 무료 또는 유료 와이파이를 제공한다. • 하이브리드 편의점의 선두주자인 세븐 일레븐은 새로운 점포를 출점하면서 매장 크기를 줄이는 반면, 후발주자인 현지 하이브리드 편의점은 대형화되는 추세이다. • 일부 패밀리마트에는 같은 일본 요식업체인 요시노야와 결합된 매장이 있고 매장 안에 대형 나무 화분을 설치하여 카페 같은 분위기를 연출한다.

구분	내용

인기
판매상품
	• 대표적인 인기 상품이 모두 식음료로 구성되어 있다.
	• 일부 음식의 경우 직원이 간단한 교육을 받고 매장에서 직접 조리해서 판매한다(샵인샵(shop in shop) 형태).
	• 상호별 대표 상품
	  - 세븐 일레븐: 도시락(치킨 카츠), 김밥(오니기리), 빅 걸프(Big Gulp), 빅 바이트(Big Bite), 슬러피(Slurpee), 커피, 인도네시아 차
	  - 미니 스탑: PB 아이스크림, 감자 스낵
	  - 모아: 한국식 양념 통닭
	  - 패밀리마트: 일본식 닭꼬치

소비자 행동	• 누군가를 만나려는 목적으로 편의점을 찾는 경우가 많고, 개인보다는 여러 명이 함께 방문하는 것을 선호한다. • 10대 및 20대 초반 고객은 대부분 3~4명 또는 그 이상이 함께 매장을 방문하여 오랜 시간 체류하는 경향이 있다. • 중년층은 주로 업무와 관련된 사람을 만나기 위해 편의점을 카페처럼 이용하는 경향이 있다. • 혼자서 오는 경우는 대부분 편의점이 제공하는 쉴 공간과 와이파이를 사용하는 것이 주목적이다. • 참여관찰에 따르면 70퍼센트 이상의 고객이 30분 이상 매장에 체류하고, 구매한 음식을 취식하면서 다양한 서비스를 이용한다.

② (하이브리드) 편의점 대 미니마켓

하이브리드 편의점의 특징을 보다 실증적으로 확인하기 위해 자카르타 남부 지역에서 미니설문조사를 실시했다. 설문조사를 통해 (하이브리드) 편의점과 미니마켓에서 이루어지는 소비자 행동을 비교함으로써 필요에 따라 소비자들이 서로 다른 목적으로 이 두 형태의 편의점을 이용하고 있음을 알 수 있었다. 설문조사는 15~39세의 젊은 소비자 53명을 대상으로 실시했으며, 응답자 96퍼센트가 편의점 또는 미니마트 매장을 매주 1회 이상 방문하고 있었다(주 3회 이상 28퍼센트, 주 1~2회 68퍼센트).

응답자들이 매장을 찾는 이유를 비교한 표 4.6을 보면, 하이브리드 편의점을 찾는 첫 번째 이유가 농크롱, 두 번째가 즉석음식 취식이며, 와이파이 이용을 위한 경우도 11.3퍼센트나 되는 것을 알 수 있다. 이에 반해 미니마켓을 찾는 첫 번째 이유는 일용품 구매이고, 그 다음은 음료 구입이다. 농크롱이나 와이파이 이용은 각각 3.4퍼센트에 불과하다.

표 4.6 하이브리드 편의점과 미니마켓을 찾는 이유 비교(중복 응답)

찾는 이유	하이브리드 편의점	미니마켓
농크롱	24(22.6%)	3(3.4%)
즉석음식	22(20.8%)	4(4.6%)
음료	17(16.0%)	20(23.0%)
인스턴트식품	14(13.2%)	13(14.9%)
일상용품	12(11.3%)	37(42.5%)
와이파이	12(11.3%)	3(3.4%)
담배 구입	5(4.7%)	7(8.0%)
계	106(100.0%)	87(100.0%)

평균 체류시간을 비교한 표 4.7을 보면, 미니마켓에서는 44.8퍼센트의 소비자가 5분~10분 미만 체류하며 30분 이상 체류하는 경우는 2.3퍼센트에 불과한데 반해, 하이브리드 편의점의 경우 1시간 이상을 체류하는 경우가 전체의 34.0퍼센트이나 되고, 30분 이상 체류하는 경우까지 포함하면 52.9퍼센트에 이른다.

표 4.7 하이브리드 편의점과 미니마켓에서의 평균 체류시간 비교

체류 시간	하이브리드 편의점	미니마켓
1시간 이상	36(34.0%)	0
30분~60분 미만	20(18.9%)	2(2.3%)
20분~30분 미만	16(15.1%)	15(17.2%)
10분~20분 미만	16(15.1%)	31(35.6%)
5분~10분 미만	18(17.0%)	39(44.8%)
계	106(100.0%)	87(100.0%)

하이브리드 편의점에서 긴 시간을 체류하는 경향이 있는 것은 혼자보다는 다른 사람과 함께 방문하는 경우가 훨씬 많다는 것을 반영한다. 표

4.8을 보면, 하이브리드 편의점을 이용할 때 주로 혼자 간다는 응답자는 18.9퍼센트에 불과하고 대다수(79.2퍼센트)는 친구 또는 가족 등과 함께 가는 것으로 나타났다. 특히 설문조사 후 추가 인터뷰 결과 친구와 함께 방문하는 비율이 가족과 함께 방문하는 비율보다 훨씬 높았다.

표 4.8　하이브리드 편의점 방문 시 동행자

함께 가는 사람	응답 수
타인(친구, 가족 등)과 함께	42(79.2%)
혼자 감	10(18.9%)
무응답	1(1.9%)
계	53(100.0%)

이처럼 젊은 세대가 수로 친구들과 함께 가서 오랜 시간을 보내는 성향이 있는 하이브리드 편의점에서 선호하는 상품은 표 4.9에서 보듯이 '음료'를 제외하면 미니마켓과는 상당히 다르게 나타났다. 하이브리드 편의점에서는 즉석음식과 아이스크림, 커피 등 테이블에 앉아 대화하면서 함께 먹을 수 있는 상품에 대한 선호가 높은 반면, 미니마켓에서는 구입해서 가지고 나갈 수 있는 스낵, 담배, 일용품, 우유 같은 상품에 대한 선

표 4.9　하이브리드 편의점과 미니마켓에서 선호하는 상품 비교(중복 응답)

선호하는 상품	하이브리드 편의점	미니마켓
음료	30(25.6%)	17(29.8%)
즉석음식	27(23.1%)	0
스낵	20(17.1%)	18(31.6%)
아이스크림	16(13.7%)	3(5.3%)
커피	12(10.3%)	0
담배	9(7.7%)	5(8.8%)
신선식품	3(2.6%)	0
일용품	0	9(15.8%)
우유	0	5(8.8%)
계	117(100.0%)	57(100.0%)

호가 높았다.

응답자들이 하이브리드 편의점에 친구와 함께 방문할 때 주로 무엇을 하는지를 제시한 표 4.10에서도 '담소 나누기'와 '함께 음식 먹기'의 비율이 가장 높게 나타나, 젊은 소비자들은 편의점에서 이러한 음료나 음식을 먹으면서 친구들과 농크롱을 하는 경우가 많다는 것을 알 수 있다.

표 4.10　친구와 함께 (하이브리드) 편의점 방문 시 주로 하는 일(중복 응답)

주로 하는 일	응답 수
담소 나누기	36(48.0%)
함께 음식먹기	23(30.7%)
인터넷 이용	11(14.7%)
다른 사람의 행동을 관찰	3(4.0%)
기타(과제를 함)	2(2.7%)
계	75(100.0%)

하이브리드 편의점이 농크롱을 하기에 적합한 장소라고 생각하는지 묻는 질문에서도 응답자들의 83퍼센트가 '그렇다'고 답했다. 이들이 '그렇다'고 생각하는 이유를 표 4.11에 제시했다.

표 4.11　하이브리드 편의점이 농크롱에 적합한 장소라고 생각하는 이유(중복 응답)

(하이브리드) 편의점	미니마켓
-농크롱 공간(tempat nongkrong)	-농크롱을 할 수 없는 공간
-넓은 공간, 취식 공간 제공(의자 및 테이블)	-일용품을 구매하는 곳
-음식과 음료에 집중(즉석 음식, 특화된 상품)	-일반적인 상품, 다양한 상품(일용품)
-좋은 시설, 다양한 상품(식음료)	-다양한 식음료가 없음
-편안한 공간, 만남의 공간, 24시간 영업	-오직 판매만 하는 공간
-과제와 업무를 할 수 있는 곳	-와이파이 사용 불가

설문조사에서 응답자들이 하이브리드 편의점과 미니마켓을 구분하는 데 사용된 어휘들을 분류한 표 4.12도 젊은 소비자들이 하이브리드 편의

농크롱하기 적합한 이유	응답 수
테이블과 의자 제공	31(46.3퍼센트)
다양한 상품	16(23.9퍼센트)
와이파이	10(14.9퍼센트)
저렴한 가격	9(13.4퍼센트)
기타	1(1.5퍼센트)
계	67(100퍼센트)

점을 농크롱에 적합한 장소로 인식함을 보여준다.

이상에서 살펴본 참여관찰 및 면담과 설문조사의 결과를 종합하면 다음과 같은 몇 가지를 추론할 수 있다. 첫째, 하이브리드 편의점을 이용하는 주요한 목적 중 하나가 농크롱이라는 것이다. 기존에 농크롱이 주로 이루어지던 와룽, 카페, 쇼핑몰 등과 더불어 편의점이 새로운 농크롱 장소로 부상하고 있다. 둘째, 농크롱이 주목적인 고객에게는 편의점에서 판매되는 상품보다 편의점이 제공하는 공간과 서비스가 더욱 매력적이다. 셋째, 인도네시아인의 인식 속에 편의점(하이브리드 편의점)과 미니마켓(전통적인 편의점)은 분명하게 구분되어 있다. 이 글에서 '하이브리드 편의점'이라고 칭하는 편의점은 단순한 상품 판매의 목적을 넘어 다양한 기능을 수행하는 공간, 즉 '복합·만능 생활거점'으로 이용되고 있다.

5. 맺음말

최근 편의점은 다양한 형태로 진화하고 있다. 형태뿐만 아니라 기능적 측면에서도 본래의 소매를 넘어서 공적인 역할을 수행하기도 한다. 이러한 변화 중에서 이 글에서 주목한 것은 업태의 혼종으로 생겨난 하이브리드 편의점이다. 하이브리드 편의점은 편의점의 본래의 기능인 소매업에 다른 업태가 혼합된 형태로, 인도네시아의 경우 카페와 식당이 결합한 형태다. 기존의 편의점이 빠른 구매를 통해 머무는 시간을 최소화하는 공간이었다면 인도네시아의 하이브리드 편의점은 소비자가 오랜 시간 머무르도록 유도하는 다양한 서비스와 상품을 제공하고 있다.

이 글을 통해 인도네시아 자카르타 및 주변 도시에서 확산되고 있는 하이브리드 편의점의 태동 배경, 글로벌 기업이 현지에 적응하는 과정에서의 글로컬리제이션, 현지인들의 문화가 하이브리드 편의점의 확산에 미치는 영향 등을 살펴보았다. 지금까지 논의된 내용을 정리하면 법률적 제약, 기존의 현지 편의점과의 차별화 전략, 편의점이 성숙기에 도달한 일본 기업의 영업 전략, 그리고 현지인의 농크롱 문화 등이 하이브리드 편의점의 확산을 설명할 수 있는 핵심 개념들이다. 이러한 요소들이 복합적으로 어우러져 하이브리드 편의점이 태동하고 성장할 수 있는 여건을 다음과 같이 조성했다.

첫째, 법률적 제약은 외국계 기업이 인도네시아 편의점 시장에 진출하는 데 가장 현실적이고 근본적인 장애물이다. 1998년 아시아 금융위기 이후 인도네시아 정부가 소매분야의 외국인 직접투자를 허용했지만 소형 매장에 대해서는 자국 중소기업의 생존을 위해 투자를 제한하고 있다. 이러한 법적 장애물을 피하기 위해 2009년 세븐 일레븐은 식당업으로 업태를 변경하는 편법을 사용했다. 이러한 업태 변경은 세븐 일레븐의 영업 전략에서 식음료의 판매를 강화할 수밖에 없는 상황을 만들었다.

둘째, 하이브리드 편의점은 현지의 기존 편의점과의 차별화 전략의 결과이다. 인도네시아 전체 국토를 고려하면 편의점의 보급률[5]이 아직도 높지 않은 편이다. 그러나 외국계 편의점이 주로 출점한 자카르타와 인근 도시를 포함하는 '자보드타벡' 지역에는 현지의 많은 편의점이 입점해 있

---

5 2014년 기준 2만 2,818개의 매장이 있다. 이는 인구 100만 명당 89개에 해당된다.

고 경쟁도 치열하다. 따라서 후발주자인 외국계 기업들은 현지 편의점과 차별화된 전략이 필요했고, 그 대안으로 넓은 주차공간, 의자와 테이블을 갖춘 휴식공간, 와이파이 등을 구비한 대규모의 화려한 매장을 선택했다. 이러한 형태의 신규 출점이 가능한 것은, 대부분의 매장이 가맹점 방식으로 이루어지는 한국이나 일본과 달리 모든 매장이 본사의 직영점으로 운영되기 때문이기도 하다.

셋째, 성숙기에 진입한 일본 편의점의 영업 전략이 아직 성숙기에 도달하지 않은 인도네시아 편의점에 접목되고 있다. 미국으로부터 일본에 편의점이 보급되었던 1970년대는 일본 소매업의 할인경쟁이 치열했던 때였다. 경쟁 업계끼리의 상호 할인경쟁이 치열해지면서 매출증가에도 불구하고 순이익이 감소하는 악순환이 거듭되는 상황에서 모든 상품을 정찰제로 판매하는 편의점은 새로운 대안이었다. 하지만 점차적으로 편의점의 점포가 과밀화되면서 경쟁에서 우위를 점하기 위한 다양한 생존 전략이 모색되었다. 그중 대표적인 것이 PB 제품 개발과 객단가가 높은 식음료 상품 개발, 새로운 점포의 실험(더 소형화된 매장 개발과 병설 약국, 병설 음식점 등 새로운 점포의 시도), 사업의 해외 진출 등이다. 인도네시아로 진출하면서 새로운 점포 형태의 일환인 병설 음식점은 그대로 시도했지만, 소형화 전략을 인도네시아의 문화와 환경에 맞도록 거꾸로 대형화 전략으로 변형했다고 할 수 있다. 이러한 맥락에서 보면 일본 편의점 업계는 편의점 영업에서 가장 고수익을 창출할 수 있는 영업 전략을 인도네시아 시장에서 사용하고 있다고 판단된다.

소매의 국제화와 관련하여 인도네시아에 태동하고 있는 하이브리드 편의점은 다양한 시사점을 제공한다.

첫째, 해외 진출에 앞서 고려해야 할 거시적 환경요소 중 하나인 투자국의 규제가 사업에 얼마나 큰 영향을 미치는지를 잘 보여 준다. 이러한 규제는 진출 시의 진입장벽이 되며, 일단 진출한 후에도 편의점 관련 규정의 변화가 운영방식의 변화를 요구하기도 한다. 최근 인도네시아 정부는 현대적 유통과 관련된 규정을 강화하고 있다. 2015년 편의점에서 알고올 판매를 금지한 조치가 영업에 큰 타격을 준 것처럼 점차적으로 강화되는 규정이 차후 하이브리드 편의점의 성공 여부에 큰 영향을 줄 것으로 판단된다.

둘째, 일본계 편의점의 인도네시아 진출 사례를 보면, 세계화가 가속화되는 상황에서 선진국(또는 산업화된 국가)에서 라이프사이클을 거치며 습득한 노하우 또는 학습효과가 라이프사이클 관점에서 그러한 상황에 도달하지 못한 신흥국에 적용되고 있음을 발견할 수 있다. 그러나 더 많은 이윤 창출을 위해서는 이러한 선진국 노하우의 적용만으로는 불충분하다. 일본의 편의점 소형화 전략을 인도네시아의 문화와 환경에 맞도록 거꾸로 대형화 전략으로 변형시킨 사례에서 보듯이, 규제와 더불어 새로운 환경에서 사업할 때 나타나는 다양한 현실적 장벽을 극복하기 위해 적응·조절·재단이 수반되어야 할 것이다.

셋째, 인도네시아의 젊은이들이 편의점에서 '농크롱'을 즐길 수 있도록 의자와 테이블을 갖춘 휴식공간, 와이파이, 음악, 넓은 주차공간 등을 제공하는 대규모의 화려한 매장으로 차별화한 하이브리드 편의점 전략은 현지의 문화와 적절한 조화를 이루는 것이 마케팅 전략에 중요한 요소임을 시사해 준다.

하이브리드 편의점은 인도네시아인들의 새로운 문화공간으로 부상하고 있다. 편의점은 현지인들이 즐겨 찾던 와룽의 현대화된 형태로 인식되면서 농크롱을 위한 새로운 공간으로 자리매김하고 있다. 편의점은 더 이상 빠르게 상품을 구매하고 떠나는 '그랩 앤드 고'의 공간이 아니라 오랜 시간 머물면서 즐기는 공간, 만남의 공간으로 변모하고 있다. 이는 소득의 문제와도 직접적으로 연관된다. 인도네시아인의 소득이 증가하고 그에 따라 도시 중산층이 늘어나면서 소비가 레크레이션화되는 현상은 편의점뿐만 아니라 쇼핑몰을 위시한 현대적 유통 매장 전반에서 발견된다. 상당수의 인도네시아 사람들은 쇼핑몰에 특정한 물건을 구매하러 가기보다는 쇼핑몰에서 가족이나 친구들과 함께 식사하고, 영화를 보고, 윈도쇼핑을 즐긴다. 하지만 아직도 인구의 절대다수는 선진국의 중산층의 개념에 미치지 못하는 중·하층이다. 또한 중산층이라고 해도 아직 용돈이 부족한 대학생이나 사회 초년생 역시 쇼핑몰에서 즐길 만한 여유는 없는 것이 일반적이다. 이들에게 편의점은 현대적 공간에서 소비를 즐기고 싶은 욕구와 현실적인 경제력을 모두 충족시켜 줄 대안적 공간으로 자리매김하고 있다.

마지막으로 한국 기업의 인도네시아 소매 시장 진출과 관련해 몇 가지 생각할 수 있는 시사점은 다음과 같다. 첫째, 하이브리드 편의점 문화는 인도네시아 소매 문화를 이해하는 데 매우 중요한 단면을 부여 준다. 그 이유는 편의점에서 발견되는 문화가 새롭게 성장하는 신중산층의 소비패턴을 보여 줄 뿐만 아니라 편의점을 즐겨 찾는 현재의 젊은 세대가 조만간 소비의 주축이 될 기성세대가 되기 때문이다. 둘째, 소비의 레크레이션화, 가족 및 친구와 함께하는 소비, 소비활동에서 농크롱의 중요성 등은 인도네시아 소매 시장으로 진출하고자 하는 한국 기업이 현지 소비 문화를 이해하는 데 중요한 개념을 제공해 줄 수 있다. 셋째, 현재 인도네시아 규정에 의해 외국 기업의 편의점 직접 투자가 불가하기 때문에 마스터 프랜차이즈 방식의 진출을 고려해 볼 수 있다. 하지만 마스터 프랜차이즈 방식에는 현지 파트너 기업을 통해 외국인 직접투자가 제한된 시장에 진출할 수 있고 파트너 기업이 현지의 문화와 환경을 잘 알고 있다는 장점과, 사업의 성공이 파트너 기업의 능력에 따라 결정되는 경영 지배의 한계와 본사의 영업 노하우가 노출되는 단점이 동시에 존재한다. 따라서 편의점이 점차적으로 식음료에 집중하는 점과 신중산층의 성장을 고려했을 때 마스터 프랜차이즈 방식의 진입과 함께 소형 슈퍼마켓을 공략하는 것도 하나의 대안이 될 수 있다.

김은희. 2013. 「Special Report: 편의점 시장의 성장동력 살아있다」. 한국
신용평가.

김현철. 2008. 「소매 노하우의 국제이전에 관한 연구: 7-Eleven 사례를 중
심으로」. 『유통연구』 13(4): 1-19.

김현철. 2014. 『일본의 편의점』. 서울: 제이앤씨.

이동일 · 현근식 · 이지현 · 이혜준. 2014. 「편의점 성장 시뮬레이션을 통한
편의점 운영효율화 정책」. 『유통연구』 19(4): 117-137.

이수현. 2015. 「인도네시아 소비트렌드 I: 전자상거래(e-commerce)」. 서
울대학교 아시아연구소 동남아센터. 『동남아 이슈페이퍼』 통권
9호.

이지혁. 2015. 「인도네시아 소매산업과 소비문화: 편의점을 중심으로」. 서
울대학교 아시아연구소 동남아센터. 『동남아 이슈페이퍼』 통권
13호.

전상인. 2015. 『편의점 사회학』. 서울: 민음사.

중앙일보. 2012. 「트랜스포머 편의점, 갑자기 뚜껑 열리더니 헉」. 『중앙일
보』 12월 8일.

한국편의점산업협회. http://www.cvs.or.kr_검색일 : 2016.07.11.

Barley, Tasa Nugraza. 2009. "How 'Nongkrong' is Part of Our Cul-
ture." *Jakarta Post* January 20.

Baron, S. and Kim Harris and D. Leaver and B. M. Oldfield. 2001.
"Beyond Convenience: the Future for Independent Food
and Grocery Retailers in the UK." *The International Review
of Retail, Distribution and Consumer Research* 11(4): 395-

414.

Bartels, Robert. 1968. "Are Domestic and International Marketing Dissimilar?" *Journal of Marketing* 32(3): 56-61.

Chinomona, Richard and Dennis Sibanda. 2012. "When Global Expansion Meets Local Realities in Retailing: Carrefour's Glocal Strategies in Taiwan." *International Journal of Business and Management* 8(1): 44-59.

Dahl, Sonja. n.d. http://parsejournal.com_검색일 : 2016.07.11.

DBS. 2015. "ASEAN Grocery Retail." *Industry Focus*: 1-55.

Diananto, Wayan. 2015. "MOR Store: Minimarket Asli Indonesia dengan 5 Kelebihan!" *Tabloidbintang* May 30.

Echols, John M. and Hassan Shadily. 2007. *Kamus Indonesia Inggris*. Jakarta: Penerbit PT Gramedia Pustaka Utama.

Gordon, Lydia. 2012. "Young People Drive Indonesia's Convenience Store Boom." *Euromonitor International* July 30.

Guberman, R. 1971. "Convenience Stores: Past and Present." *Journal of Food Distribution Research* 2(2): 36-37.

Huber, Margot. Deike Diers and Andrea Gulisano. 2013. "Hang Out Heaven." *Business Today In* May 26.

Jakarta Globe. 2012. "7-Eleven, Lawson violate Permits." *Jakarta Globe* September 6.

Jargon, Julie and Annie Gasparro. 2014. "Supermarkets, Convenience Stores Now Woo Diners, Too: They Beef Up Menus With Fresh, Made-to-Order Offerings." *Wall Street Journal* December 29.

Julian, Ming-Sung Cheng. Blankson Charles. Sutikno Bayu and C.-

H. Wang Michael. 2009. "Hybrid Convenience Stores-the Changing Role of Convenience Store in Taiwan." *Asia Pacific Journal of Marketing and Logistics* 21(3): 417-432.

Kirby, David A. 1976. "The Convenience Store Phenomenon." *Retail and Distribution Management* 4(3): 31-33.

Ministry of Trade no. 53/2012

MOR homepage. 2016. http://www.mor.id_검색일 : 2016.7.11.

Orang Tua homepage. 2016. http://ot.id/mor_검색일 : 2016.7.11.

Presidential Decree No.99/1998

Presidential Regulation No.1 111/2007

Presidential Regulation No.1 112/2007

Rangkuti, Fahwani Y. and Wright Thom. 2013. "Indonesia Retail Report 2013 Update." Global Agricultural Network.

Reid, Anthony. 1988. *Southeast Asia in the Age of Commerce* 1450-1680. Pennsylvania: Yale University.

Ritzer, George. 2004. *The McDonaldization of Society*. California: Pine Forge Press.

Schonhardt, Sara. 2012. "7-Eleven Finds a Niche by Adapting to Indonesian Ways." *New York Times* May 28.

Seven ELEVEn Corporate. "History: the Birth of Convenience Retailing." http://corp.7-eleven.com/corp/history_검색일 : 2016.5.15.

Sirait, George Martin. 2012. "A Decade After Liberalization of Indonesia's Retail Industry: Outcomes and Policy Responses." *The Retail Digest* Summer: 50-53.

Suzuki, Wataru and Sadachika Watanabe. 2014. "Indonesia's 2 Big

Convenience Store Chains Adding More Links." *Nikkei Asian Review* July 23.

The Association for Convenience & Fuel Retailing. 2016. "What Is Convenience Store?" http://www.nacsonline.com/Research/Pages/What-is-a-Convenience-Store.aspx_검색일 : 2016.5.15.

Tjitra, Priscilla. 2014. "Indonesia Retail Sector." *Credit Suisse* February 05.

Tepper, B. 2002. *Mathematics for Retail Buying*. Fairchild Publication.

Vaughan, Reimers. 2014. "A Consumer Definition of Store Convenience(finally)." *International Journal of Retail & Distribution Management* 42(4): 315-333.

Wahyuningtyas, Shi Yuliana and A. Y. Agung Nugroho. 2015. "Retail Policy and Strategy in Indonesia." Mukherjee, M. and R. Cuthberston and E. Howard(eds.). *Retailing in Emerging Markets: A Policy and Strategy Perspective*, 66-93. London: Routledge.

Yulisman, Linda. 2012. "7-Eleven Faces Licensing Problem." *Jakarta Post* September 05.

05

쇼핑몰에서 공공공간으로:
자카르타의 몰링 현상을 중심으로

정법모

1. 들어가는 말

소비자들은 상품구매뿐만 아니라 여러 다양한 목적을 가지고 쇼핑을 한다. 『쇼핑의 과학Why We Buy: The Science of Shopping』, 『몰링의 유혹Call of The Mall』을 쓴 파코 언더힐Paco Underhill은 몰을 찾는 특별한 목적이 없더라도 단지 볼 만한 TV 프로그램이 없어서, 비를 피하러, 아니면 자녀가 원해서 몰에 갈 수 있다는 점을 지적하다. 따라서 몰고어mall-goer들은 쇼핑의 유혹뿐만 아니라 단지 머물고 싶은 욕구에서 몰을 간다는 것이다

(Underhill 2004). 근래에 복합몰이 출현함에 따라 외식을 하고 영화를 보거나 오락시설을 이용하는 등 여가시설로 몰을 이용하는 경향이 강해지고 있다. 이러한 여가형 소비자들은 서비스를 더 가치 있게 여기고 많은 시간을 친구나 가족과 함께 보내며 떨어진 거리와 상관없이 좋은 장소를 선호하는 경향을 보인다고 한다. 좋은 옷을 입고 몰에 가거나 쇼핑을 즐기는 것이므로 구매를 미리 계획하지 않으며 상대적으로 긴 시간을 몰에서 보내는 경향이 있다(Boedecker 1995).

이러한 여가형 쇼핑은 복합몰[1]의 출현과 함께 더 증가했다고 볼 수 있는데, 일반적으로 복합몰은 미국·일본·한국 등의 예를 들어 자동차 보급률이 60퍼센트를 넘어선 시점에 출현했다고 보고 있다(차성수 외 2012). 대형 몰이 미국에 건축되기 시작한 시점은 자동차 보급률이 60퍼센트를 넘어선 1950년대, 일본에서는 1970년대 이후이며, 한국에서도 '코엑스몰'이나 '센트럴시티'가 건립된 것은 한국인의 60퍼센트 이상이 자동차를 소유하게 된 2000년대라는 것이다. 중산층이 일정하게 성장한 이후 상품구매나 여가 등의 목적이 복합된 대형 몰이 생겨난다는 의미이다.

하지만 중산층 성장과 몰의 발달을 연관시키는 일반적인 논의와 달리 동남아시아에서의 몰은 이미 20여 년 전부터 대형화하기 시작했다. 전 세계의 대형 몰의 순위를 보면, 동남아시아나 중동 지역의 몰 등이 대부분을 차지하고 있다. 표 5.1에서와 같이 말레이시아, 필리핀, 태국 등의 동남아시아의 몰은 전 세계 대형 몰 순위 중 상위 15위 안에 과반 이상을 차지하고 있으며 설립시기도 비교적 이르다. 인도네시아는 대형 몰의 순위에서는 뒤지고 있지만, 자카르타는 전 세계에서 몰이 가장 많은 도시로

---

[1] 한국에서 복합쇼핑몰은 "매장면직의 합계가 3천 제곱미터 이상인 점포의 집단으로서 쇼핑, 오락 및 업무기능 등이 한 곳에 집적되고 문화관광시설로서의 역할을 하며, 1개의 업체가 개발·관리 및 운영하는 점포의 집단"으로 정의한다(유통산업발전법 시행령 2009, 차성수 외 2012에서 재인용).

	몰 이름	국가명	도시명	설립 연도	임대 가능 면적	전체 면적	점포수
1	Great Mall of China	China	Yanjiao	2012	–	1,210,100	
2	Abraj Al Bait Mall	KSA	Mecca	–	–	–	4000
3	New South China Mall	China	Dongguan	2005	659,612	892,000	1000+
4	Golden Resources Mall	China	Beijing	2004	557,419	–	1000+
5	SM City North EDSA	Philippines	Quezon City	1985	498,000	–	1000+
6	SM Megamall	Philippines	Mandaluyong	1991	474,000	–	1000+
7	Isfahan City Center	Iran	Isfahan	2012	465,000	600,000	770+
8	1 Utama	Malaysia	Damansara	1995	455,000	–	700+
9	Persian Gulf Complex	Iran	Shiraz	2012	450,000	500,000	2500+
10	SM Seaside City Cebu	Philippines	Cebu City	2015	430,000	470,000	447
11	Central World	Thailand	Bangkok	1990	429,500	550,000	600
12	Istanbul Cevahir Mall	Turkey	Istanbul	2005	420,000	–	343+
13	SM Mall of Asia	Philippines	Pasay	2006	406,962	407,101	1000+
14	Siam Paragon	Thailand	Bangkok	2005	400,000	500,000	270+
15	Sunway Pyramid	Malaysia	Subang Jaya	1997	396,000	–	800+

출처: Emporis.com(2012년 2월 7일 기준).

알려져 있다.

　왜 동남아시아 지역 도시에서 몰이 활성화되었으며, 소비자들은 어떤 식으로 몰을 이용하고 있는 것일까? 소득수준 대비로 몰이 대형화하고 이용방식도 진화할 것이라는 생각과 달리 개발도상국들에서도 몰링 malling이 활성화되어 있다면, 국가별로 몰에 대한 기대나 소비방식이 다를 수 있음을 의미하는 것이다. 따라서 해당 국가에 유통업 계통으로 진출하려는 기업들에게 소비행위나 소비자에 대하여 면밀한 검토가 필요함을 환기시킨다.

이 글에서는 인도네시아 자카르타의 두 개 몰의 소비자들에 대한 설문조사와 심층인터뷰 결과를 토대로 인도네시아 소비자들은 친구나 가족과의 회합장소나 젊은 층의 여가나 오락장소로 몰을 활용하고 있음을 보여 주고자 한다. 이에 따르면 인도네시아에서는 집합적 모임에 적합하고 세대나 계층을 폭넓게 수용할 수 있는 몰이 사회적 공간으로 인기를 얻고 있다. 이러한 현상은 특히 동남아시아 도시에서 근래 쇼핑몰이 구매공간을 넘어 레저·종교·교육 등의 기능을 포함함과 동시에, 여러 모임과 공연의 장소가 되면서 전통적으로 광장이나 시장이 행하던 공공장소를 대체하고 있음을 보여 준다. 따라서 이 글에서는 주로 몰이라는 공간이 어떻게 인도네시아 사람들에 의해 이용되고 있는지 그 행동유형과 의미를 살펴보고자 한다.

2. 여가공간으로서의 몰의 발전

솔로몬(Solomon 1994)은 쇼핑객의 유형을 합리적 쇼핑객, 맞춤형 쇼핑객, 윤리적 쇼핑객, 무관심 쇼핑객, 그리고 쇼핑을 재미나 사회 활동 등 레저로서 이용하는 여가형 쇼핑객recreational shopper으로 구분한다. 그중 여가형 쇼핑객은 서비스를 더 가치 있게 여기고, 많은 시간을 친구나 가족과 함께 보내며, 거리와 상관없이 좋은 장소를 선호하는 경향을 보인다고 한다. 또한 좋은 옷을 입고 몰에 가거나 쇼핑을 즐기는 이들은 구매를 미리 계획하지 않으며 상대적으로 긴 시간을 몰에서 보내며(Boedecker 1995), 계획보다는 오감을 이용하여 즐거움을 추가할 수 있는 공간으로서 몰을 이용하고(Underhill 1999), 공연자이자 관객으로서 보고 (누군가에) 보여지면서 다른 사람과 소통하기 때문에 이들에게 사회적 동기는 중요한 요인이 된다(Dholakia 1999; Ahmed et al. 2007에서 재인용).

몰은 원래 '산책을 할 수 있는 길'을 뜻하는 단어(Bauman 1996: 27)로 쇼핑몰은 걷다가 물건을 사는 곳 또는 물건을 사기 위해서 걷는 곳이라는 의미가 된다. 현대에 몰은 쇼핑몰만을 의미하곤 하지만, 어원으로 보면 몰 자체에도 쇼핑과 산책의 의미가 복합된 것이라고 할 수 있다. 몰의 발전은 필요한 물건을 사는 것으로부터 돌아보기window shopping에서 여가형 쇼핑으로 다양화한 것으로 해석할 수 있다(Featherstone 1998: 916).

동남아시아에서 몰은 일찍이 단순히 경제행위가 이루어지는 장소를 넘어서 사교나 여가의 중심이 되어 왔으며 여가를 위한 쇼핑 경향이 더욱 증가하는 것으로 볼 수 있다 한 조사에 따르면 말레이시아 성인의 48퍼센트가 쇼핑몰에서 여가를 보낸다고 한다(Ahmed et al. 2007). 인도네시아 자카르타에서 몰을 방문하는 사람들에 대한 필자의 설문조사에서도 과반 가까운 응답자들이 주말에 어떻게 여가를 보내는지에 대해 '몰에 간다'고 응답했다. 물론 여가로서 몰을 이용하는 빈도나 정도가 강해지는 것은 일정 정도 세계적인 현상이라고 볼 수도 있다. 하지만 동남아시아 또는 동남아시아의 특정 국가에서 몰을 가는 빈도가 높거나 도시형성에서 몰의 밀집도가 높다면 각 국가의 문화적 특수성이 고려되어야 할 것이다.

나라마다 쇼핑행위가 왜 다를까 하는 의문에 언더힐은 인구의 상대적 밀집성, 빈부격차, 기후, 문화 및 관습 등의 요인을 들었다(Underhill 2004). 즉, 미국이나 캐나다의 도시보다 일본이나 한국의 대도시처럼 밀집된 도시일수록 고층의 상업공간이 발달될 여지가 크다는 것이다. 또한 빈부 격차가 커지면 보안 검색을 통해 유지되는 몰이라는 공간은 쇼핑객에게 안전함을 느끼게 하기 때문에 몰의 발전이 더 가속화된다는 것이다. 몰에 입장하는 모든 사람의 가방을 검색하는 필리핀이나 2016년 자카르타 사리나Sarinah 백화점 테러 이후 보안검색대나 금속탐지기 스캔을 거쳐야만 들어갈 수 있는 몰이 많아진 인도네시아가 이런 경우에 해당한다. 반면, 앞에서 제시한 대형 몰의 순위에 동남아 국가나 중동 지역의 몰이 상위에 위치하고 있다는 점은 기후 요인도 크게 작용하고 있음을 보여준다. 무덥거나 비가 많이 오는 지역에서 쇼핑몰은 밖의 기후와 관계없이 쾌적한 환경을 제공한다는 점에서 몰의 발달에 큰 영향을 미치고 있다.

마지막으로 언급된 문화나 관습 등의 요인은 개별 국가에서 사람들이 어떻게 몰을 이용하고 의미를 부여하는지에 대해 시사하는 바가 크다. 몰을 이용하는 시간이 얼마나 되는지, 누구와 함께 몰에 가는지, 실제로 몰에 가면 어떤 시설을 이용하는지 등의 질문은, 물론 개인차가 있겠지만 집단이나 사회로 보면 어떤 경향성을 보일 가능성이 크다. 이러한 몰 이용 유형은 몰에 상품을 공급하거나 몰 산업 자체에 진출하고자 하는 기업들이 눈여겨볼 사안이다. 특히 최근 동남아시아나 중국에 한국형 백화점의 설립 숫자가 늘고 있기 때문이다. 한국의 롯데 백화점은 2008년 인도네시아 유통체인 마크로Makro를 인수하여 롯데 마트가 성공적으로 안착하자 2013년 6월에 롯데 쇼핑 애비뉴Lotte Shopping Avenue라는 이름으로 쇼핑몰을 세웠다. 7만 7,000제곱미터에 480개(2016년 기준) 매장을 갖춘 이 몰은 자카르타 상권의 중심지인 쿠닝안Kuningan 지역에 설립되었다. 롯데 쇼핑 애비뉴의 홈페이지(https://www.lotteshoppingavenue.co.id, 그림 5.1)를 보면, 그림 중간에 있는 자카르타 몰이 좌우의 잠실과 명동 롯데 백화점과 같이 유통의 중심이 되고자 하는 의지를 읽을 수 있다.

한국 제일의 백화점에서 인도네시아의 '첫 번째 스마트 쇼핑몰'을 구축할 목표를 내세운 이 몰은, 주변 오피스 상권 및 오피스텔의 주거민을 주고객으로 하여 쇼핑 문화를 선도하고, 나아가 한국 상품 및 문화를 전파하는 기능을 하는 것까지 염두에 둔 듯하다. 하지만 설립 후 3년이 지

그림 5.1   롯데 쇼핑 애비뉴 소개 이미지

난 시점에도 매출액이나 이용자 측면에서 고전을 면치 못하고 있다. 쇼핑몰이 설립된 이후 인지도를 확보하고 일정한 매출을 얻기 위해서는 일반적으로 5년의 시간이 필요하다는 관계자들의 말을 고려하더라도, 자카르타의 다른 몰들이 설립 이후 급속히 입소문을 탄다는 점과 쇼핑몰을 투어 하는 경향이 강한 인도네시아 소비자들을 생각한다면 단순히 시간이 해결해 줄 문제로만 보이지 않는다.

이러한 문제의식을 바탕으로 한국형 몰이 자카르타 시장에서 고전하는 이유에 대해 살펴본다면, 역으로 인도네시아 소비자 특성을 알아볼 수 있는 계기가 될 것이다. 또한 롯데 쇼핑 애비뉴뿐만 아니라 인도네시아 진출을 계획하는 다른 기업이 몰을 운영한다면, 매출을 개선하거나 사업에 착수하기 위해 어떠한 점들을 고려해야 하는지에 대해 시사점을 얻을 수 있을 것이다.

3. 자카르타에서 몰이란: 자카르타 쇼핑몰의 역사

인도네시아에서는 유통점을 미니마켓(400제곱미터 이하), 400제곱미터 이상의 슈퍼마켓과 백화점, 5,000제곱미터 이상의 하이퍼마켓과 도매유통점으로 구분한다(Ministry of Trade No.70/2013, No.56/2014). 몰은 이중에서 도매유통점에 해당한다. 인도네시아 최초의 근대 백화점은 1966년 수카르노 정부 시기에 문을 연 사리나 백화점으로 알려져 있다. 특기할 만한 것은 이 백화점이 수카르노 정부 시기에 일본의 전후복구기금을 기반으로 세워진 국영 백화점이라는 점이다. 정부는 물가를 통제하기 위해 사리나 백화점에서 유통되는 상품의 가격을 정해 다른 곳들도 그 이상의 가격을 받지 못하게 하는 방법을 활용했다. 인도네시아 전통 의류인 바틱batik 상품을 주로 팔았고, 수카르노 대통령이 "인도네시아식 사회주의를 위한 주요한 도구가 될 것이며, 사리나가 블라우스를 10루피아에 판다면 다른 유통업체는 감히 20루피아에 팔지 못할 것이다"(Merrilees 2015)라고 이야기한 점에서도 이러한 성격은 두드러진다.

자카르타 도시 형성 역사에서 1945년까지 식민통치를 위한 중심부와 주변부로 이루어진 도시 구획이 그 원형을 이룬다면, 1945년 이후 1965년까지는 국가 주도의 경제발전 전략이 추진되었고, 사리나 백화점은 이러한 정책을 반영한 결과라고 할 수 있다. 수카르노 시기에 모나스MONAS, 인도네시아 호텔, 인도네시아 은행 등의 국가 건물들을 주로 지었다면, 수하르토 시기에는 경제발전에 초점을 두고 많은 상업시설을 수디르만가JL. Sudirman나 라수나 사이드가JL. HR Rasuna Said를 따라 건축했다(Suryadjaja 2012). 반면에 1997년 아시아 경제위기 이후 도시 구획을 재정비한 1998년 이래로 쇼핑몰이나 사무실 건물이 기하급수적으로 증가했다.

표 5.2에서 보는 바와 같이 1997년 경제위기 이후에 유통매점, 사무실,

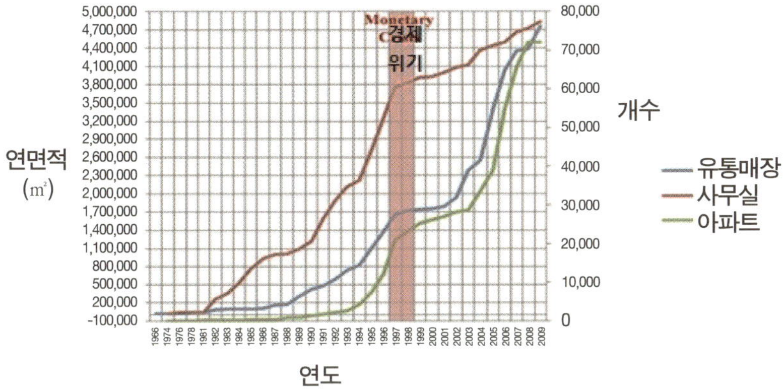

출처: Pangangian Property Survey; Suryadjaja 2012에서 재인용.

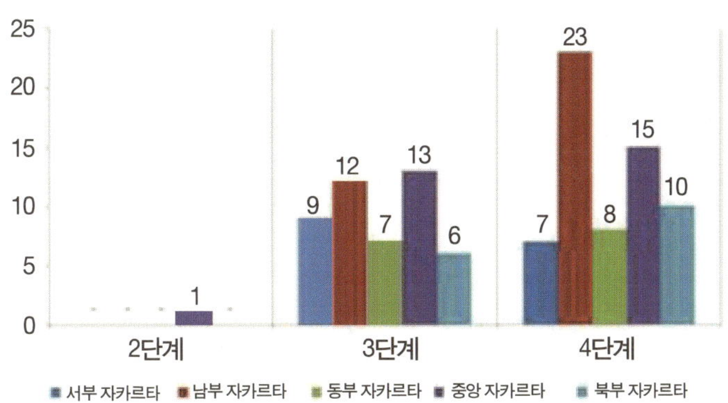

출처: Suryadjaja 2012

아파트 모두 자카르타에서 급속히 증가했다. 표 5.3은 자카르타 시내에서 발전 단계별로 새로 건축된 쇼핑몰의 수를 보여 주고 있다. 자카르타 중부 중심으로 발전했던 이전 단계와는 달리, 3단계(1966~1998)와 4단계(1998 이후)에서 남부 및 북부에 신축된 몰의 수가 많음을 알 수 있다. 특히 남부 지역으로 자카르타 도시가 확장되었음을 볼 수 있다.

세계 경제위기 이후 각국의 대도시에서 쇼핑몰이 급증하는 것은 비단 동남아시아 도시만의 이야기는 아니다. 쿠알라룸푸르와 카이로를 비교한 연구에서 경제위기 이후 카이로에서도 쇼핑몰 건축이 더 활기를 띠었음을 볼 수 있다(Abaza 2001: 107). IMF 구제금융 이후 기존의 토지들이 규제에서 벗어나 용지가 변경되면서 대소유주 중심으로 부동산이 재편되었는데, 이러한 상업자본의 형성과정에 몰의 발전이 궤를 같이하고 있음을 보여 주고 있다. 이러한 도시 중에서도 특히 자카르타에 몰이 밀집되어 발전하면서 2013년 기준 173개의 몰이 자리하기에 이르렀다. 당시 자카르타 시장이던 현 인도네시아 대통령 조코 위도도Joko Widodo는 급기야 '발전에는 균형'이 있어야 한다는 이유로 더 이상 쇼핑몰 건축을 천명하기에 이르렀다(Jakrta Post 2013.09.17). 그는 "인도네시아에서는 이스티클랄istiqlal 사원이나 순다 크팔라sunda kepala 항구와 같은 곳들이 경제·사회·문화·역사를 담고 있었는데 비해, 현재는 도시에 고층 건물들만 가득하다"고 언급했다. 이어 자카르타에 더욱 많은 '공공공간'을 만들어 가족들이 '건전한 외출'을 즐길 수 있도록 돕겠다고 언급하면서 모스크를 더 많이 짓겠다는 것을 예로 들었다.

조코 위도도의 언설은 쇼핑몰 중심으로 도시 공간이 형성되는 데 대한 일종의 경각심을 드러내고 있으며, 전통적인 공간이 '공공장소'로 힘을 잃어 가고 있다는 점을 개탄해 하고 있는 것처럼 들린다. 전통적인 의미에서의 공공장소를 몰이 대신하기에는 미흡하다는 전제를 그의 언설에서 엿볼 수 있다. 역으로 몰이 자카르타에서 급속도로 전통적인 시민들의 도시 이용 패턴을 바꾸고 있으며, 생활의 한 부분이 되었다는 사실 역시 읽을 수 있다. 한 신문의 칼럼에서는 "자카르타인은 매우 몰을 좋아해서, 쌀에 이이 신이 내린 두 번째 선물이 아닌가"라고 언급하면시, 멋지게 차려입은 젊은이들이 유흥을 보내고 업무와 관련한 일도 처리할 수 있는 다목적 공간이 되고 있으며 인도네시아인은 '삶의 방식으로서의 몰'을 창조해 냈다고 논평했다(Jakarta Globe 2011.10.03.). 자카르타에는 세련된 가족 몰family mall이 많아 가족구성원이 함께 즐길 수 있는 공간이라고 평한 것도 특기할 만하다.

인도네시아 몰 관련하여 등장하는 '공공공간'이나 '가족 몰' 같은 개념은 몰을 이용하는 유형을 이해하는 데 중요하며, 다음 절의 논의에서도 이를 중요하게 분석하고자 한다. 몰이 쇼핑공간을 넘어서 사람들이 서로 상호작용하는 공공공간으로 기능하고 있다거나, 개인 단위가 아닌 가족과 같은 집합적 형태로 소비가 일어날 수 있음을 보여 주는 단초가 되기 때문이다. 다음에서는 자카르타 사람들이 몰을 소비하는 유형에 대해, 두 개의 몰 사례를 통해 보여 주고자 한다.

4. 인도네시아인의 몰 소비행동

연구대상으로 선정 자카르타의 코타 카사블랑카Kota Kasablanka(이하 코카스몰)와 롯데 쇼핑 애비뉴(이하 롯데몰)는 영업을 개시한 지 5년 정도가 된 비교적 새로운 몰이고 오피스가 밀집한 도심인 자카르타의 쿠닝안 지역에 자리하고 있으며, 일반적으로 최상위보다는 한 단계 낮은 등급의

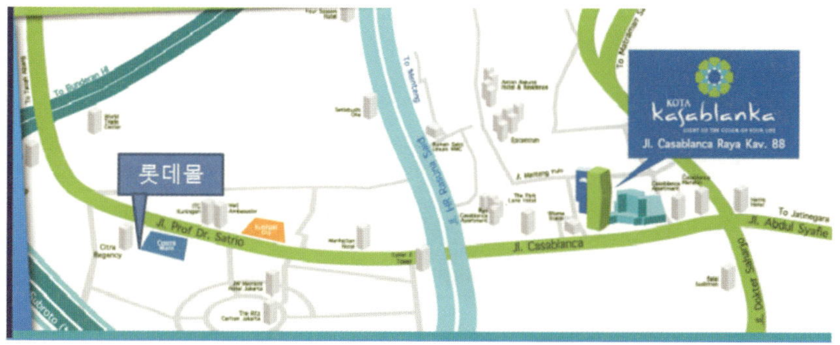

그림 5.2　자카르타의 롯데몰과 코카스몰

몰로 평가받는다는 공통점이 있다. 자카르타의 '노른자위'에 해당하는 쿠
닝안은 금융과 상업의 중심지로서 유동인구가 많은 지역이지만, 다수의
몰이 경쟁하게 되면서 이용자의 계층이나 방문자 수에서 큰 차이를 보이
고 있다. 연구대상인 코카스몰은 이용자 수가 많고 선호도가 높은 반면,
롯데몰은 상대적으로 이용자 수가 많지 않고 입점한 기업들의 수익이 크
지 않은 것으로 알려져 있다. 특히 롯데몰은 한국에서의 유통 강자로서의
경험을 살려 야심차게 인도네시아 시장에 진출했지만, 현재까지는 고전
을 면치 못하고 있다.

이 글에서는 인도네시아 소비자들이 몰을 이용하는 패턴이나 방문 목
적 등을 조사하기 위해 코카스몰과 롯데몰을 선정하여 간단한 설문조사
를 실시했다. 코카스몰에서 50명, 롯데몰에서 35명, 총 85명의 이용객에
대해 방문횟수, 체류시간, 동행자, 방문 목적, 선호 브랜드 등을 질문했
다. 또한 설문조사에서 도출된 경향성을 바탕으로 인도네시아 소비자들
에 대한 심층면접을 진행했다.

1) 여가 즐기기로서의 몰 방문

코카스몰과 롯데몰을 이용하는 소비자 중에서 일주일에 2~3번 이상을
방문하는 소비자가 35퍼센트(두 몰의 이용자 합계)에 달할 정도로 소비자들이 몰을 방문하는 빈도가 매우 높았다(표 5.4). 또한 하나의 몰 집중적으로 가

표 5.4　몰을 이용하는 빈도

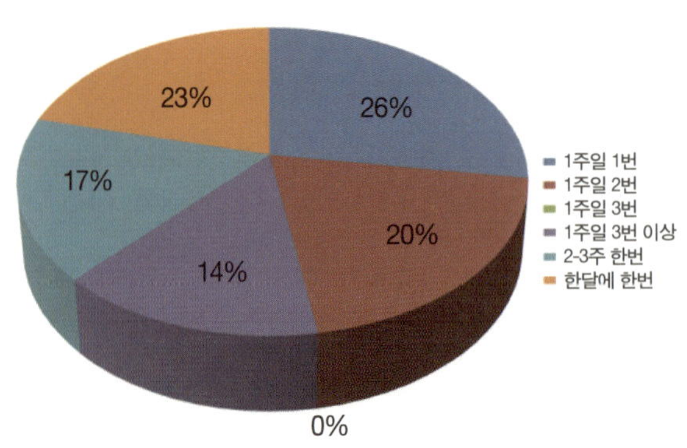

기보다는 여러 몰을 번갈아 이용하는 경향이 강했으며, 집에서 멀리 떨어져 있더라도 크게 개의치 않을 정도로 여러 몰을 투어 하는 성격이 강했다.

자카르타의 교통이매우 혼잡한 것을 감안하여 몰까지 걸리는 시간이 한 시간 이상이라고 하더라도 갈 수 있다고 답한 사람들이 많았다. 몰에 오는 사람들이 자가용을 이용하는 경우도 많지만 오토바이를 이용해서 오는 사람들도 많다. 시외에 있는 몰에 가기 위해서 2시간여 동안 오토바이를 타는 사람들이 있을 정도로 많은 인도네시아인 소비자들은 집에서 가까운 쇼핑몰에만 가는 것이 아니라 멀리 있는 몰도 간다고 할 수 있다.

주말이나 휴일에 가족이나 친구와 가는 장소를 물어보는 질문에도 45퍼센트 정도가 몰이라 답할 정도로(표 5.5), 인도네시아인에게 몰은 생활과 매우 밀접하게 연결되어 있는 공간임에 틀림없다. 여가를 보내는 장소로 몰 이외에 집이라고 답한 사람이 많은 반면, 스포츠 시설이나 공원 등은 매우 적게 나타났다. 이는 자카르타 시내에서 산책이나 스포츠를 야외에서 할 수 있는 곳이 많지 않으며, 대부분의 소비자들이 몰이 아니라면 집에서 쉬는 것을 더 선호하고 있다는 것을 보여 준다.

표 5.5　　여가를 보내는 공간

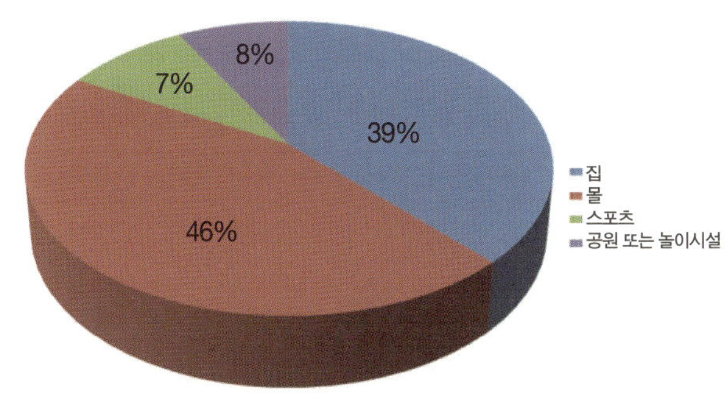

2) 몰에서 오래 머물기

몰에 체류하는 시간에 대한 질문의 결과는 표 5.6과 같이 2~4시간 체류하는 소비자가 55퍼센트, 4~6시간 체류하는 소비자가 20퍼센트에 달할

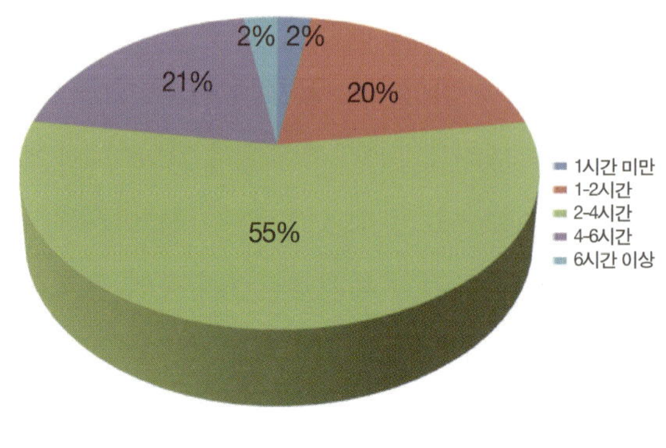

정도로 전반적으로 몰에 머무는 시간이 긴 것을 알 수 있다. 이는 쇼핑 목적 외에도 다른 목적으로 몰을 활용하고 있다는 또 다른 증명이 될 수 있다. 인도네시아인이 몰에 자가용이나 오토바이를 타고 오는 것을 감안하면, 대부분의 몰이 저렴한 가격에 주차공간을 제공하는 것도 소비자들의 장시간 체류를 가능하게 하는 요인이 된다. 특히 6시간 이상을 머무는 소비자들은 영화나 공연 관람을 목적으로 한 경우가 많았고, 젊은 층 중에서 친구나 연인과 함께 몰에 왔을 때 영화나 공연 관람 목적이 많았다. 대부분의 쇼핑몰에서 영화 관람료 할인을 해 주며 젊은 층을 끌어들이고자 하는 것도 이와 같은 목적과 연관되어 있다고 볼 수 있다.

몰을 이용하는 시간이 길다는 점은 몰에 갖추어야 할 시설이 더 많이 필요하다는 방증이기도 하다. 아이와 동반한 사람들에게는 아이들이 놀 수 있는 시설이 필요하며, 이러한 시설이 있는 몰을 소비자들에게 더 선호하고 있기도 하다. 또한 대다수의 인도네시아인이 무슬림이라는 점에서 장기간 체류하면서 기도시간을 지킬 수 있느냐 하는 것도 중요한 변수 중 하나가 될 수 있다.

코카스몰 지하층에 무슬림을 위한 큰 규모의 기도실이 있다. 그림 5.3과 같이 기도실 입구에 사물함이 배치되어 있고 기도시간이 전광판에 표시되어 있다. 기도공간이 넓고 손발을 씻는 시설이나 사물함이 잘 갖추어져 있는 이 몰에 대해서 많은 이용객이 만족을 표하고 있었다. 반면 롯데

그림 5.3 코카스몰(좌)과 롯데몰(우)의 기도실

그림 5.4 코카스몰(좌)과 롯데몰(우)의 오토바이 전용 주차

몰에 있는 기도실은 여러 층에 배치되어 있긴 하지만, 주로 화장실 가는 길목에 비좁게 자리하고 있기 때문에 불편하다고 지적했다.

주차공간 역시 쇼핑몰에서 중요한 비중을 차지한다. 물론 대형 몰들은 건물 안팎에 대규모 자동차 주차장을 구비하고 있지만, 많은 인도네시아인이 오토바이를 이용하고 있다는 점을 고려하면 오토바이를 위한 주차공간도 중요한 요소로 보인다. 코카스몰에는 자동차 주차장보다는 멀리 떨어져 있긴 하지만, 몰 구내에 위치하여 눈에 쉽게 띄며 비교적 접근도 용이하다. 반면, 롯데몰의 오토바이 주차장은 차도 건너편에 위치해 있어 몰 입구에서 잘 보이지 않는 곳에 있다. 주차장 자체도 협소하지만 복잡한 차도를 건너야 하는 점도 이용자를 불편하게 하는 요인 중 하나이다.

3) 몰에 가 이유

설문 참여자의 25퍼센트는 쇼핑을 목적으로 방문한 반면, 식당 이용이
41퍼센트, 영화 관람이 25퍼센트에 달했다. 전반적으로 쇼핑 자체보다
는 만남이나 여가를 보내기 위한 목적으로 몰을 이용하는 경우가 많으며, 따라서 체류 시간도 상대적으로 긴 것으로 생각할 수 있다. 상당히 많은 수의 소비자가 식당이나 커피숍을

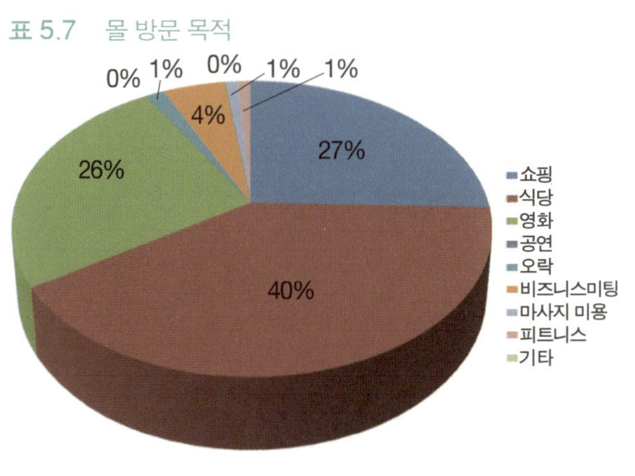

표 5.7　몰 방문 목적

이용할 목적으로 몰을 방문하고 있다는 사실도 알 수 있다.

식당 이용이 41퍼센트에 이른다는 것은 또 다른 시사점을 지닌다. 몰
을 방문하는 주요 목적이 식당이라면 음식점이 얼마나 많이 입점해 있는
지, 선호하는 프랜차이즈 식당이 해당 몰에 있는지가 몰의 선택에서 주요
한 변수가 될 것이다.

이러한 차이점들은 두 몰의 장단점을 물어보는 질문들에서 보다 구체
적으로 언급되고 있다.

각 몰의 장단점이나 개선점에 대한 답을 비교해 보면, 롯데몰의 이용
객은 상품 종류가 많지 않고 식당의 종류가 다양하지 않다는 점을 단점
으로 많이 들었다. 이에 반해 코카스몰의 이용객은 구매할 수 있는 제품
의 브랜드가 다양하며 식당 역시 개수와 종류 모두 다양하다는 점을 장
점으로 많이 들었다. 이는 세대나 계층이 다른 소비자들이 모두 이용할

표 5.8   롯데몰에 대한 개선점

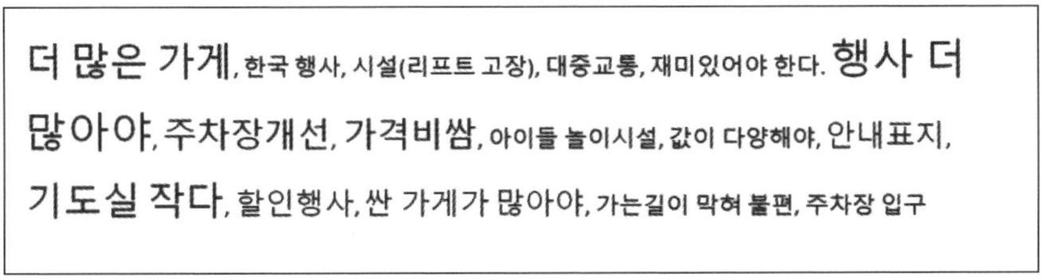

더 많은 가게, 한국 행사, 시설(리프트 고장), 대중교통, 재미있어야 한다. 행사 더 많아야, 주차장개선, 가격비쌈, 아이들 놀이시설, 값이 다양해야, 안내표지, 기도실 작다, 할인행사, 싼 가게가 많아야, 가는길이 막혀 불편, 주차장 입구

표 5.9   코카스몰에 대한 개선점

앉을수있는곳부족
주차장이더넓으면 기도실더많아야 횡단보도
바자행사 비쌈 아이들이노는곳 지하에식당이너무많아복잡 주차비비쌈 사람이너무많음
싼가게 고쳐야할것이없다

수 있는 장점을 코카스몰이 갖고 있음을 시사한다. 상대적으로 저렴한 가격에 다양하게 음식을 선택할 수 있는 푸드코트 브랜드만 세 개가 있을 정도로 코카스몰에는 여러 사람이 함께 가더라도 자신의 취향대로 선택할 수 있는 기회가 많았다.

코카스몰에 대해 "고쳐야 할 것이 없다"고 응답한 사람들이 가장 많았다는 점은 여러 가지로 특기할 만하다. 주관식 문항에 이렇게 답한 이용객이 많았다는 점은 그만큼 코카스몰에 대한 만족도가 높다는 의미일 것이다. 이처럼 코카스몰에 대한 만족도가 매우 높은 것은 인도네시아인이 보편적으로 좋아하는 행위를 코카스몰이 가능하게 한다는 것을 의미한다. 반면 롯데몰은 개선점으로 지적된 사항들, 즉 식당을 선택할 수 있는 폭이 좁거나 전체적으로 상품의 가격대가 다양하지 못한 점들로 인해 소비자를 좀 더 유인할 수 없음을 보여 준다.

인도네시아에 몰에 대한 다른 조사에서도 이와 유사한 결과가 나왔다. 자카르타에서 몰이 인기를 얻기 위해서 영향을 미치는 가장 큰 요소로 음식점dining restaurant, 행아웃 카페hangout cafe, 오락entertainment, 패션 및 액세서리, 몰 디자인 등의 순서로 거론되었다. 몰의 위치, 교통, 할인판매 등보다 이 네 가지 요인이 훨씬 중요한 상관관계가 있다는 것이었다. 몰을 방문하는 목적은 행아웃, 식사, 쇼핑, 영화 관람 순이었다(Sebastian et al. 2014: 78-79).

마크 플러스 인사이트Mark Plus Insight가 수행한 브랜드 조사에 의하면, 인도네시아인이 좋아하는 브랜드는 패스트푸드에서는 KFC, 백화점에서는 마타하리Matahari, 카페 브랜드에서는 제이코J-CO 등이 있다. 이러한 선호 브랜드들이 롯데몰에는 없거나 작은 매장을 차지하는 반면 코카스몰에는 대부분 입점해 있다. 그런데 롯데몰의 전·현직 직원들은 '프리미엄 몰'을 지향하는 롯데몰과 이들 브랜드의 입점 조건이 맞지 않아서 그렇다고 말했다. 한국식 백화점의 편리한 배치가 아직 호응을 얻고 있지 못할 뿐, 시간이 지나면 롯데몰의 장점이 부각될 수 있다는 점을 피력하기도 했다. 반면 인도네시아에 거주하는 많은 한인 상인은 롯데몰이 프리미엄몰이 되기에는 고가 브랜드 매장이 많이 입점해 있지도 않고 규모나 시설이 그에 미치지 못한다는 지적하기도 했다. 한국을 방문한 인도네시아 마케팅 종사자는 오히려 롯데마트의 성공이 생활용품을 중저가에 공급하는 이미지를 만들었기 때문에 롯데가 고급 몰의 이미지를 형성하는 것은 어려울 것이라는 평가를 내놓았다.

특기할 만한 것은 다수의 인도네시아인에게 롯데몰은 몰로 보기도 어렵고 백화점으로 보기도 어렵다고 인지된다는 점이다. 이는 롯데몰의 상품 배치와도 연관되어 있다. 몰의 오픈된 공간에도 상품이 진열되어 있고 유니폼을 입은 점원들이 상품을 팔고 있는 광경이 하나의 이유이기도 하다. 사람들이 움직이는 통로는 오픈되어 있고 벽 쪽에 독립 매장으로 자리하고 있는 상점이 배치되는 일반적인 몰 광경과는 사뭇 다르다는 것이

출처: 마크 플러스 인사이트(Mark Plus Insight) 2014

다. 이에 대해 이용객들은 트인 공간에서 점원들이 바라보는 시선이 부담스러워 몰을 자유롭게 돌아다니기 불편하다는 이야기를 많이 했다. 특히 물건을 구매하려는 뚜렷한 목적 없이 몰을 이용하는 사람들에게는 이러한 배치 및 구조가 당혹스럽다고 했다.

물론 입구에 들어서자마자 트인 공간 곳곳에 상품이 진열되어 있고 곳곳에 점원이 고객을 맞이하는 배치가 인도네시아 몰에 전혀 없는 것은 아니다. 하지만 이러한 방식은 인도네시아에서는 대부분 '백화점'에서 이용되고 있다. 인도네시아 소비자에게 '백화점'은 소고Sogo, 마타하리, 데벤햄즈Devenhams 등과 같이 별도의 브랜드가 몰 안에 입점해 있는 형태로 인지되고 있다. 그림 5.5과 같이 이러한 매장은 트인 공간 곳곳에 화장품, 액세서리, 의류, 가전제품 등을 전시하고 각각의 판매대에서 유니폼을 입은 점원들이 고객들을 상대하고 있다. 이러한 백화점 매장은 특정한

그림 5.5　몰 안의 백화점

상품을 구매하고자 이용하는 고객이 많아 몰 안에서 상대적으로 한산한 모습을 보이기도 한다. 몰 안의 독립 매장이 별도의 임대료를 대면서 수익을 얻는 방식이라면, 백화점 안의 매장은 위탁판매consignment sale 형식으로 대행기관이 판매를 대신하고 매출금액의 일정 비율을 수수료로 대행기관에 지급하는 방식을 택한다.

　반면, 롯데몰 안는 별도의 백화점이 입점해 있지 않다. 롯데몰 안의 주로 벽 쪽에 독립 매장이 자리하고 있지만 그 외의 공간에서는 롯데 유니폼을 입은 점원들이 판매하고 있는 형태를 취하고 있다. 롯데몰 안 자체에 이른바 '백화점' 형태를 취하고 있는 것이다. 실제로 롯데몰의 현지인 직원은 한국의 롯데백화점이 진출한 것이기 때문에 별도의 백화점은 두고 있지 않고 있으며, 한국식 백화점 방식이 인도네시아인에게 익숙하지 않을지 몰라도 곧 진열방식의 장점을 받아들일 것이라고 말했다. 그림 5.6과 같이 롯데몰은 한국의 백화점과 유사하게 층별로 종목 구분이 분명하며, 식당이나 카페는 지하층이나 상층에 집중 배치되어 있다. 즉, 상품 구매를 목적으로 한 소비자들이 품목을 쉽게 찾을 수 있는 형태인 것이다.

Parking Area
B10
B6
Fine Dinning, LOTTE Duty Free
Parking Area
5F
Entertainment, LOTTE Duty Free, Food Avenue
4F
Kids & Baby, Toys City, Fitness First, F&B
3F
Men's Fashion, Sports, Home & Living, Best Denki
2F
Young Fashion, Women's Fashion, Accessories
1F
Luxury, Cosmetics, Shoes & Bags, Uniqlo
GF
Ranch Market F&B
MVG Parking Area
LG
Parking Area
B1
B3

그림 5.6   롯데몰의 층별 품목 구분

롯데몰의 전 한국 직원은 이와 같은 진열방식의 차이에 대해 한국식 배치방식이 '목적 지향적'이라고 표현했다. 구매 목적을 가진 소비자가 쉽게 상품을 찾을 수 있도록 층별 구분을 확실하게 하고, 할인상품을 에스컬레이터 주위에 집중 배열하는 등 효율적인 쇼핑을 강조하는 경향을 보인다고 해석했다. 반면, 인도네시아의 많은 몰은 소비자들이 몰을 돌아다닌 것 자체가 목적일 수도 있어 효율성을 크게 따지지 않는다고 언급했다. 복수의 인도네시아 한인 상인들도 인도네시아 몰에서는 어디서든 쉽게 이야기를 나눌 수 있거나 먹을 수 있도록 음식점이나 카페는 층마다 산재되어 있다고 차이를 이야기한다. 실제로 코카스몰을 비롯한 인도네시아아의 대형 몰들은 식당 및 카페가 어느 특정 층이나 구역에 집중되어 있지 않고 산재되어 있는 경향을 띤다.

롯데몰의 시도가 인도네시아 소비자들에게 보다 편리한 곳으로 인지될 가능성이 추후에는 있겠지만, 아직까지는 대부분의 소비자가 자주 찾

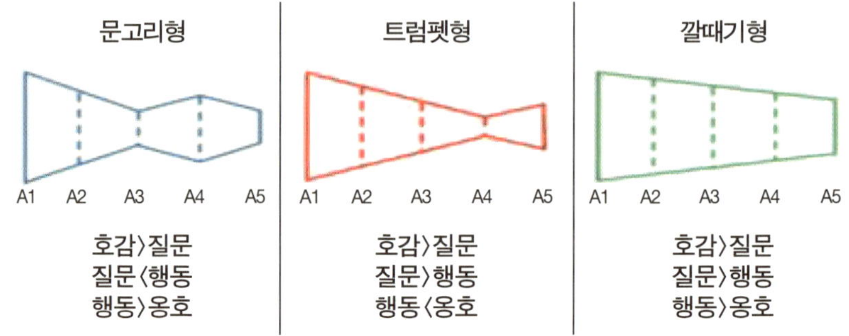

출처: 마크 플러스 인사이트(Mark Plus Insight) 2014

는 몰은 상품의 가격대가 다양하고 모임을 갖거나 시간 보내기에 적합한 곳이다. 코카스몰은 설립된 지가 오래되지 않았지만, 소비자들이 많이 찾기고 하고 다른 소비자들에게 적극적으로 추천하는 몰에 해당한다. 마케팅 연구에서 소비자들의 관심을 받고, 이를 이용한 소비자들이 지인들에게 적극적으로 추천하는 행동유형을 '트럼펫'형(표 5:11)이라고 일컫는데, 코카스몰은 이와 같은 유형에 속한다고 한다(Mark Plus Insight 2014).

롯데몰은 글로벌 미지를 추구하여 세계 대도시들의 몰에 입점해 있는 F&B 브랜드나 한국 브랜드를 많이 유치하고 있지만, 이는 최고급 가격대 물품을 구매할 수 있는 인도네시아 상류층이 선호하는 브랜드와도 차이가 있으며 일반 인도네시아 소비자층이 보편적으로 좋아하는 브랜드들은 없는 상황이 되었다. 아직은 몰이 초기 단계이긴 하지만, 롯데몰은 인도네시아 소비자들을 확실히 유인하고 있지 못하고 있다.

4) 사교와 관계 형성의 공간이 된 몰

인도네시아 소비자들에게 음식점이나 카페는 어떻게 이용되고 있을까? 심층인터뷰를 한 결과에 따르면, 인도네시아의 젊은 층은 몰에 가는 행위를 부모와 같이 가서 필요한 물건을 구매할 때 외에는 대부분 친구를 만나거나 새로운 이성을 탐색하는 목적으로 활용하는 경향이 강했다. 행아웃에 해당하는 인도네시아 단어는 농크롱nongkrong인데, 이는 친구나 동료와 함께 특별한 목적 없이 같이 모여 담소를 즐기거나 시간을 보내는 행위를 뜻한다. 만남의 특별한 목적을 두지 않는 것이 특성이어서 비생산이거나 소모적으로 보이긴 하지만,[2] 역설적으로 사회관계 구축에서 중요한 역할을 하는, 즉 '사회관계를 만드는 접착제glue'로 설명되기도 한다.[3] 농크롱을 목적으로 하는 소비자에게는 점원의 방해를 받지 않고 최저 가격으로 오랜 시간 머무를 수 있는 장소가 선호된다.

청소년들은 매일 매일의 행위를 위한 공공장소를 찾을 때 전통적인 공공장소들과는 다른 대안적인 곳을 찾는 경향이 강한데, 이들은 쇼핑몰을 농크롱이나 '같이하기berkupul'에 적합한 사교행위를 위한 공간으로 인식한다는 것이다(Atmodwirjo 2008: 339; Parker et al. 2013: 140에서 재인용). 특히 젊은이들은 동성 친구들끼리 일정한 자리를 차지하고 지나가는 이성들을 관찰하거나 말을 거는 행위를 즐기기도 한다. 물론 이런 행동들은 거리에서도 이루어질 수 있고, 와룽warung 같은 소규모 길거리 상점에서도 일어난다. 다만 몰에서는 더 많은 사람을 보다 편하게 관찰할 수 있을 뿐만 아니라 관찰되거나 부름을 받는 입장에서도 상대적으로 불안감을 덜 느낄 수 있다. 거리에서 지나가는 낯선 이성을 소리 내어 부르고 이를 못 들은 척 외면하고 지나가는 광경은 자칫 일방적이고

---

2   "How 'Nongkrong' is Part of Our Culture."(https://ezzfelt.wordpress.com/2013/03/27/view-point-how-nongkrong-is-part-of-our-culture)_검색일: 2016.10.15.

3   "Nongkrong and Collectivity in Yogyakarta's Contemporary Arts."(http://parsejournal.com/conference/2015-2/draft-timetable/nongkrong-and-collectivity-in-yogyakaeftas-contemporary-arts)_검색일: 2016.10.15.

위압적일 수 있지만, 몰 안에서는 어느 정도 공간이 분리되고 안전요원들도 있어 이성들 간의 쌍방적인 소통이 가능하다고 보기도 한다(Baulch 2007: 10-11).

몰과 같은 곳에서 처음 보는 사람들에게 자신이 보여지는 시선을 받는 것을 '응에쳉ngeceng'이라고 한다. 자신을 보여 주고 그 시선을 받는다는 점에서 '주체가 대상화'되는 과정이라고 할 수 있다(Cho 1997). 모녀를 인터뷰하면서 응에쳉에 대해 묻자 딸은 자신들은 어머니 세대가 사용했던 그 단어보다 '농크롱 찬틱nongkrong cantik'으로 표현한다고 답했다. 농크롱에 미美를 뜻하는 찬틱을 합해서 만든 말로서 예쁘게 차려입고 팬시한 곳에서 식사하거나 차를 마시는 행위를 뜻한다. 대개는 마음에 맞는 친구들과 함께 약속을 정해서 특정한 식당이나 카페에 특정한 음식이나 디저트를 먹으러 간다고 했다. 예를 들면 고교 동창생들과 비슷한 색상의 옷을 차려입고 미리 정한 식당에 가서 인기 있는 음식을 먹은 후 SNS에 인증 사진을 업로드하여 친구들에게 알린다는 것이다. 이러한 나들이에서거리가 멀고 가까운 것은 그다지 중요하지 않지만, 차려입고 갈 만한 식당이나 카페는 일정 수준 이상은 되어야 한다고 했다.

젊은 세대가 또래들과의 유대를 강화하거나 교제의 기회를 찾는 목적으로 몰을 이용한다면, 장년층은 가족에게 필요한 물품을 사거나 식구와

그림 5.7　색상을 맞춰 입고 몰에 방문한 뒤 인증 사진을 남긴 동창생들

회합을 하는 장소로 몰을 생각하고 있었다. 전통적으로는 기념일이나 명절 관련 모임이 있을 때 집에서 음식을 만들어 먹었으나 최근에는 몰 안의 음식점이 주요한 장소가 되고 있다고 한다. 라마단 기간의 금식이 끝나는 시간 즈음에 몰 안의 식당에 가족이나 친족이 모여 앉아 시간을 기다리는 광경은 이제 흔하게 볼 수 있다(Abaza 2001). 지인들과 함께 정기적으로 돈을 걸고 추첨으로 순서를 정해 목돈을 타는 한국의 계와 유사한 '아리산arisan' 모임도 예전에는 집에서 회원들을 불러 요리를 해 같이 먹는 것이 일반적이었지만 최근에는 주로 몰 안에서 한다고 한다.

가족과 친족, 아니면 그룹이 같이 모여 식사를 하려면 여러 사람의 기호를 충족할 수 있는 푸드코트 같은 곳이 좋을 것이다. 또한 주말에 가족이 여가를 즐기기 위해 몰에 간다면 각 세대가 좋아할 상품이 많은 곳이 선호될 것이다. "엄마가 좋아하는 까르푸Carrefour, 아빠가 좋아하는 에이스Ace, 우리가 좋아하는 제이코 또는 솔라리아Solaria"라는 소비자들의 대답은 가족구성원이 각각 생필품 유통, 하드웨어, 커피숍, 식당 중에서 어떤 브랜드를 좋아하는지를 단적으로 보여 주고 있다. 이러한 브랜드들이 하나의 몰에 모두 입점해 있다면 가족이 같이 방문하여 즐기기 좋은 몰이다. 인도네시아 소비자들에게 가족 몰은 다양한 성별·연령별 욕구를 모두 충족할 수 있어 가족이 함께 가기 편한 곳이라는 의미가 강하다. 때로는 젊은 세대가 자신의 돈으로 살 수 없어 부모를 데리고 가야 하는 곳이라는 의미로 쓰이기도 한다.

어쨌든 가족이나 친족 등 집단으로 몰을 방문하는 비중이 높으며, 각자의 관심에 따라 흩어지기도 하지만 식사를 같이하기 위해서 다시 만나게 된다. 따라서 다수의 사람이 오래 머무를 수 있는 식당이나 카페는 몰의 구성에서 매우 필수적인 요소로 보인다. 코카스몰은 식당을 각 층에 배치하고 같은 브랜드의 식당을 같은 층에 여러 군데 두기도 하는 등 전반적으로 식당의 중요성을 크게 염두에 두고 있다. 또한 식당이나 카페는 목표를 정해서 찾아가는 장소이기도 하지만, 걷다 보면 여기저기서 만날 수 있는 곳이어야 한다.

광장, 박물관, 공원 등이 잘 발달 되어 있지 않은 자카르타에서 쇼핑몰은 기존의 광장이나 종교시설 등이 기능한 공공공간을 빠르게 대체하고 있다. 기후, 치안, 그리고 현대적 이미지 등의 요인으로 젊은이들이 모임을 갖고 사회적 관계를 형성하는 데 몰이 중요한 위치를 차지하는 것은 자연스러워 보인다. 물론 몰은 광장이나 모스크 등이 수행했던 공공공간과는 다소 다른 의미를 갖는다. 쇼핑몰은 기업이 소유하고 있는 사적 공간이다. 그렇다고 소비를 하지 않더라도 출입에 제한이 없기 때문에 닫힌 공간이라고 할 수도 없다. 그러면서도 고객의 안전을 위해 경비원들이 일정 정도 출입을 제한한다. 사적이면서도 공적인, 그리고 개방되어 있으면서도 배타적인 성격인 공존한다. 이러한 이유로 쇼핑몰은 헤테로토피아Heterotopia[4]로 규정되기도 하며(Nilan et al. 2013: 161), 현실을 뛰어넘는 공간이라는 하이퍼스페이스hyperspace로 인식되기도 한다(Abaza 2001). 몰을 방문하면서 소비자들은 자신이 처한 경제적·지리적 현실을 넘을 수도 있으며, 문화적으로는 자신의 정체성을 형성하고 자신의 관심사를 다른 사람과 나누는 행동을 하기도 한다(Ansori 2009; Nilan et al. 2013에서 재인용).

물론 몰이 발달한 과정을 되짚어 보면 자본의 집중이나 상업화와 밀접히 관련되어 있고 세속적인 욕구를 충족하기 위한 공간으로 보인다. 조코 위도도 대통령이 우려했던 것처럼 전통적이며 종교적인 가치가 실현

4　푸코(M. Foucault)가 언급한 헤테로토피아는 배제와 동시에 출입을 허락하는 개방과 폐쇄의 속성을 모두 가진 공간으로 해석된다. 일반적으로 헤테로토피아 성격을 지닌 장소는 접근이 완전히 자유롭지 않아 공공장소와는 다르다. 완전히 개방되어 있는 것 같아 보이지만 배제가 숨어 있는 공간이다(Foucault 1986).

될 수 없는 공간으로 보이기도 한다. 하지만 인도네시아인은 쇼핑몰이 제공하는 설계나 구조에 수동적으로 반응하는 고객으로만 보이지는 않는다. 쇼핑몰을 배회하는 사람들은 사회관계 형성을 더 중요시하고 문화적 정체성을 확립하는 과정을 더 중시하고 있을지 모르기 때문이다. 젊은이들이 떼를 지어 비생산적으로 담소를 나누면서도 서로를 위로하며 금식이 해제되기를 기다리고 있을 수도 있고, 하루 종일을 몰에서 시간을 보내더라도 때를 맞춰 기도실에 내려가 기도를 했을 수도 있다.

5. 맺음말

어느 쇼핑몰의 판매실적이 부진하거나 이용객이 적은 데는 여러 이유가 있을 수 있다. 교통이 혼잡하거나 대중교통의 접근성이 용이하지 않은 곳에 위치해 있거나 전체 몰의 간판상점anchor store을 효과적으로 유치하는 데 실패했기 때문일 수 있다. 여러 마케팅 전략이나 운영 관리에 미흡한 점이 있었을 수도 있다. 그리고 실제 지금은 실적이 부진하더라도 추후에 반전의 계기를 찾을 수도 있다. 이 글에서는 기업의 영업을 좌우하는 여러 가지 변수 중에서도 소비자행동에 주목했으며, 자카르타의 몰 소비자들이 상품구매 외에 몰이라는 공간을 사회관계 형성이나 가족·친족·친구 등과의 유대를 위해 사용하고 있음을 강조했다.

2015년 5월 자카르타 외곽의 BSDBumi Serpong Damai 신도시 내에 일본의 이온 몰Aeon Mall이 인도네시아에서 첫 번째 쇼핑몰을 열었다. 필자가 방문한 8월에는 아직 신도시 내에 건물들이 제대로 완성되지 않았던 때였지만, 라마단 기간이 끝난 이후 가족과 외식을 가는 차량이 이온 몰 주차장에 진입도 못한 채 꼬리에 꼬리를 물고 늘어서 있었다. 자카르타 도심으로부터 1시간여를 차로 이동해야 했으며 주변에 아직 상권이 확립되지도 않은 상태였지만, 이온 몰 부근에만 차량이 집중되어 있었다. 더욱 놀라웠던 것은 지하층과 1층이 식당과 카페 매장으로 채워져 있었고, 이 식당에는 매장마다 사람들이 즐비하게 서 있었다는 점이다. 이온 몰에는 약 140개의 식당이 입점해 있다고 한다. 식당과 카페를 전면에 내세운 이온 몰에는 인도네시아인에게 새로 선보이는 일본 식당 브랜드들도 다수 입점했지만, 설립 초기부터 고객들에게 선풍적인 인기를 끌었다. 아직 사업의 성패를 판단하기에는 섣부르지만, 최소한 이온 몰은 인도네시아인이 몰에 가는 목적이나 이용패턴을 잘 이해하고 있는 것으로 보인다.

전 세계 대도시에 있는 몰의 형태 및 입점 브랜드는 점점 유사해지고 있다. 동남아를 여행하는 외국인도 몰에 들어가면 외국이라고 느끼기 힘들 정도로 편안하고 익숙한 공간이 되고 있다. 하지만 여전히 쇼핑의 패턴은 개인별 차이뿐만 아니라 집합적인 면에서의 행동 차이를 보여 주고 있다. 자카르타 쇼핑몰을 이용하는 사람들은 행아웃이나 같이 식사할 수 있는 공간으로 몰을 이용하고 있었고, 이러한 행동이 용이한 몰을 선택하는 경향이 강했다. 물론 물건을 구매할 실질적 소비자들을 중시하는 전략을 선택할 수도 있지만, 자카르타 시내에서 몰이라는 공간은 다양한 목적을 지닌 소비자들이 끊임없이 이용하는 공간이다. '몰' 자체에 산책의 의미가 있다는 말을 다시 새겨 본다면, 몰이 어떻게 소비자에게 친숙한 공간을 제공할 것인지에 대한 여러 아이디어를 찾을 수 있을 것이다.

::참고문헌

국민일보 2013. 「먹고 놀고 쇼핑하는 3세대 쇼핑몰 이제 '몰링 3.0시대'」. 4
　　월 9일._검색일: 2016.4.30.
차성수·박철. 2012. 「복합쇼핑몰 활성화 방안에 관한 사례연구」. 『유통연
　　구』 17(5).
차성수·박철. 2014. 「복합쇼핑몰 만족과 재방문에 영향을 미치는 요인:
　　소비가치의 조절효과」. 『유통연구』 19(4).
Abaza Mona. 2001. "Shopping Malls, Consumer Culture and the Re-
　　shaping of Public Space in Egypt." *Theory, Culture & Society*
　　18(5): 97-122.
Ahmed, Zafar U., Morry Ghingold and Zainurin Dahari. 2007. "Malay-
　　sian Shopping Mall Behavior: An Exploratory Study." *Asia*
　　Pacific Journal of Marketing and Logistics 19(4): 331-348.
Ansori, Mohammed. 2009. "Consumerism and the Emergence of a
　　New Middle Class in Globalizing Indonesia." *A Graduate*
　　Journal of Southeast Asian Studies 9: 87-97.
Atmodiwirjo, Paramita. 2008. "The Use of Urban Public Places in
　　Jakarta for Adolescents' hanging out." *Journal of Asian*
　　Architecture and Engineering. 7(2): 339-346.
Baulch, Eman. 2007. *Making Scenes: Reggae, Punk, and Death Metal*
　　in 1990s Bali. Durham and London: Duke University Press.
Bauman, Zygmunt. 1996. "From Pilgrim to Touristor a Short Histo-
　　ry of Identity." S. Hall and P. du Gay(eds.). *Questions of*
　　Cultural Identity. London: Sage. 18-36.

Boedeker, M. 1995. "New-type and Traditional Shoppers: A Comparison of Two Major Consumer Groups." *International Journal of Retail &Distribution Management* 23(3): 17-26.

Cho, Youn-Mee. 1997. "Modernitas dan Budaya Konsumen: Kasus Konsumen Galeria di Yogyakarta." Thesis untuk Program Studi Antropologi. Universitas Gadjah Mada.

Dholakia, R. R. 1999. "Going Shopping: Key Determinants of Shopping Behaviors and Motivations." *International Journal of Retail &Distribution Management* 27(4): 154-165.

Featherstone, Mike. 1998. "The Flaneur, the City and the Virtual Public Life." *Urban Studies* 35(5-6): 909-925.

Foucault, Michel. 1986. "Of other spaces." *Dia-critics* 16(1): 22-27.

Jakarta Globe 2011.10.03. (http://jakartaglobe.id/archive/stuff-jakartans-like-malls)_검색일: 2016.10.15.

MarkPuls Insight Report. 2014. *Shopping Mall*. Jakarta: MarkPlus Insight.

Merrilees, Scott. 2015. *Jakarta: Portraits of a Capital* 1950-1980. Jakarta: Equinox Publishing.

Ministry of Trade No.70/2013, No.56/2014.

Natasya, Christine. 2016. *Retailers Initiation Overweight: Cutting a fine Figure*. PT. Daewoo Securities Indonesia.

Nilan, Pam and Michelle Mansfield. 2013. "Space, Time and Discourse: Indonesian Youth Socialising in Urban Places." *Jurnal Studi Pemuda* 2(2).

Parker, Lyn and Pam Nilan. 2013. *Adolescents in Contemporary Indonesia*. NY: Routledge.

Sebastian, Ernest Hasiaolan and Mustika Sufiati Purwanegara. 2014. "Influencing Factors and Attractiveness of Shopping Mall to Mall Behaviour of People in Jakarta." *Journal of Business and Management* 3(1): 76-80.

Solomon, B. 1994. "TV Shopping comes of Age." *Management Review* 83(9): 22-26.

Solomon, M. R. 1994. *Consumer Behavior*. 2nd. ed. Boston: Allyn Bacon.

Suryadjaja, Regina. 2012. "Jakarta's Tourism Evolution: Shopping Center as Urban Tourism." The 5th International Forum on Urbanism, 25-27 February 2012, Barcelona, Spain.

The Jakarta Post 2013.9.17. (http://www.thejakartapost.com/news/2013/09/17/no-more-malls-jakarta-jokowi.html)_검색일: 2016.12.23.

The 5th International Forum on Urbanism, 25-27 February 2012, Barcelona, Spain._출처 확인

Underhill, P. 1999. *Why We Buy: The Science of Shopping*. New York: Simon & Schuster.

Underhill, P. 2004. *Call of Mall*. New York: Simon & Schuster.

06

인도네시아 전자상거래(e-commerce)

이수현

1. 들어가며

중국, 인도, 미국에 이어 세계 4위의 인구 대국인 인도네시아(2016년 기준 약 2억 6천만 명)는 경제발전과 함께 중산층의 급격한 성장으로 동남아시아 최대 소비시장으로 급부상했다. 국제통화기금IMF 전망치를 기준으로 인도네시아의 국내총생산GDP 총액은 2016년 9,370억 달러로 세계 16위, 아세안 10개국 중 1위로 아세안 경제의 약 35퍼센트를 점하고 있다. 같은 아세안 국가인 말레이시아나 베트남에 비해 경제 규모가 각각 약 2.6배와 4.8배에 달한다. 1인당 명목 GDP는 약 3,620달러로 아직 낮은 수준이지만 1인당 GDP 8,000달러 이상의 계층이 5,000만 명을 넘어서는 등 거대한 내수시장을 보유하고 있다(IMF 2016; Statista 2016).

또한 인도네시아의 도시화율은 2004년 45퍼센트에서 2015년 54퍼센트 수준으로 성장했다(World Bank 2016). 매킨지 보고서(McKinsey & Company 2013)는 2030년까지 인도네시아 도시화율이 71퍼센트 수준까지 올라갈 것으로 예측하고 있다. 또한 한국무역협회(2016)에 따르면, 인도네시아는 현재 35세 이하의 인구가 총 인구의 60.8퍼센트를 차지하고 있고, 중간 나이는 28.4세에 불과하다(한국 40.2세, 중국 36.7세). 또한 생산가능인구(15~64세)가 전체의 67.1퍼센트(World Bank 2016)로 소비력과 노동력 면에서 매력적인 인구구성을 갖추고 있다.

인도네시아 대도시 소비자들은 작은 상점보다 대형 소매유통업체를 이용하려는 경향이 있다. 고가 제품은 직접 오프라인 상점으로 찾아가 구매하고자 하는 소비자가 많지만, 온라인 쇼핑몰을 통한 구매도 점차 증가하고 있다. 이는 인도네시아의 인구구성에서 인터넷 사용에 익숙한 젊은 소비자의 비중이 매우 높다는 것과도 관련 있다. 이에 더해 자카르타 등 인도네시아 대도시의 악명 높은 교통체증으로 인해 오프라인 매장에 직접 가지 않아도 되는 온라인 쇼핑이 점점 더 인기를 끌고 있다.

그러나 인도네시아 온라인 판매 점유율은 아직 전체 소매의 1퍼센트에도 미치지 못한다는 점(CIMB 2015)에서 인도네시아 전자상거래 시장은 아직 초기 단계라고 할 수 있다. 인도네시아의 인구구조학적 성장잠재력이 매우 높은데도 불구하고 아직 온라인 판매 점유율이 이렇게 낮은 것은 인도네시아 전자상거래 시장이 향후 수십 년간 커다란 성장과 통합이 기대되는 시장이라는 것을 의미하기도 한다. 즉, 인도네시아 온라인 시장은 동남아시아에 진출하고자 하는 글로벌 기업들이 가장 주목하는 시장 중 하나이며 성장가능성이 무한한 매력적인 시장으로 급부상하고 있다.

인도네시아 소비자들은 인터넷 접속이 일상에서 매우 중요하다고 인식하고 있다. 이들은 태블릿·노트북·스마트폰 같은 전자기기를 통해 인터넷에 접속하기 위해 무료 와이파이를 제공하는 장소를 선호한다. 예를 들어, 인도네시아의 '하이브리드 편의점'이 최근 젊은 소비자들에게 큰 인기를 끄는 이유 중 하나도 무료 와이파이를 제공한다는 점이었다.

이 글에서는 우선 인도네시아의 인터넷 이용 현황과 온라인 쇼핑 시장 성장동력에 대해서 살펴본 후(2절), 인도네시아의 온라인 쇼핑 현황과 인도네시아 전자상거래 사이트에 대해서 살펴볼 것이다(3절). 이어서 온라인 쇼핑 구매품목 순위와 두 개의 소비 사례를 살펴본다(4절). 하나는 식료품 구매 사례이고, 다른 하나는 라마단 기간의 온라인 구매 사례이다. 마지막으로 결론에서는 인도네시아 온라인 쇼핑 시장으로 진출하기 위해 풀어야 할 과제에는 어떤 것들이 있는지 논의한다.

2. 인도네시아의 전자상거래 시장 성장동력

여기에서는 인도네시아 전자상거래의 성장동력을 ① 급격한 경제성장과 도시화, ② 급성장하는 인도네시아 중산층, ③ 인터넷 보급률의 급격한 확산, ④ 저렴한 디지털기기와 모바일 데이터 서비스의 확산, ⑤ 소셜 미디어를 통한 전자상거래의 증가 등 다섯 가지 주제로 나누어 살펴보자.

1) 급격한 경제성장과 도시화

인도네시아는 매킨지가 선정한 2030년 '세계 7대 경제대국' 유망 국가이다. 2016년 기준으로 인도네시아의 GDP 규모는 세계 16위 수준인데, 2030년에는 1조 달러 규모의 소비시장을 형성할 것으로 전망했다. 인도네시아는 2억 6천만 명의 인구 대국으로 최근 경제발전과 함께 중산층이 빠르게 증가하면서 구매력을 갖춘 거대 소비시장으로 떠올랐다. 매킨지는 또한 인도네시아 전자상거래 시장이 향후 세계에서 가장 빠른 속도로 성장할 수 있다고 전망하며, 2025년까지 전자상거래 시장은 인도네시아 GDP 규모를 1,500억 달러 이상 늘릴 것이라 예상했다(McKinsey 2013; 2016).

인도네시아 도시 인구는 2000년 전체 인구의 42퍼센트에서 2015년 54퍼센트 수준으로 증가했다(World Bank 2016). 인도네시아 정부는 최근 지역별 거점도시의 육성과 도시화를 통한 경제성장 육성정책을 펼치고 있다(KOTRA 2016). 또한 도시에서는 보다 높은 임금이 제공되고 건설과 서비스 산업에서의 취업기회가 더욱 많아지고 있기 때문에 농촌에서 도시로 옮겨가는 사회현상은 계속될 것으로 보인다. 게다가 인도네시아에는 노동자의 이주와 관련된 제한이 없기 때문에 도시화는 더욱 빠른 속도로 진행될 것으로 예상된다. 2030년까지는 2억 900만(71퍼센트)의 인구가 도시지역에 거주할 것으로 추정되며(McKinsey 2013), 이는 새로운 중산층의 탄생으로 이어질 것으로 보인다.

도시와 농촌 모두 가처분소득은 놀라운 속도로 성장해 왔다. 2008~2013년 도시의 가처분소득 연평균 성장률은 12.7퍼센트였고 농촌의 가처분소득 연평균 성장률은 12.2퍼센트였다. 이는 같은 기간 동안 인도네시아 국내 총생산량의 성장률 대비 2배에 해당하는 수치이다(CIMB 2015; UBS 2014).

원래 인도네시아 전자상거래 성장의 근원지는 자카르타였지만, 온라인 쇼핑 회사인 라쿠텐Rakuten과 잘로라Zalora는 2014년 기준 주문의 70퍼센트를 지방에서 받고 있다고 했다(Tech in Asia 2015a; 2015b). 인도네시아의 중소 도시들은 빠르게 성장하고 있지만 다수의 쇼핑몰은 보유하고 있지 않기 때문에 온라인 쇼핑 급증 가능성이 풍부한 개발 분야로 보인다. 즉, 오프라인 상점에 접하는 것이 용이하지 않은 소비자들에게 온라인 쇼핑몰이 다가설 수 있는 절호의 기회라고 볼 수 있다.

2) 급성장하는 인도네시아 중산층

인도네시아는 인구의 60.8퍼센트가 35세 미만이며, 이는 인구의 대다수가 경제활동을 할 수 있다는 것을 의미한다. 2010년 세계은행World Bank의 조사에 따르면 인도네시아 인구의 57퍼센트가 일간 가처분소득이 2~20달러의 중산층이다. 매킨지는 소비자계층을 1년에 3,600달러 이상의 수입이 있는 사람이라 지칭했다(McKinsey 2013). 이는 세계은행이 2003년에 예측한 38퍼센트에 비하면 놀라운 발전이다. 또한 매킨지는 인도네시아 경제가 5~6퍼센트의 꾸준한 성장률을 보인다면 인도네시아의 소비자 시장은 2010년의 4,500만 명에서 2030년에는 이의 세 배인 1억 3,500만 명에 이를 수도 있다고 발표했다(McKinsey 2013; 2016).

자카르타에서 최저임금을 받는 사람은 이제 1년에 2,700달러 정도를 벌 수 있으며, 이는 매킨지가 규정한 소비자계층의 정의에 가까운 수치이다. 2013년 최저임금은 자카르타 전역에서는 44퍼센트, 다른 지역에서는 30퍼센트나 가파르게 올랐는데, 이는 28퍼센트라는 매우 높은 소매 판매 성장률에서도 나타난다. 2015년에도 최저임금이 인상되었는데, 2015년 자카르타의 최저임금은 270만 루피아로 전년 대비 10.6퍼센트 증가했다(McKinsey 2013; 2016). 이는 노동자들이 3년 연속 생활지수보다 훨씬 많은 소득을 올렸다는 것을 의미한다. 이러한 요인과 더불어 최고치를 기록하기 전 수준으로 연료값이 안정된다면 소비자들의 지출이 더욱 늘어날 것으로 보인다.

최근 경제발전을 하면서 인도네시아 주요 도시의 주요 구성원인 젊은 소비자들이 더 효율적인 생활방식을 원함에 따라 아파트에서 그들의 생활을 시작하고자 하고 있다. 아파트에 거주하는 소비자들은 차별화된 내부 디자인, 소형 가구 및 가전제품을 필요로 한다. 많은 도시 젊은 커플의 내부 디자인에 대한 정교한 취향은 내부 디자인 서비스에 대한 더 많은 수요를 야기한다. 또한 인도네시아에서 자동차는 사회적 지위를 보여주는 동시에 가족에게 더 나은 삶의 질을 제공하는 의미가 있다. 특히 주말에 오토바이를 타며 오염된 거리와 교통체증에 염증을 느낀 인도네시아 중산층 소비자들은 그들의 첫 차를 구매하려고 한다. 한편 국민소득의 증대로 건강한 삶의 중요성에 대한 인식이 커질수록 건강에 도움이 되는 활동과 상품에 대한 수요가 점점 늘어나고 있다. 특히 고소득층일수록 건강관리에 더욱 신경을 쓰고 있다. 집에서 만든 음식을 애용하던 소비자들도 건강한 음식을 제공하는 케이터링 서비스와 유기농 음식점을 이용하기 시작했다(Euromonitor 2014; Mckinsey 2016). 또한 헬스케어 시스템, 스포츠 등 다양한 영역에서 중산층 소비자들의 필요와 욕구가 증가하고 있다.

3) 인터넷 보급률의 급격한 확산

2016년 인도네시아 인터넷 이용자 수는 약 1억 3,270만 명으로 전년에 비해 51퍼센트(4,500만 명) 증가했다(We Are Social 2017). 이는 인도네시아 인구 약 2억 6천만 명 중 51퍼센트를 차지하는 것으로, 주변국인 싱가포르(82퍼센트)나 말레이시아(71퍼센트)의 인터넷 보급률에 비해서는 아직 낮은 수준이다. 그러나 인접 국가보다 몇 배나 큰 인구규모(전 세계 인구의 약 3.5퍼센트), 저렴한 인터넷의 보급, 모바일기기의 활용 증가 덕분에 성장잠재력은 동남아시아 국가들 중 가장 크다고 볼 수 있다.

인도네시아의 인터넷 보급률이 아직 낮은 주요 원인은 지형적 환경으로 인한 통신 인프라의 격차라고 할 수 있다. 인도네시아는 수천 개의 섬으로 이루어진 지형적 환경으로 인해 서부 섬들과 동부 섬들 사이에 인프라 격차가 크다. 이 격차를 해소하고 동부 섬에 거주하는 지역주민에게 보다 쉽게 인터넷을 제공하고자 인도네시아 정부는 광섬유 네트워크를 전국에 설치하는 프로젝트를 추진하고 있다(KOTRA 2015).

인도네시아 인터넷서비스제공자협회APJII에서 2016년 실시한 조사에 따르면, 인터넷 이용자의 52.5퍼센트가 남성이며 47.5퍼센트는 여성이다 (Statista 2016). 연령별로 보면 모든 연령대에 골고루 분포하는 편이지만, 25~29세 그룹에 가장 많은 이용자가 분포했다(14.9퍼센트). 2015년 인도네시아 정보통신부 조사에 따르면 인터넷 이용자의 58퍼센트가 12~34세에 해당하는 연령대이다. 따라서 정보통신기술ICT 관련 산업의 성장잠재력이 크다고 볼 수 있다.

인도네시아 인터넷 이용자의 대부분은 직장인이거나 학생들이다. 특히 업무를 위해 인터넷을 사용하는 화이트칼라 직장인이 인터넷 이용자의 상당수를 차지한다. 인터넷과 전자기기에 익숙한 젊은 직장인들은 온라인 쇼핑을 취미로 삼고 있는 경우가 많다. 그들은 새로운 트렌드와 새로운 쇼핑몰을 찾는 데 능숙하다. 가정에서의 고속 인터넷 보급률은 상대적으로 낮기 때문에 직장인들은 근무시간에 온라인으로 쇼핑을 하는 것이 하나의 추세이다. 이에 따라 아침 11시에 온라인 쇼핑이 가장 활발하고, 그 다음으로는 직장인들이 점심을 먹고 온 이른 오후에 온라인 쇼핑이 활발하다. 온라인 쇼핑 기업에게는 이 시간대가 표적 홍보 및 고객 유인에 가장 적절한 황금시간대라고 할 수 있다.

표 6.1 인도네시아 인터넷 이용 현황

항목	2015년	2016년
인터넷 사용자	88,000,000명	132,700,000명
모바일 인터넷 사용자	67,000,000명	123,000,000명
하루 평균 모바일 사용시간	3시간 33분	3시간 55분

출처: We Are Social 2016; 2017.

인도네시아 인터넷 사용자들의 월간 소비 기준으로 경제계층을 나누어 보면 계층별로 이용자 수가 고르게 분포하고 있다. 이는 인터넷 접근이 인도네시아의 모든 경제계층에게 용이하다는 것을 나타낸다. 비교적 저렴한 휴대폰 데이터 요금제와 값싼 스마트폰의 보급이 이를 가능케 한다고 볼 수 있다. 표 6.2에서 보듯이, 인도네시아 인터넷의 가격은 비교대

표 6.2 각국의 모바일 인터넷 현황

Mobile broadband pricing[1], $/500 megabytes		Internet bandwith, Kb/s per user		Average connection speed, Mbps	
인도	1.6	홍콩	3,721.8	한국	26.7
인도네시아	3.4	싱가폴	616.5	일본	17.4
러시아	5.2	영국	429.8	홍콩	16.8
태국	6.1	프랑스	221.7	미국	14.2
중국	6.2	독일	146.0	싱가폴	13.9
홍콩	6.4	캐나다	129.2	영국	13.9
스페인	6.6	스페인	111.5	캐나다	13.1
필리핀	6.7	이탈리아	92.5	독일	12.9
브라질	8.5	호주	75.1	스페인	12.1
한국	10.4	미국	71.0	러시아	11.6
싱가폴[2]	11.8	태국	54.8	태국	9.3
독일	13.1	일본	48.6	프랑스	8.9
프랑스	13.3	한국	45.2	호주	8.2
호주	13.5	브라질	43.0	이탈리아	7.4
영국	16.4	러시아	29.9	말레이시아	5.2
말레이시아	26.0	필리핀	27.7	중국	4.8
이탈리아	38.5	말레이시아	27.2	브라질	4.1
일본	42.8	**인도네시아**	6.2	**인도네시아**	3.9
미국	48.9	인도	5.7	필리핀	3.2
캐나다	61.3	중국	5.0	인도	2.8

1. 후불요금제를 사용하는 한국, 중국, 일본을 제외하고는 모두 선불 요금제 기준임
2. 싱가폴 모바일 데이터 가격은 2014년 이후 급격히 감소함

출처: McKinsey 2016.

상 20개 국가 중 두 번째로 낮을 정도로 저렴한 편(500MB당 3.4달러)이다. 반면에 품질은 떨어지는 편으로, 인터넷 속도는 비교 대상 국가 중 하위 3위에 속한다(McKinsey 2016).

또한 휴대폰 회사 간의 경쟁은 휴대폰 가격과 요금제 인하로 이어져 인터넷 이용자 수가 지속적으로 증가할 것으로 예상된다. 인도네시아의 인터넷 이용자 수는 2021년에 1억 4천 4백만 명까지 증가할 것으로 전망되고 있다(Statista 2016).

4) 저렴한 디지털기기와 모바일 데이터 서비스의 확산

인도네시아의 모바일 시장은 지난 몇 년 동안 폭발적으로 증가했다. 2016년 인구의 91퍼센트가 휴대전화를 소유하고 있고, 그중 47퍼센트는 스마트폰을 사용하는 것으로 나타났다(표 6.3). 인도네시아의 SIM 사용 인구는 약 3억 7,100만 명에 이른다(We Are Social 2017). 즉, 각 휴대전화 사용자는 평균 1.4개의 SIM 카드를 소유하고 있다고 볼 수 있다.

표 6.3　디지털기기 보유 현황

항목	2015년	2016년
휴대폰	43%	47%
스마트폰	85%	91%
노트북/데스크탑 컴퓨터	15%	21%
태블릿PC	4%	5%
심카드 사용	326,000,000명	371,400,000명

출처: We Are Social 2016; 2017.

최근 스마트폰 가격이 하락함에 따라 더 많은 인도네시아인이 인터넷에 접속하고 있다. 2014년 바이두Baidu가 실시한 설문조사에 따르면 인도네시아 인터넷 이용자들의 59.9퍼센트가 스마트폰을 통해 인터넷에 접속한다고 응답했다(중복응답 허용). 이어서 노트북(41.1퍼센트), 데스크톱 PC(33.5퍼센트), 태블릿 PC(17.4퍼센트) 순이었는데, 이는 다수의 네티즌이 하나 이상의 기기를 통해 인터넷에 접속한다는 것을 의미한다 (Yuniar 2014).

모바일 인터넷 사용자 중에서 남성이 차지하는 비율은 75퍼센트이다. 이 중 40퍼센트가 18~25세이며, 이들의 평균 수입은 300만 루피아(2017년 1월 기준 1 루피아는 0.09원) 이하이다. 95퍼센트의 모바일 인터넷 이용자가 집에서 접속하며, 이어서 직장에서 접속한다는 비율이 36퍼센트, 이동 중on the go 접속한다는 비율이 26퍼센트이다(Yuniar 2014).

고정형 브로드밴드 인터넷이 전체 가정의 1.6퍼센트에만 도입되어 있는 반면, 저렴한 모바일 인터넷 요금제는 인터넷 사용세대로 하여금 데스크톱 기술을 넘어 모바일기기로 바로 건너뛰게끔 했다. 구글의 조사에 따르면, 2013년 한 해 동안 인도네시아인은 모바일 시장에 850만 달러를 소비했다. 스마트폰에서 시작된 검색은 온라인 구매의 증가는 물론 다양한 유통채널을 통한 구매로 이어졌다.

2017년 1월 기준 인도네시아 모바일 인터넷 사용자는 1억 2,300만 명(전체 인구의 47퍼센트)으로 전년에 비해 5,600만 명이 증가했고, 앞으로도 꾸준히 상승할 것으로 전망된다. 인도네시아인은 하루 평균 3시간 55분을 모바일기기로 인터넷에 접근하는 반면, 한국인은 하루 평균 2시간 4분을 소비해 거의 2배의 차이가 난다(We Are Social 2017). 이처럼 모바일 인터넷 사용의 증가 및 스마트폰과 애플리케이션 시장의 성장으로 인도네시아 모바일 시장에는 미래의 거대한 기회가 존재한다고 볼 수 있다.

5) 소셜 미디어의 영향력 확산과 소셜 미디어를 통한 전자상거래 증가

인도네시아의 소셜 미디어 이용자는 1억 600만 명이며, 이는 전체 인구

의 40퍼센트에 해당한다(한국은 83퍼센트). 이 중 9,200만 명(87퍼센트)은 모바일기기를 통해 접속하고 있는데, 이는 전체 인구의 35퍼센트에 해당한다(We Are Social 2017).

항목	2015년	2016년
소셜 미디어 이용자	79,000,000명	106,000,000명
모바일 소셜 미디어 이용자	66,000,000명	92,000,000명

출처: We Are Social 2016; 2017.

인도네시아의 인터넷 이용자들은 소셜 네트워크 이용, 정보 및 뉴스 검색과 이메일, 메신저, 동영상 감상에 인터넷 사용 시간을 할애한다. 인도네시아인은 다른 사람들과 이야기를 공유하는 것을 좋아하는데, 소셜 미디어는 이러한 공유를 원활하게 해 준다. 2014년 1월과 3월 사이에 올라온 전 세계 106억 개의 트위터 게시물 중 2.4퍼센트가 인도네시아 수도인 자카르타에서 게시되었다. 또한 2013년에 실시된 모바일 소비자 이해와 관련된 구글의 조사에 의하면 인도네시아 모바일 소비자의 97퍼센트가 소셜 네트워크를 방문하고 79퍼센트가 하루에 한 번 이상 스마트폰을 통해 방문했다(APJII 2012; UBS 2014 재인용). 이렇듯 인도네시아 사람들은 소셜 미디어를 매우 활발히 사용하고 있다.

인도네시아에서 가장 인기 있는 소셜 네트워크 플랫폼은 유튜브, 페이스북, 인스타그램, 트위터, 구글 등이고, 가장 인기 있는 메신저 앱은 왓츠앱, 페이스북 메신저, 라인, 블랙베리 메신저BBM 등이다(We Are Social 2017). 2014년 기준으로 활발한 페이스북 이용자는 6,090만 명에 이르며, 이는 세계에서 네 번째로 많은 규모이다. 또한 메시지 앱 '라인LINE'의 가입자 수는 2014년 9월 3천만 명에 이르렀으며, 이는 세계에서 두 번째로 많은 규모이다. 2014년 온라인 거래의 26.4퍼센트가 소셜 미

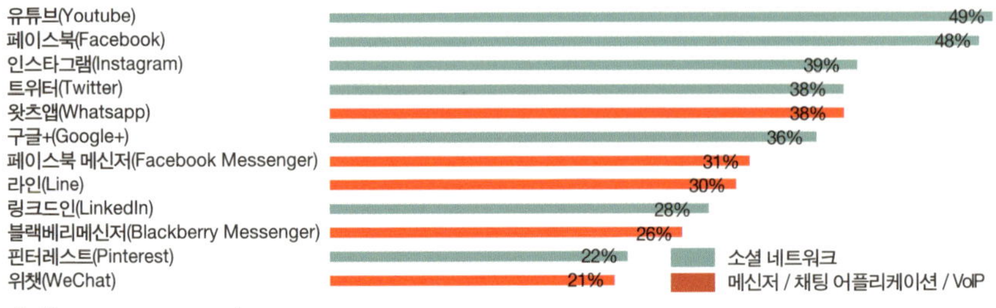

출처: We Are Social 2017.

디어 플랫폼에서 이루어진 것에서 볼 수 있듯이, 소셜 미디어 활동이 글로벌 기업과 지역 회사들로 하여금 소비자들에게 먼저 다가가고 소셜 미디어상에서 결국 매출을 올릴 수 있게 해 주는 기회를 제공해 줄 수 있다.

인도네시아의 십대를 포함한 젊은 세대들은 새로운 기술을 누구보다 빨리 습득하고 있으며, 이러한 젊은 소비자들은 전형적으로 최소 두 개 이상의 채팅 어플리케이션을 스마트폰에서 사용하고 있다. 전문가들은 시간이 지나면 이런 활동 대신 점차 온라인으로 상품을 사고파는 등의 좀 더 생산적인 활동이 주를 이룰 것이라 예측하고 있다(CIMB 2015).

매킨지의 2013년 조사에 따르면 인도네시아인은 사회적 계층을 막론하고 리스크를 싫어하며 새로운 상품과 기술을 채택하는 데 느린 편이다. 이 때문에 인도네시아인은 상품 인도 후 결제방식과 더불어 구매하기 전에 질문도 하고 추천을 받음으로써 판매자와 소비자 간의 상호작용이 이루어질 수 있는 온라인 포럼과 같은 소셜 네트워크 사이트를 온라인 쇼핑 장소로서 선호한다.

온라인 쇼핑 소비자들은 블랙베리 메신저나 라인 같은 메신저 앱에서 소매업자와 직접 대화를 나눌 수 있다. 메신저를 통해 물건을 파는 온라인 몰들은 대부분이 한 사람이 운영하는 개인 상점이다. 또한 소셜 플랫폼인 카스쿠스Kaskus와 토코바구스Tokobagus 같은 온라인 포럼에서는 소비자가 구매 내역과 상품 리뷰를 공유할 수도 있다.

인도네시아 기업들은 인도네시아인이 소셜 미디어에 대해 거부감이 없다는 것을 인지하고 있으며, 이를 기존의 고객과 잠재고객을 포섭하기 위한 기회로 삼고 있다. 상품을 팔기 위한 목적으로 만들어지는 소셜 미디어 계정의 숫자가 날로 증가하고 있고, 소셜 플랫폼에서 상품 판매를 도와주는 역할을 하는 지역 기반의 창업 회사 또한 증가하는 것으로 보아 소셜 커머스 산업이 앞으로도 지속적으로 성장할 것으로 전망된다. 또한 많은 기업들은 소셜 미디어를 활용해 고객의 불만을 단시간 안에 개별적으로 처리하고자 한다. 이와 같은 인도네시아 온라인 업계에서 성공하기 위해서는 반드시 소셜 미디어에서의 활발한 활동이 필요하다.

3. 인도네시아 전자상거래 시장규모와 온라인 쇼핑환경

1) 전자상거래 시장규모

인도네시아의 전자상거래 규모는 계속 급증하고 있으며, 앞으로도 계속 급증할 것으로 보인다. 인도네시아의 전자상거래는 2014년 354억 달러로, 아직 전체 소매 판매 매출 약 4,112억 9천만 달러의 1퍼센트에도 미치지 못했다. 하지만 2015년에는 603억 달러로 70.5퍼센트나 성장했다. 이러한 전자상거래 규모의 증가는 부분적으로는 같은 기간에 온라인 쇼핑 인구가 12퍼센트 증가했기 때문이다. 2014년 1,980만 명이었던 온라인 쇼핑 인구가 2015년에는 2,225만 명으로 증가했다. 이는 전체 인구의 8.6퍼센트이며, 15세 이상 인구(약 1억 9천만 명)의 12퍼센트에 해당한다. 그러나 전자상거래 매출 성장의 대부분은 사용자당 평균 매출 증가로 설명할 수 있다. 2014년에는 사용자 1인당 179달러를 지출했지만 2015년에는 사용자 1인당 272달러를 지출하여, 52퍼센트나 되는 성장률을 보였다(Statista 2016; Tech in Asia 2015a).

미국 소매 판매에서 온라인 판매의 비중이 5퍼센트임을 감안할 때, 현재 인도네시아의 온라인 판매 매출 비중은 매우 낮은 편이다. 그러나 인도네시아 소비자들의 구매력 증가, 저렴한 모바일기기 보급으로 인한 인터넷 접속 가능성의 증대, 온라인 쇼핑몰 수의 꾸준한 증가, 온라인 쇼핑 스마트폰 어플리케이션 출시가 활발히 이루어지기 시작한 점 등을 고려했을 때 인도네시아 전자상거래 시장은 성장잠재력이 매우 크다고 볼 수 있다.

2) 온라인 쇼핑의 지불방식

인도네시아에서 온라인 지불방식과 관련된 구조는 아직까지 매우 취약한 편이다. 인도네시아 인구의 절반가량은 아직 금융 거래를 하지 않으며, 신용카드 보급률은 1.4퍼센트밖에 되지 않는다(Tech in Asia 2016). 대형 온라인 소매상들은 자체 결제 시스템을 도입하는 등 다양한 지불방식을 제공하고 있는 반면, 개인 상점들은 계좌 지불방식이나 '상품 인도 후 현금 결제Cash on Delivery: CoD방식'을 고집하고 있다. 결과적으로 인도네시아에서 온라인 쇼핑몰 거래 중 30퍼센트 정도만 신용카드 거래와 기타 전자 지불방식에 의존하고 있으며, 나머지 70퍼센트는 계좌 지불방식이나 상품 인도 후 현금 결제방식으로 이루어지고 있다.

많은 온라인 소비자들과 판매자들이 전통적인 은행계좌 이체방식 이외에 상품 인도 후 현금 결제방식을 선호하는 것은(표 6.6) 소비자들에게 안정감과 확신을 주기 때문이다. 상품 인도 후 현금 결제방식에서 소비자들은 온라인에서 봤던 상품의 질을 확인할 수 있고 물건을 받기 전에 돈을 지불하지 않아도 된다. 판매자들 또한 온라인 시스템을 통해 돈을 받는 것보다 현금을 받기 때문에 이득이다. 따라서 비록 상품 인도 후

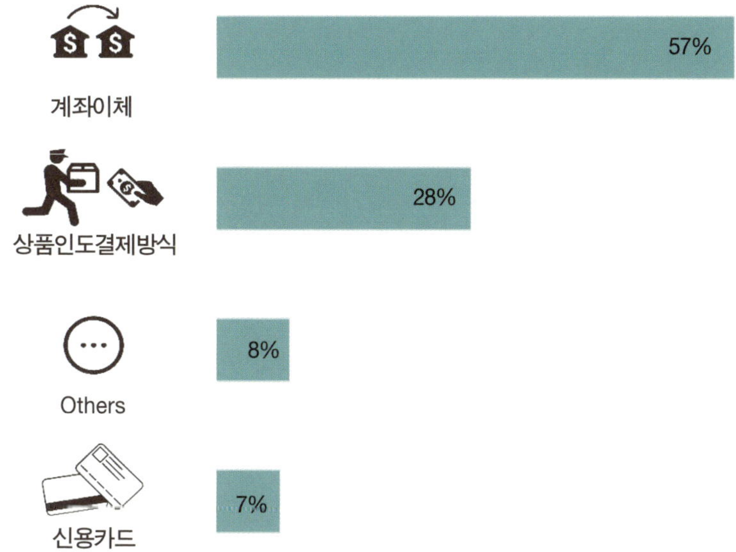

출처: SP eCommerce 2014.

현금 결제방식이 판매자들에게 더 많은 업무 부담을 준다 하더라도 비네카Bhinneka, 라자다Lazada, 알파온라인AlfaOnline, 라쿠텐 등 대다수의 대규모 온라인 소매상은 상품 인도 후 현금 결제방식을 지불방식 중 하나로 제공하고 있다.

많은 인도네시아인은 그들의 돈이 실제로 거래되는 모습을 보기를 원하고, 온라인상에서 특히 신용카드로 거래하는 방식은 안전하지 못하다고 생각한다. 인도네시아 인터넷서비스제공자협회의 2012년 조사에서도 소비자들이 온라인 쇼핑을 꺼리는 주요 원인으로 구매의 위험성과 상품을 직접 보지 못하는 점을 지목한 것으로 나타났다. 또한 많은 인도네시아인이 '신용카드의 사용은 빚지는 행동'이라 여기는 점도 신용카드를 통한 온라인 쇼핑몰 지불방식이 인기를 얻고 있지 못하는 이유 중 하나이다. 그러나 많은 소비자가 하나 정도의 신용카드는 특별한 목적으로 보유하고 있으며, 도시에 사는 많은 이용자는 신용카드가 항공 티켓을 사거나 숙박시설 및 수입 품목을 살 때 유용하다고 느끼고 있다.

3) 온라인 쇼핑의 배송방식

인도네시아는 수많은 섬으로 이루어져 있으므로 거리에 따라 배송비가 측정되며, 한국처럼 배송비가 무료인 경우는 거의 없다. 인도네시아의 배송업체로는 제이엔이JNE, 티키TIKI, 고젝GOJEK 등이 있으며, 특히 오토바이를 이용해 교통체증을 뚫고 이동하는 고젝은 대표적인 업체로 자리 잡기 시작했다(KOTRA 2014). 최근에는 이외에도 하청을 통해 물건을 운송하는 사례가 많다. 하지만 열악한 도로 상황, 배송을 하기엔 정확하지 않은 주소 등 낙후된 인프라로 인해 배송기간이 3~7일 정도 걸린다. 지나치게 긴 배송기간으로 인해 간혹 주문을 취소하는 구매자들이 있다.

　이런 문제를 해소하기 위해 온라인 판매회사인 라자다 인도네시아 법인이 유통 네트워크에 투자하여 기존보다 3배 이상의 물품을 보관할 수 있는 창고를 리스하는 등 온라인 쇼핑을 보다 편리하게 하기 위해 노력하고 있지만, 아직은 배송기간을 충분히 단축시키지는 못하고 있다(CIMB 2015).

4) 인도네시아의 전자상거래 플랫폼과 사이트

인도네시아의 주요 전자상거래 플랫폼은 온라인포럼, 마켓플레이스, B2CBusiness to Consumer로 나눌 수 있다. 아직 발전 초기 단계이지만 전자상거래에 대한 현지 고객 수요는 이미 상당한 것으로 보인다. 표 6.7은 플랫폼별 주요 전자상거래 사이트를 정리한 것이다. 이 가운데 소비자와 소비자 간C2C 거래 사이트로서 특히 활발한 전자상거래 사이트를 네 곳을 소개하면 다음과 같다.

　① 카스쿠스: 해외 유학 중인 인도네시아 유학생들을 위한 격식 없는

형태	사이트	국적	회사명	설명
온라인 포럼 (Online forum)	Kaskus	인도 네시아	PT. DARTA ME- DIA INDONE- SIA	• 인도네시아 대표 사이트 중 하나 • 중고 및 개인 간 거래 중심 • 현재 OLX보다 트래픽에서 밀리는 추세
	OLX	남아공	Naspers	• 토고바구스와 베르니아가의 합병 후 OLX Indonesia로 리브랜딩_본문 내용과 다름.
마켓 플레이스 (Market place)	Tokopedia	인도 네시아	PT. Tokopedia	• 2016년 구직자들이 가장 선호하는 벤처기업 중 하나 • 2014년 소프트뱅크벤처스로부터 투자
	Bukalapak	인도 네시아	PT. Bukalapak	• 중소기업의 온라인 판매 후원
	Elevenia	한국	SK planet	• 2014년 3월 인도네시아에 진출 • SK플래닛과 XL통신사가 함께 제작 • 한국, 국가 브랜드 파워 및 한류 이용
	Qoo10	한국	지오시스 그룹	• 지마켓 운영자가 이베이와 합작하여 만든 다국적 오픈마켓 • 현재 싱가포르, 말레이시아, 홍콩, 중국 등 총 6개 지역에서 8개 온라인 마켓을 운영 중
	Blanja	인도 네시아	PT. Telekomu- nikasi Indonesia Tbk	• 이베이와 텔콤 통신사의 조인트 벤처 • 이베이의 판매방식(경매)이 아닌 고정된 가격으로 판매 • 국영기업과 연관되어 성장에 제한. 특히 중고품 판매 금지 • 인도네시아 전역에서 중소기업을 위한 트레이드 포털로 육성하겠다는 정부의 입장 • 전자상거래 시장에 글로벌 기업 진출과 경쟁 심화로 실현 가능성은 미지수

형태	사이트	국적	회사명	설명
기업과 소비자 간 거래 (B2C: Business to Consumer)	Lazada	독일	Rocket Internet	• 2012년 동남아에 통신판매회사로 설립 • 인도네시아뿐만 아니라 말레이시아, 태국, 필리핀 등에서 월간 방문자 수 1위 차지 • 아마존과 알리바바 같은 대기업이 진출하지 않은 곳에서 성장 전략을 구사하는 경향이 있음 • 로켓인터넷의 또 다른 B2C사이트인 Lamido와 통합
	Zalora	독일	Rocket Internet	• 온라인 패션업체 • 2015년 12월 PT. Pos(인니 우체국)과 협력하여 무료 반품 서비스 시작
	Groupon	미국	Groupon Inc.	• 일정 수 이상의 구매자가 모일 경우 파격적인 할인가로 상품을 판매하는 전략 • 최근 성장 정체기 • 알리바바가 그루폰 주식 3,300만 주를 인수하며 4대 주주로 등극
	Yes24	한국	yes24	• 예스24인도네시아에서 운영 중
	Bhinneka	인도네시아	PT Bhinneka	• 스마트기기 전문 판매(현재 악기와 장난감 등의 카테고리 확대)
	Matahari Mall	인도네시아	Lippo Group	• 정부기관을 대상으로 한 새로운 마켓플레이스 오픈 예정 • 현제 veta 운영 중(Mbiz.co.id)
	Shopee	싱가폴	Garena	• 2015년 12월 공식 오픈 • 웹이 아닌 모바일 애플리케이션 서비스만 제공 • JNE물류와 파트너십을 통해 물류비 절감
	Map emall	인도네시아	PT. Mitra Adiperkasa	• Mitra Adiperkasa는 'map'으로 알려진 인도네시아 대규모 소매업체 럭셔리 브랜드 • 2015년 중반 e-Commerce사업 발표 후, 2016년 2월 18일부터 서비스 개시 • 전자제품을 제외한 각국의 다양한 브랜드가 입점

출처: 한국무역협회 2016.

포럼으로 미국의 시애틀에서 공부하던 네 명의 인도네시아 학생에 의해 1999년에 창립되었다. 인도네시아 온라인 포럼의 리더가 된 이 웹사이트는 순식간에 인기몰이를 했고 1년도 채 지나지 않아 6억 개의 게시물이 게재된다. 이 포럼의 이용자들은 새 물건이나 중고품을 다른 이용자에게 직접 판매한다. 혹자는 카스쿠스를 인도네시아 버전의 업그레이드된 크레이그리스트Craigslist로 비유하기도 한다. 근래에 들어 이 웹사이트는 토론 포럼과 거래 포럼이라는 두 가지 주요 하부영역으로 나뉘었다. 카스쿠스는 780만 명의 등록된 회원 수를 자랑하는 명실 공히 인도네시아에서 가장 큰 포럼 사이트이며, 2015년 1월 기준 월간 방문자 수가 3,800만 명이나 되는 인도네시아인이 가장 자주 찾는 웹사이트 중 하나이기도 하다. 2014년 5월경 카스쿠스는 680만 사용자가 4,000개의 새로운 글을 매일 작성하고 있다고 보고했다. 이 사이트는 또한 매달 7억 5천만 페이지 뷰와 2,500만 방문객들을 자랑한다. 방문객은 사이트에서 매일 평균 29분 정도를 사용한다고 한다.

② 오엘엑스OLX: 카스쿠스의 가장 큰 경쟁자이다. 2003년 '토코바구스'로 시작한 이 업체는 베르니아가Berniaga와 합병 후 2014년 오엘엑스 인도네시아OLX Indonesia로 리브랜딩했다. 오엘엑스는 사용자가 광고를 만들어 소셜 네트워크에 게재할 수 있게 해 주는 온라인 광고 플랫폼으로서, 인도네시아에서 가장 큰 전자상거래 플랫폼이자 세 번째로 큰 인도네시아 웹사이트이다. 이곳에서는 단순 중고거래뿐만 아니라 개인 간 거래가 활발히 일어나고 있다.

③ 큐텐Qoo10: 한국의 지마켓G마켓과 이베이eBay의 합작투자회사이며, 2012년 인도네시아에 상륙했다. 이 사이트는 C2C와 B2C 플랫폼을 가지고 있으며 현재 6개국에서 영업 중이다. 큐텐 인도네시아 법인은 사이트에서 판매되는 상품에서 7~12퍼센트의 수수료를 청구하며, 판매자는 큐텐의 해외법인 웹사이트에도 판매 품목을 게시할 수 있다. 이 사이

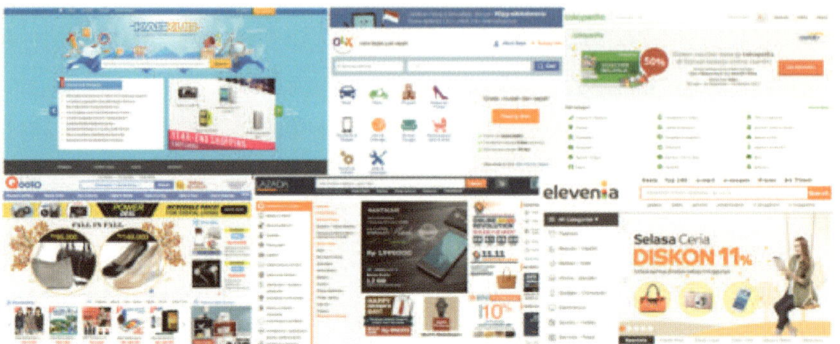

그림 6.1　　인도네시아의 주요 전자상거래 사이트

트는 2015년 1월 기준 월간 방문자가 약 170만 명 정도 되는 것으로 추정된다.

④ 토코피디아Tokopedia: 인도네시아의 가장 큰 전자상거래 사이트라고 자부하는 곳이다. 2014년에는 쇼핑객들이 한 달간 평균 200만 개에 달하는 제품을 구매하는 등 매달 천만 명이 방문하고 있다.

한편 인도네시아의 회사와 소비자 간B2C 거래 사이트로서는 2013년까지 아마존Amazon이 가장 인기 있었다. 인도네시아 현지법인이나 물류 인프라가 없음에도 불구하고, 아마존의 다양한 제품 폭은 가장 많은 수의 방문자를 이끌어 냈다. 그러나 2012년에 창립된 로켓 인터넷Rocket Internet의 야심작 라자다 인도네시아Lazada Indonesia가 2014년 아마존을 제치고 정상의 자리에 올라섰다. 이러한 변화는 전자제품으로부터 더 넓은 범위의 생활용품으로 집중 범위를 넓힌 2014년 리브랜딩rebranding의 결과이다. 라자다는 또한 자국어로 된 마케팅 캠페인, 당일 배송 및 소비자 혜택 등을 통해 자국 시장을 다루는 데 한 수 위임을 보여 주었다. 현재 라자다 인도네시아는 사실상 인도네시아에서 가장 큰 온라인 쇼핑몰이다. 이 사이트는 스마트폰, 각종 도구, 아기용품, 컴퓨터, 노트북, 가정용품 등 5만여 가지가 넘는 상품을 제공한다. 월간 방문자 수는 3,050만 명으로 추정되며 인터넷, 웹트래픽을 놓고 보면 인도네시아 12위에 해당

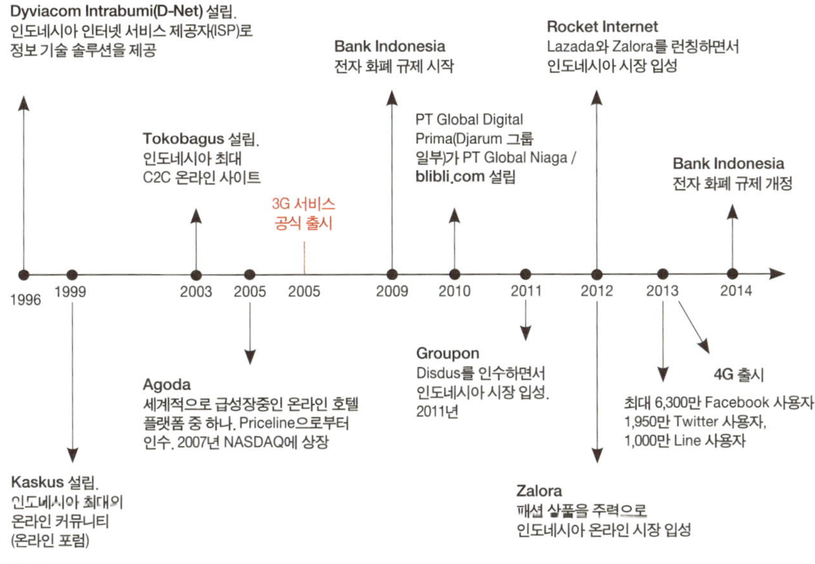

출처: USB 2014.

된다. 싱가포르에 본사를 두고 있는 라자다는 기업 대 소비자 간 상거래 플랫폼을 바탕으로 6개국에서 영업 중이다.

로켓 인터넷의 패션 벤처인 잘로라 또한 인도네시아 시장에서의 거대한 회사이다. 아시아 태평양 지역의 10여 국가에서 영업하고 있지만, 인도네시아 지점이 그룹 총수익에서 가장 큰 지분을 가지고 있다.

이 외에 치피카Cipika, 클라파Qlapa, 쿠카KuKa, 리마킬로Limakilo 등도 온라인 비즈니스에 진출한 대표적인 회사들이다. 이들은 현지 트렌드와 현지인의 사고방식에 익숙한 점을 무기로 자국의 문화적 특성 및 고객 유형에 최적화된 비즈니스를 전개하고 있다. 이와 더불어 온라인 채널의 효과가 가시화되면서 오프라인에서 온라인으로 진출하는 회사들이 늘어나고 있다. 예를 들어, 마타하리 몰Matahari Mall, 맵 이몰Map Emall 등은 최근 온라인으로 사업영역을 확장했고, 특히 맵 이몰은 매출 증대에 온라인 채널이 큰 영향을 미쳤다고 평가되고 있다(Tech in Asia 2016). 인도네시아의 잠재성을 확인한 일본은 거대 기업 라쿠텐의 독립형 자회사 형태인 라쿠텐 블란자 온라인Rakuten Belanja Online을 통해 시장에 진입했다.

4. 온라인 쇼핑 이용자들의 구매품목 순위와 소비 사례

우선 온라인 쇼핑 구매품목 순위가 높은 상품들을 살펴보고, 인도네시아의 온라인 소비패턴을 일반 구매패턴과 비교했을 때 특히 차이가 나타나는 두 가지 사례에 대해 살펴보자. 두 가지 사례 중 하나는 인도네시아에서 가장 높은 매출 비중―2014년 매출 비중의 17.3퍼센트(이베스트투자증권 리서치센터 2015)―을 차지하는 '식음료 및 담배' 부문 중 '식료품grocery'의 온라인 구입' 사례이고, 다른 하나는 소비패턴에 큰 변화가 일어난 '라마단 기간의 온라인 쇼핑' 사례이다.

1) 온라인 쇼핑 구매품목의 순위

온라인 쇼핑구매 순위는 식품 구매를 제외하고는 오프라인과 크게 다르지 않다. 스태티스타Statista의 2013년 조사에 따르면 온라인 쇼핑을 통해 구입하는 품목 중에서 가장 인기 있는 상품은 의류(67.1퍼센트), 신발(20.2퍼센트), 가방(20퍼센트)이며, 그 뒤를 시계, 핸드폰, 항공 티켓, 액세서리, 화장품 등이 잇는다. 남성보다 여성이 구매를 더 자주 했으며, 가장 큰 지출 품목은 옷, 모바일기기, 여행, 노트북, 액세서리 등이다. 옷이나 가방 같은 액세서리는 여성의 주요 온라인 구매품목으로 자리 잡고 있으며, 휴대폰이나 컴퓨터 같은 전자기기는 주로 남자들의 온라인 구매품목을 구성하고 있다.

한편 분류방식을 약간 다르게 한 2015년 조사의 온라인 구매 순위에

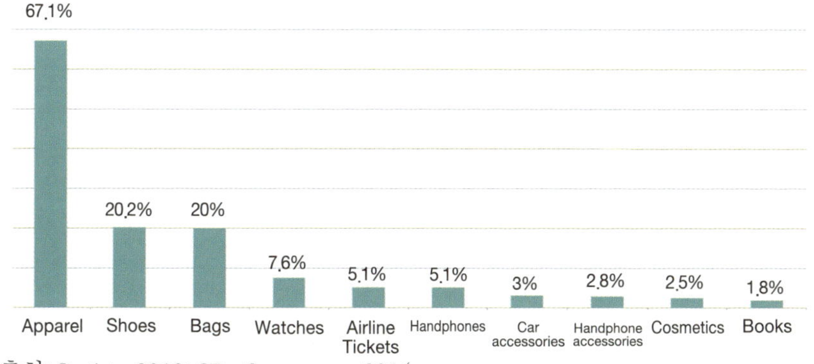

출처: Statista 2013; SP eCommerce 2014.

의하면(Statista 2016), 여행 관련 서비스(비행기 티켓, 호텔비, 패키지 여행비, 여행교통경비 등) 구매 지출이 특히 높아서 총 14억 6천만 달러 정도였다. 이는 어떤 제품의 구매 지출보다도 월등하게 높은 수치이다. 온라인 제품 구매 중 1위를 차지하는 의류에 지출한 비용은 7억 9천만 달러 정도로, 여행 관련 서비스 구매 비용에 비하면 절반에 불과했다. 의류 이외에 온라인 소비 10위 안에 드는 제품은 가정용품, 미디어/엔터테인먼트, 가전제품, 신발/개인생활용품, IT, 통신, 식품류food/near food, 미용/건강용품, 장난감 등의 순이다.

2) 사례1: 온라인 식료품 소비

현재 온라인 쇼핑의 가장 취약한 영역은 고가 제품과 식품이다. 스마트폰, 노트북, TV, 세탁기 등 고가의 제품을 온라인으로 구매하는 사람들이 생겨나고 있기는 하지만, 신뢰의 문제 때문에 많은 사람이 고가 제품을 온라인으로 구매하는 데 익숙해지기까지는 시간이 걸릴 것이다. 또한 식품은 아직 대부분의 소비자가 매장에 직접 가서 구매를 하고 있다.

스냅카트 모바일 앱Snapcart mobile app을 활용해 15만 명 쇼핑객의 영수증 흐름을 분석하고 설문조사를 실시한 결과, 20퍼센트의 쇼핑객만 온라인 식료품 쇼핑을 더 선호하는 것으로 나타났다(Snapcart 2017). 특히 해피프레시HappyFresh, 빌나Bilna 및 어니스트비Honestbee 같은 온라인 전용 식료품점에서 구매하는 쇼핑객은 4퍼센트 정도에 불과하다. 온라인으로 구매할 때에도 소비자들은 오프라인 매장도 가지고 있는 알파카트(Alfacart, 10퍼센트)와 클릭 인도마렛(Klik Indomaret, 9퍼센트)을 더 선호했다. 설문조사 대상 고객 중 36퍼센트는 쇼핑장소를 선택하는 가장 중요한 이유로 온라인 쇼핑이건 오프라인 쇼핑이건 상관없이 '편의성'을 꼽았다. 이와 관련해 포브스Forbes는 식료품을 온라인으로 구매하는 주요 이유가 시간절약(39퍼센트)과 비용 절약(36퍼센트)이라고 밝혔다.

온라인 식료품 구매가 오프라인 식료품 구매에 비해 훨씬 저조한 것은 대부분의 온라인 쇼핑몰이 제품의 안전성, 유통기한, 상품변질 등에 대한 우려로 식료품 직매를 하지 않고 있기 때문이다. 이로 인해 전체적인 식음료의 매출 비중은 전 품목에서 1위를 차지하지만 온라인 쇼핑 품목에서 식료품은 8위(약 1억 8천 달러)에 불과하다.

그러나 자녀가 있는 중산층 가정주부들은 식료품과 아기용품의 구매에서 온라인 쇼핑을 적극 활용하고자 한다. 또한 중상위층의 가정은 좋은 질의 음식을 합리적인 가격에 사기를 원하기 때문에 온라인 쇼핑을 통한 식품 구매가 늘어나고 있다. 한편 온라인 쇼핑은 대도시의 심한 교통체증을 뚫고 오프라인 상점에 물건을 사러 가야 하는 수고를 덜어 준다는 장점이 있기 때문에 자카르타 같은 대도시 거주 소비자의 수요가 크게 늘어나고 있다. 예를 들어, 부인의 부탁으로 필요한 식료품을 구매하러 나간 남편이 엄청난 교통체증과 매장의 긴 줄, 양손에 가득 들어야 하는 무거운 짐 등으로 고생을 하는 스토리와 함께 온라인 쇼핑이 이러한 수고를 얼마나 덜어 줄 수 있는지를 대비하면서 온라인 식품 구매의 장점을 강조하는 유튜브 광고가 나왔을 정도이다. 최근 여러 온라인 식료품 업체

그림 6.2   Seroyamart.com 광고 캡처

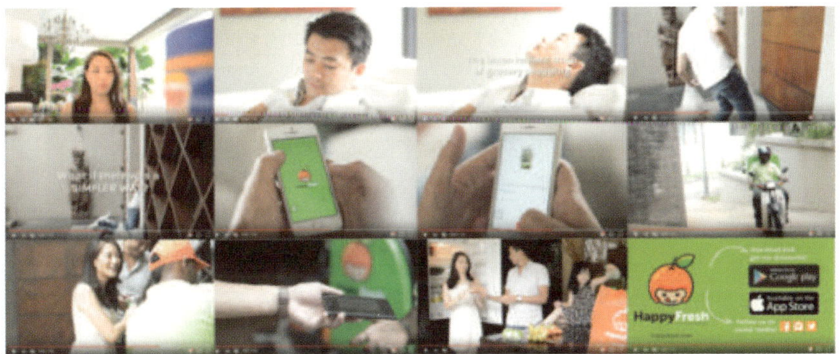

그림 6.3   HappyFresh.com 광고 캡처

에서는 온라인 구매로 시간절약을 할 수 있다는 점, 즉 편의성을 강조하는 광고들을 사용하고 있다(그림 6.2, 그림 6.3).

인도네시아를 포함한 아시아 지역에서 도시에서 일하는 젊은 인구가 증가하면서, 수시로 구입하는 신선식품 온라인 쇼핑 시장이 매년 두 자리 수의 증가세를 보여, 2020년에는 미화 130억 달러 규모가 될 것이라는 전망이 나왔다. 자카르타에 설립된 식품 유통 전문 스마트폰 애플리케이션 해피프레시는 "인도네시아에서 중상류층 소비자들이 온라인 식료품 쇼핑 트렌드를 선도할 것으로 예상한다"고 주장한다. 이 업체는 아시아 지역은 똑똑해지는 식품 소비자, 소득증가, 빠른 도시화, 스마트폰 보

그림 6.4　HappyFresh.com 공식 홈페이지 메인 화면

급 확대, 광대역 인터넷망 확산 등이 진행되고 있어 온라인 거래 잠재력이 크다고 보았다. 또 자카르타와 수라바야 등 대도시는 교통정체가 날이 갈수록 악화되면서 소비자들이 식품 구입을 온라인으로 전환하고 있다고 분석했다. 해피프레시는 현재 소비자들이 온라인으로 가장 많이 구매하는 품목은 우유와 유가공품 및 달걀이고, 젊은 전문직 종사자와 외국인들은 토마토, 스파게티, 닭가슴살 등을 온라인으로 많이 구매한다고 밝혔다.

해피프레시는 싱가포르 베르텍스 벤처Vertex Venture와 인도네시아 시나르마스Sinar Mas Digital Venture가 2015년 자본금 1,200만 달러를 투자해 설립한 회사로 인도네시아, 말레이시아, 태국, 싱가포르 등에서 영업하고 있다. 인도네시아에서는 랜치마켓 및 롯데마트와 협력하고 있다(Daily Indonesia 2016).

그러나 인도네시아의 온라인 쇼핑 기업들은 취약한 인프라 환경 등으로 인해 소비자들의 요구에 부합하는 양질의 서비스를 충분히 제공하지 못하고 있다. 이 문제가 해결된다면 온라인 식품 소비 비중의 급격한 증가가 이루어질 수 있을 것이다.

3) 사례2: 라마단 기간의 온라인 쇼핑

인도네시아는 인구의 90퍼센트가량이 무슬림이다(Statista 2016). 세계 4위의 인구를 가진 인도네시아에서 이처럼 무슬림 인구의 비중이 높다는 것은 인도네시아가 세계 최대의 무슬림 인구 거주국임을 의미한다. 모든 무슬림 국가는 매년 한 달간 라마단(이슬람교에서 행하는 한 달의 금식 기간으로 날짜는 매년 10일씩 앞당겨진다)을 지켜야 한다. 2016년 인도네시아는 6월 말부터 7월 말까지 라마단을 보냈다. 라마단은 인도네시아인의 일상생활에 큰 영향을 미치며, 인도네시아인의 인터넷 사용 방식에도 큰 영향을 미친다.

라마단 기간 동안 인도네시아의 매출은 줄어들 것으로 생각하기 쉽지만, 사실은 라마단은 일 년 어느 때보다도 음식과 의류, 오토바이 등의 매출이 오히려 늘어나는 기간이다(Kakihara 2016). 라마단은 금식기간이지만 낮에만 식사를 자제할 뿐 일출 전인 새벽 3~4시에나 일몰 후인 오후 6시경에는 가족이나 친구들이 한데 모여 성대한 저녁식사인 '이프타르'를 즐긴다. 이프타르는 '금식을 깬다'는 뜻이다. 인도네시아 무슬림은 오래 비어 있던 위를 달래면서 빠른 에너지 보충을 위해서 일몰이 되자마자 단 스낵(푸딩류와 야자대추 등)과 음료(시럽류)부터 먹는 경향이 있다(한국문화산업교류재단 2013). 라마단 기간에는 이러한 스낵과 성대한 저녁식사를 위해서 서로 음식을 선물하는 전통이 있다. 이는 예언자 무하마드가 라마단 기간 동안 가장 많이 주고받았던 선물은 음식이었다는 사실에 기인한다.

표 6.10 2017년까지의 라마단 기간

연도	5월	6월	7월	8월
2011				8.1~8.29
2012			7.20~8.18	
2013			7.9~8.7	
2014		6.28~7.27		
2015		6.18~7.16		
2016		6.6~7.5		
2017	5.27~6.5			

그림 6.5　라마단 기간 자카르타 사원 풍경

　　라마단 기간 동안 보통 큰 세일을 많이 하는 야간 시장은 연일 북새통이고, 인터넷 쇼핑몰은 라마단 고객을 잡기 위해 대대적 할인 공세를 편다. 연 매출의 30퍼센트 정도가 이 기간 동안 이루어질 정도이다. 인도네시아 노동법상 라마단 기간 1개월분 급여를 특별 지급하는 규정과 각 회사에 성월holy month의 마침을 기념하기 위해 일주일 정도 휴가를 주도록 권유하는 것도 소비를 끌어올리는 데 한 몫 한다. 원래는 3일 정도인 르바란 기간이 실제로는 일주일 정도로 연장되는 것이다. 인도네시아의 많은 기업도 르바란 기간에 주목해서 르바란 세일을 많이 하고 있다.

　　무엇보다 라마단 기간 동안 전자상거래는 구매력 있는 소비자층을 중심으로 활성화된다. 인도네시아 온라인 환경에서의 라마단 관련 쇼핑에 대한 관심은 라마단 시작 일주일 전에 이미 시작된다. 또한 라마단 직후의 르바란 관련 선물 쇼핑과 여행 관련 온라인 쇼핑에 대한 관심 역시 일주일 정도 이전부터 시작된다. 즉, 모두 합쳐서 한 달 반 정도 라마단 관련 특별 온라인 쇼핑이 이루어지는 셈이다.

　　그렇다면 라마단 기간 온라인에서는 무엇에 대한 관심이 높아질까? 구글 인도네시아에 따르면, 2016년 라마단 기간 동안 온라인에서 가장 많이 검색된 키워드는 여행(30퍼센트)과 의류(29퍼센트)였다. 라마단 기간 직후인 르바란 기간에 가족들을 만나러 가거나 해외여행을 가고자 하

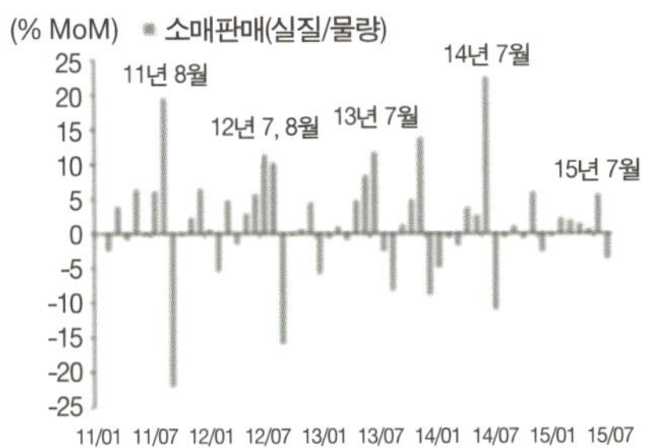

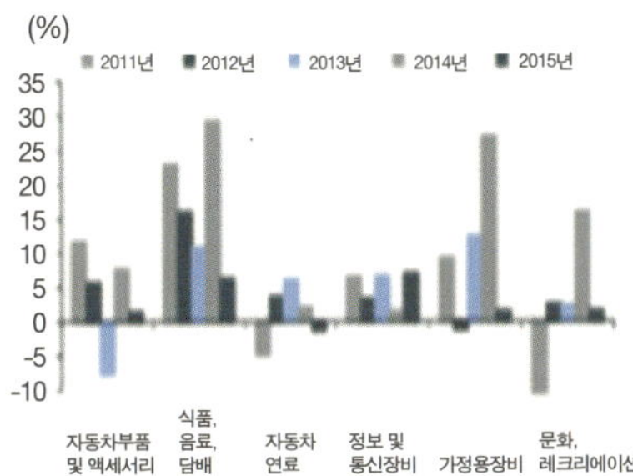

출처: 이베스트투자증권 리서치센터 2015

그림 6.6　라마단 기간 인도네시아 야간 시장

는 사람들로 여행 관련 상품 판매가 온라인 판매품목에서 큰 비중을 차지한다. 또한 르바란을 위해서 새 옷을 장만하는 풍습이 있어 의류 사이트가 특히 대목을 맞는다. 이 기간 의류 쇼핑몰 사이트들은 다양한 프로모션과 이벤트로 고객을 유인한다. 그 밖에도 가전(24퍼센트), 통신서비스(19퍼센트), 스마트폰(17퍼센트) 분야의 검색어가 증가하는 것으로 나타났다. 실제로 2011~2015년을 평균해보았을 때, 라마단 기간 동안 아랍권에서 전자제품은 30퍼센트, 식품은 20퍼센트, 신문/TV 광고는 15퍼센트, 통신 서비스는 10퍼센트 정도 소비가 증가한 것으로 집계됐다(KOTRA 2016).

5. 맺음말

인터넷과 휴대폰 사용 인구의 증가, 고객층의 확대, 온라인 쇼핑몰의 성
장, 소셜 미디어의 영향력 증가 등으로 인도네시아 전자상거래 시장의 매
력도는 빠른 속도로 신장하고 있다. 그러나 인도네시아 전자상거래 시장
의 미래가 밝다고 해서 성급하게 진출한다면 여러 가지 장애에 부딪칠
수 있다. 인도네시아 전자상거래 시장에 성공적으로 진출하기 위해서는
다음과 같은 과제들을 인식하고 이를 해결하기 위한 준비를 충분히 할
필요가 있다.

1) 소비자 신뢰 확보를 위한 소셜 미디어의 활용

전자상거래 이용자들을 대상으로 한 설문조사 결과에 따르면(Google
Indonesia 2016), 대다수의 응답자가 언급한 온라인 구매 확대의 장벽은
'고품질의 제품 구매에 대한 신뢰 부족'과 '낮은 대역폭과 4G의 늦은 채
택으로 인한 빈약한 인프라'의 두 가지였다. 응답자의 94퍼센트가 언급
한 '신뢰 문제'가 전자상거래 성장에 가장 큰 장벽으로 여겨지고 있는데,
여기에는 인터넷, 온라인 지불 및 전자상거래 비즈니스 자체에 대한 신뢰
부족이 포함된다는 점에서 신뢰 문제와 빈약한 인프라 문제는 서로 관련
있다고 할 수 있다.

인도네시아 소비자들은 ① 배송된 상품이 웹사이트에 게시된 사진과
일치하지 않을까 봐, ② 인터넷 보안이 못 미더워 개인 정보를 제공하기
꺼림칙해서, ③ 판매자가 물품을 배송하지 않을 경우를 배제하기 어렵기
때문에 온라인 거래를 망설이고 있었다. 이와 함께 지저분한 웹 사이트,
의심스러운 지불 시스템, 그리고 빈약한 고객 서비스가 혼재된 상황에서
많은 인도네시아 고객은 온라인 쇼핑 대신에 가장 가까운 가게로 가게

된다는 것이다(CIMB 2015).

이처럼 인도네시아인이 신뢰 문제로 온라인 구매를 꺼리는 경우가 많다는 것은 인도네시아인이 위험부담을 특히 싫어하는 경향이 있다는 것을 반영한다(McKinsey 2013). 닐슨Nielson의 2013년 조사에 따르면, 10명 중 6명의 고객이 온라인상에서의 신용카드 정보 제공이 꺼려진다고 답했다. 또한 구글의 2013년 조사에 따르면, 고객의 21.5퍼센트가 물품을 구매하기 전에 구매 물품을 직접 만져보거나 느껴 볼 수 없다는 점에 대해 불편하다고 답했다. 유럽의 일반적인 패션 웹사이트가 주문 대비 5퍼센트의 고객 문의를 받는 반면, 인도네시아의 잘로라는 한 건의 주문당 한 건의 문의 전화나 메시지를 받는 정도라는 점은 전자상거래에 대한 인도네시아 소비자들의 걱정을 여실히 드러내고 있다.

따라서 인도네시아의 온라인 쇼핑 시장에 진출하고자 하는 기업이라면 무엇보다도 먼저 소비자들에게 자사의 전자상거래의 신뢰성을 충분히 보여 주면서 설득해야 할 것이다. 이와 관련해 인도네시아인은 구매하기 전에 질문도 하고 추천을 받음으로써 판매자와 소비자 간의 상호작용이 이루어질 수 있는 소셜 네트워크 사이트를 온라인 쇼핑 장소로서 선호한다는 점을 활용할 필요가 있다. 페이스북 메신저, 블랙베리 메신저, 라인 등의 모바일 메신저에서 소비자들이 소매업자와 직접 대화를 나눌 수 있도록 하고, 카스쿠스와 토코바구스 등의 온라인 포럼에서 소비자가 구매 내역과 상품 리뷰를 공유할 수도 있도록 기업 차원에서 운영할 필요가 있다. 인도네시아인이 소셜 미디어에 대해 거부감이 없다는 것은 기존의 고객과 잠재고객을 포섭하기 위한 기회가 될 수 있다. 또한 소셜 미디어를 통해 고객의 불만을 단시간 안에 개별적으로 처리할 수 있다. 이렇듯 인도네시아 온라인 업계에서 성공하기 위해서는 소셜 미디어에서의 활발한 활동은 필수라고 할 수 있다.

2) 지불방식의 개선

전자상거래에 대한 신뢰가 부족한 인도네시아에서 현재 인기 있는 지불방식은 '상품 인도 후 현금 결제방식'과 '은행 송금Bank transfer'이다. 온라인 주문 상품이 도착했을 때 현금을 지불하는 '상품 인도 후 현금 결제방식'이 인기 있는 이유는 ① 신용카드가 없는 사람들도 온라인 거래를 할 수 있고, ② 배송을 판매자가 부담할 뿐만 아니라 ③ 배송 후에도 구매 취소가 가능하기 때문이다(Tech in Asia 2015a). 이러한 이유로 처음으로 온라인 거래를 접해 보는 사람들을 충성 고객으로 만들기 위해서 '상품 인도 후 현금 결제방식'은 필요악일 수 있다.

'은행 송금' 역시 인기 있는 지불방식 중 하나이지만, 대부분의 온라인 쇼핑 회사는 주문이 완료되는 시기(입금이 완료되었을 때)와 주문이 접수되었을 때 사이에 시간 차이가 있기 때문에 고객이 때때로 구매를 재고려할 가능성이 있다는 점에서 은행 송금 방식에 불만을 표출하고 있다. 이 기간 동안에 소비자들은 송금을 하지 않음으로써 거래를 완료하지 않을 가능성이 있고, 이는 구매 취소로 이어지기 때문이다. 은행 송금은 보통 여러 단계의 추가 절차를 밟아야 거래가 완료되기 때문에 다른 지불방법에 비해 사실상 가장 복잡한 지불방법이다.

이러한 전통적인 결제수단에 대한 강한 선호에 따라 인도네시아에 진출하는 전자상거래 기업들은 결제수단에 대해 어려움을 겪고 있다. 고객들은 인터넷 뱅킹 같은 새로운 형태의 결제수단을 널리 사용하지 않고 ATM에서 소매업자의 계좌로 직접 이체하기를 선택하고 있기 때문이다. 이는 고객으로 하여금 온라인에서 구매하기보다 직접 오프라인 상점을 방문하여 구매하기로 결정하게 만드는 주원인이 되고 있다.

인도네시아인의 신용카드 활용률이 낮기 때문에 현지 온라인 쇼핑 기업들은 독창적인 결제방법을 개발하려고 노력하고 있다(CIMB 2015). 티켓닷컴Tiket.com 같은 여행 전문 사이트는 14개의 다양한 결제방법을 선보이고 있는데, 이는 인도네시아의 어떠한 온라인 사이트보다 많은 숫자이다. 더 나아가 카스쿠스는 소비자 대 소비자 간 거래를 위한 결제 시스템을 새로 고안했다. 이와 같은 결제 옵션들의 다양화는 인도네시아의 전자상거래 산업 전반을 성장시키는 데 긍정적 영향을 미친다. 인도네시아 전자상거래 시장에 진출하고자 하는 기업이라면 이처럼 인도네시아인이 신뢰할 수 있으면서도 기업에서도 운영하기 편한 결제방식의 개발에도 신경 써야 할 것이다.

3) 물류의 개선

낙후된 인프라로 인해 인노네시아에서의 물류지원은 상당히 어렵다. 외진 곳으로의 배송시간은 다른 곳에 비해 훨씬 더 오래 걸리고, 이로 인해 기분이 상한 구매자는 주문을 취소할 수도 있다. 이런 문제를 해소하기 위해 온라인 판매 회사인 라자다 인도네시아 법인은 유통 네트워크에 투자하고 있다. 일례로, 이 회사는 최근 1만 3,800제곱킬로미터 규모의 창고를 리스했는데, 이로 인해 기존보다 3배 이상의 물품을 보관할 수 있을 것이다. 비네카 같은 다른 사이트들은 온라인 구매를 장려하기 위해 자카르타 내에서의 무료 배달을 제공하고 있다(SP eCommerce 2014). 이런 노력들은 주문 완료 성공률을 높이고 인도네시아 네티즌이 온라인 쇼핑을 보다 편하게 할 수 있기 위한 방책의 일환이라고 할 수 있다.

한편 인도네시아의 낙후된 인프라는 기업만이 아니라 고객에게도 난제이며, 이는 온라인 쇼핑의 증가에 긍정적으로 작용하고 있는 점도 있다. 급속한 도시화로 인한 교통체증 등의 상황 때문에 소비자들은 온라인 쇼핑으로 넘어가고 있는 추세이다. 이러한 온라인 쇼핑객의 증가를 더욱 앞당기기 위해서는 전자상거래 진출 기업이 경험이 많고 신뢰할 수 있는 물류 공급 파트너와 긴밀하게 협력하여 함께 진출하는 것도 고려할 필요가 있다. 즉, 전자상거래 기업들의 더 정교화된 물류 솔루션에 대한 수요는 국내외 물류 회사들의 투자로 이어지게 될 것이다. 이러한 투자의 한 예인 국제우편물의 분배와 배송방식 개선은 전자상거래 산업의 성장을 부흥시키고 지역 단위 물류 네트워크를 강화할 것이다.

4) 정보통신기술 인재의 양성

인도네시아의 정보통신기술 인재는 현재 매우 부족한 상황이다. 특히 전문교육을 받은 정보통신기술 인재를 채용하는 것은 매우 어렵다. 게다가 정보통신기술 인재의 해외 유출 문제도 있다. 따라서 전자상거래 시장에 새로 뛰어드는 기업들이 이미 자리를 잡은 기존 기업으로부터 이러한 고급 인력을 계속 빼 갈 가능성이 높다. 이로 인해 정보통신기술 인재의 급여는 신입사원의 경우 35~45만 원, 매니저급은 수백만 원에 이르러 기업 운영에 큰 부담이 되고 있다. 인재 부족에 의한 임금 상승과 물가 상승으로 인건비는 계속 상승하고 있다(Yuniar 2015). 인재 경쟁이 심화될수록 비즈니스 비용 또한 상승할 것으로 예상된다.

따라서 인도네시아 전자상거래 시장에 진출하려는 기업은 정보통신기술의 효율화로 필요 인력을 최소화하는 한편, 절약한 비용을 활용해 일단 채용한 인력에 대한 다양한 인센티브를 제공함으로써 쉽게 다른 회사로 옮기지 않도록 하는 노력이 필요하다. 또한 인도네시아 현지 직원 채용 시 정보통신기술 교육·훈련기회를 제공하여 정보통신기술 인재로 성장할 수 있도록 하는 것이 윈윈win-win 전략이 될 수 있을 것이다.

데일리 인도네시아. 2016. 「온라인 쇼핑 자카르타 신선식품 시장에 도전 장」. 2월 2일.

이지혁, 이수현. 2017. 「인도네시아 하이브리드 편의점의 태동과 소비문 화」. 『동아연구』 36(1): 209-252.

한국문화산업교류재단. 2013. 「인도네시아 라마단 풍경」. 7월 23일.

CIMB. 2015. "The dawn of an e-commerce age." Retrieved January 5, 2017. from https://brokingrfs.cimb.com/U0Av_WNRGQm-v9idX4gZ6VKsej6oIffecIjmaPZWaqnndb3YbYWWIEvLFtX-gVo3XYmy81.pdf

Euromonitor. 2014. "Consumer lifestyles in Indonesia." Retrieved January 5, 2017. from http://www.euromonitor.com/consumer-lifestyles-in-indonesia/report

Kakihara, M. 2016. "From Fast to Feast: Indonesian Consumer Behavior During Ramadhan." Retrieved December 3, 2016. from http://apac.thinkwithgoogle.com/articles/from-fast-to-feast-indonesian-consumer-behavior-during-ramadhan.html

McKinsey & Company. 2013. "The evolving Indonesian consumer." Retrieved January 5, 2017. from http://www.mckinseyonmarketingandsales.com/sites/default/files/pdf/Indonesia%20Consumer%20Report%202014.pdf

McKinsey & Company. 2016. "Unlocking Indonesia's digital opportunity." Retrieved January 17, 2017. from http://www.mck-

insey.com/~/media/McKinsey%20Offices/Indonesia/PDFs/
Unlocking-Indonesias-digital-opportunity.ashx

Snapcart. 2017. "The Coexistence of offline and online grocery
shopping." Retrieved January 25, 2017. from https://snap-
cart.asia/the-coexistence-of-offline-and-online-gro-
cery-shopping

SP eCommerce. 2014. "Indonesia's eCommerce landscape 2014: In-
sights into one of Asia Pacific's fastest growing markets."
Retrieved January 5, 2017. from http://www.specommerce.
com.s3.amazonaws.com/dl/wp/141215- white-paper-in-
donesia.pdf

Tech in Asia. 2015a. "Barriers to Indonesian ecommerce - separating
fact from friction." Retrieved January 5, 2017/ from https://
www.techinasia.com/friction-points-and-barriers-indo-
nesia-ecommerce/

Tech in Asia. 2015b. "28 popular online shopping sites in Indonesia."
Retrieved January 5, 2017. from https://www.techinasia.
com/popular-online-shopping-platforms-in-indonesia

Tech in Asia. 2016. "6 takeaways from Indonesia's ecommerce battle-
field." Retrieved January 5, 2017. from https://www.techina-
sia.com/talk/6-takeaways-indonesias-ecommerce-battle-
field

UBS. 2014. "Q-Series ®: ASEAN eCommerce." Retrieved January 5,
2017. from http://simontorring.com/wp-content/uploads/
UBS-report-2014.pdf

We Are Social. 2016. "Digial in 2016." Retrieved January 5, 2017. from http://wearesocial.com/sg/special-reports/digital-2016

We Are Social. 2017. "Digial in 2017: Southeast Asia." Retrieved January 30, 2017. from http://wearesocial.com/sg/blog/2017/02/digital-southeast-asia-2017

Yuniar, R. 2014. "Indonesia's mobile internet users: the numbers." Retrieved March 5, 2015. from http://blogs.wsj.com/briefly/2014/12/05/indonesias-mobile-internet-users-the-numbers

Yuniar, R. 2015. "What makes e-commerce work in Indonesia?" Retrieved January 5, 2017. from http://blogs.wsj.com/indonesiarealtime/2015/03/03/what-makes-e-commerce-work-in-indonesia

인도네시아 관련 통계 참고 사이트

국제통화기금(www.imf.org)

대한무역투자진흥공사(www.kotra.or.kr)

미국 중앙정보국(www.cia.org)

세계은행(www.worldbank.org)

스태티스타(www.statista.com)

이베스트투자증권 리서치센터(www.ebestsec.co.kr)

한국무역협회(www.kita.net)

07

잘란잘란 자카르타:
신문기사를 통해 본 자카르타의 도시 소비 경관

엄은희

1. 들어가며

동남아시아의 최대 도시이자 인도네시아의 수도 자카르타는 고층빌딩과 슬럼이 뒤섞인 어지러운 경관과 상시적으로 막히는 교통체증으로 악명 높다. 홍수에 취약한 해안평야 위에 건설된 이 도시는 하수설비 등의 도시 인프라가 결여된 상황에 최근에는 기후변화 영향까지 더해져 건우기를 가리지 않고 홍수가 자주 발생하는 편이다. 그래서 세계적인 여행책자 『론리 플래닛: 인도네시아Lonely Planet: Indonesia』는 자카르타의 첫인상을

"거대한 두리안"처럼 "사랑하기 힘든 도시"로 묘사하기도 했다. 종교와 언어에 익숙하지 못한 이방인에게 자카르타는 정돈되지 않은 회색 경관에 대중교통 수단이 거의 없는 상당히 불친절한 도시이다.

그렇다면 자카르타에서 살아가는 2,700만(수도권 기준) 시민에게 이 도시는 어떤 공간일까? 자카르타는 정치행정과 경제의 중심지이지만, 시민의 삶은 행정의 대상이거나 경제적 활동으로만 국한되지는 않는다. 이 글은 이렇게 많은 자카르타 시민의 일상생활은 어떠한지, 도시 내에 즐길 거리는 과연 존재하는지에 대한 궁금증에서 시작되었다.

오늘날 현대 도시 내의 대부분 공간은 소비활동과 직간접적으로 연결되어 있다. 제조업 중심의 산업도시에서는 생산의 영역은 작업장, 재생산과 소비의 영역은 가정으로 비교적 뚜렷하게 구분되었다. 하지만 대중소비사회의 출현 이후 도시에서 소비활동은 단순히 필요를 충족하는 기능적 영역을 넘어 감성을 투여하며 정체성을 형성하고 여가활동까지 즐기는 복합적 활동으로 변화되었다. 소비활동이 문화가 되면서 공간의 역할과 의미도 변화했다. 소비의 영역이 시장과 백화점과 같은 전문적 장소들로만 국한되는 것이 아니라 도시인의 일상생활 전반이 소비 및 여가활동으로 채워지면서 도시공간 자체가 상업화·상품화의 논리에 따라 재구성된다.

이 글은 인도네시아의 수도 자카르타와 인접 도시를 포괄하는 자카르타 수도권을 중심으로 소비공간의 물리적 구성과 자카르타 시민의 소비활동의 사회적 관계를 살펴보는 것을 목적으로 한다. 즉, 단순히 소비공간의 분포를 살펴보는 것을 넘어 공간을 매개로 소비가 이뤄지는 소비공간으로서의 도시의 현재를 이해하려는 시도이다. 이 글은 크게 두 부분으로 구성된다. 먼저 도시계획 및 도시지리학의 선행 연구를 통해 자카르타 수도권의 형성 및 변화 과정을 살펴본다. 이를 통해 자카르타의 도시화와 광역화를 추동하는 주요 동력을 추출해 볼 수 있을 것이다. 그 다음으로 인도네시아 최대의 일간지인 『콤파스Kompas』[1]의 「잘란잘란Jalan-Jalan」
(이하 「잘란잘란」)이란 연재기사를 사례로 자카르타 및 수도권이 소비공
간으로서 갖는 특성과 도시민의 공간 소비 행태에 대한 분석을 제공한다.
궁극적으로 이 글은 물리적 도시공간과 소비문화 간의 상호작용을 보여
줌으로써 자카르타의 현재와 미래에 대한 심도 있는 이해를 제공하게 될
것이다.

1) 자카르타 수도권의 지리적 범위

본격적인 자카르타의 도시화와 수도권의 형성과정을 살펴보기에 앞서
이 지역에 대한 지리적 특성과 범위를 알아보자. 1만 7,000여 개의 섬으
로 이루어진 인도네시아는 약 2억 5천만을 넘는 세계 4대 인구 대국이다.
이 인구의 절반이 인도네시아의 본섬인 자바 섬에 거주하는데, 그중 절반
이 다시 수도 자카르타가 있는 자바 서부에 집중되어 있다.

자카르타와 인근의 도시 및 지역을 포함하는 자카르타 수도권은 자보
드타벡Jabodetabek이란 약칭으로 불리는데, 수도인 자카르타Jakarta와 인
근 도시Bogor, Depok, Tangerang, Bekasi의 머리글자에서 유래한다. 엄밀한
행정 구분에 따르면, 자카르타는 시市가 아니라 특별수도지역DKI으로 주
州, province의 지위에 있으며, 산하에 5개 시(중앙 자카르타, 북부 자카르
타, 동부 자카르타, 남부 자카르타, 서부 자카르타)로 구분된다. 자보드타
벡은 3개 주(자카르타 주, 반튼 주, 서부 자바 주), 5개 시(탕어랑, 사우스

---

1 『콤파스(Kompas)』는 1965년 창간된 인도네시아 최대의 일간지이다. 발행 부수
   는 50만 부(일요판은 60만 부, 2014년 통계)에 불과하지만, 신문 한 부를 다섯
   명 정도가 돌려본다는 통계를 신뢰한다면 실제 구독자는 일일 200만 명 이상으
   로 볼 수 있다. 신문 발행량의 66퍼센트가 수도권에 집중되어 있다(Wikipedia
   온라인 사전).

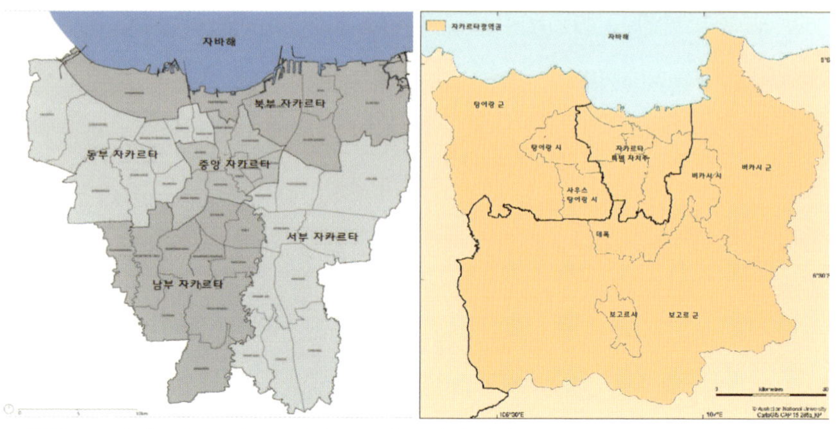

그림 7.1   자카르타 및 자카르타 수도권의 지리적 범위

탕어랑, 데폭, 버카시, 보고르), 3개 군(탕어랑, 버카시, 보고르)로 구성되어 있다. 대상 지역의 위치는 그림 7.1과 같다.

2) 분석방법

연구방법은 문헌연구와 신문기사 아카이브에 대한 내용 분석이 주를 이룬다. 기사의 검색과 수집은 2016년 8월 필자의 현지조사 기간에 콤파스 본사의 정보센터 Pusat Informasi Kompas의 인트라넷을 통해 이루어졌다. 2006년부터 조사 시점까지의 「잘란잘란」 기사의 발행 내역을 확인하고 시기별·주제별로 기사 목록을 작성했다. 분석할 주제를 선정한 이후에는 기사를 유료로 다운로드 받은 후 현지어에서 영어로 1차 번역하고 콘텐츠 분석의 과정을 거쳤다.

「잘란잘란」 기사는 2006년 10월 『콤파스』 수도권 Metropolitan판의 토요일자 지면에 처음 등장한 이후 현재까지 10년 이상 이어지는 고정 지면으로, 인도네시아어의 잘란 Jalan은 길을 의미하며, 이를 두 번 겹쳐 쓴 잘란잘란은 길의 복수형이자 '산책' 또는 '여행'이란 뜻을 지닌다. 주로 자카르타와 수도권의 명소와 각종 행사에 대한 소개나 가까운 주말 여행지 추천을 내용으로 한다. 대체로 도시 관광 코스나 방법을 소개하는 것으로 볼 수도 있다. 10년 이상 연재된 만큼 기사의 소재는 맛집이나 행사 안내부터 해외 도시에 대한 소개까지 다양하다. 하지만 이 글에서는 지면의 제약을 고려하여 인도네시아 특유의 종교 및 문화적 특성을 발견할 수 있는 명절(무슬림의 명절과 화인들의 명절) 관련 기사, 그리고 도시 확장과 공간 소비에서의 접근성, 즉 물리적 접근성(근교 관광지)와 사회적 접근성(공공공간)의 변화를 보여 주는 기사들을 선택적으로 분석하고자 한다.

2. 지카르타 수도권의 형성

1) 국가 만들기와 근대적 도시계획

자카르타가 인도네시아의 정치·경제의 중심지로 자리매김한 것은 네덜란드 식민지시대부터였다. 해양 무역상에서 출발한 네덜란드 식민 지배 세력은 서부 자바Java Barat의 작은 항구 순다 클라파Sunda Kelapa를 점령한 뒤 이곳에 암스테르담과 유사한 운하가 있는 항구도시 바타비아Batavia를 건설했다. 바타비아는 본래 북부 자카르타 해안가 지역의 성벽도시[2]로 건설되었으나 생활용수 확보와 보건상 이유(운하지역의 모기창궐에 따른 전염병 발발)로 차츰 남쪽 방향으로 도시의 중심시설이 이전되며 도시 규모도 일부 확대되었다. 유럽풍의 대저택이 많고 최근엔 문화 및 사교의 명소로 탈바꿈 중인 중앙 자카르타의 멘텡Menteng은 당시 네덜란드

---

2   코타 투아(Kota Tua. 옛 도시)로 불리는 이곳은 자카르타 북부 해안기의 낙후지역으로 한동안 방치되었으나, 최근 유네스코문화유산 등재를 추진하며 역사문화 자산화가 시도 중이다.

지배세력들의 거주 중심지였다(Silver, 2008).

독립 이후 초대 대통령 수카르노는 자카르타를 새로운 독립 국가의 근대적 수도로 만들기 위해 일련의 도시계획을 수립하고 상징적 건물과 기념비들을 건설했다. 그는 '천개의 캄퐁kampung(시골마을)'을 근대 국가의 '메트로폴리스'로 만들겠다고 선언했다. 이를 위해 식민시대의 청산과 새로운 독립 국가의 선언 그리고 종족 간 및 종교 간 화합을 추구할 수 있는 다양한 상징물이 계획되었다(Kusno, 2000).

이 시기의 도시 발전과 성장은 대통령궁과 주요 관청이 자리한 중앙 자카르타를 중심으로 남쪽 방향으로 추진되었다. 132미터 높이의 국가 기념비 모나스Monas를 세우고 그 주변의 독립 광장Merdeka Square을 조성한 것이 출발점이었다. 모나스의 동쪽 칠리웅 강변에 동남아시아 최대의 이슬람 사원을 건설하면서 그 이름을 이스티크랄 사원(Masjid Istiqlal. 아랍어로 '독립'을 의미)으로 지었다. 이스티크랄의 주변에는 인도네시아 가톨릭의 본산인 가톨릭 대성당과 개신교의 본산인 임마누엘 교회가 먼저 자리 잡고 있었는데, 수카르노는 세 종교 건축물이 가까이 서 있는 것이 인도네시아 헌법의 기본 정신인 판차실라Pancasila[3]를 상징한다고 주장했다(Cybriwsky et al. 2001).

한편 자카르타의 남북을 잇는 중심축 탐린-수디르만로Jalan Thamrin-Sudirman에 건설된 새로운 건축물들은 국제사회를 향해 자카르타의 위상을 과시하려는 시도였다. 최초의 현대적 국제호텔인 호텔 인도네시

3　판차실라는 인도네시아가 독립국을 선언하며 건국 원리로 삼은 다섯 가지 기본 원리로 헌법 전문에 포함되어 있다. 다섯 가지 원리는 민족주의, 국제주의, 민주주의, 사회정의, 유일신에 대한 믿음이다(고우성, 1998). 인도네시아는 세계 최대의 무슬림 국가이지만, 1만 7,000개 달하는 군도에 다종족·다종교사회라는 현실의 통합을 위해 무슬림 국가가 아니라 언어·문화·종족·종교의 다양성을 인정하는 국가가 될 것을 선언했다.

모나스와 독립 광장

이스티크랄 사원

사리나 백화점

호텔 인도네시아

스망기 인터체인지

스나얀 콤플렉스

그림 7.2   자카르타의 근대 건축물들

아, 최초의 백화점 사리나Sarinah, 1962년 아시안게임과 1963년 신흥국 경기대회Games of the New Emerging Forces: GANEFO가 열린 국제 규모의 복합스포츠경기장 스나얀 콤플렉스(현 겔로라 붕카르노 경기장) 등이 대표적이다. 자카르타를 남북과 동서로 가로지르는 두 개의 대로인 수디르만로와 가토수브로토로Jalan Gatto Subroto를 연결하는 스망기 인터체인지 Semanggi flyover는 리본형 고가도로도 당시로서는 매우 획기적인 도시 인프라였다(Permanadeli et al. 2014).

국가 만들기의 주동력인 신흥 엘리트를 위한 주거공간 건설도 독립 정부의 미룰 수 없는 과제였다. 독립 후 인도네시아의 지도자들은 네덜란드 식민세력의 거주지 멘텡을 차지했으나, 새롭게 등용된 인재들을 위한 주거지는 턱없이 부족했다. 현재 남부 자카르타의 경제상업 및 주거 중심지인 크바요란 바루Kebayoran Baru은 새로운 국가의 공무원들의 위해 인위적으로 건설된 최초의 주거 목적의 위성도시였다.[4] 멘텡에 비해 주택용 필지의 규모는 작지만 안전한 수원지, 자동차 진입이 용이한 가로망, 공원과 상가 집중시설을 갖춘 주거지가 만들어진 것이다. 일상생활의 편의성을 갖춘 크바요란 바루는 수디르만로를 통행로 삼아 중앙 자카르타의 행정·경제 중심지들과 연결되었다. 이로써 자카르타에서는 직주 분리와 통근권 개념이 처음으로 형성되었다.

2) 산업단지 조성과 자보드타벡의 형성

자카르타에 집중되었던 도시 기능이 도시 외곽으로 이전되면서 수도권인 자보드타벡의 형성은 산업단지 조성과 신도시 건설에 따른 경제적 팽창에 의해 추동되었다. 산업적인 측면에서 인도네시아는 1980년대 중반(특히 1985년 플라자협정[5] 이후) 노동집약형 제조업 강화와 수출지향 산

---

4 1940년대 말 건설이 시작될 당시 자카르타의 외곽지역이었던 이곳은 건설이 진행되면서 행정구역이 자카르타로 편입되었다. 이를 기점으로 자카르타의 수평적 도시 확장이 시작되었다.

5 1985년 플라자협정(Plaza Accord) 이후 일본을 비롯한 동아시아 신흥 산업국

업화가 본격화되었다(Douglass, 2000).

사실 독립 이후 약 20여 년간 인도네시아 경제의 원동력은 석유, 산림, 광산 등 자원산업이었다. 넓은 영토에 풍부한 자원은 인도네시아의 자산이었고, 이들 산업은 주로 수마트라와 칼리만탄 같은 외방 도서Outer islands에서 이루어졌다. 당시 자바 섬에 위치한 수도 자카르타의 경제적 기능은 자원을 비롯한 주요 산업의 최고의사결정에만 머물러 있었다. 이렇듯 단순했던 수도의 경제적 기능은 1960년대 말 수하르토 정부 출범 이후 인도네시아가 외국인 투자에 문호를 개방하면서 변화했다. 외국인 투자도 초기 10년간은 자원 부문에 집중되었으나 1970년대 후반부터는 제조업 부문의 투자도 활성화되기 시작했다.

중소 규모 공장은 자카르타 내부에서도 건설되었으나 투자의 규모가 확대된 이후에는 도시 외곽에 별도의 산업단지가 조성될 필요가 있었다. 산업단지의 조성은 주요 수송적환지(공항과 항만)의 현대화 및 고속도로 물류망 건설과 함께 이루어졌으며, 산업 현장에서 필요로 하는 노동자들을 위한 주거단지와 중심지 자카르타와 산업단지들 사이의 간선도로들도 건설되기 시작했다. 특히 북부 해안선 가까이 건설된 각각 90킬로미터에 달하는 두 개의 고속도로(동쪽 방향의 자카르타-치캄펙 고속도로와 서쪽 방향의 자카르타-므락 고속도로)를 따라 동서 방향으로도 성장하기 시작했다(그림 7.2). 고속도로를 타고 도시적 건조환경이 집중적으로 건설되면서 자카르타는 전통적인 수도의 경계를 넘어 동서방향으로 확대되며 수도권 성장의 발판을 마련하였다(Hudalah et al. 2013).

산업화의 효과는 인구의 수도권 밀집을 심화시켰고 1990년대 이후

들이 노동집약적 산업부문을 대거 동남아시아로 이전하게 된 것이 계기가 되었다. 플라자협정 이후 일본 자본의 해외 진출이 강화되었는데, 주요 투자처로 동남아시아 지역이 선택되었다.

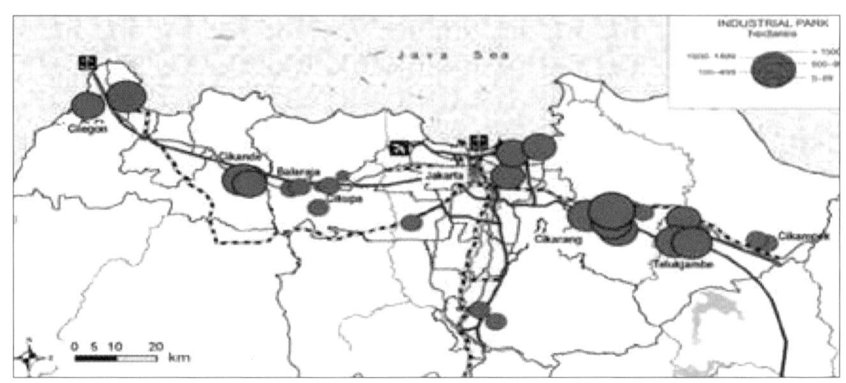

그림 7.3   자카르타 수도권의 주요 산업단지의 위치

출처: Hudalah et al. 2013: 956.

표 7.1   자카르타수도권의 인구 변화(1961~2010)   (단위: 명)

연도	자카르타 특별자치주	보드타벡 지역	자카르타 수도권 전체
1961	2,904,533	2,794,712	5,699,245
1971	4,546,492	3,483,537	8,030,029
1980	6,503,449	5,413,271	11,916,720
1990	7,259,257	8,878,256	16,137,513
2000	8,347,083	12,842,626	21,189,709
2010	9,607,787	17,839,240	27,447,027

출처: BPS 2010; Winarso et al. 2015: 224에서 재인용.

에는 중심지 자카르타에 비해 산업단지와 신도시가 자리한 인접 지역
의 인구성장률이 보다 높아졌다. 인구 증가에 힘입어 수도권의 주요 지
역들에서 새롭게 시市로 승격되는 사례들도 나타났는데, 서쪽의 탕어랑
(1993), 동쪽의 버카시(1996), 남쪽의 데폭(1999), 동남부의 사우스탕어
랑(2008)이 순차적으로 시로 승격되었다(Winarso et al. 2015). 수도권
으로의 인구 유입은 현재도 계속되고 있으며, 이에 따라 버카시, 탕어랑,
데폭(2020년 전망) 등의 주요 도시들도 인구 200만이 넘는 초대형 도시
로 성장하고 있다.

자카르타 수도권의 성장은 무엇보다 1990년대 초 외국인 투자개방에 의해 견인되었다. 국내의 민간자본 역시 해외자본과 결합 또는 독자적으로 다양한 택지 조성 및 도시 인프라 건설사업에 본격적으로 뛰어들었다. 이 시기 국내외 민간자본들은 산업단지와 신도시 건설을 통한 도시의 수평적 확장뿐만 아니라 자카르타 도심의 수직적 확장에도 투자를 집중시켰다. 수디르만로 인근이 국제업무지구로 지정되면서 고층건물들이 집중된 중심업무지구central business district: CBD가 조성되기 시작했다. 이러한 과정을 거쳐 동남아시아 최대 도시 자카르타메트로폴리탄은 서서히 역사적 무대에 등장했다.

3) 민간 개발과 신도시의 소비공간화

1980~1990년대 초 은행부문의 탈규제화와 민간 영역의 산업지구 및 대규모 택지 건설이 자유화되면서 자카르타 외곽에는 제조업 산업단지뿐만 아니라 도시생활과 소비를 위한 대규모 택지 개발과 신도시 건설이 붐을 이루었다. 대도시의 난개발을 제어하기 위해 대도시 외곽에 계획된 신도시를 건설하는 것은 양차 대전 이후 서구 도시에서 먼저 시도되었고, 고도성장기의 한국에서도 찾아볼 수 있는 현상이다. 하지만 신도시 개발 주체가 공공이 아닌 이윤 추구를 최대의 목적으로 삼는 민간 기업이 주도하는 패턴은 동남아시아에서는 인도네시아에서 가장 먼저 시작되었다.

자카르타에서 민간 개발의 시초는 1975년 자카르타 남쪽에 대규모로 건설된 폰독 인다Pondok Indah('아름다운 마을'을 의미)이다. 과거 고무 플랜테이션이 넓게 펼쳐져 있던 자카르타 외곽의 720헥타르에 달하는 농지가 중상류계층을 겨냥한 주택단지로 개발되었다. 사업 주체는 인도네시아의 대표적인 부동산 재벌 치푸트라Ciputra였으며 IMF 이전 인도네시아 최대의 기업이었던 살림Salim그룹도 공동 투자자로 참여했다(Winarso, 1999).[6]

민간 주도의 위성도시 개발 프로젝트는 주거 기능 이외에 사업·유통·레저·휴양 등 다양한 기능을 포괄하는 '도시 속의 도시' 건설을 지향했다. 이와 같은 통합적인 도시 개발 프로젝트는 단일 목적 프로젝트에 비해 더 많은 이윤율을 확보할 수 있다(Percival and Waley 2012). 퍼만(Firman 2004)에 따르면, 1997년 이후 수도권 지역에서 개발이 승인된 500헥타르 이상의 신도시가 20여 개에 달한다. 지방 정부보다 개발업자가 도시 관리업무에서 차지하는 비중이 훨씬 크기 때문에 종종 지방 정부의 역할은 위성도시 프로젝트의 진행을 촉진하는 촉매 기능에만 머무는 경우가 대다수였다(Zhu 2010).

1997년 아시아 외환위기 이후 인도네시아의 증폭된 부동산 개발은 외환위기를 심화시킨 원인으로 지목되었고 자카르타를 글로벌 도시가 아닌 '위기의 도시'로 만들었다고 비판받았다(Firman 1999). 아시아 외환위기는 인도네시아의 경제부문과 정치부문에 큰 변화를 가져왔다. 먼저 32년간 지속된 수하르토 독재를 종식하고 지방자치제를 도입하는 계기가 되었던 것은 민주주의의 진전으로 볼 수 있다. 하지만 경제위기를 극복하는 과정에서 자본의 지배력은 오히려 강화되었고 권력을 얻은 지방 정부가 개발의 주체로 나서면서 오히려 개발주의developmentalism가 전면화되는 효과를 가져왔다. 특히 2000년대 이후 경제적 위기가 잦아들

---

6 양차 대전 이후 영국 또는 동남아시아의 싱가포르나 홍콩에서 신도시 개발이 주거지역으로 특화된 공공아파트 건설에 집중되었다면, 인도네시아에서는 살림(Salim Group), 치푸트라(Ciputra Group), 아궁 포도모로(Agung Podomoro), 리포(Lippo Group), 신나르 마스(Sinar Mas) 등 인도네시아를 대표하는 재벌기업들이 신도시 개발의 주체가 되었다. 그 결과 리포 카라와치(Lippo Karawaci)와 리포 치카랑(Lippo Cikarang)처럼 기업 이름이 지명에 아예 포함되는 경우도 등장했다.

자마자 자카르타 수도권의 도시 개발 프로젝트들은 앞 다투어 재추진되었다(Douglass, 2000). 국가의 규모와 경제력에 비해 인프라가 미비한 점은 인도네시아 정부가 반드시 해결해야 하는 과제이지만, 인프라 개발의 상당수는 민간과 외국인 투자에 의존하게 되면서 정치·경제적 엘리트의 지배력은 오히려 강화되는 추세이다.

매머드급 도시 자카르타의 수직적·수평적 성장은 여전히 현재 진행형이다. 생산의 역할을 넘는 유통과 소비의 기능 확대는 자카르타 및 수도권 전역에서 강화되고 있다. 자카르타 중심부는 국제적인 프랜차이즈, 대형 쇼핑몰이나 아웃렛 매장, 호텔 등이 속속 들어서며 화려하게 변모되었으며, 제조업 생산기지 또는 베드타운으로 개발되었던 외곽의 신도시들에서도 다양한 서비스부문 시설들이 추가적으로 건설되면서 수도권 형성과 소비공간의 교외화 및 광역화를 겪고 있다. 지금까지 살펴본 도시 성장과 상업공간 확대에 대한 이해를 바탕으로 「잘란잘란」 기사를 통해 도시인의 일상과 어떻게 조응하는가를 살펴보자.

3. 「잘란잘란」 기사 분석 ①: 인도네시아의 종교와 소비

인도네시아는 세계 최대의 무슬림 국가로 국가 문화 전반에 이슬람적 색채가 강하게 드리워졌다. 하지만 중동 국가나 이웃의 말레이시아처럼 이슬람이 국교로 채택된 것은 아니다. 다종족·다종교 집단들이 어울려 하나의 국가로 영위되기 위해 이슬람 외에도 유일신을 믿는 5대 종교(개신교, 로마 가톨릭, 힌두교, 불교, 유교)가 법적으로 허용된다(조태영 2016).

그렇다고 인도네시아를 세속 국가라고 보기는 어렵다. 신분증에 종교가 기재될 정도로 신에 대한 믿음은 모든 국민에게 부과된 일종의 의무로 생활영역 전반에 영향을 미친다. 이 사회에서 종교적 관례는 인도네시아인의 생활 전반에 영향을 미치고 있다. 특히 각 종교의 기념일은 국가적 휴일로 지정되며, 명절 전후에는 소비활동이 폭발적으로 증가한다. 인도네시아 최대의 종교 이슬람의 명절인 '라마단-르바란'과 인도네시아에서 경제적 지배력이 높은 화인들의 명절(유교 및 불교의 명절)에 관한 「잘란잘란」 기사를 통해 두 종족집단의 대비적인 명절의 소비 풍경 모습을 살펴보자.

1) 무슬림의 명절과 소비공간

무슬림이 절대다수를 차지하는 인도네시아의 최대 명절은 라마단-르바란이다. 라마단Ramadan은 이슬람력으로 아홉 번째 달에 해당하는 성월聖月로 한 달간 금식으로 신체적·정신적 정화를 꾀한다. 금식이 끝나면 이둘 피트리Idul Fitri(아랍어로 '다시 성스러워짐'을 의미), 인도네시아어로는 르바란Lebaran이라 부르는 이슬람 최대의 명절이 시작된다. 르바란은 전통적인 고향방문의 시기로 '민족의 대이동'을 방불케 하는 귀향 전쟁이 펼쳐진다.

(1) 금식월, 하지만 할랄 음식 소비가 정점!

라마단 동안의 금식과 금욕은 신체적 정화이면서 자기 성찰을 통해 알라에 대한 믿음을 증명하는 것이다. 그런데 금식과 금욕의 시기를 표방하면서도 역설적으로 라마단 기간 동안 식품소비량은 오히려 늘어난다. 해가 떠 있는 동안에는 금식이 의무이나 해뜨기 전과 이후에는 음식 섭취가 가능한데, 특히 해질 무렵에는 가족이나 친지들과 집이나 식당에 모여 다함께 금식을 푸는 부카 푸아사buka puasa('단식을 풀다'를 의미) 행사가 유행처럼 번지는 중이다.

무슬림에게 하루 다섯 번의 기도와 라마단 기간 동안의 금식은 5대 의무 중 가장 기본적이며 중요한 종교적 실천이다. 한 달간의 금식은 가난한 이들의 굶주림에 동참함으로써 고난을 통해 신에 대한 믿음을 증명한다는 의의를 지닌다. 마찬가지로 해가 진 후 기도를 마치고 음식을 나누는 행위 역시 삶과 음식의 소중함을 되새기는 종교적 행위이다. 부카 푸아사가 과거에는 지역의 사원이나 가정에서 소박하게 이루어졌다면, 소비성향이 강화된 오늘날의 도시에서는 가족이나 친구·동료들끼리 식당이나 호텔에서 성찬을 즐기는 경우로 바뀌었다.

[외식 공간에서의 부카 푸아사]

…서르퐁과 파물랑(사우스탕어랑의 신도시 지역)의 급속한 개발 와중에 색다른 식당과 카페들이 퍼져나갔다. 색다른 특색의 식당들이 다양하게 있기 때문에 각자의 취향에 따라 라마단 기간 동안 금식을 푸는 가족 행사(부카 푸아사)가 곳곳에서 펼쳐진다.…「서르퐁 식당가에서 부카 푸아사를(Berbuka Puasa di Tempat Kuliner Serpong)」(2013.7.13.)

라마단 기간 동안 외식공간에서 금식 후 저녁 성찬을 즐기는 내용을 담고 있는 이 기사의 공간적 배경은 최근 떠오르고 있는 서르퐁의 신도시 BSD의 식당가이다. 다양한 외식 공간에서는 무슬림 중산층 가족을 위해 각종

그림 7.4 자카르타 한 호텔의 부카 푸아사 프로모션 광고

이벤트를 포함한 특별식이 제공된다. 기업들 역시 이 기간 동안 1~2회 정도 '부카 푸아사'용 특별식을 직원들에게 제공하는데, 특히 외국계 투자기업들로서는 현지의 문화와 관습에 대한 존중을 표명할 수 있는 좋은 기회로 활용된다. 따라서 금식월인 라마단 기간 동안 음식(특히 할랄 식품) 소비량이 평소보다 늘어나며 신문과 방송 등의 언론 매체와 호텔과 식당에서 발행하는 각종 전단에는 그림 7.4와 같은 라마단 특수를 겨냥한 상업광고가 넘쳐나기도 한다. 한 조사에 따르면, 이 시기 할랄 식품 소비 규모는 연 매출액의 30~40퍼센트에 달한다고 한다(원순구, 2014).

(2) 전통이 된 명절 쇼핑

라마단과 르바란 기간에 무슬림의 소비활동은 정점에 이른다. 대체로 인도네시아의 기업과 고용주들은 직원들에게 르바란 일주일 전에 한 달 월급에 해당하는 명절상여금Tunjangan Hari Raya을 의무적으로 지급한다. 노동자들은 이를 고향방문비용이나 휴가비, 가족과 친지들을 위한 선물 및 용돈, 무슬림의 의무인 자캇Zakat(희사 또는 자선)에 사용한다. 상여금과 자캇을 통해 자금이 유통되면서 내수가 진작되고 사회 전반에서 물질적 재분배가 이루어지는 것이다.

[쇼핑몰에서의 르바란 선물 사기]
휴가비를 들고 쇼핑욕구를 충족시키는 것만큼 신나는 일도 없을 것이다. 오늘은 2016 자카르타그레이트세일페스티벌(FJGS)이 시작되는 날이기도 하다. 올해의 쇼핑축제는 자카르타 수도지정기념일 및 르바란 쇼핑과 겹치면서 보다 중요한 행사가 되었다. 상상해 봐라. 르바란을 앞두고 축하파티나 가족들에게 줄 선물을 할인된 가격에 살 수 있게 된 것이다. 르바란을 위한 쇼핑은 이미 이 나라의 전통이 되었다. 오늘 주말에 FJGS는 정점에 이른다. 자카르타의 몰 중 최소 20개 이상에서 자정까지 할인

행사가 개최될 예정이다. 얼마나 오래 기다렸던 순간인가. 쇼핑 사냥에 나서 보자._「늦은 밤까지 쇼핑을(Histeria Belanja hingga Dini Hari)」 (2016.6.25.)

[전통시장에서 르바란 선물 사기]
합리적인 가격에 다양한 르바란 선물을 구입하고 싶다면 동부 자카르타 자티느가라 시장(Pasar Jatinegara)으로 가자. 이곳에서는 소비자의 희망에 따라 다양한 공산품을 소포장해 하나로 판매하기도 한다. 르바란 선물에는 기도에 필요한 물건, 새 옷, 새 신발 등이 빠질 수 없다. 이 시장의 물건들은 가격이 합리적이고 저렴하며 흥정도 가능하다. 이 시장의 점포들은 제각각의 상품 진열 스타일이 있어서 보기도 즐겁고 선택의 폭도 다양하다. 시장 현대화를 거쳐 일부 쇼핑 지점에서는 에어컨 바람을 맞으며 안락하게 쇼핑을 할 수도 있다._「저렴하고 물건 많은 자티느가라(Terjangkau dan Beragam di Jatinegara)」(2013.7.27.)

자카르타에서 라마단 막바지의 심각한 도시 혼잡은 해마다 반복되는 연례행사이다. 소위 '라마단 증후군'으로 인해 조퇴한 직장인들이 이른 오후부터 거리로 쏟아져 나올 뿐만 아니라 르바란 선물을 사거나 외식공간에서 '부카 푸아사' 의식을 하려는 이들이 뒤섞여 혼잡이 증가하기 때문이다. 위의 두 「잘란잘란」 기사는 대형 쇼핑몰과 전통시장에서의 르바란맞이 쇼핑 모습을 보여 준다.[7]

7   인도네시아의 스마트폰 보급률이 높아지고 도시 중산층의 소비성향이 증대됨에 따라 최근엔 전통시장과 쇼핑몰 같은 오프라인 소비 이외에 홈쇼핑이나 전자상거래를 통한 상품구매방식도 빠르게 확산되고 있으며, 음식과 음료 이외에 건강제품이나 피부미용제품에 대한 수요도 늘어나고 있다(EMERiCs 인터뷰, 2016.6.25. 출처: www.emerics.org).

앞의 기사는 2016년 라마단 마지막 주에 작성되었는데, 2016년의 라마단 기간은 자카르타의 가장 큰 지역 축제인 수도지정기념일과 자카르타그레이트세일페스티벌FJGS이 겹쳤으므로 상당한 할인율을 누릴 수 있었을 것으로 짐작된다. 이 기사는 1980년대 이후 자카르타 수도권의 소비 경관 강화를 가장 잘 보여 주는 쇼핑몰의 등장과 확산 또한 보여 준다. 무질서한 거리나 시장보다 보안과 안전이 보장되고 열대지방의 열기를 제어하는 냉방 시스템을 갖춘 쇼핑몰은 열대 신흥국 도시경관의 중요한 구성 요소이다. 도시 인프라가 턱없이 부족한 동남아시아에서 쇼핑몰은 쇼핑 기능 이외에 레저, 심지어는 종교활동 기능까지 포섭한 대중적인 공공공간으로서의 기능을 갖춘 경우가 많다.

현대적 쇼핑몰의 등장에 따른 전통시장의 쇠락은 자연스러운 과정일 수 있다. 그러나 변화에 대응하기 위해 전통적 상업공간도 '시장현대화사업'을 통해 변화를 모색한다(채수홍·구혜경 2015). 시장 주변 정비를 통한 주차시설의 확충, 위생기준의 도입, 표준화된 점포의 입점 등이 주된 변화의 지점이다. 소개된 자티느가라 시장에서도 점포의 다각화와 냉방 및 환기 설비를 갖추는 현대화사업이 진행 중에 있다.

(3) 귀향길 풍경

르바란 휴가가 시작되면 인도네시아의 무슬림은 가족을 위해 마련한 선물을 품에 안고 귀향길, 인도네시아어로는 무딕mudik에 나선다. 르바란의 공식 휴일은 3~5일이지만 기업들은 대체로 1~2주간의 긴 휴가에 들어간다. 수도권의 노동자들이 전국 각지로 흩어져 가는데, 일부 지역은 대중교통으로는 오가는 데만 일주일이 걸리기 때문이다. 추가 편성된 교통편까지 르바란을 앞둔 모든 교통수단의 표가 매진되고, 방송국은 귀향길 교통방송을 준비하며, 정치인들은 주요 교통거점에서 무딕에 나선 시민들을 향해 명절 인사를 한다. 인도네시아의 가장 중요한 휴가 시즌이기

도 한 르바란이 시작되면 '귀향 전쟁'이라 할 법한 민족의 대이동이 벌어
지면서 전국의 도로가 인파로 가득 찬다. 귀향길에도 소비활동은 계속된
다. 바로 고속도로 휴게소를 통해서이다.

[귀향 전쟁을 위로하는 고속도로 휴게소]
운전자들에게 여행 중의 교통체증은 엄청난 스트레스이다. 이 여행이 금
식 중에 행하는 것이라면 고통은 더 크다. 배고픔과 갈증이 심해지지만
아직은 금식을 풀 시간이 아닐 수도 있다. 또는 꽉 막힌 교통체증의 한가
운데서 금식을 풀어야 할 수도 있다. 하지만 당신이 자카르타-치캄펙 고
속도로나 반둥 방향의 푸르발르우니(Purbaleunyi) 고속도로에 있다면
걱정을 덜 수 있다. 곳곳에 휴게소가 있기 때문이다! 휴게소에는 다양한
상점, 카페, 노점, 레스토랑, 슈퍼마켓, 무슬림 사원, 주유소, 자동차 수리
점, 현금인출기, 무선인터넷, 화장실, 그 밖의 체육시설까지 망라되어 있
다._「무딕 중에 휴게소에서 배고픔을 달래자(Rest Area, di Tol Obati
Lapar di Saat Mudik)」 (2013.8.3.)

인도네시아의 고속도로 역시 교통 인프라로서의 기능적 속성을 넘어
서 점차 근대적 소비 경관이 차지하고 있다. 일정 거리마다 설치된 휴게
소가 집중적인 소비의 장소다. 고속도로 휴게소는 이동 중에 발생하는 식
사, 주유, 생리적 요구 등을 해결하는 기능을 중심으로 건설되었으며 초
기 이용자도 대체로 대중교통 승객으로 제한되었다. 하지만 자동차 보급
률의 증대와 여가활동의 광역화에 따른 가족 단위의 여행객이 늘어나면
서 단순한 편의 기능을 넘어 다양한 여가활동을 제공받을 수 있는 공간
으로 휴게소가 변모하고 있다. 과거의 휴게소는 단순히 사람과 자동차가
필요로 하는 서비스를 제공받는 공간이었다면, 최근에는 문화시설, 스포
츠시설, 정보시설, 전시시설, 청소년시설 등 복합적 기능을 갖추는 추세

로 발전 중이다. 인도네시아의 고속도로 휴게소도 차츰 이러한 변화를 보여 준다.[8] 도로의 확장과 자동차 문화의 부상으로 고속도로에도 소비공간이 자리 잡게 된 것이다. 식당, 카페, 노점, 슈퍼마켓, 주유소, 자동차 수리점, 현금인출기, 인터넷, 화장실, 휴식 공간, 모스크를 갖추고 있으며, 취향에 따라 다양한 음료와 식사를 즐길 수도 있다.

2) 화인들의 명절과 소비 풍경

인도네시아의 화인華人[9]은 전체 인구의 약 3퍼센트에 불과하지만, 민간 경제부문의 약 70퍼센트를 차지하는 중요한 종족집단이다. 그러나 인도네시아의 화인은 오랜 기간 정치·사회적 측면에서 배제되어 왔다. 특히 1998년 외환위기 당시에는 사회 전반에 반反화교 정서가 확대되었으며 시위와 폭동에 의한 화인사회의 경제적 타격과 화인자본의 해외 유출까지 이루어질 정도였다(신윤환 2000). 하지만 2000년 초 유교가 합법 정교로 정식 승인되었으며, 2014년에는 중국의 공식 명칭이 치나Cina에서 티옹콕Tionghkok으로 변경되는 등 일련의 화해조치를 거치며 인도네시아 내에서 화인사회의 정치·사회적 영향력도 커지고 있다.[10]

---

8 자카르타에서 중부 자바로 가는 자카르타-치캄펙 고속도로와 반둥방향의 푸르발르우니는 통행량이 가장 많은 유료 고속도로이다. 이 도로에는 다수의 휴게소들이 있는데, 19킬로미터 휴게소(Rest Area Km 19)처럼 자카르타로부터의 거리가 곧 휴게소의 이름으로 사용된다.

9 동남아시아 전역에서 화인은 주요 도시의 상업활동과 산업분야의 상당 부분을 장악하고 있다. 중국과 동남아시아의 정치적·경제적 연결망은 약 3세기경부터 확인이 가능하지만, 대체로 16세기 말 유럽인의 동남아 진출이 활발해지면서 중개인으로서의 중국 상인들의 활약도 활발해졌다. 화인과 토착 사회의 관계는 경제력의 차이에 의한 갈등이 두드러진다(조흥국, 2000).

10 데일리인도네시아(dailyindonesia.co.kr)의 '인도네시아 화인 기획기사'(2016

(1) 음력설 : 화인 경제력의 문화적 분출

최근 중국의 경제·사회적 영향력이 세계 전역에서 강화됨에 따라 인도네시아 화인의 전통과 문화가 공공연하게 드러나고 있다. 이러한 변화는 2008년과 2016년 음력설 즈음의 기사가 어떻게 다른지를 통해 확인할 수 있다. 2008년의 기사는 음력설에 대한 언급 없이 기분전환을 위해 중국 음식을 맛볼 수 있는 이국적 장소를 소개하는데 그쳤다면, 2016년의 기사에서는 음력설은 더 이상 '중국인들만의 특별한 날'이 아니라 '국경일'이자 도시 전체의 소비공간이 들썩이는 시기로 묘사하고 있다.

[2008년 음력설의 기사]

기분이 울적할 때 탕어랑의 코타투아나 전통 시장 파사르 라마를 찾아보자. 중국인들의 역사유적과 중국식 요리가 만나 즐거움을 선사하다. 매일 아침, 특히 주말 아침에는 이곳을 향하는 키사마운 도로가 수백 대의 차

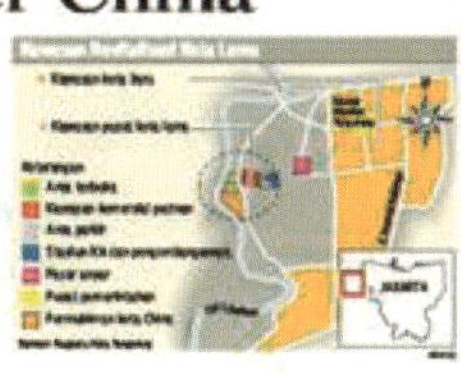

그림 7.5　중국 음식을 맛볼 수 있는 파사르 라마에 관한 기사
출처: 『콤파스』, 「잘란잘란」기사(2008.2.16.)

___

년 5~6월) 참조.

로 가득 찬다. 대부분 보엔텍비오 사원(Boen Tek Bio temple)에 참배를 하거나 주변 시장을 가려는 이들이다. 훈제 사테, 향초를 감미한 국수, 잘 익힌 세코텡, 삶은 달걀까지 보엔텍비오 사원을 향하는 길에 있는 탕어랑을 대표하는 전통 은 다양한 삶의 모습을 보준다. 이른 아침부터 늦은까지 다양한 요리가 다양한문자들의 입을 즐겁게 해 . 식당 안에서 판매되는 한 중국 음식은 무슬림도 하고 먹을 수 있도록 할랄증을 받기도 했다. 이곳에간단한 음식과 기념품을 파최소 200개 이상의 상점자리하고 있다._「파사르 의 중국 음식 여행(Pas Lama, Wisata liner China)」(2008.2.16.)

[2016년 음력설을 앞둔 풍경]
중국 달력에 따르면 오는 2월 8일은 원숭이 해가 시작되는 날이다. 음력을 따르는 이들은 새해 소망, 기대, 풍요 등을 간절히 기도한다. 특별한 날을 맞이하여 일가친척이 모이며 충분히 즐기려 한다. 오늘날 자카르타에서 경건한 마음으로 새해를 맞이하는 것은 중국인들만은 아니다. 사회 전체가 이날을 기념한다. 이미 중국식 새해는 국경일로 지정되어 있다. 쇼핑센터, 각종 서비스업체, 레스토랑의 관리자들은 더 많은 손님을 끌어들이기 위한 치열하게 경쟁한다. 대체로 음력설은 우기에 해당하지만 이번 주말엔 날씨도 상당히 좋을 것으로 예상된다._「복을 나누고, 선의를 바라다(Gembira Bersama, Berharap Kebaikan)」(2016.2.6)

2008년의 기사는 음력설 즈음에 작성되었지만 음력설에 대한 언급은 전혀 찾아볼 수 없으며, 소개되는 장소도 자카르타의 외곽지역이며 함께 게시된 사진도 중국식 음식을 파는 여성을 비출 뿐이다. 이에 비해 2016년의 기사는 음력설을 중국인의 명절이 아니라 인도네시아인 전체가 즐기는 국경일임을 강조하며, 이 시기 소비활동이 크게 진작됨을 기사를 통해 유추해 볼 수 있다. 이처럼 화인의 종교행사와 명절 풍습은 상당히 소비적 색채가 강하다. 자카르타의 많은 쇼핑몰에서 크리스마스를 시작으로 연말연시와 음력설, 더 나아가 정월대보름에 이르는 두세 달 동안은 자카르타 주민, 특히 '경제적 큰손' 화인을 겨냥한 판촉행사와 쇼핑몰 장식에 공을 들이는 모습이 해가 갈수록 증가하고 있는 점에서도 화인들의 경제력과 소비성향이 점차 가시화되고 있음이 확인된다.

(2) 도시 축제가 된 참고메

음력설을 언급한 「잘란잘란」 기사는 2016년 이전의 기사에서도 종종 발견되지만 화인들의 행사를 넘어 도시 차원에서 펼쳐지는 참고메CapGoMeh, 즉 정월대보름 행사가 「잘란잘란」에 등장한 것은 2016년이 처음이다. 기사의 제목조차 「참고메, 시민의 축제로 함께 키우자」로 뽑을 만큼 도시정치와 도시경제 차원에서 중요성을 인정받고 있음을 보여 준다.

> [2016년 정월 대보름을 앞둔 풍경]
> 참고메가 주말로 다가왔다. 음력설과 마찬가지로 참고메는 더 이상 중국인 커뮤니티만의 명절이 아니다. 참고메의 의례에 이미 다양한 문화와 전통 간의 문화접변이 상당히 일어났다. 일부 장소에서는 커뮤니티 차원에서 함께 즐기는 행사들이 마련되기도 한다. 다양한 행사가 펼쳐지기 때문에 특정 종교나 종족집단도 배제되지 않는다. 보고르에서도 '보고르 참고메 2016'이란 이름하에 다양한 행사가 일주일간 펼쳐졌다. 다양한 동물과 신을 형상화한 등불을 단 카퍼레이드도 준비되었다. 탕어랑의 벤틍헤리티지박물관(Benteng Heritage Museum)에서도 주말 동안 참고메를 축하하는 다양한 행사가 열린다. 탕어랑의 중국인들은 그들의 전통에 따라 페라나칸식 저녁식사를 성대하게 치르기도 한다. 자카르타에는 약 2,400명이 참여하는 대규모 퍼레이드 행사가 일요일 오후 2시 30분부터 시작된다. 이 퍼레이드는 1962년에 처음으로 시작되었다. 자카르타 주정부는 '2016 차이나타운 페스티벌'이란 이름으로 중국인들이 밀집한 글

그림 7.6   도교 사원의 찹고메 준비와 글로독의 퍼레이드 경로

로독을 중심으로 다양한 행사를 준비하고 있다._「찹고메, 시민의 축제로 함께 키우자(CapGoMeh: Memupuk Kebersamaan di Pesta Rakyat)」 (2016.2.20.)

참고메 기간 중에는 거리 공연 등의 특별한 볼거리와 중국식 먹을거리가 자연스럽게 소개되며, 도시 관광의 측면에서도 주목할 만한 소재가 된다. 주요 지자체들은 이미 정월대보름 행사를 도시 차원의 행사로 승격시켜 진행하고 있다. 화인을 중심으로 한 도시 내 상업활동과 그로 인한 소비 진작효과가 점점 더 강해지고 있음을 방증한다.

4. 「잘란잘란」 기사분석 ② : 물리적 접근성의 변화와 소비의 교외화

1) 신도시의 소비 풍경: 직주 혼합의 '자족도시'로

지난 50년간 자카르타수도권으로의 인구 집중은 이 지역을 동남아시아 최대의 인구밀집지역으로 만들었다. 인구 집중은 교외화suburbanisation,

즉 중심 도시인 자카르타 외곽의 농경지들을 급속도로 도회 경관built-up area으로 바꾸어 버렸다. 산업화와 도시화의 수혜를 입은 신도시들의 도시계획에는 저소득층을 위한 거주지역 목표치(20퍼센트)가 제시되기는 했으나, 구매력의 측면에서 신도시 거주지역은 대체로 상위 중산층을 위한 장소였다. 도시들은 계획된 건설 프로젝트를 실현했을 뿐만 아니라 근대성의 상징이 될 것을 약속했다(Kunso 2013). 즉, 주거시설의 물리적 건축뿐만 아니라 도시적 삶의 비전을 내세우며 학교, 도로, 병원, 레저활동, 공동체공간, 쇼핑시설을 망라하는 '자족적 도시kota mandiri'를 제시했다(Hudala and Firman 2012). 신도시 중 가장 주목할 만한 두 곳, 버카시와 서르퐁의 BSDBumi Serpong Damai('평화로운 서르퐁의 땅'이라는 의미)의 빠른 소비 경관화를 「잘란잘란」을 통해 살펴보자.

[버카시의 변화]

자카르타 동부의 애국자의 도시[11]를 별칭으로 갖고 있는 버카시의 본래 모습이 어떠했는지 이제는 상상하기 어렵다. 블록을 구분하는 직교형 도로망을 갖춘 도시도 이제는 혼잡도가 증대되고 있지만 여전히 우리의 감각을 깨우는 많은 장소들이 있다. 수도권의 다른 도시들과 마찬가지로 가족과 함께 식사를 하며 즐길 수 있는 쇼핑몰이 많다. 인구 250만의 버카시에는 14개의 크고 작은 쇼핑몰이 도시의 코너마다 자리하고 있다. 다양한 쇼핑몰이 각각의 매력으로 방문자들을 유혹한다. 도시의 번잡함을 벗어나고 싶다면 일요일 저녁 버카시 광장에 나가 보자. 이곳에서 버카시의 주민들은 노점에서 산 음식을 나누며 여유를 즐긴다. 이 도시에는 이미 다양한 여가 옵션이 존재하기 때문에 도시 밖으로 나갈 이유가 별로

11　제2차 세계대전 후 다시 주둔한 네덜란드 세력에 저항하던 인도네시아 독립군의 최전선이 이곳에 있었다. 지방자치제 출범(1998년) 이후 도시의 인장이 애국자의 도시를 의미하는 코타파트리옷(kota patriot)으로 정해졌다.

그림 7.7   버카시의 인장

없다. 도시 내 다양한 시설을 이용하면 되기 때문에 도시 밖으로 향하는 교통체증을 부러 체험할 필요도 없다._「애국자의 도시 찾아가기(Manjakan Indera di Kota Patriot)」(2015.3.14.)

버카시는 본래 수도권의 전자·자동차 부문의 제조업 생산기지로 개발되었으나, 민간 기업의 신도시 개발 참여로 산업도시를 넘어서 주거·레저·상업 기능이 강화되며 자족적인 도시가 되어 가고 있다. 자카르타 동부 외곽에 자리한 버카시는 현재 인도네시아에서 가장 산업밀집도가 높은 지역이다. 2009년 기준 지역총생산GRDP의 79.73퍼센트가 제조업에서 창출되는데, 이에 힘입어 연간 경제성장률도 국가 평균(5.6퍼센트)을 상회하는 7.42퍼센트를 차지했다.

버카시는 산업 성장에 적합한 여러 장점을 지니고 있다. 먼저, 1988년 개통된 자카르타-치캄펙 고속도로의 길목에 자리하고 있으며, 도심 자카르타와 국제무역항 탄중프로옥Tanjung Priok과도 가깝다. 서부 자바 최대의 저수지Situ Jatiluhur로부터 도시용수를 공급받기도 적절하다는 것도 이점으로 작용했으며, 마지막으로 과거 서부 자바의 곡창지대로 대부분이 농경지였기 때문에 저렴한 가격에 도시 및 산업용지로의 개발도 용이했다(Hudalah and Firman, 2012).

1989년 산업단지 개발의 탈규제화(민간 참여) 조치가 이루어진 이후 이러한 조건에 힘입어 버카시는 인도네시아 최대의 산업지역이 되었다. 현재 이곳에는 총 면적 1만 4,620헥타르에 2,288개의 국내외 기업이 입주한 7곳의 산업단지kawasan industri 겸 신도시[12]가 자리하고 있다. 국제

---

12   theMM2100, Bekasi Fajar Industrial Estate (BFIE), East Jakarta Industrial-Park (EJIP), and Bekasi International Industrial Estate (BIIE) 등 다양한 산

적 다국적기업의 공장이 다수 입지하여 외국인 주재원의 수가 1,000명을 넘고, 산업단지에 고용된 노동자의 수도 50만 명을 상회한다. 이러한 도시 및 산업 기능의 신장에 힘입어 버카시의 인구는 연간 6~7퍼센트 수준으로 성장해 왔으며, 2014년 기준 총인구 약 266만 명으로 인도네시아 전체에서 다섯 번째 큰 도시로 성장했다.

[BSD의 다양한 상업공간]
지난 10여 년 동안 자카르타 외곽의 사우스탕어랑의 서르퐁 지역은 엄청난 도시화를 경험했다. 동시에 맛의 천국이 되어 가고 있다. 서르퐁과 파물랑의 급속한 거주지 개발 와중에 색다른 식당과 카페들이 퍼져나갔다. 색다른 특색의 식당들이 다양하게 있기 때문에 각자의 취향에 따라 라마단 기간 동안 금식을 푸는 부카 푸아사 가족 행사가 곳곳에서 펼쳐진다.…식당들은 현대적 쇼핑센터들(BSD, 시티테라스 몰, 리빙월드)에만 있는 것이 아니다. 서르퐁의 매력은 도시의 주요 도로에 접근성 좋고 유명한 식당들이 많다는 점이다. 알람 수트라 테크노파크 가는 길에 있는 빅토르로(Jalan Victor)나 라야서르퐁로(Jalan Raya Serpong) 등이 대표적이다.「서르퐁 식당가에서 부카 푸아사를(Berbuka Puasa di Tempat Kuliner Serpong)」(2013.7.13.)」

자카르타 동부에 버카시가 있다면, 자카르타 남서부에서 최근 가장 '뜨는' 곳은 서르퐁 지역의 BSD 신도시이다. BSD 신도시 개발은 인도네시아 도시 개발사에서 분기점으로 인정되는 대규모 도시개발계획이다. 1984년 최초 수립된 도시 개발 마스터플랜에 따르면, 총 면적 6,000헥타르에 목표 인구는 13만 9천 가구, 60만 명으로 신도시 중 가장 큰 규모를 자랑한다. 규모가 큰 만큼 한 회사가 아니라 신나르마스를 필두로 한 대

업시설이 입지한 전문 산업단지이며, Jababeka, Lippo Cikarang and Pembangunan Deltamas는 거주와 각종 도시 기능을 겸비한 일종의 신도시이다.

재벌의 여러 기업의 컨소시엄 형태로 개발이 추진되었고, 주거시설, 상업시설, 산업시설, 병원, 쇼핑몰, 국제학교[13] 및 고등교육기관을 포함하는 종합계획으로 장차 도시 내에서 14만~18만의 고용 창출을 이뤄내는 것을 목표로 삼고 있다. 현재 건설 중인 수도권 외곽순환도로를 통해 자카르타 중심을 통과하지 않고도 공항과 항만으로 연결되는 장점을 갖추게 되어 향후에도 이 지역의 성장은 지속될 것으로 전망된다(Zhu and Simarmata 2015).

버카시와 BSD는 수도권 내에서도 향후 개발과 도시화의 진전이 가장 기대되는 지역이다. 버카시는 점차 도시연담화onurbanization가 진행되는 자카르타와 반둥 사이에 위치하고 있다는 점에서, BSD는 제2의 수도권 순환도로망과 연결되어 수도권 전 지역으로의 연결성이 높아질 것으로 기대된다는 점에서 앞으로도 지속적인 성장이 예상되는 곳들이기도 하다. 두 도시 간에 차이도 있다. 버카시가 산업단지 조성과 '도시 속 도시'를 지향하는 5만~10만 명 단위의 여러 신도시가 군집으로 꾸준히 성장해 온 도시라면, BSD는 제조업보다는 서비스업과 첨단 물류산업 중심의 단일한 마스터플랜하에 단계적 개발을 추진된 도시이다. 버카시의 인구구성은 제조업 노동자에서부터 중산층까지 다양하지만, BSD는 남부 자카르타에 거주하던 외국인 주재원, 전문직 등이 선발 이주그룹이 되어 이 신도시의 문화적·상업적 속성을 주도했다는 점에서 차별적이다. 두 도시 모두 20세기 교통과 통신기술의 발달에 의존해 단순한 침대도시를 벗어나 도심과는 다른 쾌적한 직주통합도시로 만들어졌다는 점도 특징적이다. 몰과 같은 전문적인 쇼핑공간뿐만 아니라 가로형 상업지구들이 조성되고 있는 것도 두 도시의 특징으로 꼽을 수 있다.

---

13 자카르타에 있던 독일계 국제학교가 1995년 BSD로 이전하면서 수도권의 중산층과 외국인(특히 유럽계) 주재원 가구들의 이전도 속도를 내고 있다.

2) 자동차 문화의 확산과 레저 소비의 교외화

소비에 적극적인 레저활동의 성격이 더해지면서 여가활동은 소비자본주의의 핵심적 기능으로 부상했다. 자동차 문화의 등장은 쇼핑과 여가의 레저화를 가속화시켰다(김성홍 1998). 인도네시아에서 인구수 대비 이륜차(오토바이)와 사륜차(승용+업무용) 보급률은 각각 25퍼센트와 3.5퍼센트로 여전히 낮은 편이다(2012년 기준). 하지만 인구밀집도가 높은 수도권에서는 늘어나는 교통량의 대부분이 민간 자동차의 증가에서 기인한다. 2012년 기준 인도네시아의 자동차 생산량은 100만 대를 넘어섰으며, 다른 동남아 국가들과 달리 생산 차량의 대부분이 내수용으로 판매된다는 점에서 차별적이다(엄은희 2015). 도로 인프라와 대중교통 수단 부재로 인해 자카르타의 도로는 상시적인 정체로 몸살을 앓고 있지만, 개인소득 상승과 중산층의 자동차 보유 수요는 계속 증가세에 있다.

자가 운전자의 증가와 더디지만 수도권의 도로 연결성도 개선됨에 따라 자

그림 7.8　보고르 산지의 레저활동

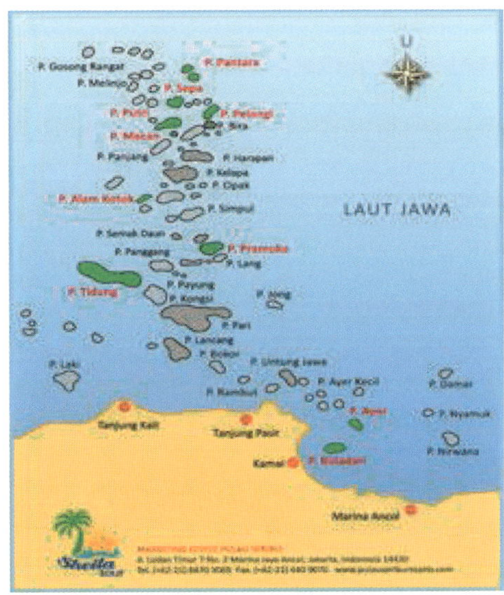

그림 7.9　자카르타 북부의 천 개의 섬

그림 7.10　탕어랑의 치폰도 호수

카르타와 수도권의 여가 소비행태도 바뀌고 있다. 번잡한 자카르타 도심을 벗어나 도시 외곽의 자연 지역이나 신도시의 레저활동을 즐기는 가족 단위 중산층이 늘어나고 있다. 「잘란잘란」이 이러한 계층에게 제시하는 수도권 내 근교 휴양지로는 남쪽의 보고르, 북부 해안 너머의 천 개의 섬 Pulau Seribu, 그리고 신도시의 자연경관 등이다.

[보고르에서 자연을 느끼다]

주중에 자카르타에서 쌓인 피로를 풀기 위해 너무 먼 곳은 부담스럽다. 자동차를 타고 가까운 보고르에서 활력을 되찾자. 센툴에는 여전히 당신의 방문을 기다리는 멋진 장소들이 많다. 충분한 자연과 농촌의 풍경을 갖춘 보고르 센툴에서 다양한 호텔, 레스토랑이 당신들을 기다리고 있다._「센툴의 자연과 농촌에서 걱정을 날려 버리자(Kawasan Sentul: Pikat Alam Pedesaan Redakan Penat)」(2016.3.26.)

[보고르의 교육농원]

센툴에는 여전히 당신의 방문을 기다리는 멋진 장소들이 많다. 탈봇의 차다상암파르 마을에 있는 ○○○ 교육관광농원도 그중 하나이다. 목장은 아직 팻말을 갖추지 않아 찾기에 어려움이 있지만 이미 교육적 여행을 찾는 이들에게는 잘 알려진 장소이다. 방문자는 전화나 홈페이지를 통해 사전 예약을 해야 한다. 이 농장의 주인이자 관리자는 4년 전 소목장 개발을 시작했고 2년 전부터는 농장 투어와 유치원에서 중등학생들을 위한 농장교육을 실시해 왔다. 가족 단위 방문자들도 최근엔 제법 온다._「센툴, 천사와 함께 물놀이를(Kawasan Sentul, Segarnya Mandi Bareng Bidadari)」(2014.4.12.)

자카르타에서 남쪽으로 60킬로미터 떨어진 보고르는 수노권의 일원이지만, '비의 도시Kota Hujan'라는 별칭에서 알 수 있듯 비가 많고 기후가 서늘하여 더위와 도시의 혼잡에 지친 자카르타 시민들이 즐겨 찾는 휴양도시이다. 자카르타와 수도권 전철로 연결되어 자가용 이용자들이 아닌 도시인들도 주말 여행지로 접근 가능하다. 보고르는 대통령 여름궁전과 수목원 등의 볼거리를 비롯해 휴양도시다운 다양한 먹을거리와 즐길 거리를 갖추고 있어 「잘란잘란」의 단골 소재로 소개된다. 두 번째 기사가 보여 주듯 최근에는 교육문제에 관심이 많은 중산층 가족 단위 휴양객을 대상으로 '농장투어'와 '농장교육' 같은 자연 교육 프로그램을 제공하는 시설들도 나타나고 있다.

[천 개의 섬의 해양 유원지]

열 살의 수마일라는 이미 여러 차례 보트에서 바다로 몸을 던졌다. 이제 3학년이 되는 수마일라는 풀라우 스리부 중 한 곳인 아이르 섬에서 스노클링을 즐기며 아름다운 산호초에 열광 중이다. 밤이 되어서도 수마일라는 낮에 바다 속에서 본 아름다운 산호초와 물고기들의 이야기를 되풀이했다.

생물다양성이 풍부한 산호초와 투명한 바다 이야기만 들으면 수마일라
의 가족이 휴가를 보내는 곳이 자카르타라는 사실을 잊게 만든다. 수마
일라와 가족들이 휴가를 즐기는 곳은 자카르타에 속한 천 개의 섬이다. 2
박 3일의 휴가로는 이곳의 아름다움을 느끼는 것이 충분치 못하다. 천 개
의 섬은 북부 자카르타 해안에서 1~2시간 떨어진 작은 섬들의 클러스터
로 자카르타의 대표적인 관광지 중 하나이다. 이곳의 관광지 개발은 여전
히 엄격하게 제한되어 있다. 몇몇 여행사들이 하루에서 2박 3일 일정으
로 숙소, 식사, 다양한 이벤트를 포함하는 관광 상품을 판매하고 있다. 지
난 3년간 천 개의 섬 해양 관광을 통해 주민들의 생활이 크게 개선되었다.
단순한 숙박시설을 넘어 다양한 편의시설이 갖추어지면서 사생활을 중시
하는 여행자들에게도 좋은 휴식처가 되고 있다. 섬에 도착해 바다로 뛰어
들지만 말고 편안하고 조용한 숙소에서 시간을 보내는 것도 좋다._「천 개
의 섬에서 즐기는 푸른 바다(Menikmati Birunya Laut Kepulauan Seri-
bu)」(2013.8.24.)

복잡하고 거대한 자카르타 한가운데서는 상상하기 어렵지만 자카르
타는 북쪽을 자바 해와 면하고 있는 해안도시이다. 코타투아 북쪽의 안
출 유원지나 최근 개발 중인 탕어랑에 가까운 카북Kabuk의 일부 지역을
제외하고 대부분의 자카르타 해안은 무허가주택이 자리한 난개발과 오
염의 현장이다. 하지만 10~20킬로미터 떨어진 먼 바다의 사정은 다르다.
128개의 섬으로 구성된 제도 '천 개의 섬Pulau Seribu'이 있기 때문이다.
산호초로 둘러싸인 섬들은 다이빙과 낚시를 즐기는 이들이 즐겨 찾는 자
카르타의 대표적 자연휴양지이다. 앞의 기사는 천 개의 섬 중 하나인 아
이르 섬에서 가족 여행을 즐기는 한 가족의 모습을 묘사하고 있다.

[신도시 탕어랑의 자연경관]
반튼주 탕어랑 시의 치폰도 호수(Situ Cipondoh)의 풍경은 도시의 혼잡

과 피곤을 사라지게 만든다. 하심 아샤리로(Jalan Hasyim Ashari)는 자카르타와 탕어랑 시를 잇는 주요 도로 중 하나이다. 서부 자카르타의 큼 방안에서 12.7킬로미터밖에 떨어져 있지 않은 이곳에 이렇게 아름답고 큰 호수가 있다. 보고르 방향의 언제나 복잡한 고속도로의 반대 방향에서도 이처럼 아름다움 자연경관을 즐길 수 있다. 치폰도 호수로 가자. 이 호수는 1980년대 이후 남부 자카르타 주민 중 일부만이 갈 수 있는 곳이었다. (하지만) 최근 자카르타-머락(Jakarta-Merak toll) 유료 도로가 개통된 이후 자카르다로부터의 접근성이 훨씬 좋아졌다. 치폰도 호수로 갈 수 있는 대중교통 수단도 생겼다._「치폰도 호수에서 황혼을 느끼자(Menik-mati Senja di Situ Cipondoh)」(2013.2.7.)

앞서 살펴보았듯 사카르타 외곽의 신도시들은 혼잡한 도심에 비해 보다 계획적인 도심 정비가 이루어졌으며, 농촌 및 자연경관도 갖추고 있다. 농촌경관이 일방향적으로 도회지로 개발되는 것을 넘어 도시적 요소와 자연적 요소가 공존하는 전원 도시의 형태를 취하는 것이다. 해안평야지대에 자리한 자카르타 및 수도권 지역에는 자연 호수가 곳곳에 존재하는데, 아래의 기사는 도시광역화가 진행될수록 농업 및 도시 용수의 기능을 벗어나 관광자원으로서의 기능이 강화되고 있음을 보여준다.

5. 「잘란잘란」 분석 ③: 사회적 접근성의 변화와 공공공간의 출현

「잘란잘란」이 소개하는 행사와 장소들은 주로 도시 관광의 목적지들이다. 유명 관광지는 주로 관광객의 필요에 따라 개발되고 공급되며 지역 주민의 여가 기능과는 분리된 경우가 많다. 하지만 도시 관광의 주요 목적지들, 예컨대 도시 문화유적, 쇼핑몰, 도시 공원 등은 관광객뿐만 아니라 도시민의 여가 활용에도 중요한 공간들이다. 대다수의 도시 내 외식업체나 여러 문화산업 시설들은 외래 관광객보다 오히려 도시민이 고객의 대다수를 차지한다. 특히 경제적인 문제로 도시 외부로의 관광활동이 어려운 중하위계층의 도시민은 일터이자 삶터인 도시 안에서 저비용의 여가활동을 찾아야 하기 때문에 도시 복지 차원에서 도시 관광에 대한 정책을 수립하고 지원하는 것은 도시 정부의 중요한 과제 중 하나로 볼 수 있다(신용석, 2006: 352).

정부의 재정적 한계와 일련의 탈규제 제도로 인해 인도네시아에서 도시 개발 및 인프라 구축은 대체로 민간에 의해 이루어져 왔다. 하지만 최근 들어 자카르타의 공공부문이 도시 개발 및 도시 정비의 주체로 직접 참여하는 모습이 발견된다. 시티투어버스, 문화시설의 무료개방, 도시 녹지의 확충 등을 통해 이러한 변화의 일단이 관찰된다.

1) 무상관광버스 '시티음폭'의 등장

먼저 살펴볼 사례는 2014년 자카르타에 도입된 도시 관광버스이다. 대체로 일정한 경로 안에 위치한 관광 명소들을 선택적으로 묶어 관광 편의성을 높여 주는 패키지 관광 상품인데, 자카르타에서는 주정부의 관광 진흥정책에 따라 무료로 운행 중이다. 중년의 여성이 운전하는 이 버스는 시티음폭Siti Mpok('미혼의 손위 여성'이라는 의미)이라는 닉네임을 가지고 있으며, 이동 경로는 북부 자카르타와 중앙 자카르타의 주요 명소들이 포함되어 있다.

[무상 도시 관광버스, 시티음폭]
뜨거웠던 지난 목요일의 열기도 모나스 앞 버스 정류장에 서 있는 사람

들을 막지는 못했다. 자카르타
시티투어용 2층 버스를 기다
리는 사람들이다. 2층으로 설
계된 시티투어버스는 자카르
타의 관광 진흥을 위해 주정부
가 도입한 대중교통 수단으로,
이 버스의 닉네임은 시티 음폭
(siti Mpok)이다. 운전수도 모
두 여성이고, 아직까지 대다수
탑승객이 젊은 여성이나 주부
들이기 때문이다. 주정부는 그
이름을 그대로 버스 이름으로
받아들였다.

그림 7.11　시티음폭의 운행 경로

2014년부터 이 버스는 수도 자카르타에 관광용으로 복귀했다. 중국의
버스회사가 생산한 이 버스는 보라색과 녹색의 강렬한 색상으로 사람들
의 눈길을 끈다. 자카르타 시민에서 외국인 관광객까지 자카르타에서 휴
가를 보내는 이들이 주요 손님이다. 편안하게 자카르타의 다양한 관광
지를 둘러보는 데 매우 적절하다._「구석구석 달리는 시티음폭 버스(Siti
Mpok: Bus Wisata Semua Kalangan)」(2015.6.19.)

2) 독립기념일과 박물관 무료개방

자카르타에는 50개 이상의 크고 작은 박물관이 있지만, 박물관에 대한
기초적인 정보나 접근방법에 대한 안내는 턱없이 부족하다.「잘란잘란」
에는 주요 박물관의 전시, 위치, 입장료 등을 안내하는 정보성 기사가 자
주 실린다. 다음의 기사는 2016년 8월 자카르타 국립현대박물관에서 열
린 특별전시회의 정보를 담고 있다. 전시 작품들은 보고르의 대통령 여름

별장의 커티홀(대통령 박물관) 소장 예술작품들로 자카르타 시민에게 무료로 개방되었다. 광복 70주년 기념 특별행사로 진행된 이 행사는 시민들의 역사의식 고취를 목적으로 전·현직 대통령들의 소장품 중 독립투쟁과 독립운동가들의 삶과 그에 얽힌 일화들을 소개하는 식으로 진행되었다.

[광복절맞이 특별전시회]
보고르에 위치한 대통령 여름 별궁(Istana Bogor)의 커티홀(Kirti Hall)은 대통령 박물관이다. 커티홀이라는 이름은 고대 자바어 또는 산스크리트에서 유래했는데 '불을 지키는' 공간이라는 뜻으로, 2년 전부터 일반 대중에게 공개되었다. 박물관에는 전임 대통령 재임기간의 기록과 기념물뿐만 아니라 여러 역사적 유물도 갖추어져 있다. 6명의 전임 대통령에 대해 더 알고 싶은 이들이라면 충분히 방문할 만한 가치가 있다.
이번에 자카르타 국립현대박물관에서 열리는 커티홀 소장품 전시는 무료이다. 방문을 원하는 이들은 하루 전 박물관에 이메일이나 팩스를 이용해 예약해야 한다. 박물관을 찾는 이들은 대통령궁 소장품 전시 이외에도 인도네시아를 대표하는 작가와 예술가들의 그림과 조각상도 즐길 기회를 갖게 된다.…당신의 아이가 장차 이 나라의 지도자가 될 수도 있지 않겠는가. 아이들과 함께 방문해 지도자들의 열정을 직접 듣고 느껴 보는 것도 좋겠다._「여섯 대통령을 느낄 수 있는 커티홀 전시회 관람(Balai Kirti Wisata Mengenal Enam Presiden RI)」(2016.7.30.)

3) 도시 녹지의 확충

자카르타 주정부에 의해 최근 추진되고 있는 도시 녹지공간 만들기도 자카르타의 새로운 변화로 「잘란잘란」을 통해 종종 소개되고 있다. 그동안 자카르타는 해안가 평야지역에 위치하고 있는 만큼 개발압력이 낮은 산지와 같은 자연녹지를 찾아보기 어려웠다. 혼잡과 오염이 심하기로 악명 높은 자카르타에서 최근 녹지와 수변의 공공공간이 조성되면서 도시민의 여가생활에 새로운 흐름이 만들어지기 시작했다. 공원 등의 열린 공간은 시민이 쾌적하게 보행하거나 잠시 머물러 휴식을 취할 수 있는 도심 내 공공기관이다. 시민 누구나 이용 가능하고 다양한 활동과 상호소통 및 교류가 가능하게 함으로써 도시 내 공익을 증진시키는 역할을 한다. 현대 도시에서는 사회·경제적 지위에 따라 건강 및 환경 불평등 문제가 심화되고 있는데, 공공공간으로서의 공원은 이러한 불평등을 완화시킬 수 있는 주요한 공적 개입의 통로이기도 하다.

[자카르타의 공공녹지]

숲 안쪽으로 몸을 옮길수록 소음은 멀어지고 사방이 조용해진다. 최근에 줄지어 식재된 나무와 관상용 식물들이 상쾌한 공기를 만들어 내고 주위 환경은 깨끗하게 정돈되어 있다. 평화가 몸 구석구석까지 스며든다. 자카르타에서 이런 휴식을 취하고 싶다는 희망은 이제 단순한 꿈이 아니다. 바쁜 도시의 일상 중에 이런 휴식을 원하던 이들에게는 더더욱, 시간이 지남에 따라 변화가 곳곳에서 감지되고 있다. 도시의 관리 기능이 강화되고 있다. 오늘날 많은 도시들이 녹지와 수변의 열린 공간을 시민에게 무

그림 7.12 신규조성된 자카르타의 녹지
출처: 『콤파스』, 「잘란잘란」 기사(2016.7.23.)

료로 개방하고 있다. 상대적으로 많이 지체되었지만 최근 몇 년 사이 자카르타에서도 녹지와 수변지구의 공공공간을 현실화시키고 있다._「오픈 스페이스: 도시 중심부의 작은 오아시스들(Ruang Terbuka: Sepotong Surga di Tengah Kota)」(2016.7.23.)

지금까지 살펴보았듯 지난 2~3년 사이 자카르타에는 무료 도시 관광버스, 국립박물관의 무료입장, 녹지의 확충 등을 통해 도시민 누구에게나 접근권이 허용되는 공공공간이 등장하고 있다. 이러한 장소들은 직접적인 소비활동과는 거리가 있지만 시민에게 허락된 열린 공간이며 누구든 모일 수 있고 지식과 즐거움을 공유할 수 있는 공간이다.

수요보다 공급이 부족한 시대에는 소비상품의 질보다 양이 중요하지만 일단 공급이 수요를 일정 수준 이상 초과하면, 소비활동은 유통과 각종 서비스를 중심으로 한 3차 산업부문의 성장과 소비재 생산의 선순환을 만들어 내는 '사회적 미덕'으로 옹호되기 시작한다. 대중소비의 시대가 열리는 것이다. 대중소비시대가 전면화된 이후에는 양보다 질을 중시하는 새로운 소비성향이 등장한다. 때로는 특별한 소비활동을 통해 중산층의 정체성을 드러내거나 명품이나 고급 여가를 즐기는 '과시적 소비'가 나타나기도 하지만, 다른 한편에서는 시민의 교양과 공공성을 강조하는 '시민-소비자'집단이 등장하기도 한다.

현대 사회를 소비사회로 규정하고 소비 개념을 통해 현대 사회를 분석한 장 보드리야르Jean Baudrillard는 소비의 개념을 경제학에 비해 보다 포괄적으로 정의한다. 그가 바라보는 소비는 다음과 같은 내용을 포함한다. 첫째, 상품의 사용가치를 포함하면서 또한 초월한다. 둘째, 소비활동은 행복, 안락함, 풍요, 성공, 위세, 권위, 근대성 등의 가치 추구를 내포한다. 셋째, 모든 상품은 기호로 소비활동은 사회적 의미작용의 체계로 해석될 수 있다. 넷째, 인간의 욕구는 사물 자체보다 '차별화' 같은 사

회적 의미를 지향한다. 다섯째, 상품 소비를 통한 차별화는 스스로를 돋
보이게 함과 동시에 사회적 지위와 취향을 드러낸다(보드리야르, 1998:
339). 이와 같은 보드리야르의 소비와 소비문화에 대한 개념 정의를 차
용하면, 소비활동은 곧 생산적 활동이다. 따라서 박물관이나 녹지 등 공
공공간을 소비하는 행위는 일종의 '문화관광'으로 이해될 필요가 있으며,
이러한 관광 소비는 그 사회의 구조와 문화의 힘을 반영한다고 볼 수 있
다(조광익 2010).

6. 나가며: 인도네시아 소비공간 변화의 현재와 전망

이 글은 인도네시아의 자카르타대도시권에서 소비공간의 형성과 확산
양상과 그러한 공간을 소비하는 도시인의 생활양식을 살펴보는 것을 목
적으로 했다. 이를 위해 자카르타 및 수도권 지역의 도시화 과정을 역사
지리적 측면에서 고찰한 후 현재에도 확장 중에 있는 다양한 소비공간의
양상과 시민의 공간 소비양태를 현지의 유력 신문매체에 실린 도시 관광
관련 연재기사 「잘란잘란」을 통해 분석해 보았다.

자카르타는 16세기 말부터 인도네시아의 수도가 된 후 현재 인구
2,700만(수도권 포함)의 동남아시아 최대의 도시권으로 성장했다. 1980
년대 이후에는 급속한 산업화와 도시화를 바탕으로 한 중산층의 등장과
근대적 소비사회로의 전환이 본격화되었다. 민간 자본이 주도해 왔던 도
시화는 1990년대 말 IMF 위기를 겪으며 위기상황을 맞이하기도 했으나,
2000년대 중반 이후 민주적 정권이양과 안정된 경제성장을 바탕으로 도
시의 수평적·수직적 성장은 현재에도 이어지고 있다. 문헌연구를 통해
인도네시아에서 도시화와 그에 따른 글로벌 소비시장으로의 부상은 선
진 자본주의 국가들의 일반적인 패턴을 따르지만 민간 자본이 주도하는

도시화와 산업화 현상이 보다 두드러짐을 확인했다. 소비성향이 강한 중산층의 대부분이 자카르타수도권의 도시지역에 거주하기 때문에 소비 중심지로서의 도시의 역할과 기능도 점차 강화될 것으로 전망된다.

「잘란잘란」에 실린 기사를 통해 본 소비활동 및 소비공간에 반영된 인도네시아 소비문화의 두드러지는 특성은 다음과 같이 요약될 수 있다.

첫째, 명절 기간 동안 종교 및 종족의 문화 관련 소비가 급증하며, 도시의 특정 공간에서 소비활동이 가시화된다. 절대다수가 무슬림인 상황에서 이들에게 가장 중요한 시기인 라마단-르바란 동안 종교 관련 소비활동과 사회적 재분배가 도시 안에서뿐만 아니라 도시과 농촌 간에도 활발하게 일어난다는 점에서 인도네시아의 '고유성'을 찾아볼 수 있다. 인도네시아 경제의 상당수를 지배하고 있으나 정치·사회적 측면에서 배제되었던 화인의 소비활동과 이들이 주도하는 소비 경관 변화 역시 2000년대 이후의 두드러진 현상이다. 화인들이 중시하는 종교 및 문화적 의례(음력설, 참고메)가 도시 차원의 여가 및 관광활동의 기회를 제공한다. 종교 및 문화 관습과 경제가 절합articulation된 두 시기는 양력이 아닌 이슬람력과 음력을 따르기 때문에 해마다 날짜가 달라진다. 인도네시아 소비 시장에 진출하려는 기업이나 투자자들이 반드시 주의해야 할 대목이라 할 수 있다.

둘째, 구매력과 이동성을 겸비한 신흥 중산층을 중심으로 가족 단위 소비활동이 급증하고 있으며, 이러한 새로운 소비계층을 겨냥하여 신도시 및 근교지역의 상업화가 촉진되고 있다. 다시 말해, 중산층의 절대적 증가는 인도네시아에서 도시화와 소비 경관 확대의 직접적 원인으로 볼 수 있다. 외환위기 기간 동안의 경제위축 국면도 있었으나 1980년대 중반 이후 인도네시아의 중산층[14]의 규모는 점점 더 늘어나고 있다. 2010

14　여기서 중산층은 아시아개발은행(ADB)의 정의에 따라 가구 단위 일일가처분

년 이후 인도네시아는 동남아시아 국가 중에서 중산층 인구가 가장 많은 국가의 지위를 이어오고 있다(Ali, 2016). 2012년 세계적 컨설팅 기업인 보스턴컨설팅그룹BCG와 매킨지McKinzey는 인도네시아의 중산층 인구를 각각 7,400만 명과 4,500만 명으로 발표했다. 낙관적 해석과 보수적 해석 간의 차이가 크지만, 보수적 통계만으로도 인도네시아의 중산층은 대한민국 총인구에 버금가는 수치이다. 이처럼 인도네시아의 경제성장 전망은 대체로 낙관적이다. 하지만 다른 한편으로 사회적 분배의 불평등과 양극화 현상이 심화되고 있기 때문에 지역 간(도시-농촌) 및 계층 간(도시 내) 격차를 줄이는 것은 이 국가(및 수도권 도시)가 안고 있는 또 다른 과제이다.

셋째, 여타의 열대 개도국들과 마찬가지로 인도네시아에서도 몰Mall 중심의 소비 경관이 지배적이다 하지만 실험적이고 개방적 접근이 가능한 신도시를 중심으로 복합몰 형식이 아닌 가로형 소비 경관들도 형성되고 확산되고 있음이 확인되었다. 시장에 참여하는 행위자들이 증가한다는 것은 그들의 선택의 폭이 넓어지는 것을 의미한다. 그 자체로 서비스업이 집중된 도시경제의 성장과 활력을 가져오는 생산적 소비가 창출되는 것이다. 하지만 대부분의 소비공간이 입장료나 상품구매 지불의사와 능력을 갖춘 계층에게만 선택적으로 허용된다는 점에서 공간 자체의 상품화가 강력하게 자리하고 있음을 확인했다.

넷째, 공간적인 측면에서는 민간 자본 주도의 소비 경관 형성이 두드러지지만, 최근 들어 공공기관에 의한 '열린 공간'이 만들어지는 흐름을 확인했다. 소비 경관의 급속한 양적 확산과 차별화 경쟁의 심화는 도시 난개발이 오염과 혼잡 같은 집적불경제의 문제를 발생시키는 것과 마찬

소득이 2~20달러에 속하는 인구를 의미한다. 물론 중산층 내부의 세부 범주, 하위중산층(2~4달러), 중위중산층(4~10달러), 상위중산층(10~20달러)에 따라 소비양태는 다르다.

가지로 자칫 자기 소모적 결과(뜨는 동네와 지는 동네의 연쇄작용)를 낳을 수도 있다. 이러한 공간 상업화에 대한 대안적 흐름으로 최근 공공의 개입에 의한 '열린 공간'의 구축과 도시 환경 개선의 흐름도 포착되었다. 공원, 대중교통망, 녹지 등과 같은 도시 내 공공공간은 직접적인 소비활동과는 무관해 보이지만, 궁극적으로 생산과 소비의 분절화, 여가활동의 양극화에서 유래하는 갈등을 완화시키고 도시의 삶의 질을 높이는 데 기여할 수 있다.

흥미롭게도 2006년 10월 처음 등장한 「잘란잘란」 기사는 르바란 시기 여유로운 도시에서 산책을 권유하는 것에서 출발했다. 르바란 동안 수많은 도시의 노동자는 라마단 기간 동안 금식을 통해 정화된 몸과 마음으로 가족과 친지들에게 줄 선물을 안고 귀경길에 오른다. 하지만 자카르타 및 수도권이 고향인 무슬림이나 이 명절과는 관계없는 비무슬림 시민에게 르바란 기간은 자카르타와 수도권에서 여유를 즐기며 산책할 수 있는 흔치 않은 기회였던 것이다.

상당수의 「잘란잘란」 기사는 이벤트와 명소에 대한 소개에 할애되며 많은 경우 간접광고의 기회로 활용되었다. 하지만 2015년 이후에는 굳이 비용을 지불하지 않고도 즐길 수 있는 도심 내 공공시설과 장소에 대한 소개가 간간히 게재되곤 했다. 이는 도시의 상업화와 공간의 상품화 경향에 대한 반작용으로 사회적 양극화나 환경 및 교통문제 등으로 인한 사회적 갈등을 줄이기 위한 공공의 노력이 반영된 것으로 볼 수 있다. 도시민에게는 산책이 가능하고 이방인들에게 매력적인 현대적 도시는 규모의 경제와 색다른 경험을 만들어 내는 상업활동의 주체들, 주어진 상품과 서비스를 수동적으로 제공받는 관객의 위치에서 벗어나 도시의 소비활동과 소비공간을 즐기는 시민들, 전자를 적절하게 관리·감독하며 후자의 수요에 대응하기 위한 정책을 만들어 낼 수 있는 도시 정부의 삼박자가 어우러질 때 비로소 현실화될 수 있을 것이다.

::참고문헌

고우성. 1998. 「정치적 이데올로기로서의 빤짜실라: 수카르노와 수하르토 체제 하에서의 활용방법 비교」. 『동남아시아연구』 6: 33-47.

김성홍. 1998. 「건축비평: 소비문화와 자동차, 일산 신도시의 대형할인점」. 『건축』 42(12): 14-17.

신용석. 2006. 「도시와 관광」. 김인·박수진 편. 『도시해석』. 푸른길. 349-359.

신윤환. 2000. 「인도네시아 화인: 경제적 지배와 정치적 배제 사이에서」. 조흥국 외. 『동남아의 화인사회』. 전통과 현대. 423-474.

엄은희. 2015. 「인도네시아 자동차 시상 분석」. 『동남아이슈페이퍼』 12호. 서울대학교 동남아센터.

원순구. 2014. 「동남아 라마단 경제학」. 『친디아플러스』 95: 60-61.

이영주. 2003. 「관광목적지로서 도시공간의 개발방향」. 『서울도시연구』 4(2): 43-56.

장 보드리야르. 1998. 『기호의 정치 경제학 비판』. 이규현 옮김. 문학과지성사.

정병두·김현. 2011. 「고속도로 휴게소 선택의 요인분석에 관한 연구」. 『대한국토계획학회지』 46(2): 299-307.

조광익. 2010. 「여가소비와 개인의 정체성: 이론적 탐색」. 『관광연구논총』 22(2): 3-25.

조태영. 2016. 「서파푸아 무슬림과 기독교 간 긴장과 갈등의 원인」. 『동남아시아연구』 26(4): 217-278.

조흥국. 2000. 「동남아 화인의 역사와 정체성」. 조흥국 외. 『동남아의 화인사회』. 전통과 현대. 8-25.

채수홍·구혜경. 2015. 「전통시장의 쇠락과정, 대응양상, 그리고 미래: 전주 남부시장의 민족지적 사례」. 『비교문화연구』 21(1): 87-131.

Hasanuddin Ali. 2016. "Indonesia 2020: The Urban Middle-Class Millennials." Alvara Research Center(http://www.slideshare.net/hasanuddinali/white-paper-indonesia-2020-the-urban-middleclass-millennials).

Berkmoes, R. V. et al. 2009. *Lonly Planet: Indonesia*. Lonly Planet Publication.

Cybriwsky, R. and L. R. Ford. 2001. "City Profile: Jakarta." *Cities* 18(3): 199-210.

Douglass, M. 2000. "Mega-urban regions and world city formation: Globalisation, the economic crisis and urban policy issues in Pacific Asia." *Urban Studies* 17(12): 2317-2337.

Firman, Tommy. 1999. "From 'global city' to 'city of crisis': Jakarta Metropolitan Region under economic turmoil." *Habitat International* 23(4): 447-466.

Firman, Tommy. 2004. "New Town Development in Jakarta Metropolitan Region: a perspective of spatial segregation." *Habitat International* 28(3): 349-368.

Hudalah, D. and Tommy Firman. 2012. "Beyond property: Industrial estates and post-suburban transformationin Jakarta Metropolitan Region." *City* 29: 40-48.

Hudalah, D., D. Viantari, T. Firman and J. Woltjer. 2013. "Industrial Land Development and Manufacturing Deconcentration in Greater Jakarta." *Urban Geography* 34(7): 950-971.

Kusno, A. 2000. *Behind the Postcolonial: Architecture, Urban Space, and Political Cultures in Indonesia*. London and New York: Routledge.

Permanadeli, R. and J. Tadié. 2014. "Understanding the Imaginaries of Modernity in Jakarta: A Social Representation of Urban Development in Projects." *Social Representations* 23: 22.1-22.33.

Percival, T. and P. Waley. 2012. "Articulating Intra-Asian Urbanism: The Production of Satellite Cities in Phnom Penh." *Urban Studies* 49: 1-16.

Silver, C. 2008. *Planning the Megacity: Jakarta in the Twentieth Century*. London: Routledge.

World Bank. 2016. "Indonesia's Rising Divide: Why inequality is rising, why it matters, and what can be done."(http://pubdocs. worldbank.org/en/162614607050888179/Indonesias-Rising-Divide-English.pdf)

Winarso, H., D. Hudalah and T. Firman. 2015. "Peri-urban transformation in the Jakarta metropolitan area." *Habitat International* 49: 221-229.

Zhu, J. M. 2010. *Symmetric Development of informal settlements and gated communities: Capacity of the state-the case of Jakarta, Indonesia*. Working Paper 135. Asia Research Institute.

Zhua, J. and A. H. Simarmata. 2015. "Formal land rights versus informal land rights: Governance for sustainable urbanization in the Jakarta metropolitan region." *Indonesia, Land Use Policy* 43: 63-63.

인터넷 자료

데일리인도네시아(인도네시아 온라인 한인신문) http://dailyindonesia.
co.kr/
위키사전 www.wikipedia.org
이머릭스 www.emerics.org

03

이슬람과 할랄 소비:
소비생활의 종교적 규범

8장 인도네시아의 할랄 소비　　김형준

9장 말레이시아의 할랄 식품 시장과 할랄 인증제　　오명석

인도네시아의 할랄 소비*

김형준

1. 들어가는 말

일반적으로 종교는 인간의 물질적 욕구를 부정적으로 바라본다. 대다수 종교의 강조점은 욕망의 통제에 있어서 성욕, 식욕, 물욕, 안락함 등을 억제하는 금욕적 삶이 중시된다. 세속적 이익 추구가 정신적인 삶에 대비되는 것으로 비추어지기에 물질주의는 인간을 종교적 이상으로부터 유

---

* 이 글은『동아연구』36권 1호에 게재된「이슬람과 할랄 소비: 인도네시아 할랄제품보장법을 중심으로」를 수정 · 보완한 것이다.

리시킨다고 간주된다. 자본주의 발전의 동인을 종교에서 찾은 막스 베버 역시 절약과 검소함에 기초한 세속적 영역에서의 금욕주의에 주목했다 (Weber 2001).

금욕주의에 대한 강조가 현실 사회, 특히 자본주의화된 현대 사회에 그대로 적용되지는 않는다. 종교의 영향이 믿음의 영역으로 축소되고 있을 뿐만 아니라 종교활동을 소비의 기회로 전환하는 경향이 나타나기 때문이다. 기독교 전통의 서구 사회에서 크리스마스가 가장 왕성한 소비활동이 이루어지는 시기로 그리고 힌두교권의 성스러운 디왈리Diwali 축제 기간이 호화로운 행사와 선물 교환으로 변모한 상황(Porter 2013: 30-32)은 소비주의적 흐름에 종교가 성공적으로 대응하지 못했음을 시사한다.

다른 종교와 비교할 때 소비에 대한 이슬람의 태도는 보다 호의적이다. 수피즘Sufism으로 대표되는 금욕주의적 전통이 존재하지만, 일반 무슬림에게는 정당한 부의 축적이 권장되고 사치스럽지 않은 소비가 인정된다(Rodinson 1978: 12-24). 교리의 차원뿐만 아니라 현대 사회에서의 영향력이라는 측면에서 이슬람은 다른 종교, 특히 기독교와 차이를 보인다. 현대 사회에서 이슬람은 일상생활에 대한 지배력을 강화했다. 교리의 관습적 적용이 과거의 주도적 상황이었다면, 20세기 중반 이후 현재까지 이슬람권에서는 종교적 의무의 실천을 중시하고 문자 그대로의 해석을 강조하는 변화가 나타났다. '이슬람 부흥resurgence of Islam' 또는 '이슬람화Islamization'라 부르는 이러한 과정을 통해 이슬람은 무슬림의 삶에 보다 깊이 침투되었고 침투범위 역시 확대되었다.

이슬람화가 소비에 미친 주요 영향은 할랄halal과 하람haram이라는 이분법적 구도의 확대 적용이다. '허용된 것'과 '금지된 것'을 의미하는 할랄과 하람은 과거에도 알려져 있었지만, 그 적용범위가 넓지 않았고 철저하게 지켜지지도 않았다. 하지만 이슬람의 일상적 영향력이 강화되고 문자 그대로의 해석이 중시되며 종교 관련 정보가 가속적으로 전파됨에 따라 할랄과 하람은 무슬림의 행동 일반, 특히 소비행위를 규정하는 핵심 요인 중 하나로 부상했다. 할랄과 하람이 대중적 관심사로 대두하자 무슬림이 다수를 구성하는 국가의 정부 역시 대응을 시작했다. 1990년대 이후 유행한 이슬람 은행·보험·채권 등은 금융분야에서의 할랄의 제도화를, 할랄 인증제는 소비영역에서의 제도화를 지원하기 위한 목적을 가졌다.

이 글의 목적은 할랄경제, 특히 할랄 소비의 법제화과정을 인도네시아를 대상으로 하여 살펴보는 것이다. 인도네시아가 연구대상으로 설정된 이유는 다음과 같다. 첫째, 인도네시아는 세계적으로 가장 많은 무슬림이 거주하는 지역이다. 2015년 2억 3천여 만 명에 이르는 무슬림 인구는 세계 무슬림 인구의 13퍼센트를 차지한다. 둘째, 대다수 무슬림 국가와 달리 인도네시아는 서구식 자본주의 발전을 지속적으로 추구해 온 국가로서 비이슬람 국가와의 교역과정에서 제기될 할랄 문제를 검토하기 위해 중요한 사례를 제공한다. 셋째, 이슬람권의 주변부에 위치함으로써 인도네시아에서의 이슬람화 흐름은 상대적으로 늦게 시작되었다. 그 결과 이슬람 경제 및 할랄 소비 관련 법제화 움직임이 짧은 기간 동안 집약적으로 전개되었다.

이 글의 2절에서는 인도네시아에서의 이슬람 경제의 출현과 전개 양상이 개괄적으로 논의될 것이며, 이를 통해 경제생활에 미치는 이슬람의 중요성이 검토될 것이다. 3절과 4절의 연구대상은 소비영역에서의 할랄 개념 적용과 확산, 제도화이다. 5절의 주제는 2014년에 제정된 「할랄제품보장법」이다. 법안의 내용과 이를 둘러싼 논란에 대한 분석을 통해 할랄 소비가 추후 어떤 방향으로 전개될지에 대한 이해를 심화시킬 수 있을 것이다.

무슬림 소비에서 할랄 개념이 어떻게 적용될 수 있고 어떠한 영향을 가져올 수 있는가를 분석함으로써 이 글은 현대 사회에서 이슬람이 차지하는 경제적 파급력을 검토하는 데 일조할 것이다. 또한 무슬림 소비자를 대상으로 한 제품 생산과 마케팅 과정에서 고려되어야 할 요소가 무엇인가에 대한 이해를 심화시킬 수 있을 것이다.

2. 인도네시아 이슬람 경제의 부상과 발전

인도네시아에 이슬람이 도입된 지난 오백여 년 동안 이슬람 변화에서 가장 중요한 시점 중 하나는 1970~1980년대이다. 이 시기를 거치며 과거와는 차별적인 방식으로 이슬람을 실천하려는 무슬림이 급증했다. '이슬람 부흥'·'이슬람화'라는 표현으로 요약되는 변화과정을 거치며 종교적 의무를 실천하고 경전을 문자 그대로 해석하려는 대중적 움직임이 가속화되었다(김형준 2013). 이슬람 부흥의 첫 단계에서 주목받은 영역은 예배와 금식 같은 기초적인 의무였다. 이후 1980년대 중·후반을 거치며 이슬람식 경제에 대한 관심이 고양되었다.

이슬람식 관점에서 경제활동을 바라보려는 시도는 1980년대 이후에 구체화되었고, 이는 이슬람 경제의 핵심 이슈인 이자 문제를 통해 예시될 수 있다. 인도네시아에서 서구식 은행과 이자 문제가 처음 제기된 때는 20세기 초였고 1930년대에 접어들어 이자를 용인하는 종교적 결정이 주요 이슬람 단체에 의해 제시되었다. 독립 후 이자에 대한 논의가 간헐적으로 이어졌지만 그와 관련된 대중적 관심을 도출하지는 못했다. 결국 이자와 관련된 논의가 제기되고 100여 년이 지난 1990년대에 접어들어서야 이에 대한 본격적인 검토가 이루어졌고, 2000년대 들어 이를 하람으로 규정하는 종교적 결정이 제시되었다(전제성·김형준 2014).

1980년대 중·후반에 제기된 이슬람 경제 관련 담론은 1991년 이슬람 은행의 설립을 결과했다. 곧이어 이자를 배제한 이슬람식 거래방식에 기반을 둔 이슬람 보험이 시작되었고 증권·채권·전당 등의 영역으로

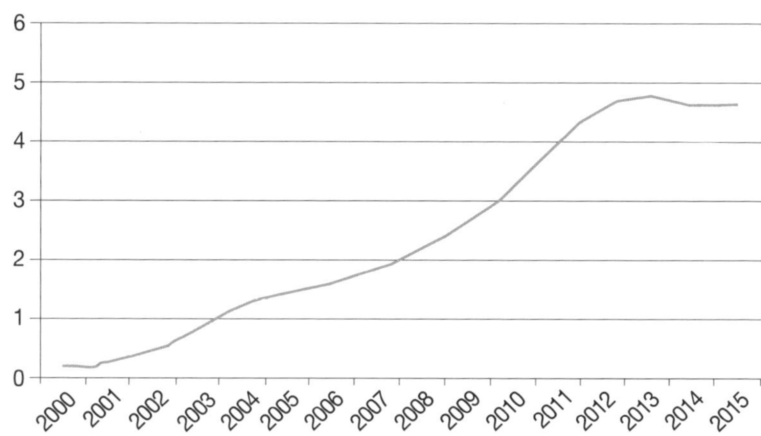

출처: Ardiansyah 2015; Bank Indonesia each year.

확대되었다. 2000년대 들어 가시화된 이슬람 은행의 발전 양상을 보여 주는 그 자산 추이는 표 8.1과 같다.

2000년대 이후 이슬람 은행 자산의 전체 은행 자산에서 차지하는 비중이 꾸준히 증가했다. 2000년 0.17퍼센트였던 비중은 2005년 1.4퍼센트, 2010년 3.2퍼센트, 2015년 4.6퍼센트로 상승했다. 이 자료는 상이한 방식으로 해석될 수 있다. 무슬림 인구가 전체 인구의 87퍼센트임을 고려하면 이 자료는 이슬람을 경제생활의 원칙으로 수용한 인구가 다수를 차지하지 못함을 보여 주는 것으로 이해될 수 있다. 지점 수가 많지 않아 이슬람 은행에 대한 접근성이 떨어지고, 주거래은행 전환이 상품 선택과 같이 손쉽게 이루어질 수 없으며, 주요 이슬람 단체가 일반은행 이용을 하람으로 규정하는 행보를 취하지 않았음을 고려해 보면 2000년 이후의 추이는 이슬람 은행의 성공적인 시장 진입을 의미하는 것으로도 설명될 수 있다. 어느 해석을 취하든 중요한 점은 이슬람 은행의 순항을 통해 자본주의적 경제활동이 이슬람식 원칙에 따라 운용될 수 있다는 인식이 확산되었다는 것이다.

금융분야에서 시작된 이슬람식 경제 개념은 소비영역으로 점차 확산되었다. 소비영역에서 할랄 문제가 대중적 이슈로 부각한 첫 시기는 시장에서 유통되는 인스턴트 라면과 분유에 돼지기름이 함유되어 있다는 폭로성 기사가 게재된 1988년이었다(Hartoyo 1988). 이 보도는 무슬림 소비자를 분노에 빠뜨렸고 대규모 불매운동과 시위를 촉발했다. 대중의 비판이 궁극적으로 정부를 향하게 되자 정부는 소비재 특히 식음료의 할랄 여부를 검증할 준정부기관의 설립을 약속했다.

돼지고기 금기는 인도네시아 무슬림에게 잘 알려져 있었고, 과거 무슬림 정체성을 구성하는 핵심 요소로 기능했다(Raffles 2010). 하지만 돼지고기 함유 음식물에 대한 대규모 반대 시위는 전례가 없던 사건으로서 할랄 소비 발전에서 중요한 의미를 가진다. 이는 1970년대부터 지속된 이슬람화의 결과로 인해 이슬람 교리를 실천하려는 무슬림 집단이 일정 규모로 성장했고, 이들에게 할랄 음식의 소비는 다른 종교적 의무에 비견될 만한 중요한 문제로 간주되고 있음을 시사했다.

돼지기름 함유 식품에 대한 거부감 그리고 하람 제품의 폭발성은 10여 년이 지난 후 재차 확인되었다. 2001년 인도네시아 조미료 시장을 장악하고 있던 아지노모토 공장에 대한 검사에서 돼지 추출물 사용이 확인되었을 때 곧바로 제품이 시장에서 회수되고 공장 가동이 중단되었으며 관련 직원이 구속되었다. 그러나 아지노모토 제품에 대한 거부감은 지속되어서 이듬해 종합조미료 분야의 아지노모토 시장점유율이 55.5퍼센트에서 5.6퍼센트로 폭락했다(김병순 2002).

돼지 성분 함유 음식물에 대한 문제제기는 꾸준히 이루어졌고 대규모로 생산되는 제품뿐만 아니라 가내수공업 제품으로 확장되었다. 자주 소비되는 음식 중 미트볼과 유사한 박소bakso 성분에 대한 불신이 계속되었는데, 돼지고기·멧돼지고기·피 등과 같은 하람 재료를 사용하는 박소 판매상이 꾸준히 적발됨으로써 대중적 불신을 강화시켰다. 돼지 성분 함유 여부에 대한 관심이 고조되면서 하람 문제는 식재료 이외의 제품으로 확산되었다. 가죽으로 만든 신발이나 가방 그리고 의약품에도 돼지 성분이 함유되어 있다는 주장이 제기되었다. 이러한 주장이 기사를 통해 소문이 아닌 사실로 보도되자 하람 성분에 대한 경각심이 확대되었다.[1]

2000년대 이후 이슬람식 경제와 소비에 대한 논의가 지속됨에 따라 할랄 소비에 대한 인지도와 공감대가 확대되었다. 이에 발맞추어 학계와 경영계에서는 이슬람법을 의미하는 '샤리아syariah' 개념이 빈번하게 논의되었다. 이는 '샤리아 인지적syariah sensitive', '할랄 마케팅halal marketing', '이슬람 마케팅'과 같은 개념을 유행시켰다(전제성·김형준 2014: 79). 일부 기업체에서는 할랄 개념의 부상을 적극적으로 이용하고자 했다. 종교적 상징을 전면에 내건 할랄 화장품이 출시되어 시장점유율을 급격하게 높였으며, 과거 존재하지 않던 이슬람식 스파·미용식·호텔·주택단지 등이 출시되면서 이슬람이 마케팅 요소로 적극 활용되었다(전제성·김형준 2014: 78-80).

이슬람을 적용한 제품이 그렇지 않은 제품과 커다란 품질상 차이를 가지고 있지 않기 때문에 할랄 상품 중 제한된 종류만이 성공적으로 시장에 진입할 수 있었다. 그럼에도 불구하고 제품의 차이가 종교적으로 구분됨으로 인해 할랄이 인도네시아 소비자의 선택 기준 중 하나로 자리잡게 되었다는 점은 부정될 수 없다. 이슬람의 대중적 영향력이 강화되고 있는 최근 상황을 고려할 때 소비부문에서 할랄의 적용가능성이 확대되고 그 중요성이 높아졌다고 평가할 수 있다.

---

1 이와 관련된 언론 보도는 Beritasepuluh 2014; Hidayat 2012; Pratama 2013; Syafaat 2013 참조.

3. 할랄 인증 확대

이슬람에 따르면 인간의 행동 모두는 종교적 가르침에 따라 이루어져야 한다. 교리상 인간의 행동은 몇 가지 범주로 나뉘는데, 허용된 것, 금지된 것, 인간의 선택에 맡겨진 것, 추천되는 것 등이 그것이다. 아랍어 어휘 할랄은 허용된 범주를, 하람은 금지된 범주를 일컫는다. 인간 행동의 모든 범위를 포괄함으로 인해 할랄과 하람은 삶의 모든 영역에 적용될 수 있어서 배우자·지도자·직업·학교 등의 선택에도 할랄·하람의 이분법이 적용될 수 있다. 인간이 이용하는 모든 소비재의 할랄 여부가 종교적으로 명확하게 규정된 것은 아니다. 따라서 대원칙은 하람이 아닌 것을 이용해야 한다는 것이다. 이는 할랄을 정의하기 위해 하람에 대한 규정이 선행되어야 함을 의미한다.

음식과 관련되어 가장 대표적인 하람 요소는 돼지고기이다. 하지만, 이슬람법상 하람으로 분류된 대상은 훨씬 다양해서 개, 뱀, 송곳니가 있는 육식동물, 맹금류 새 등을 포함하며, 피와 사체 역시 금지된 항목에 속한다. 마약류를 제외한 식물류는 일반적으로 할랄로 규정된다.[2] 알코올의 경우 직접적인 소비뿐만 아니라 그 성분이 포함된 의약품과 화장품 역시 하람에 속한다.

음식의 원재료뿐만 아니라 그것의 획득·가공 방식 역시 할랄의 기준이 된다. 육류에서 가장 중시되는 측면은 도축방식이다. 도축방식에서 할랄 여부를 판별하는 기준을 개괄적으로 설명하면 다음과 같다. ① 도축하는 사람의 종교가 이슬람이어야 한다. ② 도축 대상의 동물이 살아 있는 (건강한) 상태여야 한다. ③ 도축 전 '알라의 이름으로'라는 아랍어 기도문이 암송되어야 한다. ④ 목의 혈관·기도·식도를 절단한 후 완전히 피

---

2 하람으로 규정된 동식물에 대한 보다 자세한 설명은 까르다위 2011: 50-77 참조.

를 제거해야 한다. 이 외에도 육류의 가공·포장·이동·저장 방식 역시 기준에 포함되어서 하람 재료와 접촉이 차단된 경우에만 할랄로 인정된다.

1989년 인도네시아 정부는 '인도네시아 이슬람지도자협의회 _{Majlis Ulama Indonesia: MUI}' 산하에 '식품·약품·화장품 검사원 _{Lembaga Pengkajian Pangan, Obat-obatan, dan Kosmetika: LPPOM}'을 설립했으며, 검사원에서는 1994년부터 '할랄 인증서'를 발행하고 할랄 제품을 목록화하여 발표했다. 정부에 의해 할랄 인증이 강제되지 않았지만 대규모로 생산·유통되는 제품의 자발적 인증 요청이 꾸준히 증가했다. 2000년대에 접어들어 이슬람식 먹을거리에 대한 관심이 확대되자 대량 생산 식음료에 대한 할랄 인증이 필수요건처럼 여겨지기 시작했다. 식음료제품에 국한되었던 초기 인증 양상은 점차 다른 영역으로 확대되어 음식물을 판매하는 식당 역시 할랄 인증을 받기 시작했다. 이러한 움직임은 서구 기업이라는 이미지가 가져올 부정적 인식을 고려한 외국계 프랜차이즈 업계에 의해 주도되었고 이후 일반 식당으로 확산되었다. 그림 8.1은 인도네시아 피자헛 _{Pizza Hut} 레스토랑의 식탁에 배치되어 있는 할랄 인증 표시이다.

MUI 산하 LPPOM의 할랄 인증 경험이 축적되고 이슬람식 경제에 대한 관심이 심화되자 2001년 종교부는 「할랄 음식의 검사 및 인증방식과 규정에 대한 인도네시아 종교부의 결정」(Departemen Agama 2001)을 발표했다. 이 지침은 할랄 인증 검사 대상과 절차를 구체화했는데, 제품을 생산하는 공장, 도구, 과정 및 재료, 인력 등에서 주

그림 8.1　인도네시아 피자헛의 할랄 인증 표시

요 검사 기준으로 설정된 요소는 표 8.2와 같다(제6조).

표 8.2　2001년 종교부 발표 할랄 검사 및 인증 기준

검사 대상	주요 검사 요소
제품 생산공장	• 위생상태 및 나지스(najis)* 해당 여부 • 하람 재료에 오염될 가능성
제품 생산도구	• 할랄 제품과 하람 제품 생산 도구의 분리 • 위생상태 및 나지스 해당 여부
제품 생산과정	• 도축과정에서의 아랍어 기도문 암송 • 도축용 기구의 날카로움 • 혈관의 절단
제품 재료	• 돼지, 알코올, 여타 하람으로 규정된 재료 함유 여부
제품 인력	• 도축 관련 인력의 종교 및 종교적 이해도 • 생산 관련 인력의 건강, 위생, 피부병 감염 등

주: * 나지스는 이슬람 종교상 불결하고 부정한 상태를 지시함.

　할랄 인증 신청 단계로서 회사는 할랄 생산과정을 증명할 자료, 할랄 생산 안내서, 표준화된 절차를 준비하고 이를 담당할 직원을 지정해야 했다. 이러한 준비가 끝나고 신청서가 제출되면 LPPOM 소속 감사팀이 관련 자료를 검토함과 동시에 필요하다고 판단될 경우 생산 현장을 방문하고 실험실 검사에 필요한 샘플을 수집했다.

　2001년 지침이 발표된 이후 할랄 인증과 관련된 제도화는 인도네시아 이슬람 경제의 발전과정에서 나타나는 일반적 특징, 즉 처음에는 느슨하게 만들어진 규정이 시간이 흐름에 따라 내적으로 정교화되는 경향(전제성·김형준 2014)에 부합하도록 진행되었다. 이를 보여 주는 첫 사례는 2008년에 발표된 '할랄확약시스템Sistem Jaminan Halal; Halal Assurance System'이다.

　할랄확약시스템은 인증 대상 제품에 대한 일회적 검사만으로는 제품의 할랄성性을 보장할 수 없다는 인식에서 출발했다. 이를 타개할 방법으로 제품을 생산하는 회사 내 할랄 관리 시스템 구축의 필요성이 제기되

었고 할랄 인증 또는 재인증 과정에서 이러한 시스템의 구축 및 실행 여부가 검사되어야 한다고 생각되었다. 이를 위해 MUI에서는 할랄확약시스템의 검증 기준을 13가지 항목으로 표준화하여 제시했다(MUI 2008: 17-31).

표 8.3 할랄확약시스템 매뉴얼의 항목

항목	주요 내용
1. 할랄 정책	할랄 생산에 대한 회사의 의지 선언
2. 할랄 지침	제품의 재료 및 생산과정에서 할랄과 관련된 핵심 문제
3. 할랄 관리 조직	할랄 생산 관리할 조직, 구성원의 자격조건, 업무 분장
4. 표준작업절차	전체 공정에서 할랄성(性)을 보장하기 위해 수행되어야 할 작업 절차
5. 기술적 지침	할랄제품 생산에 요구되는 기술적 측면
6. 행정체계	제품 구매, 보관, 개발, 생산, 유통 등과 관련된 행정 처리
7. 기록 및 문서화	할랄 제품 관련 자료의 수집 및 문서화
8. 사회화 프로그램	할랄 제품과 관련된 정보 제공 및 공유
9. 훈련 프로그램	모든 종업원을 대상으로 한 할랄 관련 교육
10. 내외부 소통체계	할랄과 관련된 내외부 유관 기관과의 연락망 구축
11. 내부감사체계	할랄보장시스템을 감시하고 평가할 회사 내 체계 구축
12. 교정 체계	잘못된 부분을 교정하고 기록할 체계
13. 관리 리뷰 체계	할랄확약시스템 운영의 전반을 검토할 체계 구축

할랄확약시스템 구축을 인증의 준비단계로 규정함으로써 LPPOM의 위상은 급격히 높아졌다. 인증 신청을 위한 회사의 사전 준비과정이 과거에는 요식적인 수준에서 검사되었다면, 새로운 제도 도입 이후 13개 항목의 적절성을 평가하는 역할이 LPPOM에 부여되었기 때문이다. 할랄 인증과정의 정교화가 LPPOM의 역할 확대를 시사한 반면, 인증 요청 회사의 입장에게는 과도할 정도의 인력·시간·행정력의 투자를 의미했다. 제품 원재료의 할랄 여부 평가에 초점 맞춰져 있던 과거와 달리 새로운 시스템 도입 이후에는 회사의 운영방식 전체가 사전평가대상에 포함되

었고 원재료의 구매부터 판매에 이르기까지의 전 과정에 대한 관리와 문서화가 요구되었다. 또한 할랄 인증과정에서 LPPOM의 현장 조사가 필수화됨으로써 이와 관련된 인력과 비용을 추가적으로 투입해야 했다.

제품 생산회사에 대한 감사의 체계화는 제품 성분 검사과정에도 적용되어 하람 성분을 체계적으로 정리한 목록이 2008년에 만들어졌다. 여기에는 하람 가능성을 지닌 성분이 세분화되어 규정되었는데, 예를 들어 식물성 재료와 관련되어서조차 네 가지 측면에 대한 감사가 요구되었다(표 8.4).

표 8.4　식물성 재료의 하람 가능성 검토 항목

재료	검토 대상
밀가루	비타민(B1 B2, 엽산) 첨가 여부
식물(고추, 향료 등)추출액	에멀션화제(유화제) 첨가 여부
대두 레시틴	포스폴리파아제(인지질을 분해하는 효소) 첨가 여부
가수분해 식물성단백질	가수분해 과정에서의 효소 사용 여부

할랄 인증 절차의 정교화는 2012년 새로운 할랄인증제도가 출현함으로써 가속화했다. 할랄확약시스템의 영어 명칭인 Halal Assurance System의 약자 'HAS'를 이용하여 「HAS 23000 규정」이 발표되었고 할랄확약시스템의 구성 요소 및 할랄 인증 과정을 상세하게 명시했다. 이와 함께 「식품제조업의 할랄확약시스템 기준」(HAS 23101), 「음식점의 할랄확약시스템 기준」(HAS 23102), 「도축장에 대한 할랄확약시스템 기준」(HAS 23103), 「케터링의 할랄확약시스템 기준」(HAS 23104), 「할랄 식품 재료 요구사항」(HAS 23201)이 제정되었다.[3]

새로운 시스템은 2008년 제도에 바탕을 두어 구성되었는데, 2008년

3　할랄확약시스템 관련 자료는 MUI 홈페이지(http://www.halalmui.org)에서 수집·정리했다.

표 8.5 할랄 인증 절차

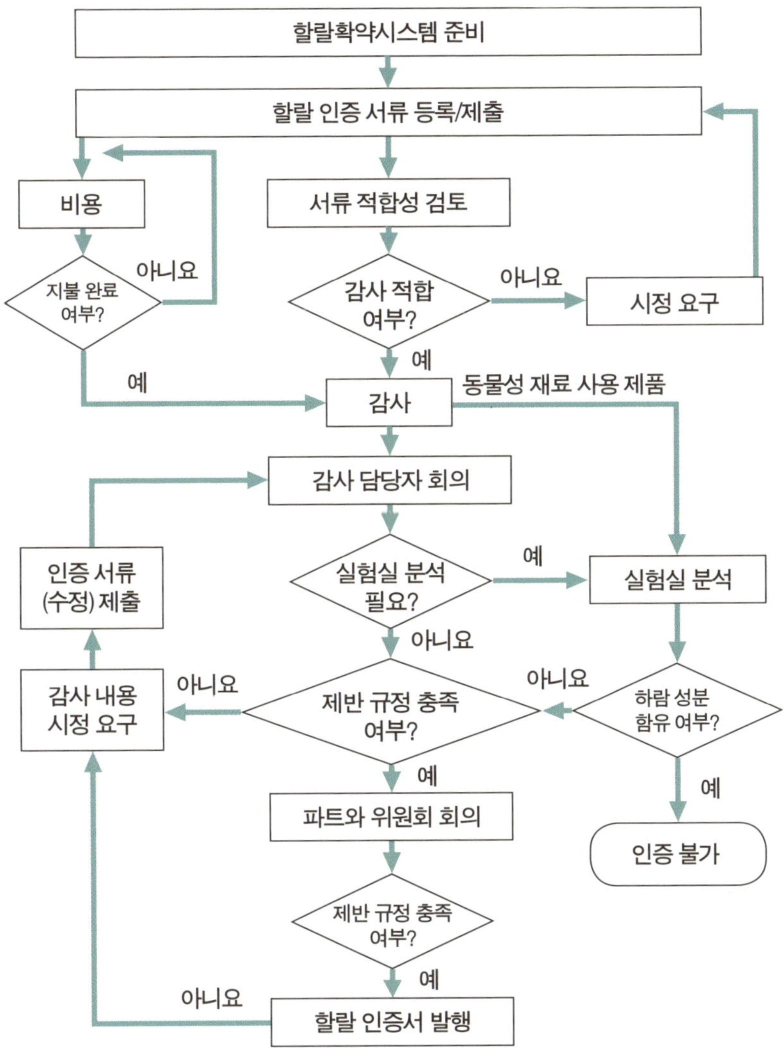

출처: http://www.halalmui.org/mui14/index.php/main/go_to_section/58/1366/page/1

의 13개 항목이 11개 항목으로 정리되었고 원재료 및 생산시설에 대한 기준이 세분화되었다. 예를 들어, 할랄 여부를 입증해야 하는 대상으로 규정된 원재료가 209개로 증가했고, 식품첨가제 역시 염료, 보존제, 황산화제, 유화제, 산도조절제, 향미증진제, 항생제, 기타 화학적 첨가제 등 유럽연합 분류에 맞추어 9가지 범주로 구분되었다.

2012년에 제시된 인증 절차는 과거와 큰 차이를 보이지 않았다. 인증 신청은 MUI 본부의 LPPOM뿐만 아니라 주(州) 수준에 구성되어 있는 MUI 지부 산하 LPPOM에 할 수 있게 되었다. 기업체가 회사 관련 정보, 인증 대상 제품, 원재료에 대한 자료를 제출하고 비용을 지불함으로써 인증이 시작된다. 서류 심사를 통과하면 LPPOM의 감사팀이 생산 현장을 방문하여 실사를 진행한다. 이후 필요에 따라 원재료나 제품에 대한 실험실 검사가 이루어지며, 현장 실사 및 실험 결과를 대상으로 한 최종 회의가 MUI 산하 파트와fatwa(종교적 결정)위원회에 의해 주도된다. 여기에서 제반 규정을 충족한 것으로 인정될 경우 2년 유효의 할랄 인증서가 발행된다.

할랄 인증에 소요되는 비용은 사업체의 규모, 원재료 종류(3개 이하 또는 그 이상), 생산과정(기계 또는 인력 이용) 등에 따라 다르고, 제조업체·음식점·도축장에 각기 상이한 비용이 부가된다. 예를 들어기계화된 제조공정을 가진 제조업체의 할랄 인증 비용은 표 8.6과 같다. 할랄 인증에 소요되는 공식적 비용 자체는 크지 않다. 대규모 사업장에서 생산되는 4가지 종류 이상의 원재료를 함유한 제품은 450만 루피아이며, 소규모 사업장에서 3가지 원재료 이하로 만든 제품은 100만 루피아로서, 한화 10만~40여만 원 수준이다. 하지만 실제 소요되는 인증 비용은 이보다

표 8.6　　할랄 인증 비용(기계화된 제조공정 사업체)　　　　　　　　　　(단위: 루피아)

원재료 수	대규모 사업장		중규모 사업장		소규모 사업장	
	4종 이상	3종 이하	4종 이상	3종 이하	4종 이상	3종 이하
비용	4,500,000	4,000,000	3,500,000	2,500,000	2,000,000	1,000,000

출처: http://www.halalmuikepri.com/biaya-sertifikat/

훨씬 높다.

우선 고려할 문제는 LPPOM의 현장 조사비용이다. 인증 신청 기업체에서 지불해야 하는 이 비용은 숙박비·교통비 등으로 구성되는데 그 규모가 신청비용을 상회할 가능성이 높다.[4] 두 번째로 고려할 점은 표 8.6의 비용이 하나의 제품을 대상으로 한다는 점이다. 일반적으로 한 사업장에서 유사한 성격을 가진 다양한 제품이 생산되고 있음을 고려하면, 이는 전체적인 인증 비용의 상승을 유발한다. 예를 들어 한국기업 CJ가 인증을 받은 제품 목록(표 8.7)을 살펴보면 유사한 성격의 제품에 대한 인증이 개별적으로 이루어지고 있으므로 이에 따른 비용 상승의 불가피성을 알 수 있다. 또한 인증 신청에 요구되는 직접비와 함께 고려해야 할 것은 할랄확약시스템의 구축 및 운영 비용이다. MUI의 요구사항을 있는 그대로 지키려면 인증 신청 직접비와는 비교될 수 없을 정도로 많은 비용이 소요된다. 의무조항으로 규정된 전 직원을 대상으로 한 할랄 교육 하나만 보더라도 추가 소요비용의 규모를 짐작할 수 있도록 한다.

표 8.7 CJ 인도네시아 법인의 할랄 인증 현황

인증처	제품군	제품명
LPPOM 본부	양념, 향신료	MSG Mipung; MSG Mipoong, CJ Tide IMP; CJ Tide GMP, CJ TIDE I+G, MasitaCJ (6종)
	단백질, 아미노산	L-Arginine, L-Arginine HCl (2종)
LPPOM 동부 자바 지부		Tebung Bumbu Serbaguna, Tepung Bumbu Ayam Goreng, Tepung Bumbu Pisang Goreng (3종)

출처: MUI 2015.

---

4   규정에 따르면 현장 실사에서 소요되는 비용은 현금이 아닌 현물방식으로 제공되어야 한다. 현장 실사과정에서 뇌물 공여의 가능성이 상존하는데, 171명의 회사 관계자를 대상으로 한 조사 결과에 따르면 10퍼센트 정도의 응답자가 할랄 인증과 관련되어 뇌물 요청을 받았다고 응답했다(Afroniyati 2014:47-48).

표 8.8　할랄 인증 제조업체 및 제품 수(2005~2015)

	제조업체	제품
2005	414	969
2006	443	1,123
2007	488	1,013
2008	548	921
2009	353	470
2010	692	750
2011	623	650
2012	552	600
2013	4,523	9,721
2014	na	10,762
2015	na	11,904

출처: Kementrian Agama RI(http://simbi.kemenag.go.id/halal/assets/collections/newsletter/files/55642c827e6ac.pdf);
Berita Pr ima(http://beritaprima.com/lppom-mui-kesadaran-sertifikasi-halal-meningkat/)

높은 비용, 까다로운 행정절차에도 불구하고 할랄 인증 수요는 꾸준히 증가했다. 관련 자료의 미비, 일관되지 않은 자료 등으로 할랄 인증 추이를 살펴보기는 쉽지 않지만, 접근 가능한 인도네시아 종교부 자료와 신문기사를 종합하여 재구성한 할랄 인증 제품 및 제조업체 수는 표 8.8과 같다.

2000년대 중반 1,000여 건에 이르던 할랄 인증 제품 수는 2010년을 전후하여 감소하는 추세를 보였다. 하지만 2012년 할랄확약시스템이 제정되고 '할랄인증의무화' 법안에 대한 논의가 가속화되자 2013년부터 급증하는 양상을 보여서 2013~2015년에는 연간 1만여 건에 이르는 제품에 대한 인증이 이루어졌다. 이러한 양적 증가뿐만 아니라 인증 제품이 다양화되어 화장품이나 의약품과 같이 과거에는 극히 제한적으로만 인증이 이루어진 분야에서의 인증 움직임이 가시화되었다. 화장품분야에서의 인증활성화를 LPPOM의 부위원장은 다음과 같이 지적했다.

2012년 화장품에 대한 할랄 인증 요청이 처음으로 제기되었다. 그해 5개 업체가 만든 26개 제품이 할랄 인증을 받았다. 2016년(5월), (할랄 인증을 획득한) 제조업체는 87개에, 할랄 인증을 획득한 제품의 (누적) 합계는 4,961개에 이른다(Beritaprima 2016).

2014년 「할랄제품보장법」이 통과되자 인증 필요성에 대한 기업체의 인식이 제고되었고, 이는 식음료 이외의 제품 생산업체의 관심을 고양시키는 결과를 초래했다. 특히 2010년대 할랄 화장품을 표방한 회사의 급속한 성장이 기록된 화장품업계에서는 할랄 인증에 대한 요구가 급증했다.

할랄 인증 제품이 증가하고 있음은 확실하지만, 인도네시아 전체 시장에서 차지하는 비중을 파악하기에는 어려움이 있다. 할랄 관련 기본 자료가 정기적으로 발표되지 않으며 발표된 자료가 비체계적이기 때문이다. 자료 부재에도 불구하고 인도네시아에서 판매되는 식음료 제품, 화장품, 의약품 중 20~30퍼센트 정도가 할랄 인증을 받았으리라는 추정치가 할랄 관련 담당자에 의해 제기되었다. 연도별 통계치를 통해 종교부는 "2011~2014년 할랄 인증을 받은 제품의 비중은 26.11퍼센트이며, 같은 시기 인증을 받지 않고 판매되는 식음료 제품, 화장품, 의약품의 비중은 73.89퍼센트"[5]라는 결론을 내렸다. 종교부에서 제시한 의견은 2015년 MUI 위원장에 의해서도 반복되었다. LPPOM 설립 25주년 행사에서 딘 샴수딘Din Syamsuddin은 할랄 인증 제품이 6만여 개에 이르지만, 이는 인도네시아에서 판매되는 전체 상품의 30퍼센트에 불과하며 70퍼센트가

5　이 수치는 2011년 16.13퍼센트, 2012년 52.17퍼센트, 2013년 27.74퍼센트, 2014년 8.39퍼센트라는 자료에 기반을 두어 산출되었다. 2011년 16.13퍼센트가 이듬해 52.17퍼센트로 급상승하고 2014년 다시 8.39퍼센트로 하락한다는 점에서 이 자료는 일관된 방식으로 수집된 통계에 기반하여 만들어졌다고 생각하기 어려운 면을 가지고 있다.

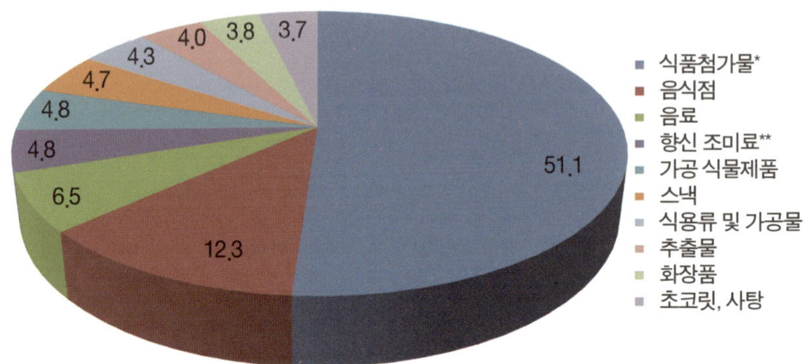

주: * 식품첨가물: 조미료(flavor), 양념(seasoning), 향미료(fragrance)
　　** 향신·조미료: 향신료(spices), 양념(seasoning & condiments)
출처: http://www.halalmui.org/mui14/index.php/main/go_to_section/59/1368/
page/1

할랄 인증 없이 판매되고 있다고 주장했다(Afif 2015).

이처럼 할랄 인증 상품의 비중을 정확히 파악할 수 없지만, 2010년
대 들어 특히 2013년 이후 할랄 인증 상품의 증가 추이는 분명하다. 할랄
인증 제품의 절대적 증가와 함께 다양한 분야로의 확산이 진행되었는데,
2015년 할랄 인증을 획득한 제품의 구성을 살펴보면 표 8.9 와 같다.

할랄 인증을 가장 많이 획득한 제품은 식음료 관련 제품이다. 식품첨
가물이 51퍼센트로 가장 높은 비중을 차지했고, 음료·조미료·가공식물
제품이 각각 5퍼센트 내외의 비율을 보였다. 식재료 외에 상당한 비중을
차지하는 분야는 음식점으로서 전체의 12.3퍼센트(2,955개)를 차지했고,
화장품의 비중은 3.8퍼센트(907개)에 이르렀다. 이는 원재료 이외의 영
역에서의 인증 필요성에 대한 인식이 제고되었음을 시사한다.

할랄 인증이 강제 조항이 아닌 상황에서도 인증 신청이 증가하고 있
음은 인증의 긍정적 효과가 생산자에 의해 받아들여지고 있기 때문이라

추정된다. 돼지기름 파동, 하람 성분 함유 제품에 대한 언론 보도,「할랄 제품보장법」등은 할랄 음식에 대한 대중적 관심을 증가시켰고 생산자에 게 할랄 인증의 필요성에 대한 인식을 강화하는 요인으로 작용했다.

4. 할랄에 대한 소비자의 관심

할랄에 대한 무슬림 소비자의 높은 관심은 이들을 대상으로 한 조사 결과에서 드러난다. MUI가 2009년과 2010년에 행한 조사에서 응답자의 70퍼센트와 92퍼센트가 할랄 인증 식음료를 선호한다고 답했다(Zulham 2013: 4). 300여 명의 대학생을 대상으로 한 연구에서도 할랄 음식만 소비하겠다는 응답, 구매 시 할랄 인증 표기를 살펴본다는 응답, 할랄 인증이 없을 경우 구매하지 않겠다는 응답의 비율이 모두 80퍼센트를 상회했다(Waijittragum 2016: 49). 이슬람 대학의 교직원을 대상으로 이루어진 조사에서 역시 할랄 제품에 대한 높은 관심도가 나타났는데, 응답자의 86퍼센트가 할랄 제품을 구매하기 위해 항상 주의한다고 답변했고 그렇지 않다는 답변은 1퍼센트에 불과했다(Mahwiyah 2010: 67).

인도네시아 무슬림 소비자의 행태를 보다 자세히 알아보기 위해 2013년 종교부 주관으로 7개 주요 도시 거주자 764명을 대상으로 수행된 조사 결과(표 8.10)를 검토해 보자.

할랄 소비에 대한 태도를 묻는 첫 질문에 51퍼센트와 38퍼센트에 이르는 응답자가 '매우 동의함'과 '동의함'을 선택함으로써 할랄 식품에 대해 긍정적인 모습을 보였다. 할랄 음식을 구매·소비할 권리에 대해서도 높은 관심을 보여서, 시중에 유통되는 식품의 할랄성性이 보장되어야 하고 할랄과 그렇지 않은 제품 사이에 뚜렷한 구분이 있어야 한다는 점에 높은 찬성 의사를 표했다.

질문	매우 동의함	동의함	약간 동의함	동의하지 않음	전혀 동의하지 않음
할랄이라는 확신이 들지 않으면 식음료를 구매·소비하지 않을 것이다.	51	38	9	2	0
판매되는 식음료와 식당의 음식은 할랄이 보장되어야 한다.	69	26	4	1	0
할랄이 아닌 제품에는 이를 명확하게 표시할 라벨이나 코드가 있어야 한다.	62	33	4	1	0
할랄이 아닌 음식은 우리 몸에 부정적 영향을 줄 것이다.	52	39	6	2	1
식음료 구매 전 할랄 라벨의 유무를 확인한다.	34	29	24	10	3
할랄과 관련된 정보를 찾아본다.	10	27	36	19	8

출처: Karim 2013: 58, 68, 75.

할랄과 건강의 관계를 묻는 네 번째 질문은 흥미로운 결과를 제공한다. 응답자의 절대다수가 할랄이 아닌 음식이 건강에 악영향을 미칠 것이라 답변했다. 이러한 결과는 할랄에 대한 선호도가 단순히 종교적 이유로만 국한되지 않음을 시사한다.

이슬람 내에서 종교적 교리의 근거를 찾아야 하는지의 문제는 오랫동안 논란의 대상이었다. 종교적 가르침에 대한 무조건적 복종을 강조하는 입장이 있는 반면, 인간이 이해할 수 있는 수준에서 종교적 의무의 근거를 밝혀야 한다는 입장이 있다(Hooker 2003: 232-233). 하람을 대표하는 돼지고기에 이를 적용하면, 경전에 돼지고기 금지 명령이 제시되어 있기에 금기시해야 한다는 입장과 돼지고기가 인간에게 유익하지 않기에 금기시되었다는 입장으로 구분된다. 최근 들어 후자의 시각을 지지하는 입장이 보다 중시되는 등 돼지고기 금기의 유해성을 설명할 다양한 근거가 제시되고 있다.

돼지고기 금기를 설명하는 과정에서 자주 등장하는 요인은 그것에 함유되어 있다는 기생충으로서, 조리되지 않은 돼지고기를 먹을 경우 기생충 감염에 따른 심각한 폐해가 결과할 수 있음이 강조된다. 그 외에도 지방 함유량이 높다는 점, 돼지고기에 오줌이 함유되어 있다는 점, 소화가 어렵다는 점, 바이러스를 전염시킨다는 점 등이 건강·위생학적 문제로 지적된다.[6]

돼지고기만큼이나 중요한 의미를 가진 알코올은 인간을 감정에 휩싸이게 함으로써 합리적 판단을 가로막는다는 점이 금지 이유로 거론된다. 돼지고기와 알코올의 금지 이유를 설명할 근거가 상대적으로 용이하게 제시될 수 있는 반면, 다른 하람 요소를 설명할 논리는 명확하게 제시되지 않으며 단편적으로만 금지 근거가 거론되었다. 예를 들어 다음과 같이 피에 대한 금기를 설명한다.

> 이슬람에서 할랄이 아닌 음식은 그것을 섭취하는 사람의 건강에 부정적인 영향을 미친다.…피에는 함량이 높은 요산이 함유되어 있다. 요산은 독이 있는 화합물로서 건강에 위협적이다. 요산은 완전하지 않은 신진대사의 결과로 형성된 피 속의 노폐물이다(Yuningsih 2010:181-182).

하람으로 규정된 대다수 동물의 금지 이유를 건강이나 위생학적 측면에서 설명하지는 못한다. 그러나 이것이 할랄 음식과 건강 사이의 관계를 부정하는 방향으로 나아가지는 않는다. 하람으로 규정된 이유를 충분히 이해할 정도로 생물학적·의학적 지식이 발전하지 못했다는 식의 설명이 받아들여지기 때문이다. 앞서 지적된 돼지고기의 사례가 이를 증명한다고 여겨지는데, 현대 의학이 발전한 이후에야 기생충 문제를 인간이 알게

---

6   이와 관련되어서는 Tarbiyah 2016 참조.

되었다는 것이다. 이러한 설명방식이 채택됨으로써 명확한 의학적 근거 없이도 하람이 건강상의 부정적 영향을 미칠 수 있다는 믿음이 유지되며, 할랄은 종교적 이유와 실용적 이유 두 측면 모두에서 긍정적인 영향을 미치는 것으로 이해된다.[7]

할랄에 대한 긍정적 태도, 할랄의 유익함에 대한 믿음은 할랄 제품에 대한 높은 선호도로 나타났다. 그러나 조사 결과에서 할랄에 대한 태도에 비해 할랄 제품 선택의 적극성이 상대적으로 낮다는 점이 흥미로웠다. 예를 들어, 할랄 제품만 소비하겠느냐는 질문에 응답자의 89퍼센트가 동의했지만, 구체적인 행동 여부를 묻는 인증 확인의 응답 비율은 63퍼센트, 정보 수집은 37퍼센트였다. 이러한 차이는 시중에서 판매되는 제품이 할랄 인증을 받았으리라는 막연한 믿음이나 기대에 기인하고 있다.

인도네시아에서 만난 5명의 인터뷰 대상자들[8] 역시 이러한 태도를 드러냈는데, 제품의 생산자 및 유통자가 무슬림이기 때문에 하람 제품을 판매하지 않을 것이라고 주장했다. 긍정적 태도는 대형 마트에 대한 신뢰로 이어져서 이들은 대형 마트에서 판매되는 제품 모두가 할랄 인증을 받은 것이라고 언급했다. 하지만 이러한 주장은 명확한 근거가 없었다. 즉, 이들은 대형 마트에서 판매되는 상품의 할랄 여부를 직접 확인해 본 경험이 없었다. 이처럼 뚜렷한 근거가 없음에도 불구하고 이들은 하람 제품 판매가 알려졌을 때 대형 마트가 받게 될 타격을 거론하며 자신들의 주장을 정당화하려 했다.

---

7 할랄을 건강·청결·안전으로 확대시키려는 이슬람 학자의 해석에 대해 논의하면서 오명석(2012: 48-53)은 할랄 소비를 이슬람적 소비의 현대적 변용 사례로 규정했다.

8 인도네시아에서의 조사는 2015년 7월, 일주일 동안 이루어졌다. 5명의 인터뷰 대상자는 자카르타 거주 대학생이었다. 대형 마트에서의 조사는 마트에 진열된 상품의 할랄 인증 표시 여부를 일일이 기록하는 방식으로 진행되었다.

할랄 인증이 자율 선택이며 할랄 제품만 판매해야 한다는 규정이 강제되지 않는다는 점을 고려할 때 인터뷰 대상자들에게서 나타나는 막연한 믿음의 근거를 확인해 볼 필요가 있다. 이에 인도네시아 수도 자카르타의

그림 8.2   할랄 인증 표시 부착 위치

한 대형 마트를 대상으로 하여 유통 제품의 할랄 인증 여부를 검토했다. 연구대상은 자카르타 도심에 위치한 대형 마트였고 유제품 원료가 함유되어 있을 가능성이 높은 분유 제품, 코코아를 포함한 차 제품, 스낵 제품 등 세 종류였다.[9]

유아 및 어린이용 분유는 진열대 한 면을 각기 차지했으며, 유아용 코너에는 36개 제품, 어린이용 코너에는 25개 제품이 있었다. 분유 제품 모두에는 할랄 인증 표시가 있었지만, 인증 표시의 부착 위치는 차이를 보였다. 표시를 제품 전면에서 확인할 수 있는 경우가 많았지만, 일부는 표기가 뒷면 하단부에 부착되어 주의하지 않으면 찾아보기 쉽지 않았다.

두 번째로 12종의 코코아, 4종의 감미료(대용설탕 제품), 34종의 차가 놓인 진열대를 살펴보았다. 코코아 관련 제품 중 7종, 감미료 중 3종에만 할랄 인증이 표시되어 있어서 분유와는 차이를 보였다. 차 종류에는 인증

---

9   연구는 2015년 7월 마지막 주에 이틀 동안 이루어졌다. 필자는 같은 도심에 위치한 두 개의 대형마트를 방문하여 연구대상으로 설정된 제품군의 진열대에 놓인 제품을 하나씩 검토하면서 할랄 인증 여부를 확인했다. 본문에 제시된 자료는 그중 한 마트에서 얻은 것이다.

표기 제품의 수가 더욱 적었다. 34종의 제품 중 인증 표시가 부착된 것은 15종으로 절반 이하였다. 수입 코코아 1종 및 차 1종에는 말레이시아의 할랄 인증 표기가 붙어 있어서 외국의 할랄 인증 제품이 자유롭게 유통되고 있음을 보여 주었다. 차와 관련된 인증 비율이 낮은 이유는 식물을 주재료로 하고 있기 때문인 듯했다.

세 번째로 살펴본 제품은 스낵류로서 하나의 복도를 중심으로 양편 진열대 모두를 채우고 있었다. 전체 40종의 제품 중 21종에서 할랄 인증 표시를 찾을 수 있었다. 대부분의 스낵이 기름에 튀기는 공정을 거쳐 만들지는 것을 고려할 때 이는 예상보다 훨씬 낮은 수치였다. 스낵 제품을 인도네시아 국내에서 제조된 것과 수입품으로 나누어 인증 여부를 확인한 결과는 표 8.11과 같다.

표 8.11 인도네시아 국내 제조 및 수입 스낵 제품의 할랄 인증

	국내 제조	수입품
할랄 인증 표기 유	21	0
할랄 인증 표기 무	13	6

수입품은 한국, 일본, 태국, 말레이시아에서 제조된 것으로 모두 할랄 인증 표시가 부착되어 있지 않았다. 국내산 제품의 경우 34종 중 21종에만 인증이 표기되어 있었다. 국내산 제품에서 나타나는 흥미로운 사실은 같은 제조사에서 출시한 유사한 성격의 제품임에도 인증 표기에 차이가 나타났다는 점이다. 퍼시픽 푸드 인도네시아Pacific Food Indonesia에서 제조한 감자튀김 스낵 중 와아비Waavy라는 제품에는 인증 표시가 없는 반면 '베에토스Veetos'라는 제품에는 인증 표시가 전면에 부착되어 있다.

수입 스낵 제품에 할랄 인증이 없었고, 동일한 회사에서 생산된 제품에도 할랄 인증이 일관되게 부착되어 있지 않다는 사실은 할랄 인증이 생산 및 유통업체에 의해 판매의 필수요소로 간주되고 있지 않음을 추정할 수

있도록 한다.

할랄 인증 미부착 제품이
대형 마트에서 판매되고 있
는 이유는 앞서 지적된 대로
인도네시아 무슬림 소비자들
사이에 막연한 믿음, 즉 할랄
이 아닌 제품이 판매되지 않
으리라는 믿음이 퍼져 있기

그림 8.3 동일 회사 제품의 인증 표시 차이

때문인 듯했다. 이로 인해 소비자의 태도와 행동 사이의 불일치가 일정
정도 용인될 수 있다. 즉, 할랄 제품 사용 의사를 강하게 가지고 있지만
실제 구매 시 이를 적극적으로 검증하지 않는다는 것이다.

할랄 미인증 제품이 인증 제품과 나란히 판매되는 현재의 상황이 인
도네시아에서 지속되리라고 기대될 수 없다. 2014년에 제정된 「할랄제품
보장법」 때문이다. 5년의 유예 기간을 거쳐 이 법안이 2019년 시행될 경
우 할랄 제품 인증과 소비에 급격한 변화를 가져오리라 예상된다.

5. 「할랄제품보장법」

할랄 문제를 총괄하는 법률의 필요성은 2000년대 중반부터 이슬람 단체
에 의해 제기되었고, 얼마 지나지 않아 초안이 만들어졌다. 하지만 정당
간 견해차로 인해 법안 심의가 지연되어 2014년 9월에야 「할랄제품보장
법」[10]이라는 이름으로 입법화되었다. 5년간의 유예 기간이 설정되었기

---

10 이 법의 정식 명칭은 'Undang-Undang Republik Indonesia Nomor 33 Ta-
     hun 2014 tentang Jaminan Produk Halal'이며 http://www.dpr.go.id/dokj-
     dih/document/uu/1615.pdf에서 확인할 수 있다.

때문에 법안의 실제 발효 시기는 2019년 10월이다.

　법안은 11장 68조로 구성되어 있다. 법안의 첫 부분에 법의 기본 취지와 목표가 세시되어 있고(1~4조), 법의 운영방식과 조직, 할랄 관련 규정, 기업체의 권리와 의무, 인증 획득 방식 등 구체적인 인증 절차에 대한 규정이 서술되어 있다(5~45조). 또한 국제협력(46~48조), 감사(49~52조), 위반 시 제재(53~55조) 등과 관련된 내용이 후반부에 추가되어 있다. 전체적으로 법안은 이전에 발표된 할랄확약시스템의 내용을 따르고 있다. 하지만 몇 가지 측면에서 과거 규정과 기존의 할랄 관련 논의보다 훨씬 급진적인 내용을 포함하고 있기 때문에 기존 인증 체계에 심각한 변화를 가져올 수 있다.

　첫째, 법안에서 규정하는 '제품'의 기준이다. 식료품, 화장품, 의약품 등이 일반적으로 거론되어 온 할랄 제품이었다면, 법안은 보다 광범위한 제품을 포괄한다. 법안 1조 1항을 보면, 제품은 "음식, 음료, 의약품, 화장품, 화학제품, 생물학제품, 유전공학제품 등과 관련된 물건이나 서비스 그리고 일반인에 의해 착용되고 이용되며 효용이 있는 물건이다." 제품의 개념을 가장 광범위한 수준으로 정의함으로써 이 법안은 시장에서 거래되는 모든 재화와 서비스를 적용대상에 포함시킬 수 있다. 가죽제품을 예로 든다면, 가죽소파와 가죽점퍼처럼 가죽을 주재료로 쓰는 제품뿐만 아니라 가죽이 극히 일부 포함된 제품도 할랄 인증 대상으로 간주될 수 있다.

　둘째, 법안에 규정된 할랄 조건을 충족하지 못하는 제품의 처리방식이다. 법안 26조 2항은 이와 관련하여 "제품 생산자는 할랄이 아닌 제품에 그것이 할랄이 아니라는 설명을 표시해야 한다"고 규정한다. 할랄이 아님을 표시할 방법은 앞으로 제정될 시행령을 통해 구체화될 것이지만 이 조항은 커다란 파급력을 가지고 있다. 할랄 미인증 제품이 어떤 표시 없이 판매되는 현재와 달리 '할랄 인증을 받지 않음'과 같은 라벨이 부착될 경우 무슬림 소비자가 갖게 될 거부감의 정도가 높아질 수밖에 없기 때문이다. 따라서 판매되는 모든 제품에 인증·미인정 여부를 표기하도록 하는 규정은 소비자의 선택에 지금과는 비교될 수 없을 정도의 영향력을 가져올 수 있다.

셋째, 할랄 조건의 확대 적용도 고려해야 할 내용이다. 원재료에 대한 법안의 내용은 할랄에 대한 기존 인식과 차이를 갖지 않는다. 예를 들어 동물과 관련해 법안에서는 사체, 피, 돼지, 적법한 방식으로 도살되지 않은 동물, 그리고 MUI의 종교적 판단에 의해 하람으로 결정된 동물 등을 금지 대상으로 설정한다. 하지만 법안은 '할랄확약시스템'에서 요구되는 내용을 적극적으로 포함하여 원재료의 성격뿐만 아니라 가공 과정 전체를 할랄 인증 대상으로 포함시킨다. 법안의 24조 b항의 규정은 다음과 같다.

할랄 인증을 요청하는 사업자는 할랄 제품을 비할랄 제품과 분리하여 도축(생산), 관리, 보관, 포장, 배급, 판매, 제공할 수 있는 장소와 도구를 갖추어야 한다.

이 규정에 따를 경우 제품의 할랄 여부는 원재료뿐만 아니라 생산, 유통, 판매 등 소비자에게 제품이 도달하기까지의 모든 과정을 통해 검증되어야 한다. 이러한 조건을 충족시키기 위한 핵심 기준은 할랄 제품과 비할랄 제품의 공간적 분리이다. 즉, 같은 장소에서 할랄과 비할랄 제품이 생산·가공되지 않고 유통 및 판매 과정에서도 이러한 분리가 유지될 때에만 할랄 인증이 가능하다.

할랄 조건의 확대 적용은 할랄 인증을 지극히 까다롭게 만들 수 있다. 식당을 예로 들면, 같은 재료라 할지라도 할랄 인증을 받은 것과 그렇지 않은 것을 주방에서 동시에 사용할 경우 인증을 통과하기는 쉽지 않다. 같은 상황이 가공과 유통 단계에도 적용될 수 있다. 동일한 공장에서 만들어지는 제품 모두가 할랄 인증 재료를 사용하지 않을 경우 인증을 통과하기는 쉽지 않다.

넷째, 할랄 제품 생산 업무를 총괄하는 관리자의 종교이다. 법안은 할랄 제품 생산 총괄 관리자를 임명해야 함을 요구한다. 법안의 28조 2항은 "할랄 제품 관리자는 다음의 조건을 충족해야 한다. a. 이슬람을 종교로 갖는다"는 내용으로 구성되어 있다. 할랄 제품 관리자의 종교는 2001년의 지침서, 2008년과 2012년의 '할랄확약시스템'에도 제시되어 있었지만, 새 법안에서는 관리자의 종교적 정체성이 보다 더 중시되었다. 2008년 '할랄확약시스템'에서는 무슬림 직원이 없는 상황을 고려하여 이런 경우 할랄 관련 이슬람법에 대한 지식을 가진 비무슬림을 임명할 수 있다고 규정하고 있다. 하지만 이러한 예외규정이 법안에서는 삭제되었고 무슬림 제품 관리자는 의무조항으로 설정되었다.

법안에서는 할랄 제품 생산 관리자의 종교적 정체성만을 규정하고 있으며, 생산에 간여하는 다른 인력의 종교적 정체성을 문제 삼지 않는다. 하지만 할랄 제품 관리를 전담할 관리자를 지정하기 쉽지 않은 소규모 작업장이나 식당의 경우 직원의 종교적 정체성이 심각한 문제를 야기할 개연성을 가지고 있다. 현재까지 할랄 인증 제품 생산회사 직원의 종교적 정체성을 문제시하는 주장이 이슬람 단체에 의해 제기되지 않았다. 하지만 식재료에서 시작된 할랄 인증 과정의 강조점이 생산과정, 나아가 기업의 모든 활동으로 확장되었음을 고려하면 사업장에서 일하는 직원의 종교적 정체성이 심각한 고려대상으로 부상할 가능성을 배제할 수 없다.

다섯째, 「할랄제품보장법」은 인증 주체를 새롭게 규정하고 있다. 법률 제정 이전까지 인증 주체는 MUI 산하 LPPOM이었다. 법안은 할랄 인증에서의 MUI의 절대적 권위를 인정하지만, 인증 실행 과정에서의 MUI 역할은 부정되었다. 2008년 인증 절차를 단순화한 후 이를 새 법안에서 제시한 절차와 비교하면 표 8.12와 같다. 즉, 새로운 법체계하에서 MUI

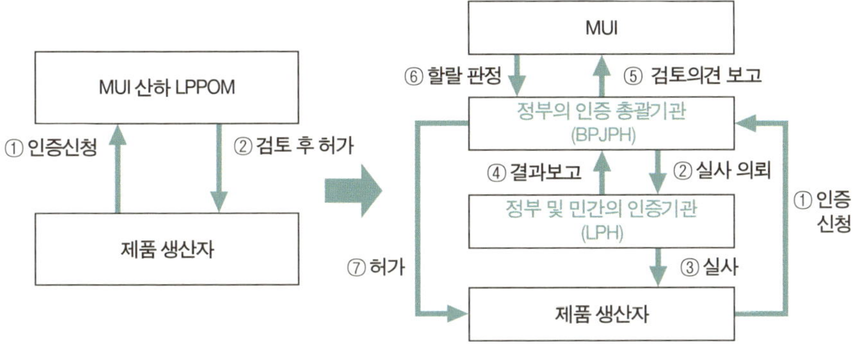

는 할랄 관련 자료에 대해 검토의견을 보고받고 최종 판정을 내리는 역할을 수행한다. 이는 MUI 산하 LPPOM의 역할이 제거되었음을 의미한다. 이 역할은 정부가 설립할 인증총괄기관BPJPH 그리고 정부 및 민간의 인증실행기관LPH에 이양된다.

조직상의 변화가 나타난 가장 큰 이유는 인증 절차를 수행해 왔던 LPPOM의 불투명한 업무수행, 특히 불투명한 회계처리였다. 인증과 관련된 수입·지출 내역을 공개하지 않았던 점, 인증과정에서의 뇌물 공여 요청 등에 대해 인증 신청 기업체가 불만을 제기했던 점 등으로 인해 MUI의 역할 축소가 제기되었고, MUI가 이에 효과적으로 대응하지 못함으로써 인증과정에서 배제되었다.

LPPOM 역할의 민간으로의 이행에도 불구하고 새로운 방식이 인증과정을 효율적이고 투명하게 만들 수 있을지는 불확실하다. 새로운 절차는 최종권한을 가진 MUI와 인증을 요청하는 기업체 사이에 BPJPH와 LPH를 첨가하는 형식을 취하는데, 기존의 인도네시아 행정체계의 운용방식을 고려해 보면 인증을 둘러싼 비공식적 거래의 가능성을 증가시켰다고 할 수 있다.

여섯째, 국제적 교차인증이다. MUI는 자체 기준을 통과한 외국 기관

표 8.13 할랄 인증 인정 외국 기관(2016년)

지역	국가	세 분야 인정 기관
아시아	싱가포르(1), 말레이시아(1), 브루나이(1), 일본(2), 타이완(1), 인도(2), 홍콩(1)	싱가포르(1), 말레이시아(1)
호주 · 뉴질랜드	호주(6), 뉴질랜드(2)	호주(1)
유럽	벨기에(1), 폴란드(1), 네덜란드(3), 스페인(1), 이탈리아(1), 독일(1), 영국(2)	벨기에(1), 네덜란드(2), 이탈리아(1)
아메리카	미국(5), 브라질(2)	미국(3), 브라질(1)
아프리카	남아프리카(1)	

출처: http://www.halalmui.org/mui14/index.php/main/go_to_section/7/36/page/1

의 할랄 인증 결과를 인정해 왔으며, 교차인증 분야는 도축, 원재료, 첨가제 등으로 구분되었다. 외국 기관에 대한 인정은 2년마다 갱신되었는데, 2016년 교차인증 허용 외국 기관은 19개 국가에 분포된 35개 기관이었다.

「할랄제품보장법」은 외국 기관과의 교차인증을 인정하지만 그 구체적 방법은 앞으로 제정될 정부 규정에 따른다고 규정되어 있다. 현행 교차인정방식이 그대로 유지될지는 불투명한데, 이 문제와 관련되어 고려되어야 할 점은 법안 제정의 필요성을 주장하는 과정에서 제기된 인도네시아 할랄 산업의 세계화 담론이다. 할랄확약시스템을 구축하고 이를 「할랄제품보장법」으로 확대 적용한 동기 중 하나는 세계 할랄 제품 시장에서 인도네시아가 선도적인 역할을 수행하리라는 기대였다. 표준화된 인증 방안이 다른 무슬림 국가에 의해 받아들여질 경우 인도네시아가 세계 할랄 산업을 주도할 수 있다는 것이다. 이와 같은 인도네시아 중심론이 유지될 경우 해외 인증 결과의 인정 조건으로 할랄확약시스템 구축 검사를 요구할 수 있는데 이는 교차인정을 실질적으로 불가능하게 만든다. 세세하게 규정된 할랄확약시스템의 규정을 인증과정에 포함시킬 외국 기관이 많지 않으며, 규정 확인에 많은 비용과 시간이 소요되기 때문이다. 이러한 측면을 고려한다면 「할랄제품보장법」은 국제적 상호인정 가능성을 제약할 가능성을 내포하고 있다.

정리하면, 「할랄제품보장법」은 판매되는 모든 제품을 인증 대상에 포함시킴과 동시에 할랄확약시스템에서 요구하는 엄격한 할랄 검사 기준을 법제화했다. 또한 미인증 여부를 제품에 표시하도록 함으로써 할랄과 비할랄의 구분이 쉽고 명확하게 인지될 수 있도록 했으며 외국기관과의 교차인정을 어렵게 했다. 이러한 점을 고려하면, 이 법안이 국외에서 생산·수입된 제품의 할랄 인증을 까다롭게 하고 그 유통과 소비 역시 제약할 가능성을 가지고 있다고 평가될 수 있다.

「할랄제품보장법」이 국회에서 통과되고 2년 여의 시간이 지난 2016년 11월, 인도네시아 국민고충처리위원회Ombudsman RI는 준비부족을 이유로 이 법안의 시행 연기를 요청했다. 위원회에서 제기한 문제는 다음과 같다.

정부의 법안 준비과정이 충분하지 않아서 관련 조직 구성, 시행령 제정, 인력 등의 문제에 대한 대응이 적절하지 않다. 법안의 시행과 관련되어 할랄 인증 비용, 할랄제품평가원(BPJPH) 관련 규정 역시 준비되지 않아서 앞으로 행정적 실책이 야기될 가능성이 높다(Fokusislam 2016).

국민고충처리위원회는 「할랄제품보장법」에 거론된 BPJPH, JPH, LPH, 할랄검사실험실 등 모든 조직의 구성과 운용규칙이 준비되지 않았음을 지적하고, 조직 이외의 문제로 위원회는 관리운용규정SOP, 등록, 검사, 증명서 발급의 표준화된 절차 미비 및 비용의 불확실성을 언급했다. 이러한 위원회의 발표는 「할랄제품보장법」 시행을 위한 행정부의 준비과정이 순조롭게 진행되지 않음을 시사함으로써 법안 제정 이후 수면 아래에 내려갔던 대중적 관심을 불러일으키고 이익집단 간의 논란을 야기했다.

법안 시행의 실무를 맡은 종교부는 시행령 제정을 위한 부처 간 협의가 순조롭게 진행되고 있어서 2017년 초 시행령 초안이 제출될 수 있으리라고 밝혔다. 하지만 시행령 제정과정이 순탄치 않음은 다른 부처의 우회적인 문제제기를 통해 표현되었다. 정부 부처 중 법안에 대해 문제를 제기한 곳은 협동조합 및 중소기업부Kementerian Koperasi dan UKM, 식품과 의약품 문제를 전담하던 보건성과 식약청BPOM이었지만 양자의 입장에는 미묘한 차이가 있었다.

중소기업성은 실물경제에 미칠 부정적 영향을 주로 지적했다. 법안이 식음료를 생산하는 중소기업과 소상공인에게 비용 상승 및 행정력 낭비를 가져올 것이 명백하기에 이에 대한 고려와 대책 마련을 요구했다. 중소기업부 관계자는 "모든 식음료가 할랄 인증을 받으면 좋다. 하지만 이를 만드는 업체가 어떻게 활동하고 있으며 이들의 이윤이 어느 정도인가를 고려해야 한다. 인증을 위해 소요되는 비용이 적지 않기 때문이다"(Situmorang 2016)라고 주장하며 비용과 절차상의 어려움을 지적했고, 중소기업의 인증을 지원할 시스템의 구축을 요청했다.

식약청은 「할랄제품보장법」으로 인해 가장 큰 변화를 겪게 된 기관이었다. 법안 제정 이전까지 유통되는 식음료와 의약품을 관리할 최종 권한을 가지고 있었던 반면, 「할랄제품보장법」으로 인해 이 권한을 종교부와 나누거나 종교부의 재가를 받아야 하는 상황에 처하게 되었다. 이러한 이유 때문인지 식약청에서는 이전에는 쉽게 상상할 수 없었던 방식으로 반대 입장을 표명했다. 할랄 식품 관련 세미나에 참석한 식약청 고위 관료는 할랄에 대한 의견을 다음과 같이 피력했다.

2012년에 행해진 연구에 따르면 인도네시아 소비자 중 29퍼센트만이 할랄 라벨에 주의한다고 했다. 반면 59퍼센트는 맛과 영양분을 중시하며, 나머지는 브랜드를 중시했다.…(이로 인해) 인도네시아의 생산자들은 할

랄과 '타입(thayib. 위생, 맛, 영양소)' 양자의 통합에 어려움을 겪고 있
다(Kautsar 2016).

제품의 맛과 영양소를 '타입'이라는 아랍어로 지칭함으로써 할랄 이
외의 요소 역시 이슬람에서 요구되는 것임을 드러내려고 노력했음에도
불구하고 이러한 언급은 기존의 할랄 관련 담론과 질적인 차이를 보이고
있다. 이슬람 단체와 종교지도자 및 학자에 의해 주도된 할랄 담론에서
할랄에 대한 무슬림의 선호가 당연시되었던 반면, 식약청 관리는 할랄에
대한 낮은 소비자 선호도를 지적했다. 식약청 관리가 인용한 자료의 출처
를 구체적으로 거론하지 않음으로서 그 신뢰도는 불명확했지만, 법안의
문제점을 본질적인 차원에서 제기함으로써 간접적으로나마 반대 입장을
표명했다.

국민고충처리위원회의 발표 이후 법안의 연기 또는 수정을 요구하는
주장이 미디어 보도를 통해 제기되었다. 이러한 움직임을 주도한 집단은
경제 관련 단체인 인도네시아 기업인연합회Apindo는 법안에 대한 우려와
불만을 선도적으로 표현했다. 이 단체는 법안 시행에 따른 비용 상승과
경쟁력 저하를 주요 논거로 채택했고, 외국인 투자 감소에 따른 경제성장
율 감소와 같은 거시적 문제도 거론했다. 이러한 논의를 확장하여 일각에
서는 법안의 개정 필요성을 제기했는데, 이들이 문제 삼은 조항은 1조 1
항의 인증 적용 대상이다. 기업인연합회 회장은 "사람들이 사용하는 물건
은 정말 다양하다. 의자, 컴퓨터, 자동차 등이 포함되는데 (1조 1항에 따
르면) 이들 제품 역시 인증을 받아야 한다"며 이 조항이 포괄적이고 불명
확하다는 문제점을 지적했다(Silitonga 2016). 기업 관련 단체에서는 할
랄 인증을 강제조항이 아닌 자율적 선택으로 전환해야 한다고 주장하기
까지 했다.

제약업체는 다른 기업과 상이한 각도에서 이 문제에 접근했다. 인도

네시아에서 생산되는 대다수 의약품의 원료가 수입품으로서 할랄 인증 여부 확인이 현실적으로 불가능하다는 것이다. 제약협회 관계자는 이를 다음과 같이 설명했다.

> 제약업체가 직면한 문제는 매우 복잡하다. 무엇보다 수입되는 의약품을 먼저 인증받아야 하는데, 원재료를 인정받을 방법이 도대체 무엇인가? 자료에 따르면 제약업계에서 사용하는 원재료는 십오만 종에 이른다고 하는데 이 모두를 인증받아야 한다. 또한 우리는 약품 생산에서 품질과 약효를 최우선으로 삼고 있다. 그런데 여기에 할랄 규정이 첨가된다면 의약품 생산을 중단하라는 말이 아닌가?(Astuti 2016)

기업 관계자에 따르면, 제약업체가 사용하는 원재료의 95퍼센트, 화장품업체에서 사용하는 원재료의 90퍼센트가 수입품이었다(Dinisari 2016). 이렇게 많은 원재료 모두를 인증받기가 불가능하기 때문에 의약품 생산을 포기할 수밖에 없는 상황으로 기업을 내몰고 있다는 주장이 가능해졌다.

「할랄제품보장법」에 대한 우려와 불만, 나아가 개정 필요성에 대한 요구가 기업을 중심으로 분출되었지만, 주도적인 담론으로 확립되지는 못했다. 종교계를 중심으로 법안 시행 준비를 가속화해야 한다는 목소리가 강하게 제기되었기 때문이다. 흥미로운 점은 법안 제정 이후 만들어진 할랄 관련 이익단체가 기존의 이슬람 단체와 함께 지지 의견을 제시했다는 점이다. 할랄 관련 이익단체의 주장은 법 제정 이전의 이슬람 단체와 큰 차이를 보이지 않았지만 보다 세련된 방식으로 문제에 접근했다. 종교적 의무 충족이라는 논리를 넘어서 종교적 의무 충족을 통한 소비자 권익 보호로 담론이 확장되었다. 세계 할랄 시장의 선도라는 의견은 할랄 시장이 무슬림을 넘어서 비무슬림에게까지 확장되고 있다는 주장으

로 이어졌다. 이러한 담론상의 세련화는 인도네시아 무역진흥센터 소장
의 의견에 잘 드러나 있다.

> 할랄 제품이 세계의 소비자에게 새로운 라이프스타일이 되었음은 확실
> 하다.…현재 할랄은 보편적인 개념이 되었고 삶의 일부가 되었다.…세계
> 에서 가장 많은 무슬림 인구를 가진 국가로서 할랄 산업이 인도네시아
> 경제성장의 원동력이 되어야 한다는 점은 너무나 확실하다(Budiawati
> 2016).

이슬람 단체 역시 「할랄제품보장법」 시행을 위한 준비에 박차를 가할
것을 요구했다. 법안 제정에 따라 그 역할이 상대적으로 축소된 MUI조차
지지 목소리를 높였고, 엔우NU와 무함마디야Muhammadiyah 같은 대규모
이슬람 단체도 할랄 법안 관련 세미나를 통해 「할랄제품보장법」을 당연
시하고 예정대로의 시행을 압박했다.

최근의 논란이 예시하듯, 「할랄제품보장법」이 예정된 스케줄에 맞추
어 시행될 수 있을지는 불명확하다. 하지만 이슬람의 대중적 영향력이 강
화되고 이슬람 규정에 반대하는 목소리가 쉽게 표출될 수 없는 현재의
상황에서 할랄 인증에 대한 근본적 수준의 문제제기가 이루어지기는 쉽
지 않다. 따라서 시행상의 어려움으로 인해 일정 기간 동안의 유예 또는
부분 수정과 같은 변화가 있을지라도 장기적으로 이 법안의 핵심 내용이
현실에 적용될 가능성은 매우 높다.

6. 맺음말

「할랄제품보장법」은 이슬람권 지역에서 선례를 찾기 힘든 혁신적인 입법

이다. 중동과 북아프리카, 서남아의 무슬림 다수 국가 중 이와 유사한 법안을 국가적 차원에서 제정한 경우는 없다. 할랄 경제와 관련하여 가장 많은 관심을 받아 온 말레이시아의 경우에도 현재까지 할랄 관련 규정이 독립된 법안으로 입법화되지는 않았다. 말레이시아에서의 할랄 관련 규제는 「상품표시법Trade Descriptions Act」의 할랄 관련 하위 규정, 「식품법Food Act」의 할랄 관련 하위 규정 등에 근거하여 이루어진다(Halim & Ahmad 2014).

관습적으로 지켜 온 할랄 음식관행을 국가적 수준의 독립 법안으로 전환한 초유의 사례인 「할랄제품보장법」에는 급진적이고 배타적인 내용이 포함되어 있다. 이 법안이 원안 그대로 실행될 수 있을지는 불투명하지만, 이 법안의 핵심 내용이 장기적으로 현실에 적용될 가능성은 높다. 「할랄제품보장법」의 적용 가능성을 높이는 종교 외적 요인 중 하나는 인도네시아 사회에서 나타나고 있는 중산층의 급격한 팽창이다.

2000년대 중반 이후 10년 이상 지속된 경제성장 과정을 통해 확대된 중산층의 규모(McVey et al. 2013: 9-10)는 음식물 소비에 변화가 촉진될 기반이 갖추어졌음을 시사한다. 다른 식으로 표현하면, 최소한의 생계유지 충족에 만족하는 집단이 다수를 이루던 상황에서 안전하고 건강한 먹을거리에 관심을 가진 집단이 대도시를 중심으로 급속히 팽창하는 상황으로의 전환이 지난 10여 년 동안 이루어져 왔다고 볼 수 있다. 무슬림이 다수를 이루는 인도네시아에서 건강한 먹을거리의 핵심이 할랄임을 고려한다면, 할랄 음식에 대한 선호와 「할랄제품보장법」 사이의 친화력이 강화될 근거는 보다 확고해 보인다.

「할랄제품보장법」은 인도네시아에 진출해 있거나 진출하려는 한국 기업에게 커다란 도전으로 다가온다. 할랄 인증을 받지 않은 제품의 판매가 제약될 수 있고, 인증 획득이 쉽지 않을 뿐만 아니라 상당한 비용과 시간을 필요로 하며, 하람 성분이 이용된 제품일 경우 이를 대체할 방식이 요구되기 때문이다. 이러한 어려움에도 불구하고 인도네시아 시장이 16억 정도로 추산되는 이슬람권 시장으로의 진입을 위한 테스팅 베드 역할을 할 수 있다는 사실은 강조되어야 한다. 몇 년간의 유예기간 동안 인도네시아 할랄 시장에 진출할 최적의 방안이 모색되고 관련 노하우가 축적될 수 있다면 이슬람권 소비자 시장에서 성공적으로 활동할 역량이 강화될 것이며, 현대 사회의 소비에 영향을 주는 다양한 사회·문화적 요인에 적응할 능력이 제고될 것이다.

까르다위 유스프. 2011. 『이슬람의 허용과 금기』. 최영길 역. 서울: 세창출판사.

김병순. 2002. 「대상(주)의 인도네시아 해외직접투자사업과 경영자의 역할」. 『전문경영인연구』 5(2): 1-24.

김형준. 2013. 「이슬람 부흥의 전개와 영향: 인도네시아의 사례」. 『동남아시아연구』 23(3): 181-215.

오명석. 2012. 「이슬람적 소비의 현재적 변용과 말레이시아의 할랄 인증제: 음식, 이슬람법, 과학, 시장의 관계」. 『한국문화인류학』 45(3): 3-62.

전제성·김형준. 2014. 「경제 활동의 이슬람화: 인도네시아 사례연구」. 『세계지역연구논총』 32(1): 61-87.

Afif, Irfan. 2015. "Din Syamsuddin: Ditemukan Produk Bersertifikat Halal yang Mengganti Ingredientnya Dengan yang Haram."(http://www.halhalal.com/din-syamsuddin-ditemukan-produk-bersertifikat-halal-yang-mengganti-ingredientnya-dengan-yang-haram/)_검색일: 2016.11.10.

Afroniyati, Lies. 2014. "Analisis Ekonomi Politik Sertifikasi Halal oleh Majelis Ulama Indonesia." *Jurnal Kebijakan & Administrasi Publik* 18(1): 37-52.

Ardiansyah. 2016. "Market Share Perbankan Syariah Turun." *Newstren* March 20.

Astuti, Indriyani. 2016. "Implementasi Jaminan Produk Halal Bertahap." *Media Indonesia* November 9.

Bank Indonesia. each year. *Statistik Perbankan Syariah*. Jakarta: Bank Indonesia.

Beritaprima. 2016. "LPPOM MUI: Kesadaran Sertifikasi Halal Meningkat."(http://beritaprima.com/lppom-mui-kesadaran-sertifikasi-halal-meningkat/)_검색일: 2016.11.10.

Beritasepuluh. 2014. "Inilah 10 Daftar Obat Mengandung Babi dan Tidak Halal di Indonesia."(https://beritasepuluh.com/2014/05/20/inilah-daftar-obat-mengandung-babi-dan-tidak-halal-di-indonesia/)_검색일: 2016.11.10.

Budiawati, Arie Dwi. 2016. "Produk Halal Sudah Jadi Gaya Hidup Dunia." Dream.co.id November 10. (http://www.dream.co.id/dinar/produk-halal-kini-jadi-gaya-hidup-dunia-161110a.html).

Departemen Agama. 2001. *Keputusan Menteri Agama R.I. Nomor 518 Tahun 2001 Tanggal 30 Nevember 2001 Tentang Pedoman dan Tata Cara Pemeriksaan dan Penetapan Pangan Halal*. Jakarta: Departemen Agama.

Dinisari Mia Chitra. 2016. "Pengusaha Minta UU Jaminan Produk Halal Direvisi." *Bisnis Indonesia* October 6.

Fokusislam. 2016. "Persiapan Belum Matang, Ombudsman Sarankan Pemerintah Tunda Penerapan UU Jaminan Produk Halal (JPH)."(http://fokusislam.com/5828-persiapan-belum-matang-ombudsman-sarankan-pemerintah-tunda-penerapan-uu-jaminan-produk-halal-jph.html)_검색일: 2016.12. 10.

Halim, Mustafa and Ahmad Azlin. 2014. "Enforcement of Consumer

Protection Law on Halal Products: Malaysian Experience." *Asian Social Science* 10(3): 9-14.

Hartoyo, Budiman. 1988. "Menguber Si Tangan Jail." Tempo November 26.

Hidayat, Firman. 2012. "Kasus Bakso Babi, 7 Penggilingan Daging Diperiksa." *Tempo* December 18.

Hooker, M.B. 2003. *Indoneian Islam: Social Change Through Contemporary Fatawa*. Allen & Unwin and University of Hawaii Press.

Karim, Muchith(ed.). 2013. *Perilaku Komunitas Muslim Perkotaan dalam Mengonsumsi Produk Halal*. Jakarta: Kementerian Agama.

Kautsar Maulana. 2016. "Cuma 29% Orang Indonesia Peduli Label Halal...Masyaallah." Dream.co.id, October 17.(http://www. dream.co.id/dinar/indonesia-halal-watch-dorong-masyarakat-gunakan-produk-halal-1610178.html)

Mahwiyah. 2010. "Pengaruh Labelisasi Halal Terhadap keputusan Pembelian Konsumen: Studi Pada Dosen Fakultas Syariah dan Hukum UIN Jakarta." BA Thesis. Jakarta: UIN Jakarta.

Majlis Ulama Indonesia(MUI). 2008. *Panduan Umum Sistem Jaminan Halal*. Jakarta: LPPOM, MUI.

Majlis Ulama Indonesia(MUI). 2015. *Dafter Belanja Produk Halal: Fatwa LPPOM MUI Pusat*. Jakarta: LPPOM, MUI.

McVey Henry et al. 2013. "Indonesia: Transitioning Potential into Reality." *Insights: Global Macro Trends* 3(5): 3-27.

Porter, Christopher. 2013. "The Religion of Consumption and Christian Neighbor Love." PhD Dissertation. Chicago: Loyola University.

Pratama, Adiatmaputra. 2013. "Isu Bakso Babi Pangkas Omzet Hingga 50 Persen." *Tribun News* January 22.

Raffles, Thomas Stamford. 2010. *A History of Java*. Cambridge: Cambridge University Press.

Rodinson, Maxime. 1978. *Islam and Capitalism*. Austin: University of Texas Press.

Silitonga, Linda Teti. 2016. "Apindo Minta Revisi UU Jaminan Produk Halal." *Bisnis Indonesia* November 15.

Situmorang Anggun. 2016. "Pro Kontra Pemberlakuan UU Jaminan Produk Halal." *Merdeka* November 22.

Syafaat, Ibnu. 2013. "Inilah Sebab Banyak Obat-obatan Mengandung Babi." *Hidayatullah* December 19.

Tarbiyah. 2016. "10 Fakta Ilmiah Kenapa Babi Haram dalam Islam."(http://www.tarbiyah.net/2016/03/10-fakta-ilmiah-kenapa-babi-haram-dalam.html)_검색일: 2016.11.10.

Waijittragum, Pibool. 2016. "Design Trends of Thai Halal Products Packaging for Muslim Country: Indonesian Food Products." *Journal of Economics, Business and Management* 4(1): 47-52.

Weber, Max. 2001. *The Protestant Ethic and the Spirit of Capitalism*. Routledge.

Yuningsih Rahmi. 2010. "Perlingdungan Konsumen dari Dampak Buruk Makanan Tidak Halal bagi Kesehatan." *Aspirasi* 1(2): 173-202.

Zulahm, Zulham. 2013 "The Regulation Of Halal Products to Moslem Consumer Protection In Indonesia." Paper presented at Seminar Penyelidikan Kewangan dan Kehartaan Islam, 19–20 February 2013, Kuala Lumpur, Malaysia.

09

말레이시아의 할랄 식품 시장과 할랄 인증제

오명석

1. 들어가는 글

쿠알라룸푸르에 있는 대형 몰의 슈퍼마켓에 들어가면 진열된 가공식품의 대부분에 할랄 인증 로고가 부착되어 있는 것을 쉽게 확인할 수 있다. 육류와는 무관하다고 여기는 우유, 분유, 요구르트, 치즈, 과일주스, 콜라, 커피, 식용유, 토마토케첩, 고추소스, 생선 통조림, 비스킷, 빵 등을 포함해서 거의 모든 음식류와 음료가 할랄 인증을 받은 것이다. 한편 슈퍼마켓의 한 구석에는 비할랄non-halal이라는 표지가 크게 붙어 있는 공간이 따로 마련되어 있는데, 여기에는 돼지고기를 포함한 비할랄 육류를

그림 9.1   슈퍼마켓에 진열된 할랄 가공식품(좌)
그림 9.2   AEON의 비할랄 식품 코너(우)

판매하는 정육점, 술, 돼지고기 햄과 소시지 등 비할랄 육류 가공식품이 진열되어 있다.

싱가포르의 슈퍼마켓에서는 할랄 식품 코너가 따로 마련되어 있는 것에 반해, 쿠알라룸푸르의 슈퍼마켓에서는 비할랄 식품 코너가 따로 마련되어 있는 것이다. 이는 말레이시아의 식품 유통구조에서 할랄 식품이 다수의 위치를 점하고 있음을 뚜렷이 보여 주는 현상이다. 말레이시아에서는 어떻게 이런 현상이 나타난 것일까?

최근 말레이시아에서 큰 인기를 끄는 한류 붐에 힘입어 쿠알라룸푸르 대형 몰의 슈퍼마켓에 한국 식품 코너가 일본 식품 코너와 함께 새로 자리 잡기 시작하고 있다.[1] 한국 식품은 주로 쿠알라룸푸르 한인타운에 있

---

1   2016년 8월 필자가 방문했던 쿠알라룸푸르의 대형 몰 슈퍼마켓에서 삼양 불닭 볶음면이 폭발적인 인기리에 판매되고 있었다. 이는 말레이시아 TV 채널의 주말 프라임 타임에 방영되고 있는 〈러닝맨〉에서 불닭볶음면을 먹는 '복불복' 게임이 있었기 때문이라고 한다. 한류가 식품 소비에 직접적으로 영향을 미칠 수 있음을 보여 주는 흥미로운 사례이다.

그림 9.3　AEON의 한국식품 코너(좌)
그림 9.4　Cold Storage의 K-Fish 프로모션 코너(우)

는 한국 식품점에서나 살 수 있었던 것과는 뚜렷이 대비되는 현상이다. 라면, 김치, 김과 같은 인기 품목 뿐 아니라 된장, 고추장, 간장, 식초, 식용유, 튀김가루, 당면, 빼빼로, 밀키스 등 취급하는 제품 종류가 다양해지고 있다. 이 중에는 한국의 한국무슬림협회KMF 할랄 인증이나 말레이시아의 자킴JAKIM(말레이시아 이슬람진흥부) 할랄 인증을 부착한 제품도 눈에 띈다.

　한국의 식품업체가 무슬림 국가로의 수출을 위해 할랄 인증을 취득하기 시작한 최근의 추세가 반영된 결과이다. 한국 가공식품을 말레이시아로 수입해 현지의 슈퍼마켓이나 매장에 공급하는 한국유통업체인 KMT의 이마태오 사장은 할랄 인증을 '대학졸업장'에 비유했다(필자와의 면접, 2016.8.20). 할랄 인증을 받았다고 해서 한국 식품이 말레이시아 국내 시장에서 저절로 팔리는 것은 아니지만, 할랄 인증을 받아야 말레이 무슬림 소비자에게 마케팅 하는 것이 비로소 가능해진다는 점을 지적한 것이다.

이 글은 말레이시아 식품 시장이 빠른 속도로 할랄화되는 현상을 할랄 인증제의 도입과 할랄 식품산업의 성장과의 연관 속에서 설명하고, 말레이시아의 할랄 인증제가 갖는 독특한 성격을 제시함으로써 현재의 글로벌한 할랄 식품 시장에서 현대적 할랄 인증이 작동하는 양상을 보다 심층적으로 이해할 수 있는 단초를 제공하고자 한다.

2. 할랄 음식의 현대적 규정과 할랄 식품산업의 대두

1) 전통적 의미에서의 할랄 음식 규정

할랄halal은 이슬람법에 따라 무슬림에게 '허용된 것'을 의미하며, 그 대상은 음식뿐만 아니라 의복, 장신구, 혼인, 교역, 금융, 오락 등 무슬림의 일상생활 전반을 포함한다(Qaradawi 1985). 무슬림에게 신앙고백, 기도, 라마단 기간의 단식, 메카 순례, 자캇zakat(종교세) 등 다섯 가지 의무의 실천이 신앙적 측면에서 수행해야 할 핵심 사항이지만, 이와 더불어 일상생활에서 할랄의 규정을 준수하는 것이 무슬림다운 삶에서 중요한 규범으로 여겨지고 있다. 이 글은 음식과 관련된 할랄 규정을 중심으로 그러한 규정이 현대의 변화된 삶의 환경 속에서 어떤 방식으로 적용되고 실천되고 있는가에 초점을 맞출 것이다.

음식과 관련된 현대적 할랄 규정은 『쿠란Quran』과 『하디스Hadith』(무함마드의 언행록)에 언급된 기본 원칙에 근거하고 있다. 이러한 기본 원칙을 표명한 것으로 가장 일반적으로 인용되는 쿠란의 구절은 다음과 같다.

네가 진정으로 믿는 자라면, 내가 너희에게 제공한 좋은 것들을 먹고 알라에게 감사하도록 하라. 너희에게 금지된 것은 죽은 동물의 고기, 피, 돼지고기, 그리고 알라가 아닌 다른 신에게 제물로 바쳐진 고기이다. 탐욕이나 의도적으로 위반하려는 동기 때문이 아니라 어쩔 수 없는 필요에 의해 이를 지키지 못한다면 그것은 죄가 아니다. 알라는 용서하며 관대하신 분이다(『쿠란』 2: 172-173).

너희에게 금지된 것은 죽은 동물의 고기, 피, 돼지고기, 알라가 아닌 다른 신에게 제물로 바쳐진 고기이며, 또한 목 졸리거나 맞거나 추락하거나 뿔에 찔려 죽은 동물의 고기이다(『쿠란』 5: 3).

여기에 알코올 또는 취하게 하는 것, '이슬람적 도축'(다브흐dhabh)[2] 방식을 거치지 않은 동물의 고기, 육식동물과 맹금류, 혐오스러운 곤충 등이 금지된 식재료로 포함되어 전통적인 의미에서의 할랄 음식 규정이 마련되었다. 해산물이나 식물에 대해서는 독성이 없는 한 제한이 없다. 이러한 규정은 구약성서 모세오경의 레위기와 신명기에 나오는 음식 금기에 대한 율법에 기반하고 있기 때문에 유대인의 코셔kosher 음식 규정과 상당 부분 일치하지만, 코셔에 비해 모세의 율법을 보다 단순화시킨 것이라고 할 수 있다.[3]

음식과 관련한 이슬람법의 할랄과 하람haram(금지된 것) 규정은 청결

2　'이슬람적 도축'의 기준으로 도축자가 성인 무슬림이어야 하며, 도축자가 도축 직전에 "위대한 알라의 이름으로"라는 기도를 드려야 하며, 동물의 목젖 바로 아래 부분에서 식도와 기도, 동맥과 정맥을 날카로운 칼로 단숨에 베는 방식으로 도축이 행해져야 한다.

3　코셔는 모세오경과 토라(Torah)에 기초하고 있는데, 비늘이 없는 생선이나 조개류와 갑각류의 식용을 금지하며, 도축한 동물의 고기로부터 피를 제거하는 방식을 보다 세밀하게 제시하고 있으며, 젖과 고기가 섞이지 않도록 하는 엄격한 규정을 갖고 있는 반면, 알코올 포함에 대해서는 관대하다(리아즈·챠드리 2016: 206-212).

과 불결(나지스najis)의 관념과 깊은 연관이 있다(오명석 2012: 43-44). 기본적으로 할랄은 청결한 것을 의미하며, 하람은 불결한 것을 의미한다.[4] 돼지고기와 피를 금지하는 이유는 이를 불결한 것으로 인식하기 때문이다. 이슬람적 도축방식을 거치지 않은 동물의 고기도 불결한 것으로 여기는데, 그 이유는 목젖 부위의 동맥과 정맥을 날카로운 칼로 베는 이슬람적 도축방식을 따르지 않았을 때 도축된 고기에 피가 많이 남아 있기 때문이라는 것이다. 이슬람적 도축은 무슬림이 유일신인 알라의 용서를 구하는 기도를 하고 생명을 취할 수 있다는 종교적 이유에서뿐만 아니라 청결과 불결에 대한 이러한 관념에 근거해서도 요구되고 있다.

2) 현대적 할랄 식품 규정의 등장과 그 배경

현대적 할랄 식품 규정은 『쿠란』과 『하디스』에 언급된 기본 원칙에 기초하면서도 이보다 훨씬 더 복잡하고 세밀한 지침과 절차를 포함하고 있다. 즉, 단순히 어떤 식재료가 이슬람법에서 허용되는가에 대한 규정을 넘어서 식품의 생산·포장·보관·운송·진열·판매의 전 과정에서 할랄에 해당하는 물질과 하람에 해당하는 물질이 서로 섞이지 않고 엄격하게 분리될 것을 요구하는 세밀한 지침과 절차를 포함하고 있다. 현대적 할랄 식품 규정의 특징은 이러한 분리를 실현하기 위한 법적 표준화와 제3자에 의한 감사auditing의 실행이라는 측면에서 두드러지는데, 이는 할랄 인증제의 도입을 통해 체계적으로 제도화되었다. 이에 대한 자세한 내용은 자킴의 할랄 인증제를 설명하면서 보다 구체적으로 살펴볼 것이다. 할랄 인증제는 할랄 식품에 대한 무슬림 소비자들의 태도에 매우 큰 영향을 미

---

4   중국 회족은 할랄이라는 용어를 중국어로 번역하면서 칭전(淸眞), 즉 청결함과 진실됨의 합성어를 사용했는데, 이는 할랄 식품을 청결한 식품으로 인식하고 있음을 보여 준다(Gillette 2000: 114).

치고 있다. 무슬림 소비자들에게 할랄 인증제에서 규정하는 할랄 표준이 새로운 규범으로 받아들여지고 있으며, 어떤 식품이 할랄인가의 여부를 할랄 인증을 받았는지 그렇지 않은지를 확인하는 것에 의해 판단하는 경향이 나타나는 데에서 그 영향이 뚜렷이 보인다.

전통적 의미에서의 할랄 음식 규정이 현대적 형태로 바뀌게 된 배경으로 현대의 음식 소비가 공장에서 대량 생산된 가공식품에 크게 의존하게 되고 그러한 변화에 따라 무슬림 국가들과 비무슬림 국가인 유럽이나 미국 사이에 글로벌한 식품 교역이 활발해졌다는 점을 들 수 있다. 공장제 가공식품은 소비자가 감지할 수 없는 매우 다양한 식자재들을 복합적으로 활용하는 식품기술과 생산공정을 거치게 되는데, 여기에 사용되는 젤라틴, 효소, 유화제, 향미료, 보존제, 색소 등과 같은 식품첨가제의 상당수가 동물성 원료로부터 추출되기 때문에 전통적인 할랄 음식 규정만으로는 이에 대해 효과적으로 대응하기 어려운 상황이 발생했다. 즉, 『쿠란』과 『하디스』에 전혀 언급되지 않았던 새로운 식재료들이 현대의 식품 생산에 크게 활용됨으로써 이에 대한 규정을 새롭게 만들 필요가 생긴 것이다.

또한 전통적으로 무슬림 국가에서의 음식 생산과 소비가 국내적으로 이루어지던 상황에서는 할랄 식품의 유통이 당연한 것으로 여겨지던 것과는 달리, 무슬림 국가들이 미국과 유럽의 비무슬림 식품업체로부터 수입한 가공식품에 크게 의존하게 된 현대의 상황에서는 수입된 식품의 할랄 여부가 예민한 관심의 대상으로 부상되었다. 따라서 할랄 인증제에 의한 법적 표준화와 제3자에 의한 감사 제도의 도입은 공장제 가공식품의 확산과 글로벌 식품교역의 증대라는 새로운 상황에 대처하기 위한 대응이었으며, 이를 통해 현대적 의미의 할랄 식품 규정과 시행이 글로벌한 차원에서 자리 잡게 되었다.

가공식품업체의 입장에서 보면 할랄 식품 생산은 기술적으로 표준화된 종교적 시장을 목표로 한 것이다. 생산자가 어떤 종교를 가지고 있는지와는 무관하게 현대적 할랄 식품을 규정하는 기술적 표준을 준수한다면, 그리고 그 제품이 할랄 인증기관의 승인을 받는다면 글로벌한 할랄 식품 시장에 참여할 수 있다. 리아즈와 챠드리가 쓴 『할랄 식품생산론』(2016)은 대부분의 할랄 식품업체가 참조하는 매뉴얼과 같은 위상을 갖고 있는데, 식품공학의 입장에서 식품업체가 생산과정에서 할랄 기준을 준수하는 데 필요한 기술적 지침을 제공하고 있다.[5] 할랄이라는 종교적 규범이 식품공학이라는 기술적 차원으로 번역되어 제시된 이 책은, 할랄 식품산업이라는 새롭고 변별적인 산업부문의 등장을 예고하고 있다. 식품업체의 입장에서 할랄 식품의 생산과 유통은 기술적인 차원에서 그리고 판매 전략의 차원에서 고려되고 선택할 수 있는 사항이 된 것이다.

무슬림 소비자의 입장에서 보면 현대적 할랄 식품 규정의 도입과 시행은 경건주의적 종교성의 실천과 '소비자 움마consumerist ummah(소비자 무슬림공동체)'의 형성이라는 의미를 담고 있다. 글로벌 무슬림 세계에서 1960년대 이후 '이슬람 부흥운동(닥와dakwah)' 또는 '무슬림 각성운동(나흐다nahdah)'이 지식인과 중산층을 중심으로 활발하게 전개되었는데, 이 운동은 한편으로는 이슬람 국가의 수립이라는 '정치적 이슬람'의 성격을 띠고 다른 한편으로는 개인의 종교적 신실함을 강화하는 경건주의적 이슬람의 성격을 띤 것이었다(Roy 2004). 할랄 음식의 소비는 여성 베일의 착용과 더불어 무슬림이 보다 무슬림답게 사는, '진정한 무슬림'으로서의 모습을 보여 주는 일상적 실천의 중요한 지표가 되었다. 보다 정교해진 현대적 할랄 음식의 규정을 철저하게 준수하려는 태도는 이러한 경

---

5 리아즈와 챠드리 모두 식품공학 박사학위를 취득했으며, 챠드리는 '미국 이슬람 식품영양협의회(IFANCA)'의 할랄 인증 프로그램 책임자이다. 따라서 그들이 쓴 이 책은 할랄 식품 규정에 대한 IFANCA의 입장을 크게 반영하고 있다.

건주의적 추세가 반영된 결과이다.

개인 차원에서의 할랄 음식 소비는 그러한 규범을 준수하는 전 세계 무슬림 소비자들의 연대의식을 강화함으로써 종교적 신앙공동체라는 원래의 '움마'의 의미에 소비자로서의 무슬림공동체라는 새로운 의미를 덧붙이고 있다. 소비라는 행위를 통해 국가적 차원에서, 나아가 글로벌한 차원에서 무슬림으로서의 정체성과 권리를 반영하려고 한다는 점에서 소비자운동으로서의 성격도 갖고 있는 것이다. 이러한 측면은 특히 무슬림 소비자단체가 할랄 식품의 규정에 동물보호, 친환경, 건강함(토이반 toyyiban)이라는 이슬람적 가치가 포함될 것을 주장하는 데에서도 두드러지게 나타난다(Istasse 2016: 131-134). 할랄 소비와 '윤리적 소비'[6]를 결합함으로써 현대의 소비자운동과 그 궤를 같이 하면서 동시에 무슬림 정체성을 드러내고자 하는 새로운 시도라고 할 수 있다.

무슬림 국가의 정부 입장에서 보면 현대적 할랄 식품 규정의 도입과 시행은 국내적으로는 정부의 종교적 권위와 정당성을 확보하고 '온건한' 이슬람 국가로서의 글로벌한 이미지를 창출하는 데 도움이 된다. 정부가 할랄 인증제를 직접 관장하거나 할랄 식품의 유통을 관리하고 감독하는 행정 시스템을 마련하는 것은 정부의 종교적 권위와 정당성을 확보하는 중요한 수단으로 인식되고 있다. 특히 국내의 강경한 이슬람주의 세력으로부터 세속주의 정부라는 비판을 받는 무슬림 국가들의 경우 할랄 정책의 도입은 정부의 친이슬람적 성격을 표명하고 각인시키는 데 효과적인

---

6 '윤리적 소비(ethical consumption)'는 시민으로서의 권리를 투표와 같은 정치행위뿐만 아니라 소비행위를 통해 표출하고 사회적 영향을 미칠 수 있다는 인식에 기초하고 있다. 비윤리적 제품과 기업에 대한 불매운동을 넘어서서 환경, 동물보호, 노동, 상거래 등에서 윤리적 가치를 실천하는 제품과 기업에 대한 적극적인 구매운동을 통해 이윤추구 중심의 시장구조를 변혁하고자 하는 현대 소비자운동의 이념이다(천경희 외 2014: 35-43).

방안이 되었다. 이슬람주의가 대중적으로 확산되는 상황에서 정부 주도의 이슬람화는 이에 맞서는 정책적 선택이었다고 할 수 있다. 한편 글로벌한 차원에서 이슬람운동이 지하드와 같은 폭력적 측면과 깊게 연루되어 있는 상황에서 정부가 할랄 정책이나 이슬람 금융의 육성에 집중하는 것은 '온건한' 이슬람 국가로서의 글로벌한 이미지를 창출하는 데 도움이 되었다(Fischer 2016: 43). '정치적 이슬람'이 아닌 '시장 이슬람market Islam'을 지향함으로써 현대적 이슬람 국가로서 비무슬림 국가와의 교역을 통한 평화적 공존을 추구한다는 긍정적인 이미지를 구축할 수 있었던 것이다.

3. 말레이시아 식품 시장의 할랄화

1) 다민족 · 다종교사회로서의 말레이시아

말레이시아의 공식 종교는 이슬람이지만, 인구 비율에서 무슬림의 비중은 절반이 약간 넘는 수준으로 중동과 북아프리카와 같이 인구의 절대다수가 무슬림인 국가와는 뚜렷한 차이를 보인다. 종족집단별 인구구성을 살펴보면 2016년 기준으로 말레이가 50.1퍼센트, 화인(중국인)이 22.6퍼센트, 비말레이계 토착민[7]이 11.8퍼센트, 인도인이 6.8퍼센트를 차지하고 있다. 말레이는 모두 무슬림이고[8] 비말레이계 토착민과 인도인의 일

---

7   비말레이계 토착민(다약족, 카다잔족 등)은 대부분 동말레이시아로 불리는 보르네오 섬 북부의 사바(Sabah) 주와 사라왁(Sarawak) 주에 거주하고 있다. 토착민은 현지어로 부미푸트라(bumiputra. '땅의 아들')라고 하는데 여기에는 말레이와 비말레이계 원주민이 모두 포함된다.

8   말레이시아의 헌법에 말레이는 반드시 무슬림이어야 한다고 규정되어 있으며, 실제로도 말레이는 이슬람을 당연히 자신의 종교로 인지하고 있다.

부가 무슬림인 반면, 화인은 대부분 비무슬림이다. 즉, 말레이시아는 이슬람 국가이면서 동시에 다민족·다종교사회라고 할 수 있다. 따라서 무슬림이 인구의 절대다수를 차지하는 이슬람 국가에서 유통되고 소비되는 음식은 당연히 할랄로 간주되는 것과 달리, 말레이시아에서는 할랄 음식과 비할랄 음식이 공존하는 양상을 보여 왔다.

특히 말레이시아의 주요한 두 종족집단인 말레이와 화인의 음식 소비를 비교하면, 돼지고기는 무슬림에게 금지된 음식으로 특별히 강조되는 반면 화인에게는 가장 선호되는 육류에 해당된다. 그 결과 '말레이 음식=할랄 음식', '화인 음식=비할랄 음식'이라는 이분법적 인식이 굳게 자리 잡았고 두 종족집단의 음식 소비공간이 확연하게 구분되는 현상이 나타났다. 말레이가 화인 식당을 전혀 가지 않거나 화인 집으로의 식사 초대를 꺼리는 이유는 화인 음식에서 곧 돼지고기를 연상하기 때문이다(오명석 2004: 6). 돼지고기가 들어가지 않은 화인 음식이라고 할지라도 음식을 만드는 데 사용되는 조리도구와 식기가 돼지고기와 돼지기름에 오염되어 있을 것이라고 간주하여 화인 식당이나 화인 집에서의 식사를 기피했다.

2) 말레이시아 식품 시장 할랄화의 배경

말레이시아 식품 시장의 할랄화는 식품의 생산·유통·소비의 모든 측면에서 할랄 식품의 지배적 위치가 강화되는 현상을 지칭한다. 이러한 현상은 말레이시아의 국내 가공식품 생산과 슈퍼마켓 등의 유통체계에서 두드러지게 나타나며, 식당에서도 그러한 추세가 진행되고 있다. 말레이시아의 식품산업을 주도하는 다국적 식품업체와 화인 식품업체의 대부분이 할랄 인증을 취득하고 할랄 가공식품을 생산하고 있으며, 대형 몰의 슈퍼마켓에 진열된 가공식품의 대부분에 할랄 로고가 부착되어 있고 한구석에 비할랄 식품 코너가 마련되어 있다는 것은 할랄 식품의 지배적 위치를 뚜렷이 보여 준다.

할랄 음식의 제공을 의무화한 공간이 종전에는 정부기관, 국영기업체, 학교 등과 같이 공적 성격이 강한 장소에 위치한 식당에 한정되었던 것과는 달리, 최근에는 대형 몰과 같은 상업적 공간에서도 할랄 음식만 제공하는 푸드코트가 들어서는 등 음식 소비공간의 할랄화도 빠르게 진행되고 있다(오명석 2004: 19). 특히 할랄 화인 식당의 출현은 화인 음식을 돼지고기 요리와 동일시하던 말레이의 고정관념을 깨뜨리는 놀라운 변모로 받아들여졌다(오명석 2012: 15).

말레이시아 식품 시장의 할랄화는 1990년대 자킴이 관장하는 할랄 인증제의 도입과 매우 밀접한 연관을 갖고 있다. 자킴의 할랄 인증은 글로벌한 차원에서 볼 때 선구적인 할랄 인증에 해당하며 국가 관리라는 예외적인 방식을 취하고 있다는 점에서 주목할 만한 사례이다. 말레이시아에서 할랄 인증제가 일찍 도입되고 체계적으로 실행된 데에는 역설적이게도 무슬림이 인구의 절대다수를 차지하지 못하는 무슬림 사회라는 특성이 크게 작동했다. 국내 시장에서 할랄 식품과 비할랄 식품이 공존하고 있는 상황에서 무슬림이 안심하고 소비할 수 있도록 제3자에 의해 해당 식품이 할랄임을 입증하는 인증의 필요가 보다 강하게 요구되었던 것이다. 중동과 북아프리카의 무슬림 국가에서 식품에 대한 할랄 인증의 필요성이 덜 절실하게 느껴지던 것과 대비되는 상황이다.

이러한 일반적인 인구구성의 요인을 넘어서서 말레이시아 국내 상황의 변화가 할랄 인증제의 도입, 이에 따른 말레이시아 식품 시장의 할랄화에 보다 직접적인 영향을 미쳤다.

첫째, 1970년대 이후 말레이의 도시 이주가 빠르게 진행됨으로써 과거에는 화인이 주도하던 도시 환경이 다민족공간으로 변화하기 시작했다. 말레이의 도시 이주는 1970년대 초부터 시행된 '신경제정책New Economic Policy'에 의해 말레이에 대한 정부의 경제적 지원이 본격화되면서 촉발되었는데, 그 결과 화인이 다수를 점하고 있던 도시가 말레이와 화인이 비슷한 비율로 거주하는 다민족공간으로 변화했다. 말레이가 주로 농촌에 거주하던 과거에는 농촌에서 유통되고 소비되는 음식은 당연히 할랄로 간주되던 것과는 달리, 이들이 이주한 도시공간은 화인 음식이 주도하는 환경이었기 때문에 할랄 '도시 음식'에 대한 도시 말레이urban Malay의 요구를 충족시키는 것이 당면한 과제로 대두되었다(오명석 2012: 11).

둘째, 말레이 무슬림 사이에 '올바른 이슬람적 소비'에 대한 태도와 의식이 크게 강화되는 현상이 나타났다(Fischer 2008). 이는 1970년대 이후 말레이 대학생과 중산층이 주도한 '이슬람 부흥운동'이 말레이시아 사회에 미친 영향을 보여 주는 두드러진 징표에 해당한다. 이슬람 부흥운동은 '진정한 무슬림'으로 다시 태어나는 각성을 요구하는 경건주의적 종교운동으로서 무슬림 개인에게 보다 철저한 이슬람적 의식과 실천을 강조했다. 이 운동은 '생활양식으로서의 이슬람'을 표방하며 기도나 단식 같은 좁은 의미에서의 신앙활동뿐만 아니라 일상적인 생활 전반에 걸쳐 이슬람적 규범과 가치를 준수할 것을 요구했다. 무슬림 여성의 베일 착용과 '올바른 이슬람적 소비'는 그러한 일상적 실천과 연관되는 부분이다. 특히 할랄 식품은 '올바른 이슬람적 소비'에서 핵심적인 사항으로 음식의 할랄 여부에 대해 말레이가 보다 철저하고 예민하게 반응하는 태도가 확산되었다. 정보기술의 발전은 이러한 태도가 일상화되는 데 기여하고 있는데, 말레이 젊은이와 중산층은 인터넷과 모바일폰 앱 등을 통해 할랄 식품과 할랄 식당에 대한 정보를 쉽게 확인하여 소비활동에 활용하고 있다.

셋째, 말레이시아 정부가 적극적으로 '이슬람화 정책'을 시행하기 시작했다. 말레이시아의 독립(1958년) 이후 집권 여당의 위치에 있는 말레이계 정당 움노UMNO는 이슬람 정당인 파스PAS와 이슬람 부흥운동단체들로부터 세속적 정부라는 비판을 받아 왔는데, 이들의 비판이 말레이 대중에게 확산되는 상황이 벌어지자 1980년대부터 정부 스스로 이슬람화

정책을 적극적으로 수행함으로써 종교적 권위와 정당성을 확보하고 말레이 유권자로부터의 지지를 공고히 하고자 했다. 교육과 미디어에서 이슬람적 요소의 강화, 이슬람 종교법정의 강화, 이슬람 금융의 도입과 더불어 할랄 인증제의 시행은 이러한 이슬람화 정책의 중요한 일환이었다. 특히 이슬람 금융과 할랄 산업의 육성에 정부의 노력이 집중됨으로써 '시장 이슬람'을 지향하는 온건하고 현대적인 이슬람 국가라는 이미지를 창출하고 급진적인 '정치적 이슬람'으로부터는 거리를 두는 전략을 취했다.

3) 자킴의 할랄 인증제 도입: 국가와 시장의 상호작용

말레이시아 식품 시장의 할랄화는 이러한 국내적 상황의 변화와 맞물려 진행된 것인데, 여기에 국가와 시장이 상호보완적으로 작용함으로써 그 과정을 가속화하고 전면적으로 확대하는 데 기여했다. 1994년에 자킴의 할랄 인증제가 처음 도입되었을 때 가장 먼저 반응한 기업체는 국내 화인 소유의 식품업체, 국내에 생산시설을 둔 다국적 식품업체(네슬레 말레이시아 등), 다국적 패스트푸드 체인점(맥도날드, 켄터키치킨, 피자헛 등)이었다. 이들이 할랄 인증을 신청한 것은 말레이 도시 중산층 소비자를 확보하기 위한 영업 전략의 일환이었다. 비무슬림 소유의 기업체들이 그들의 식품에 대한 말레이의 신뢰를 얻는 데 정부가 발급하는 할랄 인증은 매우 효과적인 수단으로 인식되었던 것이다(오명석 2012: 19). 할랄 인증은 말레이 소비자로부터 요구된 것이지만, 이들을 중요한 마케팅 대상으로 설정한 비무슬림 식품업체에게 국내 무슬림 시장을 파고드는 데 필요한 도구로 간주된 것이다. 말레이시아에는 화인 기업과 다국적기업을 중심으로 상당한 수준의 국내 가공식품 생산체제가 형성되어 있었고 상당한 규모의 국내 할랄 식품 소비층이 존재했다는 점이 말레이시아에서 할랄 인증제가 짧은 시기에 성공적으로 정착할 수 있는 결정적 요

그림 9.5   자킴의 할랄 로고(좌)
그림 9.6   맥도날드 매장 입구에 부착된 자킴 할랄 로고(우)

인이었다. 즉, 말레이시아의 국내 식품산업구조와 소비 시장의 여건이 자킴의 할랄 인증제를 추동하는 중요한 요인으로 작동했으며, 글로벌 할랄 식품 시장으로의 진출은 그 후에 부가적 요인으로 추가된 것이라고 할 수 있다.

자킴이 채택한 현대적인 할랄 식품 규정은 현대의 식품산업이 갖는 높은 의존성과 연계성에 맞물리면서 말레이시아 식품산업 전반에 걸쳐 할랄 인증의 연쇄적 파급효과를 가져왔다. 자킴은 할랄 인증을 받기 위해서 식품 제조에 들어가는 모든 식재료가 할랄임을 입증할 것을 식품업체에 요구했는데, 현대의 가공식품은 매우 다양한 식자재를 복합적으로 사용하기 때문에 이들 식자재를 공급하는 수많은 업체가 할랄 인증을 획득하는 것이 필요하게 되었다. 그 결과 식품산업 전반에 걸친 할랄 인증의 연쇄적 파급효과가 지난 20여 년간 말레이시아에서 실제로 발생했다(오명석 2012: 22-23). 이에 따라 다양한 할랄 식자재를 용이하게 조달할 수 있게 됨으로써 할랄 가공식품의 생산을 위해 기술적 측면과 생산가격의 측면에서 겪었던 초기의 어려움이 상당 부분 해소되고 할랄 인증을 받은 식품업체의 수가 비약적으로 증대했다. 2017년 1월 현재 자킴의 할랄 인증을 받은 국내 제품이 식육 가공품 740종, 해산물 가공품 169종, 유제품 163종, 빵 및 과자류 975종, 주스 374종, 커피 276종, 식용유 96종, 식품

첨가제 227종 등에 이른다는 것은 할랄 인증이 말레이시아의 식품산업에 일반화되어 있는 양상을 잘 보여 준다(www.daganghalal.com).[9]

자킴의 현대적 할랄 식품 가이드라인은 보관·운송·진열·판매되는 모든 할랄 식품에 할랄을 표시하는 라벨이 부착되어야 하며 비할랄 식품과 섞이거나 오염되는 것을 방지하도록 물리적으로 분리해야 한다고 규정하고 있는데, 특히 대형 슈퍼마켓은 이 조항에 민감하게 반응하고 있다. 대형 슈퍼마켓이 비할랄 식품 코너를 따로 마련한다든가 일반 매장에 진열될 식품에 할랄 인증을 요구함으로써 할랄 식품과 비할랄 식품이 의도치 않게 섞이는 것을 방지하려 하는 것은 무슬림 소비자에 대한 배려에서뿐만 아니라 정부의 관리·감독에 의해 지적 또는 처벌을 받지 않기 위한 이유에서이기도 하다. 식품업체의 입장에서 대형 슈퍼마켓의 일반 매장에 자신의 제품이 납품되고 진열되는 것이 판로 개척에 매우 중요한 관건이기 때문에 유통업체의 할랄 인증 요구에 부응하는 것이 불가피한 선택으로 여겨지고 있다.

2011년에 개정된 「상품표시법」은 할랄 식품의 판매와 관련된 조항을 더 강화했는데, 국내의 비무슬림 식품업체가 무슬림 소비자를 대상으로 제품을 판매하려면 반드시 자킴의 할랄 인증을 받아야 한다고 새롭게 규정했다(Trade Description[Certification and Marking of 'Halal'] Order 2011 3조). 이러한 법 개정은 국내의 비무슬림 식품업체에게 자킴의 할랄 인증을 취득해야 할 필요를 강화할 뿐만 아니라 유통업체에게 판매 식품의 구매와 진열에서 보다 철저하게 할랄 규정을 준수하도록 압박을 가한 것이었다.

---

9 말레이시아에서 할랄 사업체는 5,066개, 그들의 상품은 2만 1,798개에 이른다. 여기에는 식품 관련 사업뿐만 아니라 의료, 패션, 관광, 금융, 영화 관련 사업이 포함된다(www.daganghalal.com).

이와 같이 말레이시아 식품 시장의 할랄화는 국내적 요인들이 복합적으로 작용하여 발생했다. 무슬림과 비무슬림이 공존하는 다민족·다종교 사회라는 점, 말레이의 도시 이주와 말레이 중산층의 성장, '올바른 이슬람적 소비'에 대한 의식 강화, 정부의 이슬람화 정책과 할랄 인증제 도입 등이 식품업체의 판매 전략에 맞물리면서 말레이시아 식품 시장의 할랄화가 빠르게 진행되었다. 말레이시아 식품 시장의 할랄화는 생산과 유통의 전 과정에서 발생하고 있으며, 보다 정확하게는 생산업체와 유통업체 사이에 피드백 효과를 촉발하는 방식으로 진행되어 왔다. 그 과정에서 국가와 시장이 상호 보완적인 역할을 수행했는데, 자킴의 할랄 인증제는 그 연계의 핵심적 고리에 해당된다.

지금부터는 자킴 할랄 인증제의 제도적 특성과 그것이 글로벌 할랄 식품 시장에서 차지하는 위상에 대해 살펴보고자 한다.

4. 말레이시아 할랄 인증제의 성격

1) 「상품표시법」과 자킴: 국내법 체계에서 할랄 식품 관련 규정의 위치

말레이시아의 할랄 인증제는 1994년 자킴이 할랄 인증 발급 업무를 관장하면서 공식적으로 시작되었다. 하지만 말레이시아 정부가 국내에서 할랄 식품의 생산과 유통에 관심을 가진 것은 이보다 훨씬 이른 시기로, 1975년의 「상품표시법」 시행령에 할랄과 관련된 조항을 첨부한 것이 그 시발점이라고 할 수 있다(Trade Description[Use of Expression 'Halal'] Order 1975, 3조). 이 조항은 할랄 식품의 정의를 제시하고 이에 해당하는 식품에 할랄이라는 표지를 부착할 것을 의무화했다. 자킴의 할랄 인증 발급은 이처럼 단순한 법적 규정에 근거한 것이었다.

하지만 「상품표시법」의 일부로 할랄과 관련된 조항이 포함된 것은 말레이시아 법체계를 고려해 볼 때 의미 있는 변화를 시사한다. 말레이시아는 독립 이후 영국의 식민지배시기로부터 계승한 시민법과 이슬람법의 이원적 법체계를 채택했는데, 이슬람법은 무슬림에 국한해서 가족법(혼인과 상속)과 신앙생활ibadat과 관련된 영역에만 제한적으로 적용되며, 상법·행정법·형법은 전적으로 시민법을 따르는 법체계이다. 말레이시아는 독립 이후 이슬람을 유일한 공식 종교로 공표했지만 국가법 체계 내에서는 이슬람법이 주변적 위치에 놓여 있었다고 할 수 있다. 이런 상황에서 상법에 해당하는 「상품표시법」에 이슬람과 관련된 조항이 포함된 것은 기존의 시민법과 이슬람법의 이원적 체계에 작은 균열이 생겼다는 것을 의미하며, 이슬람법이 시민법의 영역에 침투하기 시작하는 조짐을 보여 준다.[10]

「상품표시법」에 기초해서 1980년대에는 말레이시아 수상실 산하 이슬람국이 할랄 식품의 관리·감독 업무를 맡았다가 1990년대에 들어 이슬람진흥부인 자킴이 할랄 인증 발급을 공식적으로 담당하게 되었는데, 이를 계기로 할랄 인증을 정부가 관장하는 말레이시아의 독특한 할랄 인증제가 자리 잡게 되었다. 미국이나 유럽과 같은 비무슬림 국가에서의 할랄 인증 발급이 무슬림 단체나 이슬람 사원과 같은 민간 조직에 의해 수행되며 정부가 직접 개입하지 않는 것과는 대조되는 측면이다.

자킴이 할랄 인증을 관장할 수 있었던 것은 말레이시아에서 이슬람이 공식 종교라는 위상을 갖고 있고 이슬람 관련 정부 조직이 있었기에 가능했다. 즉, 말레이시아는 무스타파 케말Mustapha Kemal의 터키와 같이

10　2013년 말레이시아 정부가 제정한 「이슬람 금융서비스 법(Islamic Finance Service Act)」은 할랄 관련 조항이 「상품표시법」의 일부로 포함되었던 것과는 달리 하나의 독자적인 조례로 이슬람법이 상법의 영역에 등장했음을 보여 준다.

정교분리의 세속주의 국가 모델을 전면적으로 받아들이지 않고 이슬람을 공적 영역에서 인정하는 방식을 취하고 있었던 것이다.[11] 또한 말레이시아가 이슬람과 관련된 사항을 정부가 주도적으로 관리하고 통제하는 '국가 이슬람national Islam'적 성격을 매우 강하게 갖고 있었다는 점도 무슬림 민간단체가 아닌 정부 조직의 자킴이 할랄 인증과 관련해 배타적인 권위를 행사할 수 있었던 배경이다.

2011년에 이루어진 「상품표시법」 할랄 관련 규정의 개정은 자킴의 배타적 권위를 법적으로 보다 분명하게 공인하기 위한 것이었다. 기존의 「상품표시법」(1975년)에서는 할랄이라는 표지를 누구나 할 수 있고 단지 허위 할랄 표지를 했을 때에만 처벌받는다고 규정되어 있었던 반면에, 2011년의 개정 법안에서는 자킴과 주정부 이슬람 종교협의회만이 할랄 인증을 발급할 수 있는 '권한을 가진 기관competent authority'으로 명시되었다(Trade Description[Certification and Marking of 'Halal'] Order 2011, 2조).[12]

2) 할랄 인증제의 표준화와 관료제화

말레이시아의 할랄 인증제는 획일적이고 정부가 규제하는 방식이라는

---

11 정치적 세속주의(laicism)는 정치와 종교를 분리하여, 종교는 개인의 신앙생활과 관련된 사적 영역에, 정치는 공적 영역과 관련된 것으로 구획을 짓는 국가 통치 이념이다. 프랑스 혁명의 정교분리주의에서 세속주의 국가 모델의 이념형을 찾을 수 있다(Bowen 2010).

12 자킴이 할랄 인증 발급의 주도적 위치를 차지하고 있었지만 국내 사설 할랄 인증기관이 난립하여 자킴의 할랄 인증과 경쟁하는 현상이 발생했는데, 2011년 「상품표시법」의 개정으로 국내 사설 할랄 인증기관의 인증 발급은 불법 행위로 규정되었다.

특징을 갖는다. 자킴의 할랄 인증이 그런 성격을 명확하게 갖고 있는데, 이는 할랄 인증 업무의 표준화와 관료제화를 통해 실천되고 있다. 이러한 표준화와 관료제화는 마하티르Mahathir 수상(1981~2003년 재임) 이후 움노 정부가 지향하는 '현대적 이슬람'의 두드러진 특성을 반영하는 것이기도 하다. '현대적 이슬람'은 이슬람적 가치와 규범에 기초하면서도 합리적이고 효율적인 방법과 기술을 동원하여 현대적 삶에 부합하는 이슬람적 실천을 지향하는데, 표준화와 관료제화는 이를 위한 주요한 수단이었다.

할랄 인증 업무의 표준은 2004년에 제정된 MS1500Malaysian Standard 1500(할랄 식품의 생산·취급·저장에 관한 일반지침)에 의해 뚜렷한 형태로 실체화된다.[13] 자킴이 내부적으로 갖고 있던 할랄 인증 가이드라인을 말레이시아 표준원Department of Standards Malaysia이 관장하는 국가표준제의 일부로 공표한 것이 MS1500이다. 이는 글로벌 할랄 인증 체계에서 할랄 인증 표준이 국가표준제의 형태로 제시된 선구적인 사례에 해당한다. MS1500에는 할랄 식품의 정의와 함께 할랄 식품의 생산·보관·운송·진열·판매·포장·라벨에 대한 일반 지침, 식품 가공에 사용되는 원료인 동물·해산물·식물·미생물·천연미네랄과 화학물질·유전자변형 식품에 대한 할랄 규정, 이슬람적 도축의 기준 등이 제시되어 있다. 다양한 영역에 대한 세부적인 규칙이 제시되어 있지만 전체를 관통하는 원칙은 매우 단순하다. 할랄 식품은 돼지고기, 이슬람적 도축을 거치지 않은 동물의 고기, 취하게 하거나 유해한 물질을 포함하고 있지 않아야 하며, 할랄 식품과 비할랄 식품은 생산에서 판매에 이르는 전 과정에서 분리되

---

13 2008년에는 할랄 화장품과 세면제품에 대한 MS2200이 제정되고 2012년에는 할랄 의약품에 대한 MS2424가 제정되어 할랄 인증의 대상이 식품을 넘어 소비재 일반으로 확대되고 있다.

어 교차 오염의 위험을 피해야 한다는 것이다.

예를 들어, 돼지가죽을 원료로 해서 만든 젤라틴은 할랄로 간주되지 않으며, 이슬람적으로 도살되지 않은 소를 사용했다면 소가죽이나 소뼈를 원료로 한 젤라틴 역시 할랄로 간주되지 않는다.[14] 또한 돼지의 내장에서 추출되었거나 이슬람적 도살을 거치지 않은 동물의 내장에서 추출된 효소는 할랄로 간주되지 않는다. 유전자변형식품의 경우에도 비할랄 동물의 유전물질이 포함되어 있는가에 따라 할랄 여부가 결정된다.

이와 같이 단순한 원칙이 자킴의 '현대적' 할랄 식품 규정에 적용되고 있지만, 식품업체의 입장에서는 기술적 또는 경제적 측면에서 이러한 기준을 준수하는 데 상당한 어려움을 겪는다. 동물성 원료와 알코올이 현대 가공식품의 제조과정에 광범위하게 사용되고 있기 때문이다. 할랄 식품 제조업체에서는 이러한 문제를 해결하기 위하여 동물성 원료를 식물성 원료로 대체하거나 생명공학기술을 활용하기도 한다. 예를 들어 합성화학물질로 글리세린을 만들거나 미생물 배양 또는 유전자 복사로 효소를 만들어 할랄 식품의 규정을 충족시키는 방법이다(리아즈·챠드리 2016: 150-151).

2001년 인도네시아에 소재한 아지노모토가 돼지 내장에서 추출된 효소를 사용했다는 신문 기사가 나와 인도네시아 무슬림 소비자들의 불매운동이 크게 벌어졌는데, 해당 회사는 그 기사의 내용이 정확한 것은 아니지만 효소 생산을 위한 박테리아 배양에 돼지 추출물로 만든 영양분을

14　이러한 자킴의 입장은 식품 제조과정에서 어떠한 가공의 절차를 거치든, 즉 열을 가하거나 건조시키거나 용해시키거나 화약약품을 가하더라도 원래 불결한 물질의 본질은 그대로 남아 있는 것으로 간주하는 해석에 따른 것이다(오명석 2012: 46). 이는 변형(istihala)에 대한 율법적 해석에서 특정한 입장을 대변하는 것이지만, 글로벌 할랄 인증제에서 일반적으로 받아들여지고 있는 해석이기도 하다.

사용했다는 것을 인정하고 공정방식을 바꾸었다(오명석 2012: 38). 그럼에도 불구하고 인도네시아 소비자들에게 아지노모토의 회사 이미지는 부정적으로 바뀌었고 판매량에서 엄청난 타격을 입었다. 이 사건은 단순한 할랄 기준이 현대 가공식품 공정의 복잡한 과정에 적용될 때 예기치 못했던 측면에까지 영향을 미칠 수 있음을 보여 주는 사례이다.

할랄 식품 규정의 표준화는 MS1500에 부록으로 첨부된 '이슬람적 도축에서 기절에 관한 요건'에도 잘 드러나 있다. 이는 현대의 도축장에서 도축 직전에 광범위하게 사용하고 있는 기절stunning 기술에 대한 자킴의 입장을 표명한 것인데, 가축총의 사용은 금지하고 전기 기절과 공기압 충격 기술을 사용하는 것에 한해서만 허용하고 있다. 기절 장치를 작동시킬 동물의 신체 부위를 명시하고 있을 뿐만 아니라 동물의 종류에 따라 허용되는 전류량·전압·지속시간을 구체적으로 규정하고 있다. 예를 들어, 전기 기절의 경우 닭에게는 0.2~0.6A의 전류와 2.5~10.5V의 전압을 3~5초 동안 가하고, 소에게는 2.5~3.5A의 전류와 300~310V의 전압을 3~5초 동안 가한다는 식이다. 『쿠란』과 『하디스』에 규정된 이슬람적 도축에는 도축 전 기절 기술의 적용에 대한 언급이 전혀 없어 현대의 이슬람 율법학자들 사이에 기절 기술의 사용이 이슬람적 도축에서 허용될 수 있는지에 대해 논란이 많지만, 자킴은 동물이 도축 이전에 살아 있어야 한다는 이슬람법을 준수한다는 전제하에 기술적으로 표준화된 기절의 방식을 제시하고 있는 것이다.

자킴의 할랄 인증 업무는 이러한 표준화와 더불어 관료제적 관리를 엄격하게 적용하고 있다. 관료제적 관리의 측면에서 문서화와 감사의 기능이 특히 강조되고 있다. 할랄 인증을 발급받으려는 업체는 사업체 현황, 생산제품 목록, 식재료 목록, 생산공정도, 할랄 보장 매뉴얼 등에 관한 다양한 증빙서류를 제출해야 하며, 자킴은 이러한 문서에 기초해서 심사를 진행하고 그 기록을 보관한다. 현대 관료제의 특징적 측면의 하나인 문서화가 할랄 인증 발급에 철저하게 적용되고 있는 것이다. 또한 신청 업체가 할랄 규정을 실제로 준수하고 있는가를 점검하는 감사 업무가 강조되고 있다. 할랄 인증 발급 이전에 자킴의 감독관에 의해 행해지는 공장 현장조사, 할랄 여부가 의심스러운 식재료에 대한 대학연구소 실험실 테스트 의뢰, 할랄 인증을 받은 사업체의 연차 보고서 제출, 회사 내부의 할랄 위원회 구성 등이 이러한 감사 활동의 일환을 이룬다.

자킴에 의한 감사뿐만 아니라 회사 내부의 자체적인 감사 시스템의 구비가 점차 강조되고 있는데, 이를 위해 할랄 위원회의 구성을 할랄 인증 발급의 요건으로 요구하는 새로운 규정이 만들어졌다. 할랄 인증을 신청하는 사업체의 수가 비약적으로 증대하여 자킴 조직의 확대만으로는 할랄 인증 업무를 효과적으로 관리할 수 없게 되자 기업에 그 역할을 부분적으로 위임하는 방식으로 자체 감사 기능의 강화를 요구하고 있는 것이다. 말레이시아의 대표적인 다국적 할랄 식품업체인 네슬레 말레이시아Nestle Malaysia는 자킴의 요구 이전에 할랄 위원회를 구성하고 회사 자체의 할랄 정책을 수립한 모범적 사례로 인용되는데, 이를 무슬림 소비자들에게 신뢰받는 회사의 이미지를 구축하는 데 적극적으로 활용했다.

문서화와 감사 업무의 강조는 자킴이 관장하는 할랄 인증제의 관료제적 철저함과 엄격함을 보여 주는 동시에 기업이 할랄 규정을 스스로 준수하도록 이슬람적으로 훈육하고 있음을 시사한다(오명석 2012: 21). 기업에 대한 '이슬람적 훈육'은 기업 임원 또는 할랄 위원회 위원이 할랄 인증 교육과정을 이수하도록 권장하거나 의무화하는 방식으로도 수행되고 있다. 할랄산업개발법인Halal Industry Development Corporation: HDC이나 자킴의 '이-할랄e-Halal'에서 제공하는 할랄 훈련과정은 기업인을 대상으로 할랄 식품의 정의, 할랄 인증의 요건과 절차, 할랄 보장의 방법에 대해 교육한다. 이를 통해 기업인들의 할랄에 대한 인식을 고양시킴으로써 기업 스스로 할랄 규정을 준수하도록 유도하고 있는 것이다.

그런데 여기서 학습받는 할랄 규정은 자킴의 할랄 인증제에서 표준화된 '현대적' 할랄 규정이다. 그 규정을 내면화함으로써 기업인의 할랄에 대한 인식과 평가는 자킴의 기준을 준거로 삼게 된다. 이러한 현상은 비단 자킴의 할랄 인증을 받는 기업뿐만 아니라 말레이 소비자의 태도에서도 나타난다. 말레이 소비자들 역시 식품의 할랄 여부를 판단할 때 자킴의 표준을 따라가는 경향을 보이며 자킴의 할랄 인증에 대해 높은 신뢰를 표명하고 있다(Fischer 2008: 89).[15] 앞에서 언급했듯이, 비무슬림 기업의 자킴 표준 준수는 기술적 차원에서 또는 판매 전략의 차원에서 동기화된 것이지만 말레이 소비자에게 자킴의 표준은 종교적 신실함의 표현으로 인식된다는 점에서 양자 사이에 중요한 차이가 있지만, 결과적으로는 자킴의 표준이 말레이시아에서 할랄 식품을 규정하는 헤게모니적인 위치를 차지하는 현상이 초래되었다.

5. 자킴의 할랄 인증제와 글로벌 할랄 인증 네트워크

1) 말레이시아의 '글로벌 할랄 허브' 비전

말레이시아의 수상 바다위Badawi(2004-2008년 재임)는 말레이시아를 '글로벌 할랄 허브Global Halal Hub'로 만들겠다는 야심찬 포부를 밝혔다. 그의 구상에서 할랄 식품산업과 이슬람 금융은 전략적으로 핵심적인 분야로 설정되어 있다. 할랄 식품산업의 육성과 관련해 그의 재임 기

15 　말레이 소비자가 모두 할랄 규정의 준수에 엄격한 것은 아니다. 할랄 식품의 선택에 대해 상대적으로 느슨한 기준을 적용하는 '실용적' 말레이와 자킴의 표준을 따라 엄격한 기준을 적용하는 경건주의적 말레이 사이에 뚜렷한 태도 차이가 존재한다(Fischer 2008: 77).

간 동안에 MS1500 제정, 할랄산업개발법인HDC 설립, 할랄산업단지Halal Park 조성, 말레이시아 국제할랄전시회Malaysia International Halal Showcase: MIHAS 개최 등이 이루어졌다. 말레이시아에 할랄 인증제가 도입된 초기에는 국내 식품 시장에 말레이 소비자들이 신뢰하고 소비할 수 있는 할랄 식품의 공급을 주된 목적으로 삼았지만, 할랄 식품산업을 글로벌 무슬림 시장을 겨냥한 수출 지향적 산업으로 육성하고자 하는 새로운 방향으로 정부 정책이 변화한 것이다. 국영회사인 할랄산업개발법인의 웹사이트에 실린 회사 소개의 첫머리는 정부의 이러한 태도 변화를 분명하게 드러내고 있다. "할랄은 단지 생활양식이 아니다. 그것은 글로벌 산업이다"(www.hdcglobal.com).

밀레이시이 정부가 이슬람화 정책을 채택하면서 '생활양식으로서의 이슬람'이라는 인식 아래 무슬림의 일상생활에서 할랄 규범의 준수를 강조해 왔는데, 이제는 할랄을 산업으로, 그것도 글로벌 산업으로 재정립하려는 의도를 표명한 것이다. 할랄산업개발법인은 할랄 산업체의 영업에 필요한 지식·훈련·시장정보·기반시설·자본을 지원하고 할랄 산업체와 다양한 정부기관들 사이의 효율적인 협력을 중개하는 역할을 담당했다(오명석 2012: 25-26).

'할랄산업이 글로벌 산업이다'라는 인식은 글로벌한 식품 유통체계에서 무슬림 소비 시장의 중요성이 부각되는 상황 변화뿐만 아니라 할랄 식품산업이 독자적인 산업분야로 인정되기 시작했다는 변화와도 깊이 연관된다. 할랄이라는 종교적 규범이 식품공학이라는 기술적 차원으로 번역되어 제시되고, 이를 기초로 한 할랄 인증제의 도입이 현대적 의미에서의 할랄 식품산업이라는 범주를 새롭게 창출했던 것이다. 유럽이나 미국의 식품업체에 비해 글로벌 시장경쟁력이 크게 떨어지는 말레이시아의 식품업체로 하여금 국제적 무슬림 시장을 겨냥한 수출산업으로 변신할 것을 말레이시아 정부가 추동한 데에는 자킴의 할랄 인증을 브랜드로 활용함으로써 경쟁력을 확보할 수 있다고 생각했기 때문이다. 이는 자킴 할랄 인증의 공신력이 글로벌 무슬림 세계에서 인정받고 있다는 자신감에 기초한 것이었다.

2) 글로벌 할랄 인증 네트워크 속에서 자킴의 할랄 인증의 위상

글로벌한 차원에서 볼 때 '미국 이슬람식품영양협의회IFANCA'를 제외하고는 동남아 국가들이 할랄 인증제의 도입과 확산에 선도적인 역할을 했다. 말레이시아의 자킴JAKIM(말레이시아 이슬람진흥부), 싱가포르의 MUIS싱가포르 이슬람종교협의회, 인도네시아의 MUI인도네시아 이슬람율법학자협의회가 관장하는 할랄 인증이 이에 해당한다. 이들 동남아 국가의 할랄 인증은 정부와의 매우 밀접한 연관 속에서 관리된다는 공통된 속성을 보이고 있으며, 그런 점에서 비무슬림 국가의 할랄 인증이 무슬림 민간단체에 의해 운영되는 것과 뚜렷한 차이를 보인다. 국가 관리는 할랄 인증의 공신력이 국제적으로 인정받는 데 매우 중요한 긍정적 요인으로 작용하고 있다.

1980년대에 출현한 할랄 인증은 2000년대 이후 비약적으로 성장하여 전 세계의 많은 국가에 할랄 인증기관이 존재하고 있다. 유럽(영국, 프랑스, 독일, 네덜란드, 벨기에, 스페인, 오스트리아 등), 북미(미국, 캐나다), 남미(브라질, 아르헨티나 등), 동아시아(중국, 일본, 한국, 타이완, 태국, 필리핀 등), 오세아니아(호주, 뉴질랜드)의 비무슬림 국가뿐만 아니라 중동(터키, 사우디아라비아, 아랍에미리트연방, 이란 등)과 북아프리카(이집트, 모로코 등)의 무슬림 국가에도 할랄 인증기관이 다수 설립되었다(코트라 2016; Bergeaud-Blackler 2016a: 110-119). 할랄 인증이 도입되던 초기에는 주로 신선한 육류가 대상이었지만,[16] 가공식품 전반으로 그

16　글로벌한 차원에서 할랄 인증제는 1980년대부터 출현했는데, 이 시기에 무슬림

그림 9.7   세계 주요 할랄 인증기관

대상이 확대되었고 최근에는 화장품, 세면제품, 의약품 등이 포함되기 시작했다. 글로벌한 차원에서 할랄 인증의 비약적인 성장은 큰 혼란을 야기하기도 하는데, 국가 또는 할랄 인증기관에 따라 상이한 할랄 인증의 기준, 전 세계적으로 난립한 할랄 인증기관의 신뢰도가 중요한 쟁점으로 부상했다.

현재 글로벌한 할랄 인증 체제에서는 글로벌 할랄 인증 표준을 제정하려는 노력과 할랄 인증의 구획화zoning 현상이 동시에 발생하고 있다. 글로벌 할랄 인증 표준의 제정은 할랄 식품의 국제적 유통을 효율적이고

국가에 신선한 육류를 수출하는 호주와 뉴질랜드에 할랄 인증기관이 설립되어 도축장에 대한 할랄 인증을 발급했다(Bergeaud-Blackler 2016a: 110-112). 가공식품에 대한 할랄 인증은 미국의 IFANCA와 동남아 국가의 할랄 인증기관에 의해 선도되었다.

원활하게 하기 위해 필요한 조치로 인식되고 있으며, 신자유주의체제에서 국제통상을 위해 교역과 승인 절차의 글로벌 표준화를 추진하는 것과 맥을 같이한다. 글로벌 할랄 식품 표준의 최초 문건은 FAO와 WHO의 산하기관인 국제식품규격위원회에서 제정한 국제식품규격Codex Alimen-tarius에 포함된 「할랄 표지 사용을 위한 코덱스 일반지침」(1997년)이다. 국제식품규격위원회의 아시아 지부가 이 문건 작성 작업을 추진했는데, 초안 작성 과정에 말레이시아에서 파견된 관료가 주도적인 역할을 했다(오명석 2012: 30). 실제로 「코덱스 일반지침」에 채택된 할랄 식품의 정의와 이슬람적 도축의 규정은 말레이시아 국가표준원의 MS1500의 내용과 대단히 흡사하다.

글로벌 할랄 식품 표준을 제정하려는 또 다른 시도의 결과는 OIC이슬람국가기구 산하의 '이슬람 국가의 표준 및 도량형 연구기관SMIIC'이 제정한 「OIC/SMIIC 할랄 인증 가이드라인」(2011년)이다. 이 가이드라인의 작성은 터키가 주도했는데, 기본적으로 MS1500의 할랄 인증 표준을 따르면서 부분적인 수정을 가한 내용을 담고 있다(Bergeaud-Blackler 2016b: 195).

글로벌 할랄 인증 표준을 제정하려는 시도에서 말레이시아의 MS1500이 중요한 준거로 활용되었다는 점이 주목할 만하다. 그렇게 된 배경으로 MS1500이 국가기관에서 제정한 할랄 표준이기 때문에 공신력이 높았다는 점과 말레이시아 정부가 국제기구의 글로벌 할랄 표준 작성에 적극적으로 참여했다는 점을 들 수 있다. 하지만 이러한 글로벌 할랄 표준은 법적 구속력을 가진 것이 아니고, 또한 이러한 표준에 기초해 할랄 인증을 관장하는 국제기구도 없기 때문에 현실적으로 작동하고 있지 못하는 상황이다. OIC 국가들 사이에 이슬람적 도축의 방식으로 충격기술의 사용과 가금류에 대한 기계식 도살을 허용할 수 있는가에 대해 입장이 서로 다르고, 비늘이 없는 생선을 할랄로 인정할 수 있는가에 대해 수니파

와 시아파 간에 의견 차이가 있기 때문에 완전한 합의에 이르기 어렵다
는 문제도 존재한다. 더 큰 문제는 이슬람 국가들 사이에 글로벌 할랄 표
준의 제정과 관련해 주도권 경쟁이 벌어지고 있다는 점이다. 중동의 이슬
람 국가와 동남아 이슬람 국가 사이의 경쟁, 중동 내부에서도 터키와 걸
프 국가 간의 경쟁, 동남아 내부에서도 말레이시아와 인도네시아간의 경
쟁이 명시적으로 또는 은밀하게 진행되고 있다.

　　단일한 글로벌 할랄 표준의 제정과 실행이 어려운 상황에서 할랄 인
증이 지역적으로 구획화되는 양상이 나타나고 있다. 말레이시아가 주도
하는 '할랄일관성국제연대International Halal Integrity Alliance: IHI Alliance'와
'세계할랄포럼World Halal Forum: WHF', IFANCA와 인도네시아가 주도하
는 '세계할랄식품위원회World Halal Food Council: WHFC', 걸프 국가가 주도
하는 'GCC표준화기구GCC Standard Organization', 터키가 주도하는 'OIC/
SMIIC', 유럽 국가가 주도하는 '유럽표준화위원회European Committee for
Standardization: CEN'와 같은 국제기구들이 국가 간 네트워크를 형성하
여 글로벌 할랄 표준에서 자신들의 기준을 관철시키려고 경쟁하고 있다
(Bergeaud-Blackler 2016b: 193-196). 이들 국제기구들에 참여하는 국
가와 할랄 인증기관이 부분적으로는 중첩되면서도 동시에 분화되는 복
잡한 방식으로 글로벌 할랄 인증 체계의 구획화 현상이 발생하고 있는
것이다.

　　할랄 인증 규제와 관련한 다양한 국제기구들이 인증 업무의 글로벌한
상호 협력과 단일한 할랄 표준의 제정이라는 목표를 가지면서도 실제로
는 서로 경쟁하면서 분화되어 있는 상황에서 개별 이슬람 국가들이 할랄
인증의 국가 간 상호 인정에 대해 주권적 권력을 행사하는 양상도 나타
나고 있다. 예를 들어, 말레이시아는 글로벌 할랄 표준의 제정에 자킴의
할랄 표준을 관철시키려는 노력을 경주하는 동시에 국내 시장으로 수입
되는 식품의 해외 할랄 인증에 대해서는 자킴의 인정이 필요하다는 식으

로 주권적 권력을 행사하고 있다.

2011년의 「상품표시법」 개정안은 이러한 측면을 법적으로 명확히 했는데, "말레이시아로 수입되는 모든 식품은 자킴 또는 주정부 이슬람 종교위원회의 인증을 받지 않았거나, 또는 자킴이 인정하는 해외 할랄 인증기관의 인증을 받지 않았을 경우에는 '할랄'이라고 표기될 수 없다"(Trade Description[Certification and Marking of 'Halal'] Order 2011, 4조)라고 규정하고 있다. 이 규정에 따르면 자킴이 인정하지 않는 해외 할랄 인증기관의 인증을 라벨에 부착한 수입 식품은 법규를 위반한 것으로 처벌의 대상이 된다.[17] 자킴의 인정을 받기 위해서는 해외 할랄 인증기관이 해당 기관의 할랄 인증 업무 전반에 관한 문서자료를 자킴에 제출하는 신청 절차를 밟아야 하며, 자킴의 서류 심사와 현장 실사를 거쳐 승인 여부가 결정된다. 해외 할랄 인증기관의 신뢰도를 자킴이 직접 감사하는 방식으로 확인하는 것이다.

2016년 8월 현재 자킴의 인정을 받은 해외 할랄 인증기관은 37개국의 60곳에 이른다(www.halal.gov.my). 여기에는 정부의 할랄 인증기관이 일부 포함되어 있지만(인도네시아, 싱가포르, 브루나이, 이집트, 모로코, 이란), 대부분은 비무슬림 국가에 소재하는 무슬림 민간단체의 할랄 인증기관이다. 수입 식품에 대해서 정부가 인정하는 국내 및 해외 할랄 인증이 있는 경우에만 할랄이라는 표지를 부착하고 국내 시장에서 유통될 수 있다고 규정한 말레이시아의 이러한 제도는 인도네시아와 중동의 무슬림 국가들로도 확산될 가능성이 높다. 즉, 할랄 인증의 상호 인정이 개별 국가의 주권적 영역에 포섭되는 양상이 이슬람 국가들을 중심으로 광범위하게 전개될 수 있다. 글로벌 할랄 인증을 관장하는 단일한 국제기

---

17   법규를 위반한 수입 식품의 해당 기업체에게 25만 링깃(1링깃=265원) 이하의 벌금이 부과되며, 추가 위반 시마다 50만 링깃 이하의 벌금이 부과된다.

구가 부재하며 그 가능성도 희박한 상황에서는 그렇게 될 개연성이 높다고 할 수 있다.

3) '할랄 토이반': 윤리적 소비로서의 할랄 인증

할랄 식품의 표준과 관련해서 이슬람법에서 '허용된다halal'는 좁은 의미를 넘어서 '좋은' 또는 '완전한'을 뜻하는 토이반toyyiban의 의미를 덧붙여 '할랄 토이반'이라는 보다 적극적인 개념에 의해 새롭게 규정될 필요가 있다는 의견이 나오고 있다. 이러한 의견은 음식 규정에 대해 언급하는 『쿠란』과 『하디스』의 구절에서 '할랄'이라는 용어가 흔히 '토이반'이라는 용어와 함께 등장하고 있다는 것을 근거로 삼고 있다. 토이반은 음식과 관련하여 위생적이고 해롭지 않고 건강에 좋다는 것을 뜻하며, 그런 의미에서 할랄 식품은 무슬림에게 허용된다는 것 이상의 의미를 담고 있다는 것이다.

자킴과 할랄산업개발법인의 홍보물은 할랄 인증이 '청결suci · 품질kualiti · 안전selamat'을 보장한다는 것을 강조함으로써 단순히 허용의 차원을 넘어서 할랄 토이반의 개념을 도입하고 있다(오명석 2012: 48). 자킴과 할랄산업개발법인의 이러한 시도는 국제식품규격위원회 「코덱스 일반지침」의 "할랄 식품이 다른 식품에 비해 영양가가 높거나 위생적이라는 주장이 할랄이라는 표지에 담겨져서는 안 된다"라는 규정과 충돌하는 지점이다.

할랄 식품에 '건강식품'이라는 이미지를 부여함으로써 소비자의 구매를 촉발하려는 이러한 시도는 최근 들어 토이반의 의미를 현대적 농업기술 및 식품 생산체계의 문제와 관련하여 새롭게 해석하는 움직임으로 확대되고 있다. 토이반의 의미를 친환경적 유기농법, 동물복지적 축산업을 지향하는 '윤리적 소비'의 태도와 연계시키는 것이다. 동물성 사료의 사용에 기인한 광우병의 발생, 가금류의 공장식 밀집 사육에 기인한 조류독감의 유행 같은 글로벌한 식품 위기는 인간과 환경 사이의 건강한 관계를 중시하는 이슬람적 윤리의 준수를 통해서 해결할 수 있으며, 이를 할랄 인증의 요건에 포함시킴으로써 구체적으로 실천할 수 있다는 것이다(Attar, Lohi & Lever 2016: 59-60, 63).

이러한 요구는 주로 무슬림 소비자 단체를 중심으로 제기되고 있으며, 이들 단체들이 국내적 또는 국제적 연대를 통해 정부에 압력을 가하는 방식으로 진행되고 있다. 현재 전 세계 할랄 인증기관에서 이런 기준을 적용하여 할랄 인증을 발급하는 곳은 매우 드물다. 자킴도 할랄 토이반의 개념을 내세우고 있지만 전통적 의미에서의 식품위생관리라는 차원에서 적용하고 있는 수준이다. 유럽의 일부 민간 할랄 인증기관에서 친환경과 동물복지를 강조하는 할랄 표준을 시행하고 있는데, 프랑스의 AVSAT Your Service가 대표적이다. 이들 기관은 할랄 인증의 경제적 가치

그림 9.8　말레이시아 무슬림소비자협회가 운영하는 매장

보다 이슬람적 윤리를 더 강조하며, 무슬림 소비자의 도덕성과 연대감에 기초한 글로벌한 '소비자 움마' 형성을 지향하고 있다(Bergeaud-Blackler 2016a: 120). 이러한 움직임이 현재까지는 그 영향력이 미흡하지만, 윤리적 소비에 민감한 무슬림 중산층의 증가로 할랄 식품에 대한 소비자의 기대와 욕구가 다양해질 수 있으며, 이에 따라 할랄 인증제가 이들의 요구를 반영하는 방식으로 새롭게 변화해 갈 가능성이 존재한다.

6. 말레이시아 할랄 인증제의 함의

음식에 관한 할랄 규범은 매우 오래된 이슬람적 전통에 속하지만, 현대적 상황에 적응하면서 새로운 형태로 빠르게 변화하고 있다. 말레이시아 식품 시장의 할랄화와 자킴의 할랄 인증제는 이러한 변화 양상을 집약적으로 보여 주는 좋은 사례이다. 말레이시아에서 할랄과 관련해 최초로 제정된 법률인 1975년의 「상품표시법」 할랄 조항은 할랄 식품에 할랄이라는 표지를 부착할 것을 의무화했다. 이는 할랄 식품과 비할랄 식품이 혼재하는 말레이시아의 식품 시장에서 무슬림 소비자들이 겪게 되는 혼란과 불확실성을 줄이기 위한 조처였다고 할 수 있다. 반면 2011년의 「상품표시법」 할랄 조항 개정안은 자킴과 주정부 이슬람 종교위원회의 할랄 인증을 받지 않았을 경우에는 제품에 할랄이라는 표지를 할 수 없다고 규정했다. 외국에서 수입되는 식품의 경우에도 자킴 또는 자킴이 인정한 해외 할랄 인증기관의 인증이 없으면 할랄이라는 표지를 할 수 없게 되었다. 1975년에는 할랄 식품에 할랄이라는 표지를 부착할 것을 의무화한 것에 반해, 2011년에는 공인된 기관의 할랄 인증이 아니라면 할랄이라는 표지를 부착할 수 없게 바뀐 것이다.

　이러한 변화는 정부가 깊이 관여한 자킴의 할랄 인증제가 정착되고 말레이시아 식품 시장 전반에 할랄화가 진행되었기 때문에 가능해진 것이다. 그 결과 말레이시아에서 할랄 식품이란 할랄 인증을 받은 식품을 뜻하는 것으로 인식되기에 이르렀다. 이는 식품 생산업체나 유통업체뿐만 아니라 무슬림 소비자의 태도에서도 일반적으로 나타나는 현상이다. 이 글의 첫머리에서 인용했던, 한국 식품을 말레이시아에서 판매하기 위해서는 할랄 인증이 '대학졸업장'처럼 필요하다는 한국 유통업체 사장의 언급은 이러한 맥락에서 이해될 수 있다.

말레이시아의 사례는 국가가 할랄 식품 시장과 할랄 인증을 철저하게 관리하고 통제하는 특수한 경우에 해당하지만, 글로벌한 차원에서 할랄 인증이 빠른 속도로 폭넓게 확산되고 있으며 개별 무슬림 국가들이 할랄 식품 시장의 관리에 적극적으로 개입하는 양상이 점차 강화되고 있다는 점을 고려할 때 말레이시아를 예외적인 사례로만 간주해서는 안 될 것이다. 말레이시아의 할랄 인증제를 많은 무슬림 국가가 벤치마킹하고 있으며, 글로벌 할랄 표준의 제정에서도 중요한 준거로 활용되고 있다는 점에서도 그러하다.

한국 기업의 할랄 인증 식품은 2010년 '대상(주)'을 필두로 시작하여 농심의 신라면, 롯데제과와 오리온의 과자류, 남양유업의 우유, CJ그룹의 제품 등으로 꾸준히 증가했는데(엄익란 2013: 48), 2013년에 한국무슬림협회가 자킴이 인정하는 해외 할랄 인증기관의 지위를 획득하고, 박근혜 대통령이 2015년 중동 방문 시에 할랄 산업을 한국수출산업의 주력 분야로 육성하겠다는 정책 발표를 한 이후 일종의 '할랄 붐'이 한국의 식품산업에 조성되었다. 박 대통령은 할랄 산업을 '블루오션'이라고 지칭하면서 낙관적인 전망을 표명했지만, 실제로는 많은 난관과 어려움이 있다는 것이 현실이다. 글로벌 할랄 식품 시장에 이미 할랄 인증을 받은 다국적 식품업체들의 제품들이 넘쳐나고 있으며, 할랄 인증의 상호 인정을 포함한 국제적 규제가 혼미한 상태에서 개별 무슬림 국가들의 할랄 인증제가 새로운 무역장벽으로 등장하고 있기 때문에 한국 식품의 무슬림 시장으로의 진출은 결코 만만치 않은 것이다. 그럼에도 불구하고 한국 식품이 글로벌 무슬림 소비시장으로 진출하기 위해서는 할랄 인증의 취득이 선결 과제임에는 변함이 없다.

한국 식품업체의 할랄 인증 취득에는 국내 할랄 인증기관의 인증을 받거나 해외 할랄 인증기관의 인증을 받는 두 가지 방식이 있다. 해외 할랄 인증기관의 인증을 받는 경우 JAKIM, MUI, MUIS, IFANCA와 같이 국제적으로 잘 알려진 할랄 인증을 받거나 수출 대상국이나 지역의 대표적인 할랄 인증을 받는 방식을 고려할 수 있다(엄익란 2013: 50). 할랄 인증의 글로벌한 구획화 또는 개별 국가의 할랄 인증에 대한 주권적 관리가 강화되는 상황에서 인증의 다변화 전략이 필요하다고 할 수 있다. 하지만 이 방식은 개별 기업체가 상당한 정도의 비용 부담을 안게 되는 한계를 갖고 있다.

보다 손쉽고 효율적인 방식은 국제적 인지도가 높은 국내 할랄 인증기관의 인증을 받는 것이다. 하지만 이러한 국내 할랄 인증기관의 부재는 결정적인 걸림돌이 되고 있다. 한국무슬림협회가 자킴이 인정하는 해외 할랄 인증기관의 지위를 획득했다는 것은 국제적 인지도를 높이는 데 기여했지만 말레이시아 이외의 국가에서도 동등하게 인정받고 있는 것은 아니다. 국내 할랄 인증기관이 국제적 인지도를 높이기 위해서는 다양한 할랄 관련 국제기구에 적극적으로 참여하여 홍보를 할 필요가 있으며, 무엇보다 정부가 국내 할랄 인증기관의 운영을 감독하고 협조하는 제도를 구비해야 한다. 불교 국가인 태국의 CICOT 태국 이슬람중앙회 할랄 인증에 대한 국제적 신뢰도가 높은 것은 태국 정부가 이에 깊이 관여하고 있기 때문이다. 현재 한국농수산식품유통공사가 할랄 산업에 대한 지원을 하고 있지만, 할랄 인증 취득에 드는 경비를 일부 지원하는 수준에 머무르고 있다.

또한 할랄 식품을 제조하기 위해서는 기본적인 식자재의 할랄화가 선행되어야 하는데 이 부분이 매우 취약하여 개별 기업이 다양한 할랄 제품을 생산하는 데 큰 어려움을 겪고 있다.[18] 말레이시아의 할랄 산업이 성장할 수 있었던 것은 국내에서 쉽게 할랄 식자재를 공급받을 수 있었기 때문이었다는 점을 상기하면, 이에 대한 정부 차원의 체계적인 지원이 무엇보다도 필요하다고 할 수 있다.

한국 식품업체의 입장에서도 글로벌 할랄 식품 시장으로의 진출을 단기적으로 큰 이익을 가져올 사업으로 기대하기보다는 장기적인 전략에서 접근할 필요가 있다. 무슬림이 할랄 식품에 대해 보다 예민하게 반응하는 소비태도의 경향이 심화되고 있고 이슬람 국가들이 할랄 인증을 보다 엄격하게 통제하고 관리하는 추세가 강화되고 있기 때문이다. 비무슬림 기업인 한국 식품업체에게 할랄 인증은 무슬림 소비자에게 접근할 수 있는 매우 유효한 수단이라는 점을 말레이시아의 사례는 분명하게 보여주고 있다.

---

18 한국 식품의 고유한 맛을 내는 중요한 식자재인 육수와 장류의 할랄화가 아직 이루어지지 않았다. 할랄 육수를 만드는 공장이 국내에 부재하며, 가공식품회사가 할랄 육수를 만드는 공정을 직접 담당하는 것은 경제적으로 타산이 맞지 않는다. 예를 들어, 할랄 라면을 생산하더라도 소고기 육수로 만든 라면 수프를 사용하지 못하고 소고기 flavor로 대체하기 때문에 맛에서 차이가 날 수 있다 (조영찬, 펜타 글로벌 사장 면접, 2016. 8. 2).

리아즈 · 챠드리. 2016(2004).『할랄 식품 생산론』. 조영찬 옮김. 서울: 한울 아카데미.

엄익란. 2013.「이슬람 식품 시장의 할랄 인증제도 의무화에 따른 한국 기업의 대응 방안」.『한국이슬람학회논총』23(3): 33-56.

오명석. 2004.「말레이시아에서의 돼지고기 소비와 종족관계」.『동남아시아연구』14(2): 1-38.

오명석. 2012.「이슬람적 소비의 현대적 변용과 말레이시아의 할랄 인증제: 음식, 이슬람법, 과학, 시장의 관계」.『한국문화인류학』45(3): 3-62.

천경희 · 홍연금 · 윤명애 · 송인숙. 2014.『윤리적 소비의 이해와 실천』. 서울: 시그마프레스.

코트라. 2016.『세계 할랄 시장 동향 및 인증 제도』. KOTRA자료 16-046. 서울: KOTRA.

Attar, M., K. Lohi & J. Lever. 2016. "Remembering the Spirit of Halal: an Iranian Perspective." Bergeaud-Blackler, F., J. Fischer & J. Lever(eds.). *Halal Matters: Islam, Politics and Market in Global Perspective*. New York: Routledge. 55-71.

Bergeaud-Blackler, Florence. 2016a. "The Halal Certification Market in Europe and the World." Bergeaud-Blackler, F., J. Fischer & J. Lever(eds.). *Halal Matters: Islam, Politics and Market in Global Perspective*. New York: Routledge. 105-126.

Bergeaud-Blackler, Florence. 2016b. "Who Owns Halal? Five International Initiatives of Halal Food Regulation." Bergeaud-Blackler, F., J. Fischer & J. Lever(eds.). *Halal Matters: Islam, Politics and Market in Global Perspective*. New York: Routledge. 192-197.

Bowen, John. 2010. *Can Islam be French? Pluralism and Pragmatism in a Secularist State*. Princeton: Princeton University Press.

Fischer, Johan. 2008. *Proper Islamic Consumption: Shopping among the Malays in Modern Malaysia*. Copenhagen: NIAS Press.

Fischer, Johan. 2016. *Islam, Standards, and Technoscience in Global Halal Zones*. New York: Routledge.

Gillette, Maris Boyd. 2000. *Between Mecca and Beijing: Modernization and Consumption among Urban Chinese Muslim*. Stanford: Stanford University Press.

Istasse, Manon. 2016. "Green Halal and Animal Suffering." Bergeaud-Blackler, F., J. Fischer & J. Lever(eds.). *Halal Matters: Islam, Politics and Market in Global Perspective*. New York: Routledge. 127-142.

Roy, Olivier. 2004. *Globalized Islam: the Search for a New Ummah*. New York: Columbia University Press.

인도네시아–말레이시아 지도

출처: UN.

 인도네시아와 말레이시아의 소비문화

Southeast Asia
National capital
City
International boundary
0 250 500 750 1000 km
0 250 500 mi
120°
Taiwan
Luzon Strait
PHILIPPINE
SEA
Luzon
Manila
Mindoro
PHILIPPINES
Samar
Panay
PACIFIC
OCEAN
lawan
Negros
SULU
SEA
Mindanao
PALAU
15°
10°
5°
andar Seri Begawan
CELEBES
SEA
MOLUCCA SEA
Manado
Halmahera
Gorontalo
Ternale
rinda
Palu
Makassar Strait
Kepulauan
Sula
CERAM SEA
Jayapura
Sulawesi
(Celebes)
Ambon
New
Guinea
Kendari
Buru
Ujungpandang
BANDA SEA
Kepulauan
Aru
PAPUA
NEW
GUINEA
INDONESIA
BALI
SEA
Lesser Sunda Islands
Kepulauan
Tanimbar
Mataram
Dili
TIMOR-LESTE
ARAFURA SEA
mbok
Sumbawa
SAVU SEA
Timor
Sumba
Kupang
TIMOR SEA
130°
140°
0°
-5°
-10°

국명	인도네시아공화국(Republic of Indonesia)
위치	동남아시아
면적	190만 km^2(세계 15위) 14,572개의 섬으로 구성된 도서국
민족	자바종족(45%), 순다종족(13.6%), 그 외 아체종족과 마두라종족, 바탁종족, 발리종족 등 총 300여 종족으로 구성
언어	인도네시아어(Bahasa Indonesia)
종교	이슬람(86%), 기독교(6%), 가톨릭(3%),불교(2%), 힌두교(1.8%) 등
기후	열대성 몬순기후로 고온다습 연평균 기온: 27℃, 연평균 습도: 73~87% 우기: 11~2월/건기: 3~10월
인구	약 2억 5,831만 명(2016년 기준, 세계5위))
수도	자카르타(Jakarta)
주요 도시	자바: 자카르타, 수라바야, 반둥, 족자카르타, 스마랑 등 수마트라: 메단, 팔름방, 파당등 칼리만탄: 폰티아낙 등 술라웨시: 마카사르 등 발리: 덴파사르 등
정부형태	대통령 중심제
국가원수	대통령: 조코 위도도(집권: 2014년 10월 ~ 2019년 10월)
국내총생산 (GDP)	9,410억 달러(2016년 기준, 세계 16위)
1인당 GDP	3,635달러(2016년 기준)
주요 교역품	수출: 석탄, 원유, 가스, 고무, 금속광물, 섬유, 신발, 종이제품 수입: 기계류, 자동차, 산업용 및 가정용 전자 제품, 유기 화학 제품
경제성장률	5.02%(2016년 기준)
화폐단위	인도네시아 루피아(Indonesia Rupiah)
환율	1달러=13,286루피아(2017년 2월 15일)
건국(독립)일	1945년 8월 17일(일본으로부터 독립)

국명	말레이시아(Malaysia)
위치	동남아시아
면적	33만 km^2(세계 67위)
민족	말레이계(50.1%), 중국계(22.6%), 비말레이계 토착민(11.8%), 인도인(6.8%)
언어	공식어: 말레이어(Bahasa Malaysia) 상용어: 영어, 중국이, 타밀어 등
종교	이슬람(국교, 종교의 자유 보장), 불교, 힌두교
기후	열대성 몬순기후로 고온다습 연평균 기온: 21~32℃, 연평균 습도: 60~80% 지역마다 다른 건기와 우기
인구	약 3094만 명(2016년 기준, 세계42위)
수도	쿠알라룸푸르(Kuala Lumpur)
주요 도시	랑카위, 코타키나발루, 쿠알라룸푸르, 페낭
정부형태	입헌군주제, 내각책임제
국가원수	국왕: 술탄 무함마드 5세(Sultan Muhammad V) 수상: 나집(Datuk Seri Najib Tun Razak)
국내총생산 (GDP)	3,027억 달러(2016년 기준, 세계 37위)
1인당 GDP	9,546달러(2016년 기준, 세계 66위)
주요 교역품	수출: 전자집적회로, 석유가스, 석유제품, 팜유, 석유정제품 등 수입: 기계류, 운송장비, 전기전자 부품, 석유화학제품, 철강 등
경제성장률	4.3%(2016년 기준)
화폐단위	말레이시아 링깃(Ringgit Malaysia)
환율	1달러=4.45RM(2017년 2월 15일 기준)
건국(독립)일	1957년 8월 31일(영국으로부터 독립)

가도가도 45, 59, 60, 69

감사(auditing) 334, 335, 336, 338,
　　　350, 372, 373, 388, 389, 396

고통로용 55, 71

공공공간 216, 217, 232, 281, 309, 313,
　　　314, 318

공동체 27, 44, 72, 92, 98, 99, 102, 31,
　　　374, 375

관료제 385, 386, 388, 389

교외화 288, 300, 305

국민정체성 66, 67, 72

그랩 앤드 고(grab-and-go) 166, 185,
　　　200

글로컬리제이션(glocalization) 23, 171,
　　　173, 198

나시(nasi) 43, 45, 59, 60, 61, 62, 69,
　　　72, 85, 96

나시 툼벵 60

내적 미용관행 135, 138

내적인 덕성 130, 131, 158, 159

논크롱 찬틱 230

농크롱(nongkrong) 23, 24, 27, 164,
　　　165, 182, 183, 184, 186, 189,

191, 193, 194, 196, 197, 198,
　　　200, 201, 229

다양성 속의 통일 44, 60, 62

나운 시리(daun siri) 144, 147

다종족사회 89, 116, 117, 118

도축방식 332, 372

돌봄 23, 24, 130, 131, 134, 135, 136,
　　　137, 138, 139, 140, 142, 143,
　　　145, 146, 149, 105, 153, 154,
　　　157, 158, 159, 160

드러내지 않기 24, 27

디지털기기 241, 147

라마단 61, 62, 72, 82, 98, 103, 231,
　　　233, 241, 260, 264, 265, 167,
　　　273, 290, 291, 272, 293, 294,
　　　316, 318, 319, 370

라세한(lasehan) 184

라이프스타일 34, 35, 126, 127, 188,
　　　359

로작 97

롯데몰 217, 218, 221, 222, 223, 224,
　　　226, 227, 228

룰루르(lulur) 125, 142, 144, 151, 152,

154, 157

르바란 72, 266, 267, 290, 292, 293,
    294, 295, 316, 318

른당 39, 45, 59, 60, 68, 70, 81

마카난 누산타라 71

마카난 카스 다에라 39, 71

마하티르 386

맥도날드화 172, 173

멘텡 54, 281, 284

모바일 데이터 24, 247

모바일 인터넷 245, 246, 248

몰링(malling) 24, 164, 207, 209, 235

무딕(mudik) 294, 295

무슬림 여성 스파 155

문서화 335, 388, 389

미낭카바우 40, 45, 58, 59

미니마켓 23, 175, 187, 189, 193, 194,
    195, 196, 197, 214

미의식 123, 127, 128, 129, 131, 158,
    159, 160

바쿠테 88, 94, 95, 103

발리 40, 45, 58, 72, 80, 123, 124, 128,
    129, 130, 131, 134, 136, 137,
    139, 141, 142, 146, 149, 151,
    156, 159, 160, 191, 408

발현적 연구설계 17, 18

밥 문화 59

배송방식 245, 271

백화점 37, 170, 171, 175, 176, 212,
    214, 224, 225, 226, 278, 283

버닥 딩인(bedak dingin) 143

버카시 77, 178, 280, 286, 301, 302,
    303, 304

보급률 198, 208, 241, 244, 245, 252,
    293, 305

복합몰 208, 317

부카 푸아사 62, 72, 290, 291, 292,
    293, 303

불결 334, 372, 384

브랜드 29, 49, 51, 53, 56, 58, 112,
    124, 147, 218, 222, 223, 224, 225,
    228, 231, 234, 255, 256, 356, 391

브타위 40, 44, 46, 57, 58, 67, 68, 69,
    70, 73, 77, 78

비할랄 식품 368, 377, 378, 382, 386,
    399

사리나 37, 212, 214, 283

사테 45, 46, 53, 59, 60, 80, 81, 298

산탄 69

삼발 41, 46, 47, 78, 59, 60, 61, 68, 69,
    79

상품 인도 후 현금 결제방식 252, 253,
    270

「상품표시법」 360, 382, 383, 384, 385,

396, 397

샤리아 인지적 331

서랏 산디 와니타(Serat Sandi Wanita)
131

성장동력 201, 241

세계화 25, 61, 117, 166, 172, 173,
200, 354

소매업 23, 166, 171, 172, 173, 178,
197, 199, 250, 269, 270

소비공간의 분절성 49

소비자 움마 374, 399

소비현상 11, 12, 14, 19, 21, 23, 27,
36, 37, 38, 49, 54, 62, 73

소셜 네트워크 249, 250, 257, 269

소셜 플랫폼 250, 251

소셜 미디어 24, 248, 249, 250, 251,
268, 269

소토 45, 46, 60, 61, 69, 79

수마트라 39, 40, 41, 45, 48, 54, 67,
71, 82, 285, 408

수카르노 214, 282, 319

수하르토 214, 285, 288, 319

스나얀 시티 몰 50

스데르하나 파당 38, 54, 55, 57, 58, 67,
69, 71, 77

스리 수수후난 파쿠 부워노(Sri Susu-
hunan Paku Buwana) 133

스마트폰 191, 241, 246, 247, 248, 249,
250, 252, 258, 263, 267, 293

시장 이슬람 376

시장규모 251

식품, 약품, 화장품 검사원(LPPOM)
333, 334, 335, 336, 338, 339,
340, 341, 352, 353, 365

식품공학 374, 391

신도시 233, 284, 286, 287, 288, 291,
300, 301, 302, 303, 304, 306,
308, 309, 317, 319

아리산 231

아시아적 특성 126, 127, 128

아지노모토 330, 387, 388

아체 음식 44, 7

안팎의 아름다움 131, 134

알파마트(Alfamart) 173, 174, 179, 182

야사 보가 46

에스노그라피 16, 17, 18, 19, 20, 418

여가 113, 157, 1844, 208, 210, 211,
218, 219, 222, 231, 278, 295,
301, 305, 306, 309, 310, 313,
314, 316, 318, 319

온라인 쇼핑몰 35, 240, 243, 252, 253,
258, 262, 268

온라인 식료품 261, 262

온라인 포럼 250, 255, 257, 269

와룽 카키 리마 54, 57

와룽(warung) 56, 57, 178, 184, 185, 186, 187, 188, 189, 192, 197, 200, 229

와르텍(warteg) 184

와르특 카리스마 바하리 54, 56, 71

외면적 자태 130, 131, 134, 135, 138, 149, 150, 151, 158, 160

외적 미용관행 135, 137, 139, 160

위탁판매 226

유통업 173, 209

윤리적 소비 26, 375, 397, 399, 403

음력설 29, 298, 299, 316

응에쳉(ngeceng) 230

의약품 185, 331, 332, 340, 347, 350, 356, 358, 386, 393

이상적 여성상 159

이슬람 마케팅 331

이슬람 부흥운동 374, 379

이슬람 은행 327, 329

이슬람적 도축 371, 372, 386, 388, 394

이슬람적 훈육 389

이슬람화 26, 116, 120, 155, 326, 327, 328, 330, 362, 376, 379, 380, 383, 391

이원적 법체계 384

인도네시아 기업인연합회(Apindo)

357, 365

인도네시아 로컬 음식 33, 36, 37, 38, 43, 46, 48, 49, 50, 52, 53, 56, 58, 67, 71

인도네시아 이슬람지도자협의회(MUI) 333, 335, 336, 338, 339, 340, 341, 342, 343, 351, 352, 353, 363, 364, 392, 401

인도네시아 전통 음식 21, 40, 42, 43, 44, 45, 46, 72, 78

인도네시아 종교부 333, 340

인도마렛(indomaret) 173, 174, 179, 182, 190, 262

인드라니 사스트라(Indrani Sastra) 129, 133, 134, 136, 139, 140, 142, 145, 146, 150

자가상표(private brand) 180, 181

자동차 문화 296, 305

자무 126, 135, 136, 137, 138, 139, 142, 144, 146, 147, 149, 150, 151, 152, 154, 155, 156, 157, 158, 160, 420

자바 음식 40, 56, 57, 67, 69, 70, 71, 72

자보드타벡 178, 198, 284

자연주의 16, 17

자자난 41, 42, 43, 46, 82, 83, 84

자킴(JAKIM) 99

잘란 알로 87

전통 지식 158

정치적 이슬람 374, 376, 380

젤라틴 99, 373, 387

조화 23, 28, 60, 106, 130, 131, 134, 157, 158, 159, 160, 173, 200

종족정체성 22, 32, 72, 87, 89, 94, 108, 116

종족집단 89, 90, 117, 290, 296, 299, 376, 377

지방성 127

지불방식 24, 252, 253, 270

지속적 관여 18

차별화 24, 56, 58, 72, 73, 166, 177, 180, 181, 198, 199, 200, 244, 314, 315, 317

찬드라리니(Candrarini) 133, 150

참여관찰 20, 91, 92, 129, 189, 193, 197

참고메 299, 300, 316

처녀성 134, 145, 146

카페 브타위 57, 58, 77

코셔 321

코카스몰 217, 218, 220, 221, 222, 223, 227, 228, 231

콤파스 279, 281, 297, 313

쿠알라룸푸르 5, 87, 89, 91, 93, 94, 100, 101, 103, 104, 109, 110, 112, 113, 114, 216, 367, 368, 409

타입(thayib) 357

타펠(Tapel) 143

토이반(toyyiban) 26, 106, 375, 397

파트와(fatwa) 338

판차실라 282

팔름방 음식 21

페낭 90, 91, 92, 94, 96, 101, 102, 109, 111, 112, 114, 409

페라나간 90, 92, 96, 299

폰독 인다 몰 52, 77

표준화 58, 172, 294, 334, 335, 354, 355, 372, 373, 385, 386, 388, 390, 394, 395

푸드코트 50, 51, 52, 109, 110, 226, 231, 378

플라자 인도네시아 몰 51

필리스(Pilis) 143

하람(haram) 99, 100, 103, 105, 106, 326, 327, 327, 330, 331, 332, 333, 334, 336, 343, 344, 345, 346, 351, 360, 371, 372

하이난닭볶음밥 94, 96, 108

하이퍼스페이스 232

한국무슬림협회 369, 401

할랄산업개발법인 389, 391, 397

할랄 식품산업 370, 374, 390, 391

할랄 위원회 389

할랄 인증기관 374, 385, 392, 393, 395,
　　　396, 398, 399, 400, 401

할랄제품보장법 349

할랄화 26, 99, 370, 376, 377, 378,
　　　380, 383, 399, 400

할랄확약시스템(HAS) 334, 335, 336,
　　　339, 340, 350, 351, 352, 354, 355

할루스 28

함께하기 22, 24, 25, 27, 61

행아웃 224, 234

헤테로토피아 232

현지화 3, 140, 173

혼종성 27, 28, 44, 167, 171, 185

화장품 99, 124, 144, 360, 331, 332,
　　　333, 340, 341, 342, 350, 386, 393

효소 99, 336, 373, 387

훈연 125, 135, 136, 144, 147, 148,
　　　151, 152, 154, 157

훈증 135, 136, 143, 149, 151, 152, 157

::저자소개

김형준

호주국립대학에서 인류학 박사학위를 취득했으며, 강원대학교 문화인류학과 교수로 재직 중이다. 최근의 주요 논문으로는 「이슬람화와 성적 표현의 자유: 인도네시아의 미스월드 반대시위를 중심으로」(2015), 「인도네시아 이슬람의 특성」(2016) 등이 있으며, 저서로는 『적도를 달리는 남자: 어느 문화인류학자의 인도네시아 깊이 읽기』(2012), 『동남아시아의 이슬람화: 1970년대 이후 종교와 경제의 변화』(2014, 공저) 등이 있다.

엄은희

2008년 서울대학교에서 지리교육학 박사학위를 받았으며, 현재 서울대학교 아시아연구소의 선임연구원으로 재직 중이다. 성공회대학교, 부산대학교, iCOOP협동조합 연구소 등의 선임연구원을 역임했다. 주요 연구 관심은 동남아시아의 환경 및 도시 이슈, 동남아시아의 한국 기업과 한인 공동체, 시민사회와 사회적 경제 등이다. 최근의 주요 논문으로는 「에너지경관으로서의 메콩」(2015), 「동남아 농촌마을의 생태관광을 통한 지역사회 발전」(2016), 「팜오일의 정치생태학」(2017) 등이 있으며, 저서로는 『말레이세계로 간 한국 기업들』(2014, 공저), 『동남아 경제 거인들의 어깨에서 아세안 경제를 보다』(2015, 공저) 등이 있다.

오명석

1993년 호주 모내시 대학에서 인류학 박사학위를 받았으며 현재 서울대학교 인류학과 교수로 재직 중이다. 한국동남아학회 학회장을 역임했으며, 현재 서울대학교 아시아연구소 동남아센터장을 맡고 있다. 동남아 이슬람과 동남아의 종족관계가 주된 연구 분야이며, 특히 말레이시아 연구에 주력해 왔다. 최근의 주요 논문으로는「동남아 이슬람의 쟁점: 이슬람과 현대성」(2011),「이슬람적 소비의 현대적 변용과 말레이시아의 할랄 인증제」(2012),「동남아의 수피즘」(2013),「동남아 이슬람과 글로벌 이슬람 네트워크」(2015) 등이 있으며, 주요 저서로는『동남아의 화인사회』(2000, 공저),『말레이세계로 간 한국 기업들』(2014, 공저) 등이 있다.

유창조

애리조나 대학에서 박사학위(전공: 마케팅)를 받았고 현재는 동국대학교 경영학과 교수로 재직 중이다. 광고학회장, 소비자학회장, 마케팅학회장 등을 역임했으며 현재는 경영학회장과 CSV 소사이어티 사무총장을 맡고 있다. 마케팅전략, 소비자행공 및 커뮤니케이션 전략 등과 관련해 다수의 SSCI 논문과 80여 편의 논문을 국내 등재지에 게재한 바 있고, 다수의 국내 기업 자문 및 프로젝트를 진행한 바 있다. 기업활동을 통해 더 좋은 세상을 만들기 위한 기업문화를 정착하고 경영전략 모델을 수립 및 전파하는 데 관심을 두고 있다.

이응철

2007년 서울대학교에서 인류학 박사학위를 받았고 현재 덕성여자대학교 문화인류학과 부교수로 재직 중이며 덕성여자대학교 에스노그라피연구소 소장을 맡고 있다. 중국과 대만의 도시, 소비, 미디어와 대중문화 등이 주된 연구 분야이다. 최근의 주요 논문으로는「상하이 화이트칼라 '바링허우'의 소비행위와 태도」(2011),「소비행위의 사회문화적 의미와 상징적 가치」(2013),「우리는 항상 무엇인가의 팬이다」(2016),「스펙터클의 문화정치: 현대 중국의 실경공연 〈인상 리장〉을 중심으로」(2016),「도시

재개발과 지역공동체: 대만 타이베이 국제예술촌 바오짱옌 사례」(2016) 등이 있으며, 저서로는 『Inside Korea』(2012, 공저)가 있다.

이수현

서울대학교 경영대학원에서 박사학위를 취득했고, 미국 카네기 멜론 대학에서 석사학위를 취득했다. 삼성전자 재직 당시에는 무선사업부 글로벌 마케팅 팀에서 해외 상품기획 업무를 담당했고, 현재는 동국대학교 경영학과에 재직 중이다. 주요 연구 분야는 소비문화, 소비자 행복, 모바일 마케팅, 소셜미디어 마케팅 등이며, 특히 관심을 두고 있는 분야는 모바일/소셜미디어 환경에서의 소비자행동 비교문화 연구, 소비자의 행복과 삶의 질 증진에 기여할 수 있는 마케팅 패러다임 연구, 정성적 연구와 정량적 연구를 통합한 마케팅 연구방법론 개발 등이다.

이지혁

부산대학교에서 국제지역학으로 박사학위를 받았으며 현재 서울대학교 아시아연구소에서 선임연구원으로 재직 중이다. 동남아시아 문화 및 국제관계, 인도의 역사, 사회적 기억 등이 주요 관심 분야이다. 주요 논문으로는 「인도네시아 바틱의 민족문화화 요인 고찰」(2012), 「바틱(Batik) 모티프에 함축된 인도네시아 자바인(Javanese)의 삶과 정신」(2014), 「인도네시아 국민 정체성 형성과 전통의상의 역할」(2014), 「인도네시아-말레이시아 문화갈등에 관한 다층적 시각」(2016), "The Political Economy of Indonesia's Global Maritime Axis and Infrastructure Development Plan Under the Jokowi Administration"(2017), 「인도네시아 하이브리드 편의점의 태동과 소비문화」(2017, 공저) 등이 있다.

정법모

서울대학교에서 인류학 학사와 석사를 이수하고, 필리핀 대학교에서 국제개발이 필리핀 도시빈민에 미치는 영향에 대한 논문으로 인류학 박사학위를 받았다. 현재 서울대학교 아시아연구소 동남아시아센터 선임연구원으로 재직하며 동남아시아의 빈곤 및 국제개발협력, 다문화주의에 대한 이슈를 중심으로 연구하고 있다. 주요 논문으로는 "Development-induced Dislocation and the Social Capital of the Poor: The Case Study on North-South Railway Project in Metro Manila, Philippines"(2017)이 있다. 주요 저서로는 『코박사와 함께 떠나는 다문화 여행』(2009, 공저), 『다문화 속담 이야기』(2010, 공저), 『동남아경제 거인들의 어깨에서 아세안 경제를 보다』(2015, 공저) 등이 있다.

조윤미

서울대학교에서 인류학을, 한국외국어대학교에서 말레이인도네시아어를 전공한 후 인도네시아 가자마다대학교(Universitas Gadjah Mada)에서 인류학 석·박사학위를 취득했고 현재 서울대학교 비교문화연구소 연구원으로 재직 중이다. 주요 연구 테마는 인도네시아인들의 일상과 법문화에 관한 것으로서 자바, 발리, 롬복, 파푸아 섬 등지에서 관습법과 치안관행 그리고 소비문화에 관한 장기 현지조사를 수행한 바 있다. 최근에는 자바와 발리의 전통 미용관행과 전통 약재 자무에 관한 연구를 수행 중이다.

최경희

2004년 한국외국어대학교에서 정치외교학 박사학위를 받았으며 현재 서울대학교 아시아연구소 동남아센터 선임연구원이다. 한국동남아연구소 총무이사와 주아세안대한민국대표부 선임연구원을 역임했다. 동남아 정치체제와 인도네시아 정치과정, 아세안 관련이 주된 연구 분야이며, 최근에는 인도네시아 소비시장과 소비문화연구에 주력하고 있다. 최근의 주요 정책 연구로는 「아세안 인프라 연계성 플랜과 재원마련에 관한 평가와 전망」(2015), 「인도네시아 소비트렌드 Ⅱ: 외식 소비를 중심으로」(2015), 「개별 아세안 회원국에 대한 우리 기업 진출방안 모색」(공저, 2016) 등이 있으며, 주요 저서로는 『동남아의 헌정체제와 민주주의』(공저, 2014), 『4C로 이해하는 아세안』(공저, 2015), 『기회의 땅, 아세안 경제를 보다』(공저, 2016), 『ASEAN Community and Managing Traditional and Non-Traditional Security』(공저, 2016), 『아시아의 꿈, 아세안 공동체를 말하다』(공저, 2016) 등이 있다.